金融风险管理

升级版

[加] 王勇　[中] 关晶奇　隋鹏达◎编著

图书在版编目（CIP）数据

金融风险管理 /（加）王勇,（中）关晶奇,（中）隋鹏达编著. 一北京：机械工业出版社，2020.6（2025.1 重印）

ISBN 978-7-111-65721-7

I. 金… II. ①王… ②关… ③隋… III. 金融风险–风险管理 IV. F830.9

中国版本图书馆 CIP 数据核字（2020）第 091619 号

北京市版权局著作权合同登记　图字：01-2020-1666 号。

本书主要侧重风险管理框架，没有过分追求定量，而是以风险管理为主线，在风险识别、风险度量和风险管理方面进行了介绍，全书行文框架基本按照现在的教学要求，特别增加了国内外的经典风险管理案例，同时主要介绍了最新的摩根大通风险管理和巴塞尔协议的内容。另外，本书力图在阐述金融风险管理理念与工具的同时，与国内最新的监管合规、管理实践相融合，通过描述近年来海内外的风险损失案例，加深读者对于金融风险管理的理解，提高读者对于该领域的兴趣，并熟练掌握金融风险管理的通用方法。本书的读者定位主要是商学院的本科生和 MBA，业界人士也可将此书用作参考书。

出版发行：机械工业出版社（北京市西城区百万庄大街 22 号　邮政编码：100037）
责任编辑：王洪波　　　　　　　　　　　责任校对：殷　虹
印　　刷：北京建宏印刷有限公司　　　　版　　次：2025 年 1 月第 1 版第 8 次印刷
开　　本：185mm×260mm　1/16　　　　印　　张：19
书　　号：ISBN 978-7-111-65721-7　　　定　　价：69.00 元

客服电话：(010) 88361066　68326294

版权所有·侵权必究
封底无防伪标均为盗版

作者简介

王 勇

加拿大达尔豪斯大学数学博士,国家"千人计划"专家,上海市"千人计划"专家,中国人民大学博士生导师,北京理工大学珠海分院特聘教授,中国侨联特聘专家。现任天风证券首席风险官,曾任光大证券首席风险官、加拿大皇家银行风险管理部董事总经理、加拿大多伦多大学罗特曼管理学院院长特别顾问、加拿大约克大学金融数学特聘教授和对外经济贸易大学特聘教授。持有特许金融分析师(CFA)和金融风险管理师(FRM)证书。

王勇博士著有《金融风险管理》,并且翻译了《期权、期货及其他衍生产品》《风险管理与金融机构》《期权与期货市场基本原理》《现代投资组合理论与投资分析》《区块链:技术驱动金融》《数字化金融》《金融科技》《价值投资》等多部颇具影响力的著作。

王勇博士曾在多家学术杂志上发表文章,也曾在报纸、电视等媒体上发表个人观点,是上海区块链协会智库专家。

关晶奇

关晶奇,博士、律师、FRM、高级经济师。中国人民大学经济学博士、北京大学光华管理学院MBA、湖南财经学院(现湖南大学财院校区)国际金融学士、俄罗斯圣彼得堡国立大学访问学者。曾先后兼任财政部第三届企业内部控制标准委员会咨询专家、中国人民大学发展中国家经济研究中心兼职研究员、宁夏大学客座教授、安徽财经大学经济学院兼职教授、中国人民大学、北京理工大学、湖南大学专业学位硕士及MBA导师。

现兼任中国行为法学会金融法律行为研究专业委员会常务理事、北京大学光华管理学院会计硕士(MPAcc)&审计硕士(MAud)项目业界导师、中国人民大学经济学院国际商务硕士(MIB)导师。著有《原来这是经济学》,编著《金融风险管理》,主编《风控大咖话风控》。现任中国邮政储蓄银行宁夏分行党委委员、副行长。

隋鹏达

中央财经大学—史蒂文斯理工学院管理学硕士,独立金融分析师。著有《金融风险管理》,译有《现代投资组合理论与投资分析》(原书第9版)。

前言

本书曾出版于 2014 年年初。在过去六年的时间里，中国金融市场发生了巨大变化。2015 年，我国的 A 股市场经历了让人难忘的异常波动，A 股市场异动既反映了资本市场制度的不完善，同时也反映了很多投资者对于风险的误判。随后几年，防风险、去杠杆成了金融市场的主旋律，这一时段的市场波动又让那些对于风险没有足够心理准备，且没有及时采取有效风险管理措施的投资人措手不及。这些足以说明，风险管理各项工作存在巨大的提升空间，尤其是对于投资者风险管理意识的教育仍需加强。

2018 年，国务院政府工作报告首次提出"防范化解重大风险、精准脱贫、污染防治"三大攻坚战，并将防范化解重大风险作为三大攻坚战之首，将"守住不发生系统性风险的底线"放在了非常突出的位置。2019 年 1 月 21 日，习近平总书记针对重大风险防范提出明确要求："既要高度警惕'黑天鹅'事件，也要防范'灰犀牛'事件；既要有防范风险的先手，也要有应对和化解风险挑战的高招……"针对复杂多变的市场环境，党中央、国务院对于领导干部的风险化解能力提出了极高要求。

本书力图在阐述金融风险管理理念与工具的同时，与国内最新的监管合规、管理实践相融合，通过描述近年来海内外的风险损失案例，加深读者对于金融风险管理的理解，提高读者对于该领域的兴趣，并熟练掌握金融风险管理的通用方法。

本书可以作为金融风险管理的入门书，在阅读此书之前，读者只需要具备基本经济学和金融学的常识。本书共计 10 章，前 5 章主要描述风险的本质、风险管理的体系框架、金融行业的主要风险、国际主流的风险监管法规指引、风险管理主要方法。作者对于金融企业日常管理中易于混淆的概念，例如风险管理与内部控制的区别，进行了重点阐述。通过前 5 章的阅读，读者对风险管理的整体脉络体系会有一个完整的认识。本书第 6～9 章分别对市场风险、信用风险、操作风险和流动性风险四大风险的管理模式进行了详细阐述，并介绍了各种风险的主流管理办法，为读者提供了一定的借鉴。本书第 10 章为新增内容，主题为金融科技，我们坚信金融科技已成为金融风险管理从业人员不可或缺的知识，任何一位风险管理从业人员都要了解金融科技，尤其是对于其派生出的新风险，以及新型风险管理工具都应有所了解。除此之外，我们响应广大高校师生的强烈呼吁，在每一章均增加了一定数量的练习题，以帮助读者加强对于每一章重点概念的理解。

感谢国内外诸多学者和从业者对于我们的热情支持和无私帮助，特别感谢中国人民大学的在读博士研究生王克祥同学，他为本书的修改，尤其是每一章练习题的编制花费了大量心血。最后，我们在此感谢各自的家人，没有他们的无私奉献，我们几乎不可能顺利完成本书的写作。

对于本书中存在的疏忽和错误，敬请各位读者不吝批评指正！

目录

作者简介
前言

第1章 绪论 · 1

1.1 风险的概念 · 1
1.2 风险管理理论发展历史 · 4
1.3 风险管理的价值 · 21
练习题 · 31

第2章 风险管理框架 · 32

2.1 风险管理工作步骤 · 36
2.2 风险管理组织架构 · 42
2.3 风险管理流程设置 · 48
2.4 风险管理报告体系 · 50
2.5 风险管理准备金及资本提取 · 51
2.6 全面风险管理介绍 · 57
练习题 · 61

第3章 金融体系主要风险概览 · 63

3.1 市场风险的内涵、分类、特征及典型案例 · 65
3.2 信用风险的内涵、分类、特征及典型案例 · 69
3.3 操作风险的内涵、分类、特征及典型案例 · 72
3.4 流动性风险的内涵、分类、特征及典型案例 · 79
3.5 其他金融风险介绍 · 83
练习题 · 86

第 4 章 国际相关监管法规介绍 · 87

4.1 巴塞尔协议体系概览 · 89
4.2 国际互换与衍生工具协会协议体系 · 119
4.3 《多德 - 弗兰克法案》· 125
练习题 · 139

第 5 章 风险管理主要方法 · 140

5.1 内部控制 · 140
5.2 风险损失估计 · 146
5.3 风险准备金计提 · 154
5.4 资本计提及配置 · 155
5.5 风险调整绩效配置 · 157
练习题 · 159

第 6 章 市场风险管理 · 160

6.1 市场风险管理的核心：风险价值（VaR）· 160
6.2 金融机构市场风险管理 · 164
练习题 · 179

第 7 章 信用风险管理 · 181

7.1 信用风险管理的核心：信用评级 · 183
7.2 金融机构信用风险管理 · 192
7.3 信用风险度量 · 209
7.4 信用风险缓释 · 212
7.5 信用风险转移 · 218
练习题 · 224

第 8 章 操作风险管理 · 226

8.1 操作风险管理发展的阶段 · 227
8.2 操作风险管理框架基本要素 · 229
8.3 操作风险管理的战略与政策 · 230
8.4 操作风险组织架构设计 · 232
8.5 操作风险管理的流程 · 233
8.6 操作风险基本管理工具 · 244
8.7 《巴塞尔协议Ⅲ》对操作风险的修正 · 245
练习题 · 248

第 9 章　流动性风险管理 · 249

9.1　资产流动性风险的管理 · 251
9.2　融资流动性风险管理 · 257
9.3　以银行为主的金融机构流动性风险管理 · 261
9.4　《巴塞尔协议Ⅲ》中对流动性风险管理的新要求 · 270
练习题 · 272

第 10 章　风险管理与金融科技 · 273

10.1　什么是金融科技 · 273
10.2　导论篇：金融科技发展正当其时 · 274
10.3　技术篇："ABCD"技术成熟度 · 279
10.4　应用篇：新兴技术在金融风险管理领域中的应用——以证券业为例 · 283
10.5　操作篇：打破数字壁垒，关于金融科技实施的几点思考——以证券业为例 · 293
10.6　结束语 · 296
练习题 · 296

第 1 章

绪论

风险管理作为一个相对新颖的学科,其迅猛发展已经日益得到金融界、企业界及教育界人士的重视,并在众多高校开设了相关学科,相关典籍、教材更是汗牛充栋。但直到现在,包括全球风险管理协会(Global Association of Risk Professionals,GARP)的金融风险管理师(Financial Risk Manager,FRM)考试和国际风险管理师协会(Professional Risk Managers' International Association,PRMIA)的职业风险管理师(Professional Risk Manager,PRM)考试,还是更为重视风险的计量以及监管资本、经济资本的提取,而对于风险的本质及风险管理的组织职能、流程设置、报告体系构成则未能予以足够的重视;更为重视对操作层面的风险管理者提供指导,而未能为中高层风险管理者提供很好的服务。本书作者基于多年风险管理的经验,吸取国际上最新的风险管理理论和监管法规,结合中国金融界尤其是银行业的诸多实战案例,试图写出一本真正为金融界中高层风险管理者服务的实用手册。

风险管理并非完全消灭风险,恰如俗语常说的那样,风险是与机会同在的,拒绝了风险也就等于对财富关上了大门。举例来说,风险管理就是车子的刹车,应该时刻准备在灾难或紧急情况发生前踩下,并不在平时驾驶时一踩到底,否则确实没有风险,但车子也寸步难行,失去了自身存在的价值。故而,风险管理更多是告诉人们如何精明地承担风险,并在自己所承担的风险水平上获取最高的收益。而要对风险进行精明的管理,那就先要从风险的概念讲起。

1.1 风险的概念

风险无处不在,对于金融从业者而言,金融风险更是以其显著的集中性、潜在的破坏性和深远的传染性而闻名,例如 2007 年肇始于美国次级贷款债券违约的金融海啸,对世界政治经济产生着深远的影响，由单纯的金融危机向席卷整个欧盟的主权信用危机转化，并持续对世界经济增长造成负面影响。

以希腊等国为代表的欧债危机，已经深刻地阐述了这样一个事实：认识和管理风险已经不单纯是风险管理者必须关注的问题，而成为在金融体系中的每一个从业者需要了解和掌握的内容，而且更应成为每一个政治经济体中的主体都需要熟知的内容。

表 1-1 归纳总结了 2009 年 5 月前次贷危机中标志性的金融风险事件。

表 1-1　2009 年 5 月前次贷危机中标志性的金融风险事件

时间	事件
2007-03-13	新世纪金融濒临破产，次贷危机爆发
2008-03-17	贝尔斯登出售给摩根大通
2008-09-07	美国政府接管房地美及房利美
2008-09-15	美国银行收购美林证券；雷曼兄弟控股宣布申请破产保护
2008-09-17	美国政府 850 亿美元贷款接管美国国际集团（AIG）
2008-09-26	华盛顿互惠银行被美国联邦存款保险公司（FDIC）接管，成为美国历史上倒闭的最大规模的储蓄银行
2008-10-09	美联储再向 AIG 融资 378 亿美元
2008-10-10	日本"感染"金融危机，大和生命保险宣布破产
2008-10-20	荷兰政府向荷兰国际集团（ING）大规模注资
2008-11-11	美联储批准运通转型，信用卡危机一触即发
2009-01-26	荷兰政府宣布承担 ING 277 亿欧元的坏账，同期 ING 宣布裁员 7 000 人
2009-02-07	慕尼黑再保险净利润大降 62%，瑞士再保险净亏损 10 亿瑞士法郎
2009-02-26	欧洲最大的保险集团——安联集团 2008 年第四季度净亏损近 39 亿美元
2009-02-26	欧洲最古老的银行之一——苏格兰皇家银行（RBS）宣布 2008 财年巨亏 241 亿英镑（约合 344 亿美元），由此成为英国历史上亏损最严重的企业
2009-02-27	花旗银行国有化
2009-03-02	AIG 在 2008 年第四季度亏损 617 亿美元，成为美国上市公司彼时的最大单季亏损。全年亏损 993 亿美元，再获美国政府 300 亿美元注资
2009-03	哈特福德 2009 年年初迄今已遭标准普尔三次评级下调。分析师调查显示该公司运营利润将锐减 88%，而保德信也表示其已经向美国财政部提出注资申请
2009-05	美国 Bank United 银行破产，为 2009 年最大银行破产案，FDIC 估计，FDIC 存款保险基金或为该银行支付 49 亿美元

在当前的实务界中，对于风险的认知已经从金融业扩展到了各行各业，越来越多的企业已经认识到：企业为了生存和发展必须承担风险，而风险管理的具体部门的主要职责就是要了解企业现有业务、投资组合的风险，以及将来的发展计划所带来的风险，并且必须判别当前持有的风险是否可以接受。如果风险不能接受，风险管理的具体部门应提出相应的风险管理措施。风险永远做不到被全面消灭或禁止，更通俗的说法则是：风险管理的目的并非最小化风险，而是精明地承担风险（take smart risks）。

然而，笔者在长期的从业过程中发现，尽管很多人已经日益认识到风险管理的重要价值，很多人也都在不同场合谈论风险,但在交流之中还是经常会出现交流障碍。这归根结底是大家对风险、对风险管理的认识存在着偏差。出现这种情况,实则是一种必然,这是因为,对风险的定义和分类,无论是业界还是理论界,长期以来都没有一个统一的界定,世界上对于风险的定义最多时高达14种,比较常见的定义就涉及不确定性、概率、波动性、危险等含义,归纳起来主要有以下几种。

1. 风险是结果的不确定性

这种观点认为风险等同于结果的不确定性。不确定性是指对事物的未来状态人们不能确切知道或掌握,也就是说人们总是对事物未来的发展与变化缺乏信息和掌控力。根据能否在事前估计事件的最终结果又可将不确定性分为可衡量的不确定性和不可衡量的不确定性两种。从不确定性的角度出发,事物的结果有好有坏,即潜在损失与盈利机会并存。美国经济学家奈特在其名著《风险、不确定性和利润》一书中说:风险是可以测定的不确定性。美国的小阿瑟·威廉斯等在《风险管理与保险》一书中,则将风险定义为:"在给定的情况下和特定的时间内,那些可能发生的结果间的差异。如果肯定只有一个结果发生,则差异为零,风险为零;如果有多种可能结果,则有风险,且差异越大,风险越大。"

2. 风险是指各种结果发生的概率

这种观点认为风险是一种不确定的状态,故而风险与可能性有着必然的联系。风险是以一定概率存在的各种结果的可能性,具有一定的可度量性,风险导致的各种结果出现的概率总是在 0～1 之间波动,概率越接近于 0,表明风险发生的可能性越小,概率越接近于 1,则说明风险发生的可能性越大。可能性恰是对不确定性的量化描述,是对风险或不确定性的进一步认知。从严格意义上来讲,概率比风险的范畴要广,它可以取 1 或 0 的值来表示"是"和"否"这两个确定的状态,而这种确定性就不是风险的范畴了。

3. 风险是实际结果对期望值的波动性

在投资学中,风险常常被定义为风险因素变化的波动性。如我们常说的市场风险中的利率风险、汇率风险、股票价格风险都是由于市场风险因素变量围绕其期望值上下波动造成的,计算期望值和方差(或标准差)则是描述这种波动的常用方法。这种将风险定义为波动性的观点主要用于定义易于量化的市场风险。将风险与波动性联系起来的观点实质上是将风险定义为双侧风险,即不仅考虑了不利的波动——下侧风险,还考虑了有利的波动——上侧风险,风险既是损失的可能又是盈利的机会。双侧风险的定义与单侧风险相比,更符合风险管理的发展方向——全面风险管理,更有利于对盈利制造部门和明星交易员的风险管理,而且还为全面经济资本配置和经风险调整的业绩衡量提供了理论基础。

4. 风险是造成损失的可能性

这是典型的传统风险定义,只重视下侧风险,即损失的可能,而将盈利机会排除在外,是典型的单侧风险的概念。如《人身保险公司全面风险管理实施指引》中对风险的定义便是"对公司实现经营目标可能产生不利影响的不确定因素"。基于这个定义,传统的风险管理并不包括对现在盈利的部门进行管理。事实上，风险是事前概念，而损失是事后概念。风险是损失或盈利结果的一种可能的状态，在风险事件实际发生前，风险就已经存在，而这时损失或盈利并没有发生；一旦损失或盈利已发生，事件处于一种确定的状态，此时风险就不存在了。因此，从严格意义上讲，风险和损失是不能并存的两种状态，这种定义不符合现代风险管理的要求，且会造成对明星部门、明星交易员的放任，巴林银行的倒闭也有部分原因是源于这样的认知。

5. 风险是容易发生的危险

因为风险同时具有损失性与危险性，故而在理论界也有一部分人将风险视为容易发生的危险。这种把风险等同于危险的定义同样不符合现代风险管理的要求。虽然在日常生活中经常将风险与危险两者互换使用，但在保险学和风险管理中，将风险简单地理解为危险是不恰当的。风险是结果的不确定性，这种不确定性既可以是坏的方面又可以是好的方面，因此风险是一个中性的概念。而危险是单侧的，侧重于坏的方面，是带有贬义色彩的。另外存在的问题就是，真正会给个人或企业造成重大损失的风险已经被公认为低频高损风险或巨灾风险，相对来说其发生的概率都是比较小的，则该种风险已不符合此定义要求。

6. 风险是不确定性对目标的影响

《中国工商银行全面风险管理框架》第二条称："本框架所称风险，是指对本行实现既定目标可能产生影响的不确定性，这种不确定性既可能带来损失也可能带来收益。"《中央企业全面风险管理指引》第三条称："本指引所称企业风险，指未来的不确定性对企业实现其经营目标的影响。"ISO 31000：2009《风险管理 原则与实施指南》对风险的定义是："不确定性对目标的影响。"这几个定义均同时考虑了上侧风险和下侧风险，并注重以结果为导向，体现出了很大的灵活性和普适性。这样的风险定义已经得到世界上广大风险管理从业者的认可，本书中所述风险定义以此为准，但在实践当中，无可否认的是，绝大多数从业者还是乐于从发生损失的角度来思考风险。鉴于此，本书作者建议由考虑损失入手来分析风险，但不要过分负面地考虑风险可能造成的损失，而应系统分析承担风险可能带来的收益，要主动驾驭风险而非被动地规避风险。更重要的是，要考虑正在盈利的部门及明星交易员是否承担了过多的风险，而非放任不管。

1.2 风险管理理论发展历史

早在20世纪30年代，风险管理理论便开始萌芽，但直到20世纪80年代末才开始蓬勃发展，这与此时开始的接连不断的金融危机是分不开的，如1987年美国的"黑色星期一"大股灾，1990年的日本股市危机，1992年的欧洲货币危机，1994～1995年的墨西哥比索危机，1995年具有233年历史的银行——巴林银行的倒闭，1997年的亚洲金融危机以及1998年10月长期资本管理公司（LTCM）的倒闭等。在这些事件中，LTCM的倒闭让人们对于风险管理的认识达到了新的高度，这家由华尔街精英、政府前财政官员及诺贝尔经济学奖得主组成的红极一时的金融巨子，在世界金融动荡中也难逃一劫，这使得金融界及各行各业进一步警醒，意识到了风险管理的必要性和紧迫性。美国著名金融学家彼得·伯恩斯坦更是在其金融学巨著《与天为敌：风险探索传奇》中宣称，风险管理的极端重要性无论怎么强调都不过分，它甚至"超越了人类在科学、技术和社会制度方面取得的进步"。基于对风险管理重要性的认识和增强人们对风险管理相关问题的理解，本部分将从传统风险管理到新型的全面风险管理，对风险管理理论及其演进过程进行一次全面的梳理。

风险管理理论真正发展起来经历了传统风险管理和新型的整体化风险管理两个阶段。

1.2.1 传统风险管理

风险管理在人类文明的早期就闪耀着智慧的光辉，借助那些智者的声音予以表达，如中国的古谚"君子不立于危墙之下"，孔子所说的"危邦不入，乱邦不居"等均体现着风险管理的思想；而在西方，最早的风险管理思想则可以追溯到亚里士多德时代。彼得·伯恩斯坦认为，人类在文艺复兴时期就想操控灾害或风险。但在概率论产生之前，因为无法对风险进行量化分析，故而只能够进行朴素的风险分析和风险规避，处于消极的风险管理阶段。

随着大数法则的发现，尤其是概率论的产生，人们对于灾害事件的估计开始有了客观的科学根据，这推动了风险理论与实证研究的产生，虽然此时还没有"风险管理"这一名词，但与其功能相当的安全管理与保险已经有了很大的发展，能够通过概率论、大数法则来计算财产和生命的损失分布，开始了对风险的量化管理。可以说，尽管世界上第一家保险公司于1424年在意大利热那亚便已问世，但直到概率论出现后，保险才由一种主观化的管理模式向科学管理模式转型并取得迅猛发展。概率论的出现对于人类而言是划时代的，对于风险管理来说更近似一场革命，用诺贝尔经济学奖得主默顿的话说："把控制风险从靠天吃饭变成靠自己吃饭。"但是，在这个阶段的安全管理与保险领域中，风险管理的思维仍仅限于对客观存在的实体损害的管理。

1896年，欧文·费雪提出纯粹预期假设——最古老的期限结构理论，也许也是最著名的、最容易应用的、定量化的期限结构理论，它在证券市场中被广泛用作对利率相关证券进行定价。利率期限结构理论的研究促进了实务界与理论界对利率风险管理研究的发展。1938年弗雷德里克·麦考利在此基础上提出了利率久期和凸度的概念，久期分析已成为利率风险管理的重要工具。但在此之前，仍未出现风险管理这一专有名词。实际上，直到现在，很多金融风险管理教科书还将利率风险视为与信用、市场、操作、流动性风险并列的一大风险，单列一章进行讲授。在笔者看来，利率风险虽然非常重要，但仍应将其视为市场风险之一进行统一管理。

风险管理这一专有名词，最早是1930年由美国宾夕法尼亚大学的所罗门·许布纳博士在美国管理协会发起的一项保险问题会议上提出的。最初的风险管理以保险行业为代表，因为在实务中，购买保险这一行为时至今日仍然是个人及企业管理风险的重要手段，并持续产生着长远影响。在学术领域，风险管理一般也是在保险学系内发展起来的。保险对于风险管理理论的发展功不可没，但随着风险管理实践不断发展和保险功能局限性的显现，许多企业开始减少对传统保险购买的依赖，开始在组织内部自行保险风险，也就是在组织内部采取相应的行动来控制风险和不确定性对组织的影响。还有一些企业发现预防损失的措施对一些棘手问题的解决也极为有效，从而使风险管理者的职责不断扩展，出现了远离保险购买的重大改变。从此以后，尽管保险仍然作为风险管理的一个重要工具及理论支持来源，但已不再是风险管理的唯一手段，风险管理从此迈入了新纪元。

真正意义上的风险管理起源于20世纪50年代的美国，最早论及风险管理的文章出现在1956年的《哈佛商业评论》上。在这篇名为《风险管理——成本控制的新名词》的文章中，鲁塞尔·加拉格尔建议：希望进一步扩大风险经理（risk manager）的权限，希望他们在受限制的纯粹被动与消极转嫁的保险功能以外，能够转化与提升为积极的事前风险管理功能，把保险当成风险管理的工具之一，而非唯一可行的风险管理工具，并指出，在一个企业中应该有专人负责管理风险，即在企业内部应该有一个全职的"风险管理者"。

几乎与此同时，马科维茨（Markowitz）将"回报""效用"这类金融术语与风险联系了起来，其理论为现代金融学奠定了基础，并被夏普在论文《投资组合理论与资本市场》中发展成为"现代投资组合理论"，这成为资产定价和金融风险管理的共同基石之一。默顿在诺贝尔经济学奖致谢发言中，将资金的时间价值、资产定价理论和风险管理理论称为现代金融学的核心内容，并获得了当代金融从业者的广泛认同。

布莱克-斯科尔斯-默顿期权定价模型则被称为现代金融风险管理理论发展的里程碑。这个时期的风险管理以金融衍生品定价为主要内容，它站在交易员的角度，主要为交易员解决对冲的技术问题，因此被称为交易员风险管理，该理论为金融工程的发展奠定了基础。投资组合管理理论、衍生产品市场和金融工程的发展为全面风险管理的产生提供了不可或缺的土壤，为企业进行风险管理提供了丰富多样的工具，并将企业定价从传统的现金流折现推演方式转化为运用期权定价的方式，从科学意义上讲，这一理论把数理经济从丁伯根到萨缪尔森的努力推到了最高峰。

1970～1990年是风险管理发展的重要阶段。这一时期，经济、社会和科学技术迅猛发展，人类所面临的风险呈现出种类逐渐增加、危害日益加大的特点。1979年美国的三里岛（Three Mile Island）核电站核泄漏事故、1984年印度的美国联合碳化物公司（Union Carbide）农药厂毒气外泄事故以及1986年苏联的切尔诺贝利（Chernobyl）核电厂爆炸等多起重大科技灾难，对风险管理理念在全球范围的传播与发展，起到了极大的催化与推动作用。与此同时，美国一些大学的商学院也开始讲授一门涉及如何对企业的人员、财产、责任及财务资源等进行保护的新型管理学科，这是风险管理正式在学术领域传授的发端。目前，风险管理已经发展成企业管理中一个具有相对独立功能的管理学科，围绕着企业经营和发展的核心目标使风险管理与企业的经营管理、策略管理一样具有十分重要的作用。

1.2.2 新型的整体化风险管理

1990年以后，风险管理进入了一个全新的阶段——新型的整体化风险管理阶段，它冲破了传统风险管理对风险的狭隘理解，把风险当作一个整体来研究。有两个原因促成了这一时期风险管理的重大转变：第一，由于金融衍生品使用不当引发了多起金融风暴，促使财务性风险管理有了进一步的发展；第二，保险理财与金融衍生品的整合，打破了保险市场与资本市场间的藩篱，财务再保险与巨灾风险债券的出现就是明显的例证。

这种新型的整体化风险管理是站在整个公司角度的风险管理，常常被称作企业风险管理或全面风险管理（enterprise risk management，ERM），它关注的主要是风险对冲的目的和对整个公司价值的影响，是风险管理理论发展的最新方向。全面风险管理理念的产生源于美国反虚假财务报告委员会下属的发起人委员会（The Committee of Sponsoring Organizations of the Treadway Commission，COSO）对风险管理的研究。COSO认为，对管理者来说，一个非常重大的挑战就是确定某个组织在努力创造价值的过程中准备承受多大的风险，而制定统一定义、能够提供主要原理与概念、具有明确的方向与指南的风险管理框架将有助于企业迎接这一挑战。

基于以上认识，2001年年末，COSO启动全面风险管理项目研究，经过两年多的时间，2004年9月发布《全面风险管理整合框架》的研究报告。该报告标志着全面风险管理理论的建立。

全面风险管理理论的发展丰富了风险管理理论的内容，使得风险管理涵盖的范围越来越广泛，风险管理的实际操作也日益复杂，新的风险管理方式不断涌现。

正如人们对风险存在各种各样的定义，人们对风险管理的范畴也没有统一的看法。人们在风险管理活动中关注的问题包括内部控制、审计、合规、基于风险的投资决策和绩效计量、衍生产品套期保值交易、资产负债管理、准备金提取、资本计量、保险、计算机系统相关风险（IT风险）管理等各个方面。从风险因素的角度来看，风险管理包括针对各个风险因子的风险管理活动和从整个金融机构战略管理的角度将各个风险因子整合在一起进行的全面风险管理活动。从金融机构管理风险所使用的工具和方法的角度来看，风险管理活动可以划分为内部控制活动和风险产品交易活动（金融工程活动）。内部控制活动所使用的工具主要是管理制度、组织架构和审计稽核等，而金融工程活动所使用的主要工具和方法是风险计量、衍生产品对冲和风险定价补偿等。从针对损失采取措施的角度来看，风险管理活动包括三方面的内容：第一是避免损失发生或减小损失严重程度和降低发生概率的管理活动，主要指各项业务的管理和内部控制活动；第二是将可能发生的损失转嫁给其他机构或市场参与者的活动，主要指保险、再保险转移和衍生产品对冲活动；第三是风险的承担活动，即通过提取准备金或风险定价方式为可能的损失募集资金的活动。从盈利管理的角度来看，风险管理活动包括风险定价、经济资本配置、经风险调整资本回报率和经风险调整业绩衡量等。

从以上的梳理和分析可以看出，传统的风险管理以防范损失为主要内容，而现代风险管理已经远远超越了这一范畴，它不仅包括内部控制和衍生产品交易（风险对冲活动）等防范损失的活动，还包括风险定价、经济资本配置、经风险调整资本回报率、经风险调整业绩衡量等以盈利和回报为中心的风险管理活动。这种风险管理活动已经上升到战略管理的层面，与投资决策（资本预算问题）和融资决策（资本结构问题）融合在一起，成为企业管理的核心内容。

值得一提的是，在全面风险管理发展过程中，中国已走到了世界前列，不仅由中国国家标准化管理委员会派出专家学者参与了 ISO 31000：2009《风险管理 原则与实施指南》的制定，且对于风险的定义也采用了中国专家的定义。截至目前，中国已由监管机构及行业协会推出了多份全面风险管理指引：2006 年 6 月 6 日，国务院国资委率先推出了全球第一个具有指导意义的全面风险管理指引《中央企业全面风险管理指引》；2010 年 10 月 24 日，原保监会也深入借鉴了欧盟偿付能力二号的成果，推出了《人身保险公司全面风险管理实施指引》，且首次明确保险公司应设置首席风险官；2016 年 9 月 27 日，原银监会在资本管理、信用风险、市场风险、流动性风险、操作风险、并表管理等监管指引的基础上，进一步推出《银行业金融机构全面风险管理指引》，要求大型银行金融机构应设风险总监（首席风险官）；2016 年 12 月 30 日，中国证券业协会推出《证券公司全面风险管理规范》，并首次就首席风险官的从业背景、任职要求进行了明确说明。

【相关案例】摩根大通"伦敦鲸"交易——不仅仅是无赖交易员

2012 年 5 月 10 日，著名的美国摩根大通银行股票出现大跌，仅仅一周，股价就从每股 40.74 美元，跌到每股 33.93 美元，跌幅达 17%。之后，股票价格继续维持下跌趋势，到 6 月 4 日，股价跌至每股 31 美元，跌幅高达 24%。

如此令人瞠目结舌的大跌幅，起因是如今依然有些神秘的"伦敦鲸"交易事件！

摩根大通公司（JPMorgan Chase & Company）是美国最大的金融控股公司，也是世界上最大的衍生产品交易商，拥有 2.4 万亿美元资产。同时，它还是信用衍生产品市场上最大的参与者，而摩根大通旗下的子公司——摩根大通银行则是美国最大的银行。

多年来，摩根大通一直标榜自己风险管理有方，并声称自己的资产负债结构十分强劲，人们对其包括衍生产品在内的各项业务行为，不需要有任何担心。

然而，2012 年的年底，摩根大通的首席投资办公室（Chief Investment Office，CIO），在合成信用衍生产品的大规模交易中，造成了高达 62 亿美元的损失。

摩根大通的首席投资办公室即 CIO，主要负责管理数量为 3 500 亿美元的额外储蓄资金。CIO 的损失来自摩根大通伦敦分行，也就是所谓"伦敦鲸"的交易（"London Whale" trade）。此交易之所以被称为"伦敦鲸"，是由于其交易数量巨大，以至于整个信用衍生产品市场都受到了强烈震撼。但是最开始，摩根大通 CEO 杰米·戴蒙（Jamie Dimon）却声称：损失只是茶壶里的风暴（a tempest in a teapot），意即无须大惊小怪。

但是，随着时间的推移，最开始被认为很小的损失却在较为温和的信用市场条件下，成倍地迅速增长起来。最终，大家发现，CIO 除了进行传统的低风险投资以外，还对高风险的信用衍生产品进行了巨额投资，而监管当局对 CIO 的高风险投资却一无所知。

1. 国会常设调查小组委员会介入调查

摩根大通"伦敦鲸"交易事件在 2012 年 4 月引起了公众注意。4 月初，参议员卡尔·莱文（Carl Levin）办公室对该事件进行了询问，之后，摩根大通出具了一系列报告。2012 年 6 月 13 日，参议院银行、住房和城市事务委员会（Senate Committee on Banking, Housing, and Urban Affairs）对事件进行了质询，戴蒙出席了听证会，并就"伦敦鲸"交易事件接受了议员的质询。2012 年 6 月 19 日，戴蒙又出席了国会众议院金融服务委员会（U.S. House Committee on Financial Services）的质询会。

2012 年 7 月，美国国会常设调查小组委员会（以下简称"小组委员会"）就"伦敦鲸"交易事件开展了两党调查。在接下来的 9 个月里，小组委员会收集了近 90 000 份文件，审查了 200 余个电话录音和即时邮件，进行了大量的文字整理并且与银行和监管部门进行了 25 次面谈。小组委员会从银行和监管部门共收到了 25 份报告［这里的监管部门包括货币监理署（Office of the Comptroller of the Currency，OCC）和联邦存款保险公司（Federal Deposit Insurance Corporation，FDIC）］，同时，小组委员会还向政府和私企的金融监管及财会机构进行了咨询，并且询问了衍生产品交易和衍生产品定价专家的意见。

小组委员会审查的文件包括，摩根大通向美国证券交易委员会（U.S. Securities and Exchange Commission，SEC）出具的报告、摩根大通董事会会议记录、摩根大通内部备忘录、内部通信、电子邮件、交易记录、风险限额使用和违额报告、电话录音、即时信息、法律诉讼状以及新闻报道。另外，摩根大通也向国会说明了，该公司在自身调查报告中发现的问题。摩根大通的高管迈克尔·卡瓦纳（Michael Cavanagh）是内部调查小组的组长，同时他也是摩根大通高管及运作委员会（Executive and Operating Committee）的成员。

2013 年 1 月 16 日，摩根大通向公众宣布了调查结果。摩根大通银行的代表，向小组委员会宣读了其内部调查小组与摩根大通雇员面谈时做的笔录。这些雇员中包括"伦敦鲸"交易事件的交易员。除了银行的材料外，小组委员会也审查了银行向证券监管部门提交的文件，以及证券监管部门向银行发出的文件，其中包括银行检查报告、分析报告、备忘录、通讯录、电子邮件、OCC 监管书信，以及勒令停止令（cease and desist order），这些文件中包括 OCC 非公开的关于"伦敦鲸"交易事件以及 OCC 监督过程的检查材料，小组委员会也与和摩根大通的 CIO 进行交易的公司进行了谈话，并且从这些公司收集了有关资料。

虽然摩根大通尽力与小组委员会和监管部门配合，但是，某些前雇员拒绝了小组委员会的面谈请求，因为这些人不住在美国，所以小组委员会无权传令他们。这些在调查的事件中起着关键作用的雇员拒绝合作，意味着该调查报告缺少了关键的环节。所以，小组委员会只能借助内部电子邮件、电话录音、即时通信、内部备忘录、课件和银行内部的调查记录来还原事情发生的经过。

2. 初探 CIO 与 SCP

小组委员会确认，在 2012 年的第一季度，摩根大通首席投资办公室采用合成信用交易组合（synthetic credit portfolio，SCP）介入高风险的衍生产品交易。他们对 SCP 错误定价，并以此来掩盖巨额损失；对多个内部警示置若罔闻；操纵模型；迷惑 OCC 的监督审查；对于衍生产品的风险特性没有充分说明，误导投资人、监管者和公众。小组委员会的调查揭示了摩根大通高风险交易和不良管理行为，同时也反映了美国金融机构对于合成信用衍生产品的系统性管理缺陷。这些缺陷与产品定价、风险分析、风险披露、风险监督等问题密切相关。

（1）风险剧增。2005年摩根大通将CIO分离出来，使其成为一个独立的业务部门，主要责任是对银行的额外储蓄资金进行投资，艾娜·德鲁（Ina Drew）被任命为首席投资官。2006年，CIO批准了对合成信用衍生产品进行交易的提案，此提案在当时为新产品交易。2008年，CIO将信用衍生产品交易统称为合成信用交易组合，即SCP。

三年后，SCP的面值由40亿美元增至510亿美元，增长幅度超过10倍。2011年年末，CIO将10亿美元投资于信用衍生产品，并获利4亿美元。2011年12月，摩根大通向CIO发出指令，要求CIO减持风险加权资产（risk-weighted asset，RWA），目的是保证银行减少监管资本量。但是，在2012年1月，CIO并没有采用传统建仓的方式，而是通过购买信用风险多头抵消信用风险空头的形式来减持RWA。这种交易战略不仅增大了交易组合的规模、风险，同时也将组合变为净多头交易，使SCP不再是摩根大通最初设计的对冲工具。

2012年第一季度，CIO的交易到了一种无节制的程度，最终组合面值由510亿美元增加到1570亿美元。截至2012年3月，SCP的持仓中至少包括620亿美元的美国投资级信用指数、710亿美元的欧洲投资级信用指数、220亿美元的美国高收益（非投资级）信用指数，这些头寸的产生主要是由于3月份的一系列巨额交易，其中包括CIO买入的400亿美元多头头寸。OCC后来将这些头寸称为一个失败交易战略的双倍下注（doubling down）。到2012年3月底，SCP持有100种不同投资级和非投资级的多头和空头信用衍生产品，期限有长有短，价格的一个小小波动，都可能会触发SCP的巨额损失。摩根大通的雇员称，SCP的头寸巨大且规模险恶（a perilous size）。

在CIO交易员增持SCP头寸的同时，SCP本身出现损失。SCP 1月份报告的损失量为1亿美元，2月份为6900万美元，3月份为5.5亿美元，整个季度损失总计为7.19亿美元。3月底的前一周，CIO主管艾娜·德鲁命令SCP的交易员放下电话，停止交易。

4月初，媒体开始猜测造成信用市场波动的"伦敦鲸"交易事件的肇事者，最后判定摩根大通的CIO就是真正的始作俑者。在接下来的3个月时间里，CIO的信用衍生产品持续性地产生损失，到5月份，SCP的损失已经高达20亿美元，到6月底，损失增至44亿美元，截至2012年年底，SCP的整体损失高达62亿美元。

摩根大通告知小组委员会，SCP的目的并非为银行本身的自营交易设定，而是为银行本身提供保险，即对银行所面临的信用风险进行对冲。在最初的审批文件中，SCP的设定确实是出于对冲目的，但对于SCP在过去5年的对冲目的和战略，银行竟然无法提供文件来说明其资产、组合、风险以及对"尾部事件"的对冲分析等，也无法提供组合的规模，以及对冲的有效性等信息，甚至无法提供依据来说明为什么SCP的对冲不同于CIO内部的其他对冲策略。

在调查的过程中，某些OCC检查人员对SCP的职能产生了怀疑。例如，在2012年5月的一个内部邮件中，某OCC检查人员曾将SCP称为"相信巫术魔法的复合对冲"（make believe voodoo magic composite hedge）。摩根大通CEO杰米·戴蒙，在回答议会银行事务委员会质询时曾说，随着时间的推移，SCP逐渐演变成一个完全不能保护银行反而会给银行带来更大以及新的风险的资产组合。但是当时，戴蒙先生并没有承认SCP已经变成一个以自营交易为目的的高风险资产组合。

（2）掩盖损失。SCP在最初的4年，确实产生了收益。但2012年伊始，SCP开始产生损失。1月、2月和3月，SCP出现损失的天数远远超过出现收益的天数，SCP整体一直处于亏损状态。为了将报告的损失极小化，CIO采用的定价方法，开始偏离其过去对信用衍生产品的定价方法。在2012年1月初之前，CIO一般采用市场报价中买卖价格的中间价来对产品定价，采用中间价格可以保证CIO的价格确实反映了市场公允价格。但从2012年的1~2月份，CIO不再采用中间价格，而是采用在买卖差价中对自身最有利的价格，来对自身的衍生产品交易组合定价。采用最有利价格可以保证CIO在银行内部的损益报告中，将SCP的损失描述得比实际更小。

1月底，CIO开始采用对自己更为有利的价格，在接下来的两个月，做得变本加厉。2012年3月15日，一位负责SCP交易定价的，级别较低的交易员朱利恩·格劳特（Julien Grout）和他的上级交易员布鲁诺·伊克西尔（Bruno Iksil）对采用最有利价格的做法不再隐瞒，格劳特先生在电话中曾告诉伊科西尔先生，"我将像上次谈话中所提到的那样，不再采用中间价格来定价"。第二天，伊科西尔对格劳特抱怨说，他对报告中的价格与中间价格的偏离颇感担忧，"我有点做不下去了……，我认为他［这里指的是伊科西尔自己的上司哈维尔·马丁－阿塔霍（Javier Martin-Artajo）］会在月底对组合重新再定价……，我不知道他什么时候会停止这么做，这种做法有点越来越愚蠢了"。

在2012年3月12日到16日的5天时间里，格劳特先生准备了一个计算表，用于跟踪SCP报告中每天的价格与中间价格的偏离。根据表上的数据，截至2012年3月16日，如果采用对SCP有利的价格，SCP的年累计损失为1.61亿美元，而采用中间价格，SCP的损失要增加4.32亿美元，即实际损失为5.93亿美元。CIO的主管艾娜·德鲁告知小组委员会，直到2012年7月，也就是在她已经离开银行以后，她才得知该表的存在，在此之前，她从来不知道有此类影子损益文件（shadow P&L document）。

3月23日，伊科西尔先生估算，如果采用最有利的价格，SCP的损失为3亿美元，如果采用中间价格，SCP的损失为6亿美元，而最终银行内部报告的损失只有1 200万美元。3月30日，也就是第一季度最后一个交易日，CIO突然公布了3.19亿美元的损失，即使将这个巨额损失包括在内，根据CIO定价控制小组（valuation control group）在3月31日给出的估算，CIO估算的损失与中间价估算的损失，还相差了5.12亿美元。

2012年4月10日，CIO最初估计的一天损失为600万美元，但因为两位CIO交易员针对此事的争吵，新的损益数量在当天被改订为4亿美元。这一改变，发生在"伦敦鲸"交易事件引起公众注意的第一个交易日。CIO的一位交易员宣称，CIO的某些雇员对掩盖此等数量的巨额损失颇感恐惧。此时，SCP内部报告的累计年度损失为12亿美元，首次超过了10亿美元的界限。

CIO采用对自己最有利的价格来对产品定价，也造成了摩根大通内部的两个业务部门（CIO和摩根大通的投行部）对同一信用衍生产品给出了不同的价格。2012年3月初，与CIO交易的若干对手意识到价格的差异，并就抵押品问题与摩根大通产生了争议，争议抵押品规模高达 6.9 亿美元。5 月份，银行的副首席风险官阿什利·培根（Ashley Bacon）责令 CIO 采用与投行部相同的定价方法，即通过独立定价服务确定价格范围的中间价格的方法，对 SCP 进行定价。这一举措解决了抵押品问题，CIO 的交易对手在此争端中赢了，这同时结束了 SCP 错误定价的做法。

2012 年 5 月 10 日，银行的财务总监（controller）就 SCP 1～4 月的定价问题，进行了一场检测，并给出了一个备忘录。备忘录表明，CIO 在第一季度确实采用了对自身有利的定价方法。银行的一位高管认为，CIO 在 3 月份采用了太激进的价格，也确实就定价问题与 CIO 的管理人员产生过争议，但备忘录最终肯定了 CIO 的价格。银行的备忘录阐明，CIO 报告的损失比采用中间价格的损失要低 5 亿美元左右，并且发现 CIO 对超出既定的价格范围的报价进行过修订，但备忘录最终却得出了这样的结论：CIO 的做法与业界一致。

财务总监检测的唯一目的是确保 CIO 持仓衍生产品价格的准确性，因为 CIO 的价格会影响整个银行的业务表现。财务总监确认 CIO 报告的合理损失为 7.19 亿美元，并非采用中间价格所得出的 12 亿美元。其结论是 SCP 的损失介于 7.19 亿美元到 12 亿美元之间。这一结论展示了衍生产品定价过程中的主观、非精确、可随意改变的特性。

5 月份的备忘录指出银行确实采用了有利价格来对衍生产品进行定价，但摩根大通一直认为 CIO 的定价没有任何失误。直到 2012 年 6 月，在银行内部调查人员从 CIO 电话录音上，听到雇员明确表示采用有利价格定价方法有问题以后，银行才放弃了定价没有失误的观点。2012 年 7 月 13 日，银行对于 SCP 的损失进行了修正，增加了 6.6 亿美元，摩根大通告知小组委员会，财务结果的修正对于银行是非常艰难的，这是因为 6.6 亿美元的额外损失，对于银行而言并非一个小数字，而 CIO 并没有违背银行内部政策，也没有违反财会准则。银行告知小组委员会，对财务报告进行修改的主要原因，是伦敦的 CIO 雇员在对 SCP 定价时动机不纯，因此 SCP 的价格必须修改。

CIO 的雇员可以在 3 个月的时间里掩盖巨额损失，并且能够顺利通过内部检查的事实说明信用衍生产品定价过程不精确，整个定价过程都可能会受到人为的操纵。对于合成信用衍生品而言，因为没有任何人持有账下资产，所以资产损失没有明显地表现出来，但是衍生产品所触发的巨额损失累积很快，直接威胁到了银行的收益。在这种情况下，这个松散的定价过程所凸显的问题就会更加突出。"伦敦鲸"交易事件中这样动机不纯的定价实践，不仅说明了 CIO 的不良定价问题，也说明摩根大通本身在衍生产品定价过程中，违背了一般公认的会计准则，同时还说明了信用衍生产品定价存在的系统性问题。

（3）摒弃风险额度。"伦敦鲸"交易事件揭示了摩根大通风险管理文化中的诸多问题，其中包括风险限额突破事件被经常性地忽视、风险计量常常受到攻击以致被淡化、风险模型被用来降低资本金而受到操纵。以上列举的问题，是对摩根大通所谓卓越风险管理能力的巨大讽刺！

CIO 采用了 5 种量化额度来检测和控制其交易风险，分别为风险价值额度（VaR limit）、信用溢差基点额度（CS01 limit）、信用溢差 10% 额度（CSW10% limit）、压力测试损失额度（stress limit）以及止损建议（stop loss advisories）。在 2012 年的前 3 个月，随着 CIO 的交易员在 SCP 中增持巨额复杂信用衍生品，SCP 的交易突破了以上列举的 5 个额度，事实上，从 2012 年 1 月 1 日至 4 月 30 日，CIO 的风险额度总共被突破了 330 次之多，如果每月按 20 个交易日算，每天就突破 4 次！

2012 年，SCP 的交易突破了 CIO 以及银行的整体 VaR limit，管理人员将 4 天的额度突破向包括 CEO 杰米·戴蒙在内的银行最高层进行了汇报。同月，SCP 重复性地突破 CS01 limit，1 月突破了 100%，2 月初突破了 270%，4 月中突破了 1 000%。2012 年 2 月，一个名为全面风险测度（CRM）的量化额度对 SCP 给出了预警，称其年度损失将高达 63 亿美元，但这一预警被 CIO 的风险管理人员称为垃圾（garbage）。2012 年 3 月，SCP 持续性地突破 CSW10% limit，突破不利市场条件下的压力损失额度，突破止损建议（止损建议，是为交易在一定时间内的损失设定的上限）。同时，SCP 也没有使用集中额度（concentration limit）（一种可以避免 SCP 过分投资于某种特殊交易的额度，摩根大通的投行部常常采用这种额度来管理自身的交易组合）。

虽然，SCP 的众多额度超额被报告给了摩根大通的管理层、风险管理部门和交易员，但并没有使得管理人员对 SCP 进行深入分析，管理层也没有及时采取减持风险的措施。结果导致或者超额事件被忽略了，或者风险额度被人为提高了。

除了以上列举的问题，CIO 的交易员、风险管理人员以及定量分析人员，常常对风险测度的准确性进行攻击，对信用衍生产品的风险进行淡化，同时又提出以减低 SCP 风险数量为目的的新的风险计量模型。

针对 CIO 的 VaR 模型，分析员没有充分地研究 SCP 是否存在的问题，就武断地认为现存模型过分保守，还得出风险数量被夸大的结论，最后，一个替代模型在 2012 年 1 月底被匆匆推上马。这恰恰是 CIO 风险额度被突破的时间段。在推出新模型时，摩根大通并没有取得 OCC 的批准。此模型将 SCP 的 VaR 值降低了 50%，超额现象被立即消除，这样 CIO 便可以参与更大数量的高风险交易了。

直到几个月后，摩根大通才确认新模型的实施存在严重缺陷，包括模型本身，有太多易犯错的人工介入和计算公式错误。5 月 10 日，银行决定撤换新模型，仍采用老模型来计量风险。

CIO 的定量分析人员、交易员和风险分析人员，曾经不遗余力地批评银行的全面风险测度模型所展示的结果，他们认为 CRM 高估了风险。CIO 的定量分析人员向银行的定量分析人员施加压力，要求尽快实施可以优化风险加权资产的管理系统（这里的优化是指模型可以产生最低的风险加权资产数量要求）。银行曾经在电子邮件中提醒 CIO 的分析员，实施该系统要小心，可是后来，在该分析员实施能够以减低 SCP 风险数量为目的的系统时，却得到了银行的不断支持。

管理 SCP 组合要涉及很多方面，管理过程非常复杂，CIO 伦敦分支的负责人阿基利斯·马克里斯（Achilles Macris）曾经将管理 SCP 比作开飞机。负责检查监督摩根大通的 OCC 监管人员告知小组委员会，如果将 SCP 比作一架飞机，那么与之相关的风险计量可以比作飞行仪器。在 2012 年的第一季度，这些飞行仪器亮了红灯，给出了警告，但飞行员非但没有改变航程，反而选择了怀疑仪器准确性的态度。摩根大通的举措，不仅显示了摩根大通本身风险管理的缺陷，同时也显示了业界的系统性问题。究竟有多少金融机构，对风险预警置若罔闻而采用新模型来压低风险数量以及资本金的数量呢？

（4）规避和执行OCC风险监督。在2012年4月媒体报道"伦敦鲸"交易之前，虽然CIO的SCP在对冲信用风险中起着举足轻重的作用，但摩根大通几乎没有向其监管部门OCC提供任何关于SCP的信息，也没有向OCC披露关于该组合在2011年和2012年迅速增长的高风险信用衍生产品构成的信息。

现在回头来看，OCC在银行的资料中，虽然偶尔能看到"核心信用组合"的字样，但OCC告知小组委员会，摩根大通在2012年1月27日的常规VaR报告中，才首次提到SCP交易组合，而当时SCP的损失已经接近1亿美元。在此之前，银行没有及时披露SCP信息，使得OCC不能有效地行使其监督权，没能及时地阻止银行对高风险资产的投资，最终，使得OCC没能勒令银行停止不良行为。

由于在2012年以前，OCC没意识到SCP的高风险，所以没有对SCP进行任何检查。由于摩根大通未对OCC进行完整的信息披露，银行没有及时地提供信息，甚至提供了错误信息，而又从OCC对银行提供的报告中，显示OCC对CIO高风险信息没有足够重视，所以OCC和摩根大通都对此事负有责任。具体表现为2011年，SCP的面值由40亿美元增至510亿美元，增幅超过了十倍，但银行没有通知OCC这一重要信息。但银行确实向OCC提供了CIO在2011年前半年数次突破压力损失额度的信息。报告中阐明，总共有8次突破，连续突破时间长达几个星期，在具备这些信息的情况下，OCC没有及时地对银行进行跟踪。在2011年事件发生后，CIO调用10亿美元资金对高风险的信用衍生品进行巨额赌注，并赢得4亿美元的回报，OCC确实知道CIO的收益，但并没有对交易行为进行质询，也没有及时掌握CIO的信用衍生品交易信息。

2012年1月，在与OCC的一季度例会上，摩根大通第一次向OCC披露了SCP的存在，CIO的管理人员告知OCC，他们正在努力对SCP进行减仓。CIO的管理人员试图淡化SCP的重要性。但在一季度，CIO却将SCP的面值增加了2倍，由510亿美元增加到1570亿美元，增加的仓位包括对于不同参考实体、不同期限的信用衍生品的空头和多头。仓位的增加造成SCP突破了CIO和银行的VaR额度。针对此事，银行确实向OCC披露了SCP的超额事件，但并没有引起OCC对该事件的质询。

2012年1月份，在给OCC的例行报告中，银行提及CIO新的VaR模型，会大大降低SCP的风险数量，但OCC并没有质询改变模型的原因，也没有质询新模型对风险的影响，更没有询问，为什么CIO在一夜之间就可以将风险减低50%。

2012年2月份和3月份，在给OCC的例行报告中，银行开始忽略CIO的业绩表现，同时也没有向OCC提供新的、有关CIO的即时管理报告。OCC的官员也没有注意到文件的缺失，没有及时向银行寻求CIO的管理报告。

直到2012年4月6日，媒体披露了CIO的高风险交易时，OCC才意识到自身管理的失误。因为银行没有及时向OCC提供CIO及SCP的数据，导致OCC被误导，从而使得OCC

没能就 SCP 的风险持仓以及持续增长的损失实施必要的监管。

2012 年 1 月份到 4 月份，SCP 持续高风险买入，突破了 CIO 的各种风险额度（风险价值额度、信用溢差、压力损失及止损额度），这些超额事件被清晰地陈列在银行向 OCC 提交的标准报告之中，但 OCC 却没有采取任何行动。小组委员会没有发现 OCC 在收到报告以后，对违额数据进行分析的证据，也没有发现 OCC 就超额交易向摩根大通进行质询。

2012 年 4 月 6 日，当媒体披露摩根大通在"伦敦鲸"交易中的角色时，OCC 告知小组委员会，他们得知媒体的报道很吃惊，并马上向摩根大通询问有关交易的信息。OCC 说，他们最初只收到了非常有限的数据，而当时银行已经打保票，称问题已得到了控制，以至于 4 月底，OCC 认为摩根大通的损失事件可以收尾了。

2012 年 5 月，在摩根大通向公众披露其 20 亿美元损失的前几天，OCC 才意识到，SCP 仍在困扰着摩根大通。5 月 12 日，OCC 的官员告知议会银行事务委员会，在沃尔克法则下，该交易仍为合法。但几天后，OCC 通过再次检验改口称，当时最初的结论是不成熟的。

在新任署长指挥之下，OCC 对 CIO 的信用衍生产品组合进行了彻底调查。OCC 告知小组委员会，即便到了这个时刻，想从摩根大通取得信息仍然是非常困难的。银行拒绝提供，或者延迟向 OCC 提供有关信息，有时甚至提供错误信息。例如，当 OCC 询问 CIO 是否错误地对 SCP 进行定价时，银行的首席风险官仍然否认这一点，不但如此，银行还推迟向 OCC 提供 CIO 相关人员故意缩小 SCP 交易损失的证据。

2013 年 1 月 14 日，OCC 在 2012 年向银行发出了 6 项监管信函（supervisory letter）之后发出了勒令停止令，其中列举了 20 项银行需要马上改正的事项（matter requiring attention）。同时，OCC 对自己的失误也进行了检查，并在 2012 年 10 月出了一份内部报告，列举了自身应该吸取的教训，其中包括 OCC 对于 CIO 的超额事件没有做出正确反应，忽视了摩根大通提交的关于自身交易组合业绩的整体数据（这一整体数据恰恰掩盖了 CIO 衍生产品的损失）等问题。

摩根大通"伦敦鲸"交易事件，向人们展示了一个有趣的现象，这就是如果银行本身不及时提供自身的交易组合数据，不将交易组合信息透明化，不及时提供有关交易及其定价的信息，那么有效监管将非常难以实施。同时，OCC 也没有做到与摩根大通建立有效的监管关系。当然，这种监管关系的基础，是 OCC 的监督努力和摩根大通的积极配合。

（5）摩根大通银行是否在刻意规避监管，误导投资人？为了保证给投资人提供一个公平、开放并且有效的市场，美国联邦证券法对市场参与者，设定了有关特定信息披露的规定。而摩根大通，在 2012 年 4 月和 5 月 12 日向公众以及证监会提供的报告让人怀疑，CIO "伦敦鲸"交易事件信息的披露是否及时？是否完全？是否准确？正如此报告所指出的，CIO 的损失已经累计达 10 亿美元，且有一系列问题已经影响到 CIO 和摩根大通的运作，而 CIO "伦敦鲸"交易事件的信息却直到 2012 年 4 月才向公众披露。

2012 年 4 月 6 日，媒体的报道首次将公众视线聚焦于"伦敦鲸"交易事件。4 月 10 日，也就是媒体披露此信息后的第一个交易日，SCP 的内部报告损失为 4.15 亿美元。同一天，银行的对外联络人员和首席投资办公室的联络人员在向媒体及分析员提供的通信要点中，声称SCP的问题仍在掌控之下。银行和首席投资办公室的主要目的是向外界表明，CIO的交易行为是以对冲为目的的，监管当局对SCP的交易了如指掌（fully aware）。可是，这些信息都是不准确的。4月11日，也就是在下一个交易日，一位交易员告知艾娜·德鲁女士，"银行的通信手段开始工作了"，交易员的言下之意是，银行的这些宣传稳定了市场，使交易组合的损失在减少。

2012年4月13日星期五，摩根大通就第一季度的业绩向证监会提交了8-K报告。在当天举行的业绩会议上，摩根大通的首席财务官道格拉斯·布朗斯坦（Douglas Braunstein）向投资人、分析员以及公众保证，SCP的交易是出于长期投资的目的，对于监管者而言，这些交易是透明的，并且得到了风险管理人员的批准，交易目的是对冲，即使在变化了的沃尔克法则下，摩根大通的交易仍然是被允许的。摩根大通CEO杰米·戴蒙称，媒体有关SCP的报道是茶壶里的风暴。

2012年5月10日，提交10-Q报告时，摩根大通宣布SCP损失了20亿美元，并且指出SCP也许会损失更多，其风险也比最初描述的要大很多。10-Q报告指出，"从2012年3月31日开始，CIO的合成信用组合出现了巨额损失，已经证实这一交易组合比最初想象的更具有高风险、高波动的特性，对冲意义也没有那么有效"。在4月13日提交8-K报告及业绩电话会议以后，银行的股票并没有太大的波动。但在摩根大通发布5月10日10-Q报告、5月15日的通气会，以及艾娜·德鲁宣布离开摩根大通的消息后，摩根大通银行的股票出现了大跌，股价从5月10日的每股40.74美元，跌到5月17日的每股33.93美元，一周跌幅达17%，之后，股票价格继续下跌，到6月4日，股价跌至每股31美元，跌幅达24%。

根据银行在4月10日、4月13日及5月10日向外界公布消息时所掌握的信息可以断定，银行所披露的有关SCP的信息是不全面的，其中包含了很多不准确的信息，误导了投资人、监管者及其公众。其中不准确的信息如下。

1）不仅仅是茶壶里的风暴。在4月13日的业绩电话会议上，就这个提问，戴蒙先生淡化媒体关于SCP的报道，并称其为茶壶里的风暴，虽然戴蒙先生就这一评论进行了道歉，但媒体报道以后，戴蒙的评论，对于投资人对事件的认识却起着关键作用。有证据表明，戴蒙先生在做出此评论时，已经掌握了SCP连续3个月损失的信息，而且他也了解，损失呈几何级数增长的情况和难以退出交易的事实。

2）关于风险管理人员介入的不真实描述。4月13日的业绩电话会议上，布朗斯坦先生称，"所有交易都在企业级风险管理部门的掌控之下"。但事实证明，摩根大通企业级风险管理部门对SCP交易知之甚少，并且在进行交易的过程中，企业级风险管理部没有扮演任何角色。例如，摩根大通的首席风险官约翰·霍根（John Hogan）告知小组委员会，在4月的媒体报道之前，他对于SCP的规模以及交易目的一无所知，更不用说了解其巨额损失的信息了。没有任何证据表明，在4月13日业绩电话会议之前，即银行风险管理人员接管SCP之前，霍根先生和他的前任，或其他企业级的风险管理人员，在SCP的设计及成长过程中扮演过任何角色。另外，在布朗斯坦的报告中，也没有提及任何SCP在2012年第一季度突破全行风险额度的事实,而这些超额的信息对于投资人却是极其珍贵的。

3)将 SCP 错误地描述为"对于监管人员而言是彻底透明的"。在 4 月 13 日的业绩电话会议上,布朗斯坦先生称,SCP 对于监管人员是彻底透明的,并且称"监管人员定期会在我们的常规报告上收到有关头寸的信息"。事实上,银行的常规报告上没有显示任何 SCP 信息,银行只是在 4 月 13 日前几天,向 OCC 笼统地介绍了一下 SCP 的交易头寸,而在长达一个多月的时间内没有向 OCC 提供任何详细信息。布朗斯坦先生的声明中,忽略了摩根大通就 SCP 的风险,刻意规避 OCC 监管监督的事实。摩根大通规避监管的做法是,没有向 OCC 汇报 SCP 交易组合的建立,在 CIO 的报告中没有提及任何有关 SCP 的交易信息,而且阻止 OCC 取得 CIO 每天的盈亏报告。在 4 月 13 日的业绩电话会议上,银行想方设法让投资人相信,SCP 是在 OCC 显微镜之下的,而事实是,银行几乎没向 OCC 提供任何关于 SCP 的数据。

4)将 SCP 的交易决策错误地描述为"是出于长期的考虑"。在 4 月 13 日的业绩电话会议上,布朗斯坦先生对压力损失头寸的处理解释说,"所有的决策都有长期的考虑"。事实上,CIO 的交易员每天进行交易,银行也承认 SCP 是一个活跃的交易组合(actively traded portfolio)。2012 年 3 月,也就是 4 月 13 日业绩电话会议之前的一个月,在 CIO 的一个内部会议上,CIO 告知银行的高管,SCP 的交易决策是在一个短期层面上的。另外,许多给 SCP 造成损失的交易,只是在数周或数月前才完成。布朗斯坦先生将 SCP 的头寸描述为是出于长期的考虑,这与 SCP 的构成不符,也与 SCP 的运作模式不符。布朗斯坦的陈述,说好听点,是不精确的,说得不好听点,是具有欺骗性的。

5)将 SCP 的交易错误地描述为"为压力损失提供保护"。在 4 月 13 日的业绩电话会议上,布朗斯坦先生称,SCP 会在信用压力市场为银行提供压力损失保护(stress loss protection),布朗斯坦先生特别指出 SCP 会减低银行的风险,而不会增加风险。但在 4 月初,也就是在 4 月 13 日的业绩电话会议之前的几天,艾娜·德鲁女士告知摩根大通的高管,SCP 是持有信用风险的多头,而小组委员会被告知 SCP 会在信用危机发生时给银行提供保护,这里存在明显的不一致。另外,在 4 月 13 日电话会议的前两天,一位高管检验过的详细分析显示,在信用变坏的多个情形下,SCP 会产生损失。银行试图向投资人保证 SCP 会减低银行的信用风险,但事实上,当信用危机发生时,SCP 根本不能减低损失。

6)将 SCP 的交易错误地描述为与沃尔克法则相符。在 4 月 13 日的业绩电话会议上,布朗斯坦先生陈述的最后一点指出:"我们相信,我们所做的一切会与沃尔克法则的最终结果一致。"但是,沃尔克法则禁止受联邦保护的银行从事高风险的自营交易,法则的根本目的是减持银行的风险。虽然沃尔克法则允许一定交易行为的存在,其中包括"减持风险的对冲行为"(risk-mitigating hedging activities)。布朗斯坦先生的陈述,为公众提供了 SCP 是对冲风险这一错误印象。当小组委员会询问银行,是否做了沃尔克法则与 SCP 的法律分析时,银行承认,这样的分析还没有做过。在业绩会议的前一天,艾娜·德鲁女士曾写信给布朗斯坦先生说,"沃尔克法则的语言不是很清晰"(the language in Volcker is unclear),这表明,当时沃尔克法则的实施,仍是在发展过程之中。另外,银行曾向监管局表达,担心沃克尔法则不允许 SCP 类型的交易。银行在向投资人提供信息时,完全没有提到这一点,而只是提到,CIO 的 SCP 交易在新的法律环境下，仍可以持续运作。

7）忽略 VaR 模型变化。2012 年 1 月底，银行批准了 CIO 可以使用新的 VaR 模型，新模型将 SCP 报告的风险量降低了一半，但银行在 4 月的 8-K 报告中没有披露 VaR 模型的变化，而在 5 月的 10-Q 报告上也没有给出重新采用老模型的原因。摩根大通非常清楚 VaR 风险分析对于投资人的重要性，因为当媒体就"伦敦鲸"交易首先发问时，银行明确引用了 2011 年 2 月 28 日提交的年度 10-K 报告中的 VaR 分析结果。但在 4 月 13 日，也就是几天以后，银行提交的 8-K 报告中，仍采用了误导大家的图表，其中将 CIO 第一季度的 VaR 数量报告为 6 700 万美元，比前一季度仅仅高 300 万美元，在报告中摩根大通没有指出报告结果是基于新的风险模型，而新的风险模型的计算结果，要远远低于以前所采用的模型。如果一个分析员使用摩根大通 2011 年年底以及 2012 年第一季度披露的 VaR 数据，他也许会认为 SCP 的头寸会比较接近，因为整体 VaR 比较接近。事实上，VaR 模型的变化掩盖了交易组合头寸的变化，也掩盖了 SCP 的风险。

在 5 月 10 日的电话会议上，一位分析员询问为什么 VaR 模型会有所改变，戴蒙先生答道，"银行会经常性地更新模型，这是为了使模型变得更好"。戴蒙的回答中没有提及 CIO 老的模型被重新使用这一事实，也没有提及新模型低估了一半的风险数量以及使用过程易出错、易触发操作风险的事实。

由此，我们得到的结论是：风险管理人员没有介入 CIO 的 SCP 交易，SCP 对监管人员也是不透明的交易组合，SCP 的交易决策不是出于长期考虑，SCP 的交易也与沃尔克法则不相符。这导致投资者、监管者以及公众，无法看清 2012 年第一季度 CIO 的信用衍生产品交易的特性、行为以及风险的真实图像。

以上种种不真实、不完善的陈述，从根本上误导了投资者、监管者以及公众。

3. "伦敦鲸"交易事件告诉我们什么

通过小组委员会仔细检验，可以确定"伦敦鲸"交易事件并非无赖交易员的交易行为。交易中确实涉及了公司的最高管理层。在事后披露的邮件和备忘录显示，CIO 交易员确实就其交易策略，向高管做了定期汇报。同时，调查也揭示了合成衍生产品交易记录以及风险管理存在的诸多系统性缺陷。

将 SCP 展开来看，当持仓量达到一定规模，众多期限和不同参考实体的衍生品混合到一起时，交易组合的风险就变得十分复杂，以至于专家也难以对其进行有效的管理。摩根大通的内部文件注明，SCP 并没被当作对冲组合进行管理，到 2012 年 3 月为止，SCP 也没有为银行提供信用损失的保护。没有对冲的文件存档以及管理的系统性弱点等被一一曝光。

小组委员会的调查还揭示了信用衍生产品定价存在的系统性问题，SCP 组合很容易被操纵，损失很容易被掩盖。摩根大通的电话录音和即时信息显示，交易员在录入衍生产品时感到了压力；交易员对于定价过程中为减少损失而采用错误价格感到不安。但摩根大通的内部检验，却对错误价格得出了荒谬的结论，称其与市场实践一致。

摩根大通声称，造成"伦敦鲸"交易事件损失的部分原因，是在交易过程中没有实施正确的交易额度。但小组委员会发现 CIO 的 5 个实施额度，在 2012 年的第一季度均被突破，而且突破时间不止一天两天。银行的管理人员明明知道风险超额，仍然听之任之，甚至直接修改交易额度，当5个额度都突破时，却武断地认为，风险测度过分保守、不可信，甚至说其是垃圾，还对风险测度进行修改。相继披露的证据表明，CIO的雇员曾故意降低CIO风险结果，做法是：在没有减持自身风险资产的前提下，通过操纵计算VaR、CRM及RWA的数学模型，而达到降低资本金的目的。另外，让人困惑的是，OCC在得知风险超额事件的发生，并且OCC在被告知CIO的VaR模型变化将会使风险量降低44%的情况下，也没有注意这些警示。

此外，还有证据表明摩根大通躲避监管当局的监督。其做法是，不让OCC的雷达上出现SCP的任何迹象。摩根大通的这种做法，在SCP的巨额头寸已经出现以及SCP损失日渐凸显的情形下仍一直持续，直到媒体揭开了"伦敦鲸"交易事件的面纱。

2012年1月底的季度例会上，摩根大通告知OCC自身想对SCP进行减仓，但之后，非但没有减持仓位，反而增持了交易组合及其相应的风险。可能会引起监管当局注意的定期报告被银行延迟发送，报告的细节数据被忽略。银行只向OCC做出不应该做的口头保证，但对监管当局所要求的数据，银行却拖延着甚至根本就没有提供。规避OCC监督的所作所为，可以追溯到CIO的主管及银行运作委员会成员艾娜·德鲁，她曾经抱怨说，OCC的触角伸得太长了！

媒体曝光"伦敦鲸"交易事件之后，银行的高管对投资人和公众提供了许多不准确的信息。相继披露的文件表明，高管们曾被告知SCP的头寸很大，一直在造成损失，已经不可能再给银行提供信用损失保护了，但公司高管对于报告的问题进行淡化，继续将SCP描述为减低风险的对冲，一直持续到产生数以亿计的损失之后。

"伦敦鲸"交易的是受政府保护的储蓄资金，被金融机构滥用进行交易，同时金融机构又试图掩盖其合成衍生产品风险的事实。小组委员会调查结果揭示了衍生产品带给美国金融体系的多个系统性的问题，这些问题确实需要一个解决方案。

4. 国会常设调查小组委员会的事实认定

根据小组委员会的调查，得出以下事实认定。

（1）在没有通知监管者的前提下增大了风险。2012年的第一季度，在没有通知监管部门的情况下，摩根大通CIO利用银行部分受联邦政府保护的储蓄资金，构造了数量达1 570亿美元的合成信用衍生产品组合，该组合涉及高风险、复杂、短期交易战略，而摩根大通只是在媒体将其交易组合的风险进行报道以后，才向监管部门报告这一交易组合的风险本质。

（2）错误地将高风险交易描述为对冲。摩根大通曾经称SCP为银行信用风险的对冲工具，但在构造对冲的同时，没有对被对冲资产进行任何识别，也没有将对冲的规模及有效性进行鉴定，更没有从根本上做出SCP是减低风险还是增持风险的判断。

（3）掩盖巨额损失。2012年数月间，摩根大通通过其分支CIO掩盖了SCP数量达6.6亿美元的损失。摩根大通掩盖损失的做法是夸大衍生产品价值，对产品价格不准确的警示置若罔闻。这里的警示包括，其投行计算所得价值与CIO的价值不一致以及对手抵押品的争议、为SCP的不良定价提供支持。

（4）摒弃风险。在2012年的前3个月，CIO的SCP组合突破5项银行的主要风险限额，管理人员没有静心思考原因，而是选择摒弃风险预警，并通过增大限额、改变模型、继续交易的方式，来对问题进行淡化。

（5）规避OCC的监督。摩根大通通过不向监管当局及时报告的方式，规避了OCC对信用风险衍生产品的监督。摩根大通没有及时通知监管部门，其SCP组合在2011年增长了一倍，在2012年增长了三倍，在向OCC提供的报告中没有提及SCP的规模、复杂性、损失量，OCC向银行进行质询时，摩根大通仅仅是向OCC提出了减持SCP的口头保证。

（6）监管监督的失职。OCC没有及时对CIO的多项超额事件进行调查；对CIO没有提供SCP信息过分宽容；在没有收到CIO信息的情况下，没有及时向银行催要；在VaR数量急剧降低的情况发生时，没有对模型进行质询；轻易接受了摩根大通提供的减持SCP的口头保证。

（7）错误地描述交易组合。在公众得知"伦敦鲸"交易信息以后，摩根大通误导投资人、监管者、政策制定者以及公众。摩根大通没有及时说明SCP的交易信息，淡化了交易规模、风险状态及损失，错误地将SCP描述为出于长期考虑提供的压力损失保护，并且错误地声称交易策略已经受到风险管理人员和监管人员的检验。

5. 国会常设调查小组委员会的建议

根据小组委员会的调查，给出以下建议。

（1）要求衍生产品业绩数据化。联邦监管人员应该要求，银行对其内部投资组合提供必要的数据信息，其中包括面值、某时段的业绩表现等。同时，监管者应该对银行进行年度检查，其中包括没有披露的衍生产品的价值、净头寸、超出一定限度的盈余等。

（2）要求提供同期对冲文件。联邦监管人员应该要求，银行对于其对冲策略进行文档留存，其中存留信息包括，对冲过程的建立、对冲会如何减持被对冲资产的风险、对冲有效性、对冲的平仓处理等。监管人员应该要求，银行对于超出一定规模的对冲提供报告，也要提供盈亏报告。基于盈亏报告，管理人员需要对一段时间内持续盈利的头寸进行分析。

（3）强化信用衍生产品定价。联邦监管人员应该强化信用衍生产品的定价，要鼓励银行采用独立定价，或者采用能够反映真实交易的价格；对于超出一定水平，与交易对手有争议的价格争端要向监管当局披露；对偏离中间价格的价格偏差要进行量化，给出原因，在必要时要进行调查。

（4）对风险超额事件要进行调查。联邦监管人员应该对交易超额事件进行跟踪，对突破VaR、CS01、CSW10%、止损及其他风险额度的事件进行调查。

（5）对产生低风险的模型进行调查。为了避免操纵风险模型，联邦监管人员对于那些大幅减低风险量，以及大幅减低交易组合资本金数量的模型要进行调查。

（6）实施Merkley-Levin条例。联邦监管人员应该对于《多德-弗兰克法案》中的Merkley-Levin条例，即沃尔克法则（该法则禁止银行进行自营交易并且禁止受联邦政府保护的银行及附属机构囤积高风险资产），尽快提供最终决策。

（7）加强监管衍生产品的资本金数量。联邦监管人员应该对于沃尔克法则允许的交易行为，设定额外资本金，具体条例请参见美国银行法（Section13（d）（3）of the Bank Holding Company Act）。另外，在实施《巴塞尔协议Ⅲ》时，联邦监管人员应该首先考虑，要求银行满足交易账户资本金。

1.3 风险管理的价值

针对风险管理是否具有价值，一直存在比较大的争议。部分学者认为风险管理是没有必要做的，其理论依据是有效市场假说。该理论认为投资者都是完全理性的，他们追求在一定风险水平下的最大收益；金融资产的价格已经反映了所有公开的信息，价格的变化互不相关，且收益率服从正态分布。该理论支持者认为，既然风险的因素已在资产价格中进行了体现，那么再进行风险管理显然是降低利益相关者（stake holder）收益的行为，是没有必要的。

而作为另外一个群体的代表，也有很多学者通过论文建立了风险管理的理论基础。这些论文论证了以下几点：对冲可以通过阻止财务困境时的大额成本来增加公司价值、降低公司总体税负、降低交易成本、改善投资决策，通过减少信息不对称吸引大股东来增加公司价值。在理论之外，也有很多机构证明了从公司信誉和竞争力等无形价值资产角度考虑，良好的风险管理可以充分保护利益相关人的利益，提高和维护公司信誉和利益相关人的信任，有助于全面提高企业竞争力。除此之外，至少还有四条实际的理由可以说明风险管理对于企业的重要性。

理由一，管理风险是管理层的职责。尽管有效市场假说的支持者一直坚持，投资者可以自行通过分散的投资组合来降低风险，因此管理风险是没有必要的。然而在现实中，我们永远听不到一个机构投资者或个人投资者对公司管理层说："请随意经营吧，没有必要管理风险，不需要去考虑公司破产的事情。因为我的投资足够分散。"

基于此，我们可以说，管理一家企业的风险是管理层而不是股东的直接责任。更有激进者曾表示管理就是在管理风险，除了风险以外就没有什么需要管理的了。尽管现代投资组合理论对当今的金融和风险管理的理论和实践有很大贡献，但该理论的假设在现实中是受到种种限制的。即便是专业基金经理也可能无法获得有效风险管理所需要的足够的内部信息，这包括有关风险/收益的历史资料、波动率和相关性，企业当前的风险敞口和集中度，可能改变公司风险特征的未来经营和投资计划。

由于以上信息的复杂性及其对于外部人士的透明度不足，自然不可能期待股东们能做出最优的风险/收益决策。即使是企业的管理层，虽然他们能优先知晓有关信息并有风险管理系统和专家们的支持，但是计量和管理企业整体风险对他们而言仍是一个巨大的挑战。股东们能够做到的主要工作就是挑选出一个具有足够独立性、全心全意为股东服务并对风险足够敏锐的董事会来代表他们的利益，并且当他们对公司管理水平不满时用脚投票，即卖出股票。由此可见，确保公司达到它的经营目标，承担符合公司风险偏好的适当风险仍然是管理层永恒的职责。在这个层面上，尽管风险管理的成本有时看上去非常高昂，却也是企业要达到理想彼岸所必须付出的代价。

理由二，风险管理可以降低收益波动。风险管理的主要目标之一是降低公司收益和市值对外部变量的敏感性。例如，在市场风险管理方面采取主动管理模式的公司，其股价显示出对标的资产市场价格较低的敏感性，这是由实证得出的结论。例如，由哈佛商学院的彼得·图法诺于 1998 年出版的一项研究成果表明，按照黄金生产厂家进行对冲活动的强度把它们进行排列后，位于前 25% 的厂家的股价对于黄金价格变化的敏感性比位于最后 25% 的厂家低大约 23%。这部分厂家在黄金价格剧烈波动时将可以更为从容地制订战略、战术规划，使自身利益最大化。反之，那些后 25% 的厂家则只能疲于奔命，甚至大幅增持或减持库存黄金，从而给运营带来困难。

受到利率、汇率、大宗商品价格和别的市场变量影响的公司可以通过风险管理手段更好地对冲风险，管理收益波动。由于股价体现的是市场对于公司盈利水平的预期，故而未能达到市场预期的股票将会受到股市的严厉惩罚，导致股价大跌，故而收益波动管理对于上市公司已愈加重要。而以美国证券交易委员会 SEC 为主的监管机构对于运用会计技术来抹平收益缺口的管理越来越严格。在这样的运营环境下，管理层通过合法、公开、透明的风险管理手段来降低收益波动显得更为重要，且在一定程度上具有了不可替代性，故而，管理层必须更加关注对企业的潜在风险的管理。

理由三，风险管理可以最大化股东价值。除了管理收益波动外，风险管理还可以帮助企业达到它的经营目标并最大化股东价值。在实务中，大多数基于股东价值承担风险进行项目投资的公司大都认同风险管理和经营最优化可以增加 20%～30% 或更多的股东价值。确保以下各点就可以得到这样的改善。

第一，在反映了潜在风险的各个层次上建立了目标投资收益和产品定价方法；

第二，把资本配置在经风险调整后其收益最具吸引力的项目和业务上，使风险转移策略得到有效执行，以最优化风险 / 收益组合；

第三，公司对于其面临的所有风险都能有适当的手段进行管理，以防止大的损失和对公司声誉或品牌的损害；

第四，企业的各个层级乃至个人，对其绩效计量和激励机制都与企业的整体经营目标、风险目标保持一致；

第五，重要的管理决策如并购以及企业规划中都明确将风险要素作为主要考虑因素。

至于如何达到这些目标的策略，以及在实务中它们是如何起作用的，将在本书后续章节及案例中与各位分享。

弗吉尼亚大学的乔治·阿莱亚尼斯和詹姆斯·韦斯顿在 1998 年的一项实证研究支持了这一看法，那就是积极的风险管理有助于股东价值的增长。他们以进行对冲活动的程度作为计量维度，对 1990 年到 1995 年积极从事市场风险管理的公司的市值与面值的比率进行研究，发现更积极地从事市场风险管理的公司得到了市值平均增长 20% 的回报。换言之，我们可以说风险管理协助公司获取了资本市场的溢价，更显而易见的是，风险管理还可以通过降低外部融资成本和减少商业活动的不确定性来支持公司效益的全面增长。

理由四，风险管理促进高管职业和财务安全。就个人层次来看，风险管理最引人注目的益处是它特别有助于高级经理人员的职业和财务安全。我国新公司法实施以后，公司董事、监事和高管人员面临越来越大的责任和职业风险，除了原公司法规定的民事责任和刑事责任外，他们还有可能承担以下风险：因关联交易损害公司利益而承担的赔偿责任；公司对外担保和投资业务中的赔偿责任；因签署违法而宣告无效的合同或者开展违法业务产生的赔偿责任；面临不信任股东查账的风险；面临被股东起诉追究责任的风险。

通过有效的风险管理，可以使管理者积极作为，对可能造成重大损失的风险事件事先制订应对方案及应急预案，在损失发生前尽力降低风险发生的可能性，而在损失已经发生后，使其破坏力最小化，结果使管理者的利益和股东利益相得益彰，取得同一化。风险管理可以提供给管理者更高程度的职业安全并且保证他们在公司里的价值，使其手中的期权更有价值。故曾有从业者俏皮地说道："风险管理的最大价值就是让一把手显著提升睡眠质量。"

【相关案例】从明星到魔鬼——瑞银（UBS）因一人巨亏 23 亿美元

"需要奇迹出现"，这是加纳籍交易员科维库·阿杜伯利（Kweku Adoboli）在社交网站上最后的留言。

2011 年 9 月 18 日，瑞银将阿杜伯利未授权交易对其造成的损失由 20 亿美元上调至 23 亿美元，声明指出，该项损失是过去三个月以来对标准普尔 500 指数、德国 DAX 指数和 EuroStoxx 指数期货交易造成的亏损。

在该声明发布的三天前，一手酿成此项巨亏的交易员阿杜伯利在法庭上被控两项罪名——伪造账目（false accounting）及滥用职权构成欺诈。而此事发生前，阿杜伯利还是一个年收入高达 60 万英镑的"明星交易员"。

据报道，事发前，阿杜伯利在瑞银的"Delta One"交易小组工作，该小组隶属于瑞银的欧洲股市交易部门。"Delta One"是一种衍生产品交易，是投行仅剩的几种可用自营资本进行大笔押注的交易之一。这类业务虽然发展迅速却处于监管的灰色地带，主要是交易一些密切跟踪某类标的资产（如股票）的证券，往往牵涉到交易所交易基金和互换合约。但是，阿杜伯利所在的"Delta One"交易小组，主要负责管理客户的和银行自己的交易，一般在买入一种资产的同时，购买另外一种资产来对冲损失。

瑞银在 18 日的声明中指出，阿杜伯利涉及在交易系统中通过伪造账户进行大量未授权交易，造成银行的巨亏，即通过采取违法的虚拟现金 ETF 头寸制造虚假的对冲交易，越过他所授权的风险限额。而根据欧洲市场惯例，一些主要的经纪商并没有发送 ETF 交易确认的义务。

本次损失的发生主要来自阿杜伯利从事未经授权的对标准普尔 500 指数、德国 DAX 指数和 EuroStoxx 指数期货的投机交易，他一边倒地押注这些指数会上涨。但是在 2011 年 6～9 月的三个月中，德国股市 DAX 指数跌幅超过 20%，美国标准普尔 500 指数下跌超过 7%。而阿杜伯利被认为已经建立了总额约 100 亿美元的交易头寸。

瑞银声明表示，集团董事会已经成立了一个特殊委员会，对这项交易及相关风控环节进行独立调查。该委员会由高级独立董事戴维·希德维尔（David Sidwell）牵头，并直接向董事会汇报。英国及瑞士金融监管机构也对瑞银事件展开联合外部调查。

根据英国《金融时报》的报道，阿杜伯利被怀疑使用这样一个事实，即欧洲的一些ETF交易在结算完成之前不会发出确认，以此来掩盖损失。使用这些虚构的ETF交易可以使得交易的一方在交易确认之前收到交易的付款，尽管卖家在证券交付之前取出买家的现金并非易事，但卖家仍可以在自己的账簿上把这笔现金记录为已经收到的款项，甚至可以将其用于进一步交易。

《金融时报》解释称，这种风险在场外交易市场中尤其普遍，而交易所开放式指数基金（ETF）、外汇期权和多种大宗商品衍生品等通常进行场外交易。货币市场工具也是如此交易的，万一价值几千亿美元的短期商业票据出现交割违约（fails-to-delivers），结果将不堪设想，尽管我们的交易账户清单里仍会将这些票据称为"现金"余额，但其实这个数字非常具有误导性。与美国不同，欧洲还没有关于交割违约的数据，CNN和 *World Finance* 杂志也表示，一些银行会故意设置一定程度的交割违约，以此"应对财务压力"。在一段时间内，比方说两个会计周期之间或者两次部门审计之间，交割违约使一位交易员、一个交易柜台乃至整个金融机构得以在其账簿上同时纳入其已经出售但尚未交付的证券的价值，以及已经收录但尚未到账的现金的价值。根据惯例，保证金规则和交易系统通常允许某次出售证券的款项实际到账之前就被投入用于购买新的证券。如果在下游交易交割之前，现金支付违约问题就能够解决，这个问题或许不会引起注意；否则就可能引起连锁反应，造成随后的一系列交易都必须中止，那么这家公司就不但要承担自己的亏损，还得承担所涉交易的对手方的亏损。看起来，这就是瑞银集团面临的情况。

2011年9月24日，瑞银的CEO Oswald Grübel宣布辞职，他称"对这次未经授权的交易丑闻负有责任"。10月5日，瑞银全球股票部门的联席主管Francois Gouws和Yassine Bouhara也宣布辞职。2011年10月，过渡时期的CEO Sergio Ermotti承认瑞银的计算机系统事先已经检测到阿杜伯利的未经授权的交易活动，并发出了警告，但该银行没有对该警告采取行动。

2012年11月26日，瑞银系统和内控失效，使得阿杜伯利在伦敦可以通过未授权的交易造成超过20亿美元的损失。对于这一事件，英国金融监管当局对瑞银开出2 970万英镑（约合4 760万美元）的罚单。阿杜伯利本人也在2011年最终被判定为伪造账目和滥用职权构成欺诈，被判入狱7年，但阿杜伯利在2015年6月被释放。尽管事件可能导致瑞银在下一季度出现净亏损，但瑞银称遭受的损失是"可控的"。截至2011年6月，瑞银净收益为64亿美元，2011年第三季度毛利润约为11亿美元。在阿杜伯利被捕的9月15日，瑞银股价收盘下跌10.8%，而其他欧洲银行股票价格上涨3%～6%。

瑞银声称在这次的丑闻中，客户的资金没有损失。但是根据《每日电讯报》报道，瑞银的声誉会遭受巨大损失，而且瑞银损失的资金金额与计划裁减3 500个岗位而节省下来的资金金额几乎相当。

2008年和2009年，瑞银在减记500亿美元证券交易损失之后，曾对风险控制系统进行大规模改进，但当时主要集中于杜绝银行在某一类证券交易中大量隐匿风险的现象，集中于固定收益方面的自营交易。而证券交易由于被视作风险相对较低的客户业务，面临的监察相对较少。整改并没有考虑后台员工可能利用系统漏洞进行虚假交易的情况。据一家商业保险公司称，与巴林银行（Barings Bank）新加坡办事处尼克·利森（Nick Leeson）未经授权进行交易的案件一样，阿杜伯利事件发生地也在远离该行中央办公室的地方，而通常那里的风险管理系统更为强大。

凑巧的是，为阿杜伯利辩护的伦敦 Kingsley Napley 律师事务所，当年曾为搞垮伦敦巴林银行的交易员尼克·利森辩护。不过，后来阿杜伯利将自己的法律代表改为 Bark & Co 和 Furnival Chambers，费用由法律援助机构支付。而阿杜伯利事发前管理的"Delta One"交易平台，也正是他的另一位"前辈"、造成法国兴业银行49亿巨亏的杰洛米·柯维尔曾经"战斗"过的地方。

本案例的主要资料及数据来源于有关瑞银的公开材料，包括：2011年9月18日英国 The Telegraph 中的 *UBS Chief Oswald Grübel Under Threat as Fraud Crisis Deepens*；2011年第11期《时代人物》中的《阿杜伯利"魔鬼交易员"的疯狂赌博》；2011年第20期《环球企业家》中的《"天使"沉沦》；维基百科 *2011 UBS Rogue Trader Scandal*。

案例解读：如果说"一顾倾人城，再顾倾人国"的情景只存在于传说中，那么在金融领域，曾经为金融机构带来累累硕果、立下汗马功劳的交易员，其一个人的所作所为就能让企业遭受几十亿美元的损失。故而，对于明星交易员的管理必须纳入整个风险管理体系当中，而非像某些人所说的那样"风险越大，越应该不透明"。

【相关案例】银行，永不沉没的航空母舰？——海南发展银行风险管理案例

1998年6月21日，中国人民银行发表公告，关闭刚刚诞生2年零10个月的海南发展银行。这是新中国金融史上第一次由于支付危机而对银行实施关闭的案例。

1988年，海南从广东省分出，成为省级行政区。在1988～1991年，海南房地产价格基本在1 400元/米²上下，直到1992年，伴随着全国的固定资产投资热情高涨，海南的房地产市场急剧升温。作为泡沫的中心，海南房地产市场在这一时期也接近疯狂。据统计，截至1993年年底，在海南注册的房地产公司为4 830多家，约占当时全国房地产企业总数的15%，总注册资金高达500多亿元。根据《中国房地产市场年鉴（1996）》统计，1988年，海南商品房平均价格为1 350元/米²，1991年为1 400元/米²，1992年猛涨至5 000元/米²，1993年达到7 500元/米²。用万通冯仑的话来说，此时"海南已经热得一塌糊涂了"。

1993年6月24日，中共中央、国务院下发《关于当前经济情况和加强宏观调控的意见》，1993年8月16日，国务院批转国家计委《关于加强固定资产投资宏观调控的具体措施》。一系列强硬的整顿措施，让宏观经济快速冷却下来。海南的房地产泡沫破裂，大量外来资金抽走，当地的众多信托公司也深陷泥沼，各金融机构投入房地产的资金成为沉淀资金，巨大的信用危机即将出现。因此，申请成立一家海南的股份制银行，解决海南金融体系的遗留问题，也就变得顺理成章。

1995年5月，5家信托投资公司（海南省富南国际信托投资公司、蜀兴信托投资公司、海口浙琼信托投资公司、海口华夏金融公司、三亚吉亚信托投资公司）在资产重组后，合并

成立海南发展银行（以下简称"海发行"），债权债务关系也转移到海发行。成立之初，5家公司的债务被认定为44.4亿元，后来又认定为50亿元以上。这5家信托投资公司中，唯有富南信托能够正常经营，其他4家信托公司都已经在1992年国家进行金融系统大整顿时被取消了经营资格，但它们还留下了部分资产和大量的债权债务。这意味着即将建立的海发行一起步就背负上了沉重的包袱。

在如此困境下，海发行还是走出低谷，一度成为当地银行业的后起之秀。海发行当时的大部分员工都是从全国各地招聘而来的金融界的精英，其中一些人在金融界有着很好的人脉关系，海发行较为灵活的运作机制也最大限度地激发了员工的工作热情。靠着相关部门的支持和自身的努力，海发行度过了最初的困难时期，实现了良性运行，获得了暂时的辉煌。据1997年的《海南年鉴》记载，海南发展银行收息率为90%，没有呆滞贷款，与中华人民共和国境外36家银行及403家分支行建立了代理关系，外汇资产规模达1.7亿美元。

但是，令海发行人没想到的是，一次政策性的兼并，竟酿成了巨大的危机。在海南房地产泡沫时期，多家信用社通过高息揽存的方式开展业务。这也直接造成了多数城市信用社高进低出、食储不化的结果，只有靠新的高息存款支付到期的存款，然后再吸入高息存款，由此进入了严重违背商业规律的恶性循环。于是，资不抵债、入不敷出，无法兑付到期存款，成了信用社的通病。随着房地产泡沫破裂，信用社陷入了大量不良资产的泥潭之中，而对储户承诺的高利息也加剧了这些信用社经营的困境。

1997年5月，海口市城市信用社主任陈琦出逃，引发储户恐慌，纷纷挤提存款，海南省城市信用合作社相继出现支付危机。在海南省政府和人行海南分行的主导下，《处置海南城市信用合作社支付危机的实施方案》出台，将这些信用社并入海发行。1997年12月16日，中国人民银行宣布，关闭海南省5家已经实质破产的信用社，其债权债务关系由海南发展银行托管，其余29家海南省境内的信用社，有28家被并入海南发展银行。

兼并信用社后，海发行宣布，只能保证给付原信用社储户本金及合法的利息。因此，许多在原信用社可以收取高额利息的储户在兼并后只能收取正常的利息。对于托管的5家被关闭信用社的储蓄，也大致如此，而单位存款则被视为所欠债务，在债权债务清算后进行清偿。但一些谋求高收益的投机者由于在海发行得不到高额收益选择了撤资退出，去寻找其他能够给予高收益的融资平台。于是，1998年春节过后，不少客户开始将本金及利息取出，转存其他银行，并表示因为利息降低，不再信任海发行。未到期的储户也开始提前取走存款，并且同时出现了各种各样的谣言，最终引发了大规模的挤兑。为了应对兑付，海发行规定了每周取款的次数、每次取款的限额，而且优先保证个人储户的兑付。超常的兑付压力，使得海发行的其他业务已经基本无法正常进行，应对储户提取存款几乎成了海发行这段时间里的全部活动。

随着挤兑风潮的加剧，海发行自身的违规经营问题也浮现出来。其中最严重的问题，莫过于向股东发放大量无合法担保的贷款。海南发展银行是在1994年12月8日经中国人民银行批准筹建，并于1995年8月18日正式开业的。但仅在1995年5～9月，就已经发放贷款10.6亿元，其中股东贷款9.2亿元，占贷款总额的86.8%。绝大部分股东贷款都属于无合法担保的贷款；许多贷款的用途根本不明确，实际上是用于归还用来入股的临时拆借资金；许多股东的贷款发生在其资本金到账后的一个月内。

在有关部门将28家有问题的信用社并入海南发展银行之后，公众逐渐意识到问题的严重性，出现了挤兑行为。持续几个月的挤兑耗尽了海南发展银行的准备金，而其向股东发放的贷款又无法收回。为保护海南发展银行，国家曾紧急调拨了34亿元人民币抵御这场危机，但只是杯水车薪。为控制局面，化解金融风险，国务院和中国人民银行当机立断，宣布1998年6月21日关闭海南发展银行。

其实，中国人民银行针对海南发展银行成立以后存在的资金紧张和支付困难多次进行流动性救助。1996年12月海南发展银行作为证券市场上的净回购银行存在严重的还款能力不足，被中国人民银行批准发行5亿元特种金融债券；1997年年底到1998年3月，中国人民银行除了批准同意海南发展银行可以全额动用存款准备金外，还向海南发展银行提供了31.51亿元的再贷款支持；1998年2月、4月中国人民银行两次批准同意海南发展银行分别发行了9亿元和5亿元的金融债券，以支付到期的债务和储蓄存款。与此同时，还批准海南发展银行在岛外设立分支机构吸纳资金，以便在岛内机构出现支付危机时能提供一定的流动性支持。然而，海发行因新旧股东之间的利益纠葛与冲突、风险意识淡薄、违规经营和内部管理与控制制度的混乱，经营状况每况愈下，财务状况恶化，亏损严重，流动性严重不足，终因支付危机而被关闭。

本案例的主要资料及数据来源于有关海南发展银行的公开材料，包括：1999年第3期《社会》中的《海南发展银行如何走向深渊》（王智勋、陈欣）；2001年第11期《金融经济》中的《曾记否，金融梦在椰风中逝去——回首海南发展银行关闭始末》（郭一先、吴鹤立）；2003年第8期《上海投资》中的《试论我国金融机构退出市场法律框架的构想》（喻强）；2006年12月16日《财经时报》第6版中的《海南发展银行清算倒逼银行破产机制》（贺江兵）；2013年6月26日新浪财经《海南发展银行：中国银行业倒闭第一案》；2004年第2期《银行家》中的《海南发展银行倒闭警示今犹在》（刘华）。

案例解读：在普通人看来，银行是不会沉没的航空母舰，但从古代的钱庄到现代的银行，它们无一例外是经营风险的金融机构，而银行因其公众性的特点，其经营成败不仅对股东影响巨大，甚至会影响到社会的稳定，其风险管理必须得到国家、监管机构、银行及全社会的关注。

【相关案例】成也萧何，败也萧何——中航油风险管理案例

中国航油（新加坡）股份有限公司（以下简称"中航油"）成立于1993年，由中央直属大型国企——中国航空油料集团有限公司（以下简称"中航油集团"）控股，总部和注册地均位于新加坡。公司成立之初经营十分困难，一度濒临破产，而后在领导层的带领下，一举扭亏为盈，从单一的进口航油采购业务逐步扩展到国际石油贸易业务。经过一系列扩张运作后，公司从一个贸易型企业成功发展成工贸结合的实体企业，实力大为增强。短短几年间，其净资产由1997年的16.8万美元猛增至2003年的1.28亿美元，净资产增长了700多倍，并于2001年12月6日在新加坡证券交易所主板挂牌上市，成为中国首家利用海外自由资产在国

外上市的中资企业,同时也是新加坡"全球贸易商计划"成员。挂牌上市后,其股价一路上扬,市值超过65亿元人民币,成为中国石油业的第四大巨头,中航油一时成为资本市场的明星。公司几乎百分之百垄断中国进口航油业务,同时公司还向下游整合,对相关的运营设施、基础设施和下游企业进行投资。通过一系列海外收购活动,中航油的市场区域扩大到东盟、远东和美国等地。中国国资委表示,中航油是国有企业走出国门、实施跨国经营的一个成功典范。

公司经营的成功为其赢来了一连串的声誉,新加坡国立大学将其作为MBA的教学案例。然而,这也使得为中航油立下了汗马功劳的陈久霖变成了母公司中航油集团控制不了的"人",中航油基本上是陈久霖一人的"天下"。2002年10月,中航油集团向新加坡公司派出党委书记和财务经理。但原拟任财务经理派到后,被陈久霖以外语不好为由,调任旅游公司经理。第二任财务经理被安排为公司总裁助理。陈久霖不用集团公司派出的财务经理,从新加坡雇了当地人担任财务经理,只听他一个人的。党委书记在新加坡两年多,一直不知道陈久霖从事场外期货投机交易。在没有监督的情况下,陈久霖做假账欺骗上级。在中航油上报的2004年6月份的财务统计报表上,中航油当月的总资产为42.6亿元人民币,净资产为11亿元人民币,资产负债率为73%。长期应收账款为11.7亿元人民币,应付款也是这么多。从账面上看,不但没有问题,而且经营状况很出色。但实际上,2004年6月,中航油就已经在石油期货交易上面临3 580万美元的潜在亏损,仍追加了错误方向"做空"的资金,但在财务账面上没有任何显示。

由于陈久霖在场外进行交易,集团通过正常的财务报表没有发现陈久霖的秘密。新加坡当地的监督机构也没有发现,中航油还被评为2004年新加坡最具透明度的上市公司,并且是唯一入选的中资公司。于是对自己很有信心、很自负的陈久霖把中航油推向了万丈深渊。

经国家有关部门批准,中航油在取得中航油集团授权后自2003年开始做油品套期保值业务,希望中航油利用衍生工具的保值和锁定价格的功能,降低其石油交易在国际市场上的价格风险。

但是,在2003~2004年中航油擅自扩大了业务范围,从事我国政府明令禁止的场外石油衍生品期权交易进行趋势性投机,并与日本三井银行、法国兴业银行、英国巴克莱银行、新加坡发展银行和澳大利亚麦格理银行签订了期货交易场外交易合约,交易内容为向交易对手卖出看涨期权,赌注为每桶38美元。

这一交易的实质是中航油认为国际油价在期权有效期内将持续低于每桶38美元,故中航油的收益为期权费。若国际油价高于每桶38美元,中航油将必须以每桶38美元的价格向交易对手卖出石油,以纯理论来看,其可能遭受的损失可以为无限大,这是一种收益与损失极其不匹配的投资方式。

中航油从2003年下半年开始交易石油期权,最初合约共涉及200万桶石油,中航油在交易中获利。2004年第一季度油价攀升导致中航油潜亏580万美元,按照期权交易的保证金制度,公司此时必须追加保证金,从而确保期权买方能够执权。但是如果要从公司账户中调拨资金来填补保证金,那么其越权进行衍生品交易的行为就有可能暴露。为了获得资金而不动用公司账户，陈久霖只能继续挪盘，即延期交割合约，并增加了交易量。实质是寄希望于油价冲高回落。2004年第二季度，随着油价持续升高，中航油的账面亏损增加到3000万美元左右。而此时中航油决定继续延后到2005年和2006年交割合同。2004年10月油价再创新高，中航油交易盘口达5 200万桶石油，账面亏损剧增。

面对严重的资金周转问题，中航油向母公司呈报交易和账面亏损。为此其母公司提前配售了15%的股票，并将所得的1.08亿美元资金贷款给中航油。但是，国际油价继续一路攀升，中航油所持石油衍生品盘位已经远远超过预期价格，而根据合约，中航油需向交易对手（银行和金融机构）支付保证金。每桶油的价格每上涨1美元，中航油就要向银行支付5 000万美元的保证金，这导致中航油现金流枯竭。

由于石油价格达到历史新高的每桶55美元，公司面对大量无法满足的保证金要求遭遇逼仓，从2004年10月26日起，被迫平仓的头寸累计损失已达3.94亿美元，正在关闭的剩余仓位预计损失1.6亿美元，账面实际损失和潜在损失总计约5.54亿美元。中航油已经没有足够的资本金来缴纳巨额保证金，最后不得不承认在石油衍生工具交易中蒙受了巨额损失。

2004年12月1日中航油宣布向法院申请破产保护。此时，一个因成功进行海外收购曾被称为"买来个石油帝国"的企业，却因从事投机交易造成5.54亿美元的巨额亏损而倒闭。一个被评为2004年新加坡最具透明度的上市公司，其CEO被新加坡警方拘捕，接受管理部门的调查；中国苦心打造的海外石油旗舰遭受重创，中国实施"走出去"战略受到延误。

中航油从事的石油期权投机是我国政府明令禁止的。早在1998年8月国务院发布的《国务院关于进一步整顿和规范期货市场的通知》中就明确规定："取得境外期货业务许可证的企业，在境外期货市场只允许进行套期保值，不得进行投机交易。"该公司违规之处有三点：一是做了国家明令禁止的事；二是场外交易；三是超过了现货交易总量。

中航油集团和中航油的风险管理制度也形同虚设。中航油成立了风险委员会，制定了《风险管理手册》。手册明确规定，损失超过500万美元必须报告董事会，但陈久霖从来不报，其违规操作一年多竟无人知晓，集团公司也没有制衡的办法。

2005年3月29日，新加坡普华永道会计师事务所提交了针对中国航油（新加坡）股份有限公司发生期权亏损事件的报告。普华永道的报告涉及中航油衍生品交易的财务会计事宜、开展衍生品交易的策略、2004年每次期权挪盘的结构和后果、衍生品交易产生的亏损、公司财务报告的准确程度及公司衍生品交易的风险管理等六个方面。报告显示，中航油在期权价值评估、期权组合挪盘和公司的风险管理方面存在纰漏。

普华永道认为，导致中航油深陷巨损深渊的因素包括以下六个方面。第一，2003年第四季度对未来油价走势的错误判断；第二，不想在2004年第一、二、三季度中计入损失的想法，最终导致了2004年的衍生品交易，中航油草率承担了大量不可控的风险，尤其是6月和9月的衍生品交易；第三，中航油未能根据行业标准评估期权组合价值；第四，中航油未能正确估算期权的MTM价值，也未能在2002~2004年的财务报告及季报、半年报中正确反映；第五，缺乏正确、严格甚至在部分情况下基本的对期权的风险管理步骤与控制；第六，在某种程度上（至少在精神上），对可以用于期权交易的风险管理规则和控制，管理层没有做好执行的准备。

2006年3月3日下午，中航油新加坡的特别股东大会表决通过了1.3亿美元的注资和股权重组方案。其内容包括中航油集团注入7 577万美元购买2.489亿股新股（加上集团原持有的中航油老股，占重组后中航油股份的50.88%），英国石油公司（BP）投资4 400万美元购买1.446亿股新股（约占重组后总股本的20%），新加坡淡马锡控股公司旗下的子公司Aranda投资1 023万美元购买3 360万股新股（约占重组后4.65%的股份），部分B类债权人出资2 200万美元认购7 228万股新股（约占重组后总股本的10%），小股东股权将占14.47%。至此，中航油巨亏事件在新加坡引起的金融危机方告一段落。

中航油大事记：

1993年5月，中航油成立；

1997年，陈久霖就任执行董事兼CEO；

1999年，中航油开始石油衍生品交易；

2000年，荚长斌担任公司董事长；

2001年12月6日，中航油在新加坡证券交易所主板上市；

2002～2003年，中航油集团成立，成为控股中航油75%的母公司；

2002年3月，中航油开始代国内一些航空公司从事投机性期权交易，并在安永会计师事务所协助下制定了《风险管理手册》；

2002年3月27日，中国证监会对中航油未经批准开展衍生品交易提出批评、警告；

2003年3月，中航油集团指派李永吉、顾炎飞、陈开彬、张连锡为中航油非执行董事；

2003年3月～2004年1月，中航油因判断失误造成重大交易损失；

2004年1月，为避免在当年一季度财报中显示损失，中航油与交易对手高盛的J. Aron公司协议挪盘；6月，出于同样目的再次挪盘；9月，第三次挪盘；

2004年10月9日，陈久霖向中航油集团汇报，称"中航油账面损失已达1.8亿美元，如在10月8日关闭仓位，则将实际损失5.5亿美元"，并建议母公司与中航油签署"背对背"协议接盘；

2004年10月10日，中航油集团成立危机处理小组，成员包括陈久霖、李永吉和顾炎飞等；

2004年10月20日，中航油集团在德意志银行协助下，配售1.45亿股中航油股票给淡马锡等投资者，向德意志银行隐瞒了中航油巨亏情形；

2004年11月12日，陈久霖假造荚长斌签名的文件，显示中航油集团同意接盘，当天中航油发布2004年三季度财报，显示公司当季净盈利880万新加坡元；

2004年11月28日，中航油首次向独立董事披露投机期权亏损一事，次日向新加坡高等法院申请破产；

2004年12月，陈久霖被新加坡警方逮捕后保释，公司期权仓位全部关闭，损失5.5亿美元；

2005年6月8日，债权人大会通过了债务重组方案，偿付率为41.5%；

2005年6月9日，陈久霖、林中山、荚长斌、李永吉、顾炎飞五人被刑事起诉；

2005年8月，新加坡金融管理局就中航油集团在德意志银行协助下配售股权一事中涉嫌内幕交易，罚款800万新加坡元；

2005年12月，中航油集团、英国石油公司、淡马锡三方共同向中航油注资1.3亿美元；

2006年2月，林中山向法庭认罪，被判入狱两年，罚款15万新加坡元；

2006年3月1日，荚长斌、李永吉、顾炎飞向法庭认罪；

2006年3月3日，中航油特别股东大会通过1.3亿美元重组案。

本案例的主要资料及数据来源于有关中航油的公开材料，包括：中国航油（新加坡）股份有限公司网站刊登的2005年6月3日普华永道有关中航油事件最终调查报告结果摘要；2004年12月2日《第一财经日报》中的《中航油石油期货亏损5.5亿美元 传奇总裁陈久霖职务暂停》；2004年12月2日《证券时报》中的《中航油投机石油衍生品期货爆仓狂亏45亿元人民币》；2005年《中国内部审计协会现代企业风险管理论文汇编（上册）》中的《从中航油新加坡事件看国有企业如何加强风险管理》（谢涤宇）；2006年3月《财经》杂志中的《中航油定案》；2005年第1期《人民文摘》中的《透视中航油事件》；2005年第3期《中外企业家》中的《巨亏5.5亿美元：中航油是怎样垮掉的》。

案例解读：套期保值是风险管理的重要手段，通过与持有资产做方向相反的衍生品操作来对冲风险。但是，若将对冲方向做反或是直接进行趋势性赌博，则不仅不能减少风险，反而增加了风险。衍生品本身具有消除风险和放大风险的双重性，金融机构在进行该领域操作前必须审慎考虑对其投资的策略、报告机制及操作方针，并进行投资前的风险评估。

瑞银、海南发展银行、中航油是三家很不一样的公司。但是，从这些公司以及其他公司所发生的、在报纸杂志上足以吸引眼球的事件中，很明显可以找出一些共同的话题，而在后面的章节中，我们将对这些话题展开讨论。

■ 练习题

1.1 请列举风险的若干种定义。
1.2 为什么说风险管理不等于完全消灭风险？
1.3 请辨析风险、危险、损失、上侧风险、下侧风险、双侧风险的概念。
1.4 介绍现代风险管理理念。
1.5 详细介绍风险管理的价值。
1.6 请列举若干例业界大型金融机构倒闭案例，并简要说明原因。
1.7 结合"伦敦鲸"事件，请说明摩根大通在风险管理工作中出现的漏洞。

第 2 章

风险管理框架

对于风险管理从业人士来说，常常面临两难的窘境：要么是董事会及总经理认为某项业务没有风险，风险管理无足轻重，甚至因为时时、事事谈风险而令人生厌；要么是董事会高度重视，但是认为风险管理只是相关风险管理专业部门的事情，如果出现了风险损失事件，即认为该部门风险管理不到位。那么究竟风险损失事件的产生是源于风险管理框架、体系本身的设计缺陷，还是源于某个魔鬼交易员的恶意操作，或者仅仅是因为霉运（bad luck）？风险损失事件的发生是否意味着风险管理的失败？如何来对风险管理框架进行有效的评估？本章将集中回答这几个问题。

首先，我们必须认识到的是，一些巨额损失的出现并不一定意味着风险管理本身的失效。因为永远会有我们无法估测或管理的因素存在，我们可以将之简单地归因于霉运。假设某只基金收益率为 –11%，损失数额要以数亿乃至数十亿美元来计算，仅看这些数据，可能有些高层管理者将会大发雷霆。但是，我们却并不能武断地认为这说明了风险管理的失效。假如此时市场上平均收益率为 –13%，那也许可以证明风险管理者已经尽其所能地完成了工作。而经过仔细调查后发现确实如我们预测的那样，风险管理者已经尽可能地控制了风险，那么我们可将这与市场平均收益率的 2% 差额视作风险管理所带来的收益（premium）。那么此时不但不应惩戒风险管理者，反而应对其进行褒奖，虽然这种情况出现在现实中的可能性微乎其微。

其次，并非所有的风险都能够进行有效的管理。无法计量的风险便没有办法真正地进行管理，而无法认知的事情更是无法进行管理。因为人对周遭世界的认知存在着局限性，这就造成了那些会对我们的目标产生影响的风险。总体而言风险包含三类：第一类，已知的已知风险（known knowns）；第二类，已知的未知风险（known unknowns）；第三类，未知的未知风险（unknown unknowns）。这是当今风险管理界公认的风险分类，但其转译为中文则显得略为晦涩。

第一类风险主要包含了那些我们已经能够辨识并且评估、计量的风险，但是即便风险管理者已经对其进行了尽可能穷尽的风险辨识，评估出了重大风险，并对其中的重大风险进行了计量、风险预警等工作，它们仍可能因为投资组合的决策及霉运的共同作用而造成损失。然而，这样的风险损失事件，发生概率会相对较低。在科学的风险管理框架中，风险管理者也会在风险承受度之内，对此类风险发生的频率及可接受的损失金额进行限制，而非严格意义上不准许发生，因为接受这一类风险的部分存在是业务持续发展的客观要求。

第二类风险主要包含了那些我们应该或已经意识到的风险建模的缺陷或不足，但风险管理者却对于如何评估及计量这种缺陷或不足尚无良策。举例来说，风险管理者可能在风险建模中遗漏了某项非常重要的风险因子，或是对风险因子的分布计量错误，没有选取足够反映经济周期状况的历史区间的数据，抑或是映射过程不准确，还可能是风险管理者选择了前提假设（assumption）要求非常严格且对结果产生重大影响，但实际情况与该假设差距较大的风险模型。以上因素都可能导致这样的问题。风险管理者因为自身专业、背景、经验等方面的差异，可能导致第二类风险的发生。而这一类风险的发生，确实应归因于风险管理者，不应简单归结为运气不佳。

第三类风险的应对是最为困难的，因为这种风险在很多情况下都是来自外部事件或监管的变化，譬如突然对卖空交易进行限制的监管要求会直接造成对冲的无法实现。另一个很典型的第三类风险为交易对手风险。作为风险管理者，我们永远无法完全地对交易对手的信用风险进行全面了解，因为了解你的直接交易对手固然是最为重要的，但是它的其他交易对手的信用状况仍然会间接对你产生影响。赫斯塔特银行（Herstatt Bank）事件便是这种风险的最为典型的事件之一，之后更将该类风险直接定名为赫斯塔特风险。

对于风险进行这样的分类，是因为需要对不同原因导致的风险损失进行检讨并对风险管理者进行追责。如果是第二类风险造成的损失，我们可以直接论断为风险管理的失效，并对风险管理者的相关工作进行检讨，加强对其培训等工作来提高风险管理的有效性。但是，第一类风险及第三类风险所造成的风险损失事件，却并不是完备的风险管理工作所能够完全避免的。面临这样的风险时，并不能仅仅从风险的发生与否来判断风险管理框架是否有效。换言之，风险管理框架的设计有效性及执行有效性并不能由第一类风险或第三类风险的发生与否来判断。然而，通过对这两类风险发生之后的处理仍能分辨出风险管理框架的完备性，例如：新的风险损失事件是否在最短的时间内触发风险应急流程及报告流程，向相应层次的风险管理人员及相应的职能部门乃至管理层进行及时汇报？新的风险损失事件是否在处理结束后，被提炼成新的风险事件进入相应层级的风险库，或是与已有风险事件进行了映射，并将应对方案提炼后放入应急预案？对爆发的风险事件是否进行了评估，并在确定为重大风险后为之建立应对机制？整体的风险管理信息是否在各个层级之间做到了顺畅沟通及不断改进？风险损失事件库的数据是否在风险真实发生后及时进行了更新？如果这些都能有条不紊地通过机体的正常运转来实现的话，则可视该风险管理框架为完备及有效的框架。

国际上对于风险管理框架的最佳实践一直处于不断探寻的阶段，如COSO委员会提出的全面风险管理 ERM 框架和国际风险管理标准 ISO31000 提出的风险管理框架、巴塞尔委员会推出的针对国际活跃银行的《巴塞尔协议Ⅲ》框架等。这些风险管理框架在不断地自我完善并相互融合，取长补短，引领着各个行业风险管理水平的不断提升。

1988 年，《巴塞尔协议Ⅰ》出台后，因其第一次对国际活跃银行建立了一套完整的国际通用的、以加权方式衡量表内与表外风险的资本充足率标准，有效地扼制了与债务危机有关的国际风险，故而该体系的框架便成为国际银行界的通行标准，并深刻影响了金融界中的其他领域。该协议体系自推出后，得到世界各国监管机构的普遍赞同，并已构成国际社会普遍认可的银行监管国际标准。至此，虽然巴塞尔委员会不是严格意义上的银行监管国际组织，但事实上已成为银行监管国际标准的制定者，至今巴塞尔协议体系已经形成了三代，并且在不断完善中。而像企业集团、财务公司这一类颇具我国自身特点的非银行类金融机构，也在实践中不断参照巴塞尔协议体系要求来完善其风险管理架构。故而，本书将主要以商业银行为例来说明金融风险管理工作应如何开展，证券公司、保险公司等非银行金融机构虽与商业银行在业务上差异较大，但也可借鉴参考商业银行的风险管理要求和实践。

【相关案例】多米诺骨牌的倒塌——赫斯塔特银行事件

赫斯塔特银行是一家德国银行，因其 1974 年 6 月 26 日的破产而震惊全球。1974 年，赫斯塔特倒闭的时候还是一家规模较小的银行。由于外汇交易，该银行与世界上其他银行有很多联系，尽管它是一个数量级并不那么大的银行，但并不妨碍其倒闭成为德国"自 1931 年危机以来最严重的银行崩溃"案例。正如纽约联邦储备委员会报告的那样，"赫斯塔特银行的倒闭对纽约市场造成了严重冲击，在赫斯塔特宣布关闭后的两三天内，交易商报告其业务下降高达 90%，平均下降约 75%"。

1973 年 9 月，赫斯塔特银行因其大量并且风险很高的外汇业务而陷入困境。该银行因其遭受的损失是其资本金的 4 倍而负债累累，而该损失是由美元的意外升值造成的（相对于德国马克）。一段时间以来，赫斯塔特银行一直推测美元贬值，直到 1973 年年底，外汇部门改变其策略，改为投机美元会升值。但是，1974 年 1 月中旬，美元的走势又改变了方向。另外，其他银行的不信任又加剧了赫斯塔特银行的问题。

1974 年 3 月，联邦银行监管办公室（BAKred）授权的特别审计发现，赫斯塔特银行的公开交易头寸已经达到 20 亿德国马克，是其银行限额（2 500 万德国马克）的 80 倍。此时，外汇风险是其资本金的 3 倍，特别审计促使银行管理层关闭其外汇头寸。当事态的严重性变得明显时，赫斯塔特银行的倒闭已经无法避免。1974 年 6 月，赫斯塔特银行的外汇业务损失达到了 4.7 亿德国马克。

1974 年 6 月 26 日，赫斯塔特银行低估了浮动汇率下的外汇风险，与很多银行进行了买入德国马克卖出美元的交易。因为时差，位于美国的银行比赫斯塔特银行提前一个交易日交割了德国马克。当赫斯塔特银行接到德国政府当局清算的命令时，因无力向对方银行支付美元而宣告破产。在清算当天，已经有众多银行与赫斯塔特银行开始了国际金融交易，即已经在法兰克福向赫斯塔特银行支付了德国马克，期待着在纽约市场接受交割美元。但因为时差，赫斯塔特银行倒闭时正处在相互支付之间，故而其交易对手并没有接收到美元支付。

因为赫斯塔特银行倒闭所产生的跨区域影响，十国集团⊖（其实包含 11 个国家：比利时、加拿大、法国、德国、意大利、日本、荷兰、瑞典、瑞士，英国和美国）与卢森堡共 12 个国家一起在国际清算银行之下成立了一个常设委员会，即巴塞尔银行监管委员会，其成员包括各国的中央银行及监管当局。赫斯塔特银行的倒闭同时也是导致全球范围内实施实时全额支付系统（real-time gross settlement，RTGS）的关键因素，该系统可以确保两个银行之间的支付结算实时进行。然而，持续联系结算（continuous linked settlement，CLS）平台直到约 30 年后的 2002 年才推出。这种 payment versus payment（PVP）支付方式能够使交易银行无须考虑与流程相关的结算风险。2002 年，CLS 成立时就有 39 个会员方，能够结算 7 种货币。到 2017 年，CLS 能够结算 18 种货币，含有 79 名股东、66 个结算会员和 24 000 多名第三方客户。而这种一方在外汇交易中已支付了其卖出的货币，而未能收取其购买的另一种货币的清算风险，有时候也被称作赫斯塔特风险。

在本案例中，赫斯塔特银行遇到了巨额跨境结算的风险，因为一笔外汇交易中各个阶段不可撤销的结算可能是在不同的时间完成的。例如，向一家纽约银行在东京的日本代理行支付日元应在东京的营业时间内完成，而一家纽约银行向在纽约的一家日本银行的美国代理行相应地交付美元则是发生在纽约的营业时间内。由于这两个国家的支付体系不在相同时间开始运作，因此就存在这样一种风险：交易的一方正执行交易，但另一方却可能已经破产而无力交付用于补偿或冲销的货币。

外汇市场的交易不分昼夜，每个小时都在进行，它还不时地牵扯到不同国家司法权的制度。正是这个特点（跨境、跨时区的交易），给每天高效率地结算近 2.4 万亿美元的双向支付或估计为 25 万～30 万笔的货币汇兑提出了严峻的挑战。

赫斯塔特危机发生在 1973 年布雷顿森林体系崩溃后不久。该银行在外贸支付领域的活动集中度很高。在固定汇率的布雷顿森林体系下，这一业务领域的风险很小。但是，在浮动汇率的环境中，这个业务领域充满了更高的风险。

赫斯塔特失败的原因来自它在外汇市场的投机活动。在 1973 年 3 月布雷顿森林体系崩溃后，货币的自由浮动也为赫斯塔特银行提供了投机的动机和土壤。但是，最后它对美元的预测是错误的。此时，未平仓头寸已经远远超过了 2 500 万德国马克的限额，银行管理层显然大大低估了自由浮动货币带来的风险。

本案例的主要资料及数据来源于有关赫斯塔特银行的公开材料，包括：1996 年第 7 期《国际市场》中的《"赫斯塔特风险"与环球清算银行》（陶士贵）；2006 年第 7 期《南方金融》中的《银行间外汇市场的风险案例剖析及防范思考》（甄润赞）；2004 年 BCBS 中的 *Bank Failures in Mature Economies*；2015 年 *Business History* 中的 '*Trust is good, control is better*'：*The 1974 Herstatt Bank Crisis and its Implications for International Regulatory Reform*；维基百科 *Herstatt Bank*。

⊖ 十国集团成立于 1962 年，瑞士是 1964 年才加入的，加入后成员国上升至 11 个，但仍延用十国集团的名称。

【相关案例】已知风险的盲视——瑞银（UBS）2007年次贷危机损失190亿美元

2007年年初，随着美国次贷危机的爆发，瑞银成为第一家宣布次级抵押贷款部门严重亏损的华尔街公司。2007年5月，瑞银宣布关闭其Dillon Read Capital Management（DRCM）部门。瑞银投资银行在2007年第二季度继续扩大次级抵押贷款风险，而大多数市场参与者正在降低风险，这导致不仅扩大DRCM亏损，而且造成该行84%的其他损失。

瑞银是瑞士最大的银行，也是欧洲资产规模最大的银行，其2007年第四季度净亏损为125亿瑞士法郎（约合113亿美元），此前该公司已经注销了137亿美元的美国投资，主要是次级抵押贷款。它还表示，它已经在所谓的Alt-A抵押贷款上损失了20亿美元，这证实了人们担心的美国信贷问题已经蔓延到房地产市场的次级抵押贷款之外。Alt-A贷款被认为风险低于次级抵押贷款，但它们的风险高于优质抵押贷款（信用评级最高的借款人的抵押贷款）。在美国房地产泡沫破灭开始的全球信贷危机中，瑞银一直是所有欧洲银行中受冲击最严重的银行。2007年全年，瑞银与美国房地产市场相关的损失约为180亿美元，全年总共损失了43.8亿瑞士法郎。

瑞银董事长马塞尔·奥斯佩尔（Marcel Ospel）和首席执行官马塞尔·罗纳（Marcel Rohner）在给股东的一封信中称，2007年是"我们历史上最困难的一年"，并将其原因归咎于"美国住房市场突然严重恶化"。

按照瑞银的风险偏好来看，它一直投资于衍生产品中那些最优先的层次（tranche）以保证瑞银处于绝对安全的状态。结果却是，它在这些证券上累积了900亿美元的头寸，与之相对应的是，它的账面权益额仅为410亿美元。瑞银以一个非常简单的模型，参考近一阶段不断上涨的房价将风险计量结果向董事会进行报告。但是，仅以近一阶段不断上涨的历史数据作为参考，实际上是对真实风险的有偏估计，注定会低估风险的发生。另外不得不提的是，瑞银的风险管理者对于外部评级机构提供的评级过度依赖。基于以上两点，风险管理并没有对这些投资下侧风险进行足够的预警，因此这些损失可以视作风险管理的失效。风险管理者应该对造成这样巨大的损失担负起责任。

本案例的主要资料及数据来源于有关瑞银UBS的公开材料，包括：Philippe Jorion, *Financial Risk Manager Handbook*, Sixth Edition, John Wiley & Sons, Inc；维基百科UBS；2008年2月14日《纽约时报》中的 *UBS Posts Loss on Big Write-Down*。

2.1 风险管理工作步骤

传统的风险管理步骤主要包含以下几项工作。

- 辨识公司所面对的所有风险事件，确认公司的风险分类框架；
- 评估重大风险并对重大风险制定应对策略；
- 在授权下对风险进行监控预警、控制、缓释等管理工作；
- 与各个层级的决策制定者（包含交易员）沟通风险的状况。

在系统的全面风险管理框架下，风险管理工作可以细分为以下三个维度。

- 风险管理目标的确定，如将风险造成的损失控制在一定额度之内或者指定风险发生次数在一定数量之内，又或者不会遭到监管机构处罚等；
- 风险管理环境设置及步骤，如归纳董事会风险偏好、风险承受度，辨识、评估、监测、控制、缓释等风险管理工作；
- 不同业务条线的风险管理工作，如职能部门、业务条线的风险管理工作与业务的融合。

在具体的风险管理工作之外，还有三块工作对于风险管理者而言非常重要，即构建金融机构的风险管理文化，促使风险信息在组织内部持续沟通，对风险的变化情况、风险管理框架运作的有效性进行监控。

在风险管理目标这一维度，巴塞尔协议体系为银行业提出了明确要求，且逐代益发明确。以当前国际上普遍实施的《巴塞尔协议Ⅲ》为例，其目标有以下几点。

- 提高资本基础的质量、一致性和透明度；
- 扩大风险覆盖范围；
- 引入杠杆率补充风险资本要求；
- 缓解亲周期性和提高反周期超额资本；
- 应对系统性风险和关联性。

在风险管理环境设置这一维度中，主要包括董事会对银行最高层面的风险偏好（risk appetite）和风险承受度（risk tolerance）。风险偏好是指为了实现目标，企业或个体投资者在承担风险的种类、大小等方面的基本态度，一般以定性语言来描述，分为风险规避、风险趋向、风险中立三种。银行的风险偏好小于风险容量，即监管要求、红线。风险承受度，又称风险容忍度，是指在企业目标实现过程中对差异的可接受程度，是企业在风险偏好的基础上设定的对相关目标实现过程中所出现差异的可容忍限度。澳大利亚审慎监管局（APRA）、英国金融稳定委员会（FSB）均要求董事会提供风险偏好陈述书，来明确说明其在追求战略目标时愿意承受并有效管理一定风险，同时避免或最小化其他风险。不同的金融机构的风险偏好是存在差异的，譬如设立时间不久、规模较小的股份制商业银行、农商行、小额贷款公司等，其出于竞争压力以及对于业务的饥渴，常被动或主动地承担六大国有商业银行（中、农、工、建、交、邮）所不愿承担的风险，追求规模的动机会显著超过追求利润和规避风险的动机，大都体现为风险趋向，且倾向于在合规的警戒线附近做业务和产品创新，即"踩红线"，风险管理部及相关从业人员的地位相对不高；业务稳定的大银行，一般则表现为风险规避倾向，要求严格合规，其风险管理部、法律合规部和监察稽核部（或审计部）的地位相对前者而言便会更高，以本书作者的经验而言，这三个部门在大型银行当中对各个职能部门的绩效考核常占据较大比重；风险中立更多存在于纯理论领域，是诸多金融模型的基本假设之一，但在实务中极为少见。而对于中国的诸多金融机构乃至企业机构而言，其风险偏好往往呈现出"偏好漂移"的特点,即随着业务及利润的发展,可能存在由风险趋向往风险规避方向发展的特点,反之也会存在。这种现象,说明在我国金融机构当中,对于风险的认知还有待加强,董事会对于风险的认识需要进一步统一。巴塞尔协议体系默认采用该体系的银行的风险偏好是风险规避的,是审慎经营的,这一点在《巴塞尔协议Ⅲ》中表现得更加明显。

风险承受度可以是定性的表达,也可以是定量的指标,如某些金融机构可能选择用"高""中""低"来形容自身的风险承受度,而另一些金融机构则采用一些具体的金额作为其风险承受度,如相对于总资产的一定百分比、相对于一级资本的一定百分比、相对于前一年度总收入的一定百分比等。风险承受度的确认方法主要有以下五种:定性分析主要有专家法和德尔菲法两种,定量分析则有均值方差法、安全垫法与基于风险资产组合和无风险资产组合的风险承受度测算法等三种。我国银行实务中主要采用专家法。

【相关案例】某家国际银行的风险偏好

限额示例		容量	偏好
资本			
	资本充足率	>10%	>12%
信贷			
	单一借款人限额	<10%	<8%
	行业集中度	<25%	<22%
	前五大违约	—	<100% 税前利润
	零售抵押贷款损失	—	<2%
流动性			
	净稳定资金率	>100%	>103%
	流动性覆盖率	>100%	>105%
贷存比		<75%	<75%
	非财务风险		
	系统运行水平	—	99.6%
	每年员工离职率	—	<13%
	内审每年重大发现	—	<12%

在风险管理具体步骤这一维度中,包含着以下具体环节。

1. 明确银行需要达成的目标

尽管巴塞尔协议体系已为银行提供了较为明确的目标要求,但每一家银行都有自己的具体目标,如财务目标、市场占有率目标、经营目标、战略目标等。因为风险是不确定性对目标的影响,故而银行总体目标的明确及目标的有效分解应成为风险管理工作的第一步。

2. 影响目标实现的风险事件的全面识别

当前中国诸多大型银行已按照巴塞尔协议体系要求开始建立风险库和风险损失事件库,

并积累了一定的风险数据。相较而言，此项工作与操作风险、合规风险联系更为紧密，但对于银行运营安全性举足轻重的信用风险和流动性风险，也要进行全面的考虑，这是未来制定风险应对措施、进行情景模拟和压力测试的重要依据。在建立风险库的基础上进行风险细项分类，建立银行自身的风险分类框架，此项工作可以着重参照巴塞尔协议体系的风险分类及定义。因为金融业务具有同质化特点，故而具有相近业务的金融机构，如银行，其风险库具有较高的相互借鉴的价值，且外部的风险损失事件库也可作为金融机构自身数据不足的有力补充。

3. 对银行面对的风险进行全面评估

因为风险管理工作需要占用管理资源且耗费成本，将银行所有的风险都消灭之后，业务也将无法正常运行了，这是因为金融业，尤其是银行业本身就是经营风险的行业，风险与业务是共生的。故而，银行需要从风险发生可能性（probability）、风险影响程度（severity）两个维度进行评价，并且可以参考改进难度、改进迫切程度，综合评估出银行面对的会对目标实现具有重大影响的风险。尽管巴塞尔协议体系已明确了银行需要面对的主要风险，但各个个体所面对的风险水平、风险排序都存在差异。例如：由企业内部银行发展而来的集团财务公司作为非银行类金融机构，因为其信贷业务主要面对集团内部的成员单位，信用风险发生的可能性相较于其他市场化运作的商业银行而言便会显著降低；对于相对会更加依赖国际金融市场融资的金融租赁公司和融资租赁公司而言，汇率风险对其影响则明显高于商业银行；对于那些在银行交易账户中存在大量利率敏感性头寸的银行而言，它所面对的市场风险就会比那些主要资产存在于银行账户、业务以信贷为主且利率敏感性缺口极小的银行大很多。基于这样的评判，这些银行的风险管控重点及手段都存在差别。正因为有这样的差别，故而其他银行的重大风险排序仅可作为本银行参考之用，而不能直接取用。

4. 对评估出的重大风险制定风险应对策略及改进措施

在董事会设定的银行整体偏好基础上，对评估出的重大风险制定应对策略。风险应对策略主要包括以下四种：风险承担、风险缓释、风险规避、风险转移。风险承担策略也称为风险自留策略，是指企业理性地主动承担风险，即指一个企业以其内部的资源，如风险准备金、自有资本来弥补损失。风险缓释策略是指通过风险控制措施来降低风险的损失频率或影响程度，抑或直接降低风险敞口。风险规避策略是指通过计划的变更来消除风险或风险发生的条件，保护目标免受风险的影响。风险转移策略又称风险转嫁策略，就是指企业将自身面临的风险转嫁给交易对手而保证自身的利益，主要手段如保险、外包等。

以下几种类型的风险事件均适合采用风险承担策略：

- 发生概率极小且表现为不可保，如巨灾风险；
- 发生频率高，单体损失程度小且风险事件间近乎相互独立；
- 与监管合规要求有冲突，做法只分为合规、不合规两种，若业务中部分合规依旧会遭到监管处罚，而该业务带来的收益显著大于违规受罚的成本。

风险承担策略下的风险应对备选方案包括：

- 建立风险准备金；
- 足额的资本计提；
- 预期损失在财务上预先摊薄；
- 建立专业自保公司；
- 金融同业授信支持。

以下几种类型的风险事件均适合采用风险缓释策略：

- 该风险敞口（头寸）可降低；
- 该风险发生可能性可降低；
- 该风险影响程度可降低。

风险缓释策略下的风险应对备选方案包括：

- 合格的抵质押品；
- 净额结算；
- 保证；
- 信用衍生工具；
- 完备的制度体系，如内部控制。

以下类型的风险事件适合采用风险规避策略：

- 该风险的潜在收益显著低于预期损失（财务、业务、战略），且不可保，但通过停止某项业务或遵照规章制度可以避免。

风险规避策略下的风险应对备选方案包括：

- 通过放弃或拒绝合作、停止业务活动来回避风险源。

以下为适合采用风险转移策略的风险：

- 发生概率极小、损失程度高且可通过保险、外包等手段进行转移。

风险转移策略下的风险应对备选方案包括：

- 资产证券化；
- 保险；
- 业务外包；
- 套期交易；
- 互换交易。

5. 对重大风险进行持续的监测

对于重大风险建立风险预警指标体系，根据德尔塔正态法、历史模拟法、蒙特卡罗模拟法等手段拟合数据分布，了解其内在特点，并为其设置预警区间。风险预警区间一般分为红、黄、绿三个区间，当重大风险预警指标落入黄区后即应启动前一步骤拟定的应对措施，防止其落入红区并争取使其回到绿区。

当前中国的金融机构，尤其是银行都需要定期向监管机构提交非现场监管报表，而监管机构对监管指标的硬性要求应被视为红线的最低水平。对于某些风险偏好表现为风险规避的银行而言，可能需要在监管机构要求之上一定比例即设置为红区，视为机构所不能容忍。而在红线确立后，可根据历史数据或同业平均水平以及需要对标的最佳实践来选取黄区及绿区分别对应的数值。

然而，中国的商业银行，尤其是城市商业银行，在这方面距离国际活跃银行还有很大差距。以城市商业银行信贷业务为例，当前城市商业银行信贷风险监控体系侧重于授信后管理，针对授信业务发生后的风险管理已形成了一系列规章制度，且有明确的管理部门负责监测执行，基本比较完备。但对于授信业务发生前的风险分析、预测和审查方面，则职责不够明确，并未形成系列的风险管理制度，更不要提对重大风险建立风险预警指标体系了。而授信前的风险分析和审查也主要侧重于政策风险、行业风险、市场风险等，且力度不够，对授信主体的个体风险缺乏深入的了解和掌握，迫于经营压力，授信前的风险提示往往避重就轻，造成潜在风险前移，致使业务发生后即成"问题授信"，交由贷后管理部门化解。从整体上来讲，目前仍未建立统一的、全过程的信贷风险监控体系，无明确的管理部门负责全面风险管理。中国城市商业银行未来应在该阶段加强研究及建设。

6. 建立风险管理报告体系

重大风险的管控状况需要在风险承担者和风险管理者之间进行有效沟通，银行应建立和完善风险报告制度，明确规定风险报告应遵循的报送范围、程序和频率等，编制不同层次和种类的风险报告，以满足不同风险层级和不同职能部门对于风险状况的多样性需求，便于内部决策以及满足外部监管要求，如《巴塞尔协议Ⅱ》之后关于对外披露的要求便越来越细。风险管理工作还应关注即将发生或接到报告的重大突发事件，对各部门、各级机构应及时发送报告或警示函，在应急处置过程中，随时关注事态发展，及时向管理层、董事会报告后续情况。

【相关案例】工行——全面风险管理报告的先行者

《中国工商银行风险报告制度》于2007年4月下发执行，规定了风险报告的形式、内容和报告频率，总行及分行层面的报告路径以及风险报告的落实责任和监督反馈机制等，规范和推动了工行风险报告工作。

工行风险报告机制的定位是为经营决策服务、为风险管理服务、为创造价值服务。

报告频率分为季度报告、中期报告、年度报告。

风险报告体系包括全面风险管理报告、专业风险管理报告、专题风险管理报告、全行风险状况报告、风险统计分析报告、压力测试报告、重大风险事件报告等。工行的第一份全面风险管理报告为《中国工商银行 2005 年度风险管理报告》。

风险报告路径如下所述。

（1）全面风险管理报告（风险管理部编写，提交风险委员会审议）。

（2）专业风险管理报告（专业风险管理部门编写，抄送风险管理部），它又分为以下四类：①信用风险管理报告（提交信用风险委员会审议）；②市场风险管理报告（提交市场风险委员会审议）；③操作风险管理报告（提交操作风险委员会审议）；④流动性风险管理报告（提交资产负债委员会审议）。

（3）专题风险管理报告（相关部门按风险委员会/专业风险委员会要求编写并提交审议）。

（4）全行风险状况报告（拟由计算机自动生成，报送高级管理层）。

（5）风险统计分析报告（拟由计算机自动生成，报送高级管理层）。

（6）压力测试报告（相关风险管理部门编写，提交风险委员会/专业风险委员会、资产负债委员会审议）。

（7）重大风险事件报告（相关业务主管部门编写，提交专业风险委员会、资产负债委员会审议）。

高管层及其风险管理委员会/专业风险委员会、资产负债委员会将审议后并汇总的全面风险管理报告、全行风险状况报告、压力测试报告、重大风险事件报告报送董事会及监事会。

2.2 风险管理组织架构

风险管理组织架构必须设置有效，以实现全面风险管理的目的。图 2-1 显示了一种典型的、已显过时的商业银行的组织架构。

图 2-1　过时的商业银行的组织架构

可以看出，在这种组织架构下，风险主要由业务条线来管理。在信贷部门中，风险管理者批准交易，设定并监管风险敞口限额，以及监控交易对手财务状况。国债交易部主要负责进行合适的交易和对冲，在这个部门中，风险管理者负责度量并监控头寸。业务线管理主要负责制定业务和产品战略，同时对经营进行控制。最后，外部和内部的审计功能对公司的业务进行独立的检查。

这种结构存在着诸多弊端。最大的问题就是市场风险管理的结果向交易部门汇报，而非向独立的"中台"汇报。这种直接的利益冲突会导致很大的问题，在巴林银行倒闭一案中，其非常重要的机制性原因就是市场风险管理汇报的独立性欠缺，违反了风险管理独立原则。此外，不同的业务线之间风险管理的分散化可能会导致忽视不同类型风险之间相关性的问题，对潜在的总风险估计不足。例如，在这种架构下，信用风险管理经理可能会更乐于使用资产证券化的手段，将自己负责的信用风险转化为操作风险，降低自身所担负的责任，使之进入应属于其他风险管理经理负责的领域，但缺乏沟通则可能使该工具成为风险管理的盲区，增加银行总体层面风险。而在某些情况下，信用风险和市场风险相互转化的情况也会被有意无意地忽略，如 LTCM 案例中表现的那样，这样一来，不同业务线之间的模型及数据相互矛盾也就不足为奇了。

而从风险管理独立性原则的角度来看，科学的风险管理组织架构中，风险管理经理应对最高管理层进行汇报，而非对交易部门。理想的风险管理模式应该具有公司整体的功能，全面覆盖信用、市场、操作、流动性风险及其他主要风险。这样的架构可以避免风险从一个容易度量的领域向其他领域转换，同时可以全盘考虑不同类别风险之间的相互作用。

机构的组织架构应该体现管理功能的分散化和风险管理的独立性这些管理思想。图 2-2 所描述的组织架构图就是这样一种结构，其最重要的方面就是风险管理部门独立于交易部门之外。

图 2-2　现代风险管理组织架构

前台（front office）关注的是根据风险管理部门预先设定的头寸限额和 VaR 限额来构造头寸（VaR 的详细介绍请见市场风险管理一章），或者进行一些局部的对冲交易。后台（back office）关注的是交易过程和现金管理的协调。中台（middle office）具有一些扩展功能，其中包括风险度量及控制。

风险管理部的主要职责是：

- 建立风险管理策略、方法以及与整体风险管理策略相一致的程序；
- 检查和改进用于定价和度量风险的模型；
- 从全局的角度评估风险，控制风险敞口和风险因子的变动情况；
- 加强对交易员风险限额的管理；
- 与高级管理层沟通风险管理的结果。

理想情况下，风险管理架构应在首席风险官之下集中运行。首席风险官下设市场风险管理、信用风险管理、操作风险管理等条线。市场风险管理主要负责管控银行及交易账户中的市场风险；信用风险管理主要负责管控银行及交易账户中的信用风险；操作风险管理主要负责管控操作风险。根据2010年资本市场风险咨询师（capital markets risk advisors）调查显示，近90%的金融机构调查样本中均存在首席风险官。由此可见，绝大多数先进机构已经选取了CRO模式来构建风险管理组织架构（见图2-3）。

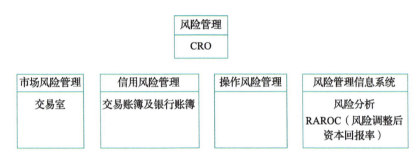

图2-3　CRO模式下的风险管理组织架构

实际上，无论是哪种类型的风险管理组织架构，都要满足三道防线的要求，即各职能部门和业务单位为第一道防线、风险管理委员会和风险管理部门为第二道防线、审计委员会和内部审计部门为第三道防线（见图2-4）。

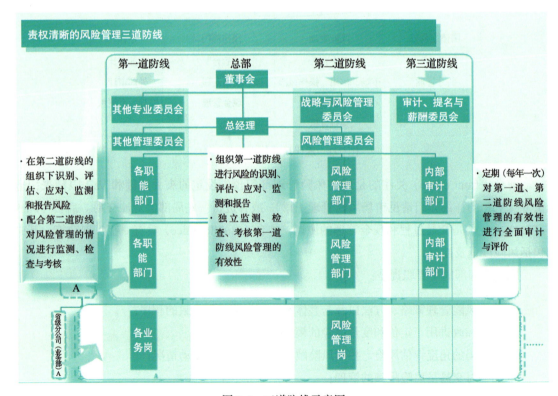

图2-4　三道防线示意图

风险管理组织结构应遵循风险分类管理、风险分层管理和风险集中管理的原则。

风险分类管理：在整体战略层面对风险进行分类管理，商业银行的风险分类主要包括信用风险、市场风险、操作风险、流动性风险、战略风险、声誉风险、法律风险、其他风险等；人身保险公司的风险分类按照《人身保险公司全面风险管理实施指引》，则分为市场风险、信用风险、保险风险、业务风险、操作风险、战略风险、声誉风险和流动性风险。

风险分层管理：战略层面由董事会、风险管理和审计委员会、总经理、CRO 组成，负责重大风险管理、风险管理制度性文件决策；执行层由风险管理部、各职能部门和业务部门组成，负责具体风险应对措施的制定、监控；操作层由风险管理相关岗位人员组成，负责风险管理制度和流程的执行、数据的提供。

风险集中管理：风险管理部承担着风险集中管理的职责，负责公司全部风险信息的汇总、加工分析、报告等工作。

在中国，商业银行组织架构主要分为地区型、职能型、混合型三种。

地区型组织架构如图 2-5 所示，主要具有以下特点。

- 从纵向上看，该组织架构分为总分支几个层次；
- 从横向上看，除了最基层的网点外，每层机构几乎都是对总行部门设置的复制；
- 银行高级管理层管理的首要对象是总行各部门负责人以及分行主管行长；
- 在这种设计模式下，自上而下看，总行将风险经营的目标逐层逐级向下分解，在管理上亦是如此逐级渗透；
- 自下而上看，由于每个分行都是一个独立经营的小银行，分行内各职能部门直接向所辖行长汇报，不同层级（总分支）的相同部门没有形成纵贯的沟通与汇报机制；
- 六大国有商业银行以及大部分股份制银行的机构设置沿袭了政府机关和事业单位的组织结构，采用了该形式组织架构。

地区型组织架构的优势如下：

- 该组织架构与当地法律、文化因素相适应，有利于满足不同的客户需求；
- 便于利用各个地区的渠道和关系资源；
- 充分分权，责任及权力分散；
- 具有明确的业绩问责机制。

地区型组织架构的劣势如下：

- 管理层级多，易导致信息传递失真，不利于决策层决策；
- 在确保产品/服务标准化方面存在问题；
- 总行对业务的控制减弱；
- 加大银行内部协调、沟通和交易成本，不利于为跨地区的大型客户提供服务；
- 某些地区的专家资源可能未被全系统充分利用；

- 地方政府的干预（如必须续贷、不准抽贷等要求）可能导致银行不能实现其风险管理目标。

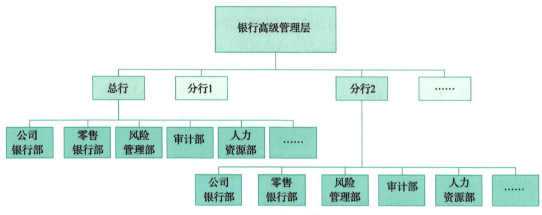

图 2-5　地区型组织架构

职能型组织架构如图 2-6 所示，主要具有以下特点。

- 按照业务最前端的客户和/或产品设置银行部门，形成如公司银行、零售银行、投资银行、环球市场等业务型事业部，实现职能集中控制；
- 各个银行业务实现跨地区的垂直经营，各业务型事业部内除市场部门外均配备其他支持职能，如风险管理、合规、法律事务、内部审计、后台操作等；
- 风险管理、合规、法律事务、内部审计以及后台操作等支持职能均独立并垂直地向上汇报，实现业务、风险、内控的分离和制约；
- 在机构设置上，集团以下无论是业务条线还是职能条线都没有明显的行政层级，管理趋向扁平化；
- 各个业务形式、网点建设、职能配备可能根据业务性质和经营目标的不同而有所不同；
- 银行高级管理层管理的首要对象是业务型事业部第一负责人；
- 大部分外资银行采用这种业务型事业部组织架构进行机构设置。

职能型组织架构的优势如下：

- 管理层级少，有利于信息传递和缩短决策周期；
- 强调专业运作；
- 职能集中控制；
- 统一的管理与决策；
- 提高日常和重复性工作的运营效率；
- 高度统一的产品质量标准；
- 职能/业务随客户而动。

职能型组织架构的劣势如下：

- 具有很强的组织界限，要求很好的部门间的协调机制来帮助业务流程的完成；
- 在大部分组织中，职能部可能会很庞大而难以管理，或者给部门合作带来很大困难；
- 不佳的部门协调会导致组织失去活力。

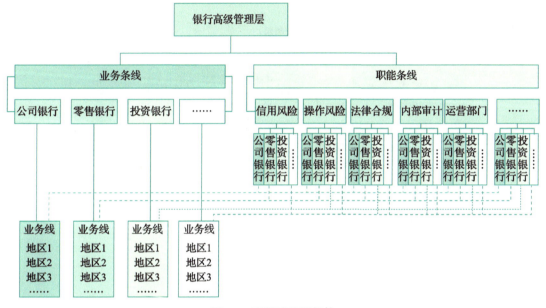

图 2-6　职能型组织架构

混合型组织架构如图 2-7 所示，主要具有以下特点。

混合型组织综合了地区型及职能型组织的特点，兼顾了两者的优势，在主要的业务条线采取地区型设置，以利于符合当地法律、文化，实现本地化，为当地客户提供多样化服务；而将一些关键职能收归集团层面进行集中管理，如人力资源与行政管理、法律、合规、风险管理、内部审计、品牌与公共关系、信息系统等。而对于某些具有强有力系统控制与明确程序流程的银行而言，还可采用分行战略业务单元经理直接向总行战略业务单元报告的模式。

据本书作者多年来对中国银行业的了解，当前国内银行业组织架构面临着诸多挑战，纵向来看：产业部门的条块分割不能满足客户对银行全方位的一体化金融服务需求；分行作为利润中心的条块运作缺乏为全国性集团客户服务的动机，总行缺乏为全国性集团客户服务的能力；分行对执行总行决策的内在驱动力不强，总行的战略意图难以得到有效落实。横向来看：部门之间职责交叉、责任不明确，免责文化导致经营风险增大；业务处理流程被分割，视图不完整，效率不佳，导致银行内部交易成本增加；各职能部门不能有效落实银行整体战略与中长期经营目标，业绩考核体系与银行战略实施脱节。

而相较于六大国有商业银行，国内中小银行在风险管理组织架构中存在着诸多非常有代表性的共性问题亟待解决。譬如：风险战略管理职能不到位，与全面风险管理的要求差距较大；总行部门职责存在交叉、重叠、缺位，一些重要的管理职能比较分散，存在免责文化，服务意识不够；缺乏对政策的统一管理，往往政出多门，且容易出现互相矛盾之处；与以客户为中心的组织架构要求还存在差距，分散经营风险大、效率不高、单位成本高；总、分、支行三级管理模式没有成形，一方面对总行政策执行力不够，另一方面支行信贷业务前、中、后台分离不够，缺乏岗位硬约束，案件层出不穷。

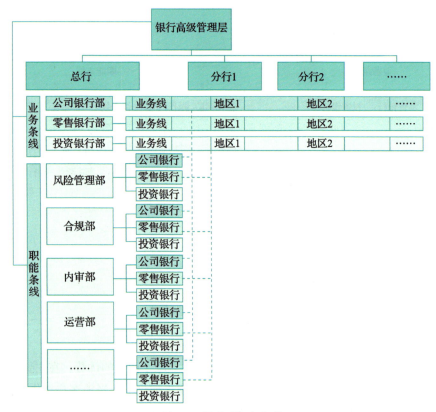

图 2-7 混合型组织架构

未来，中国银行业应积极贯彻巴塞尔协议体系在资本管理方面的要求，结合国际活跃银行先进实践，向行业内标杆银行学习，锻造符合现代金融风险管理要求的组织架构，全面压实三道防线，更好地服务于客户与股东，在组织架构层面为实现风险、效率、成本、收益的平衡打下坚实基础。

2.3 风险管理流程设置

风险管理流程是指包括风险辨识、风险评估、风险应对、风险监测与报告等一系列风险管理活动的全过程。该流程应能贯彻执行既定的战略目标，并与组织的风险管理文化相匹配，支持风险管理文化的落地。

风险辨识是指对影响银行各类目标实现的潜在事项或因素予以全面识别，鉴定风险的性质，进行系统分类并查找出风险原因的过程。该工作包括感知风险和分析风险两个环节：感知风险是通过系统化的方法发现商业银行所面临的风险种类、性质；分析风险是深入理解各种风险内在的风险因素。

制作风险清单是商业银行识别风险最基本、最常用的方法。它是指采用类似于备忘录的形式，将商业银行所面临的风险逐一列举，并联系经营活动对这些风险进行深入理解和分析。此外，常用的风险识别方法还有专家调查列举法、资产财务状况分析法、情景分析法、价值链分析法等。

风险评估是指在通过风险辨识确定风险性质的基础上，对影响目标实现的潜在事项出现的可能性和影响程度进行度量的过程。风险评估通常包括定性与定量结合的方法。定性方法主要适用于历史数据较少、预期损失难以通过数学模型计算得出的风险，如战略风险、声誉风险等，主要采用打分法来计算；定量方法主要适用于历史数据充足、预期损失可轻易得出且结果可靠的风险，主要适用于市场风险、信用风险。而无论是对于定性还是定量方法，风险评估中都可以运用AHP层次分析法和功效系数法等方法来对评估时人员或风险的权重设置进行计算，对定性信息进行有效的量化处理。

风险应对是指在风险评估的基础上，综合平衡成本与收益，针对不同风险特性确定相应的风险控制策略，采取措施并有效实施的过程。常见的风险应对方法主要包括以下四种：风险承担、风险缓释、风险规避、风险转移。风险应对措施应当实现以下目标。

- 确保风险管理战略和策略符合经营目标的要求；
- 确保所采取的具体措施符合风险管理战略和策略的要求，并在成本/收益基础上保持有效性；
- 通过对风险诱因的分析，发现管理中存在的问题，以完善风险管理程序。

按照国际最佳实践，在日常风险管理操作中，具体的风险应对措施可以采取从基层业务单位到业务领域风险管理委员会，最终到达高级管理层的三级管理方式。

风险监测是指监测各种可量化的关键风险指标和不可量化的风险因素的变化和发展趋势，以及风险管理措施的实施质量与效果的过程。风险报告是指在风险监测的基础上，编制不同层级和种类的风险报告，遵循报告的发送范围、程序和频率，以满足不同风险层级和不同职能部门对于风险状况的多样化需求的过程。风险报告应报告商业银行所有风险的定性或定量评估结果，并随时关注所采取的风险应对措施的实施质量及效果。自《巴塞尔协议Ⅱ》首次设置第三支柱后，对外有效披露便一直被放在极为重要的位置，而这也是风险报告需要实现的目标之一。而发展至《巴塞尔协议Ⅲ》后，加强对外披露的要求愈加严苛，一方面保护了银行的利益相关人，另一方面也给银行的管理能力带来了挑战。

风险管理流程应实现闭环循环运行，尤其是在引进或采取新的产品、业务、程序和系统时，应对其实施风险辨识、评估、应对、监测和报告等一系列风险管理活动。风险管理部门既不应该，也无能力对所有风险管理工作亲力亲为，应在高管层的支持下，在风险管理的整体框架下，将相应的职能部门纳入风险管理第二道防线，授权其对分管的风险类型进行风险辨识、评估、应对，而保留独立的风险计量、检查、分析、归责乃至考核的职能，确保风险管理体系有效运转。

2.4 风险管理报告体系

商业银行的风险管理报告可分为外部报告及内部报告两大类。外部报告主要是为了满足外部监管机构包括银保监会、证券交易所的合规要求，以及对外部投资者进行信息披露的要求；内部报告主要是为了满足内部战略决策的需求。

商业银行外部报告主要由以下类型组成。

- 银保监会1104报表系列、半年度报告、案件报告；
- 中国人民银行营管部反洗钱报告、关键营业数据报告。

商业银行外部报告需严格遵照银保监会要求，通过非现场检查信息技术平台上报1104报表。1104报表名称来源于1104工程，这是原银监会于2003年11月4日启动的银行业金融机构监管信息系统，涉及银行机构管理、高管管理、许可证管理、非现场监管、现场检查、风险预警、评级模块、报表管理等多项应用平台，为以风险为本的监管体系提供模型化、量化的数据基础，是银保监会对被监管对象进行持续、全面、有效监管的信息化工具和手段。1104工程的数据体系分为以下部分：基础报表，共六大类24张报表；特色报表，按机构类别设计，共25张报表；监管指标，四类共114项；分析报表，四类120多张。1104工程非现场报表体系通过对商业银行财务状况、信用风险、市场风险、流动性风险、风险抵御能力的全面监测，在合规性监管的基础上，达到对风险的辨识、评估和预警的监管目标。

商业银行内部报告则可以根据银行自身情况及需求，对风险报告进行定制化处理。内部风险报告一般可按报告内容划分为综合风险报告和专项风险报告，也可以按照报告的时间和频率分为定期风险报告和不定期风险报告。不同层次和种类的具体风险报告的内容可依据董事会、管理层对风险的管控要求进行灵活调整，但必须遵循规定的发送范围、程序和频率进行报告。

对于内部报告而言，简洁、准确、全面、及时至关重要。在某种意义上，"简洁"与"准确"和"及时"同等重要。如果风险管理者、高层或董事得到的信息过多，反而会导致重要信息缺失，那么想要在有限的时间内发现问题并予以干涉和解决便不可能了。而优秀的内部报告应该具有如下特征。

第一，报告体系必须能够促进准确报告。鼓励准确性最好的方法就是保持报告体系简单。这是因为编制报告的流程如果过于复杂将会动摇其准确性。其他确保准确性的方法包括培训报告编制者以及定期审计报告内容。

第二，报告内容对目标受众而言应保持平实。金融机构的管理信息系统应能够确保高管及董事得到有用的信息，而不会因信息过多而导致风险不能被及时发现。报告传送的信息必须能帮助受众完成管理或监督工作，同时信息不能过于烦冗，以至于难以将有用信息从易于理解的信息中分离出来。而且，重要信息应清晰突出，管理报告应该能将专业术语和数理形式转变为高管及董事能够理解的形式，因为金融工程和金融数学等专业性很强的知识确实比较难以令人理解。数据尤其是趋势性数据用图表更容易理解。

第三，报告频率应提供给高管及董事判断金融机构风险敞口特性变化的足够信息。应保持固定的频率对高管层和董事会进行风险报告，但在某一风险敞口急剧扩大时，也应及时向高管层和董事会进行报告。

第四，报告必须反映法人组织结构、监管制度及跨国行为导致的约束。例如，对于多家银行控股公司中的牵头行应建议其进行单独报告及并表报告。每家关联银行的风险管理者应该关注风险在不同机构间的流动及传染效应。

第五，报告必须及时。显而易见，优秀的决策必须基于基础数据，同样重要的是，优秀决策需要最新信息的支持。

当前银保监会已开始按照2016年《银行业金融机构全面风险管理指引》要求银行业金融机构向其定期上报全面风险管理报告，要求银行业金融机构建立全面风险管理报告制度，明确报告的内容、频率和路线，并至少按年度报送全面风险管理报告。而国务院国资委则早在2006年起便要求中央企业遵照《中央企业全面风险管理指引》向国务院国资委和董事会提交全面风险管理报告。人身保险公司也从2010年起，遵照原保监会的《人身保险公司全面风险管理实施指引》要求向原保监会和董事会提交全面风险管理报告。原保监会于2012年2月27日下发了《人身保险公司年度全面风险管理报告框架》及风险监测指标，对全面风险管理报告提出了更为明确的要求。值得欣喜的是，原银监会借鉴国资委及原保监会的成熟经验，在强化信用风险、市场风险等专项风险管理的基础上，规范了商业银行的全面风险管理报告，明确了报告模板及报告机制，这是所有风险管理从业者之幸，更是金融机构之幸。

2.5 风险管理准备金及资本提取

2.5.1 风险准备金

商业银行作为金融系统的主体，在风险管理方面充当着非常重要的角色。它在积聚社会闲散资金的同时，要通过主动集聚、承担风险并进行科学的资产负债管理，把风险转移和分散出去，以获取相应的风险报酬。因此，越来越多的经济金融界人士认同"商业银行的本质是经营风险"这种观点。而在经营风险的过程中，为了获取预期的收益，银行必然会选择承担符合管理层要求的一定量的风险，并将该部分风险造成的损失视为运营成本的一部分。

商业银行所面临的损失分为预期损失、非预期损失以及极端损失三类。预期损失又称为期望损失，是指一般业务发展占用风险资产的损失均值，其可以通过计提损失准备金（专项准备、资产组合的一般准备）计入损益加以弥补。预期损失等于预期损失率与资产风险敞口的乘积。非预期损失是银行在一定置信区间下超过预期损失的损失，它是对预期损失的偏差——标准差（σ）。换言之，非预期损失就是除预期损失之外具有波动性的资产价值的潜在损失。非预期损失随置信区间的改变而不同。极端损失是指那些超出银行承受能力的事件所造成的损失，例如战争和重大灾难等。对于极端损失，银行一般无法做出更有效的准备，只能通过极端情景假设进行压力测试。

风险准备金制度的建立，就是为了有效地应对可能出现的预期损失，以及完成金融机构必须能够支持的及时实现资产清算功能的流动性需要，风险准备金分为在资产项下的准备金和负债项下的准备金两种。

资产（贷款）项下的准备金主要是为了冲抵预期损失，以计提呆账准备金的形式被计入了经营成本，并在银行提供的产品价格（如贷款利率）中得到了补偿，实际上已不构成风险。在各国银行的实践中，一般在资产项下计提以下三种呆账准备金：普通准备金、专项准备金、特别准备金。

普通准备金是商业银行按照贷款余额的一定比例提取的贷款损失准备金。我国商业银行现行的按照贷款余额1%计提的贷款呆账准备金就相当于普通准备金。

专项准备金即按照贷款分类的结果，对各类别的贷款根据其内在损失程度，按照一定的风险权重分别计提。专项准备金应该针对每笔贷款根据借款人的还款能力、贷款本息的偿还情况、抵质押品的市价、担保人的支持度等因素，分析风险程度和回收的可能性并合理计提。大多数国家要求商业银行同时计提普通准备金和专项准备金。我国现行的《银行贷款损失准备金计提指引》规定，专项准备金要根据贷款风险分类的结果，对不同类别的贷款按照建议的计提比例进行计提。

特别准备金是针对贷款组合中的特定风险，按照一定比例提取的贷款损失准备金。特别准备金与普通和专项准备金不同，不是商业银行经常提取的准备金。只有遇到特殊情况才计提特别准备金，具有非常态特点。

普通准备金主要用于弥补贷款组合的不确定损失，这就使它具有了资本的性质，可以计入资本基础。但是，普通准备金的多寡只与贷款的总量有关，而与贷款的实际质量无关，故而，其无法反映贷款的真实损失程度。从经济意义上来看，真正的呆账准备金应该是用来弥补损失的，这要求呆账准备金的数量与贷款的真实质量相一致：贷款质量高，呆账准备金就少；反之，则必然增加呆账准备金的数量。专项准备金由于是按贷款的内在损失程度计提的，计提时已充分考虑了贷款遭受损失的可能性，反映了贷款在评估日的真实质量。因此，专项准备金不计入资本基础。它的变动直接与贷款的质量相关，而与数量无关。银行建立的普通准备金制度、专项准备金制度和特别准备金制度共同构成了银行的呆账准备金体系，保护了银行经营的安全性。

负债项下的存款准备金制度则是中央银行用于控制商业银行的信贷规模，进而对经济进行宏观调控的重要货币政策工具，与预期损失无关。所以此处只进行简单描述而不再展开论述。

存款准备金是指金融机构为保证客户提取存款和资金清算需要而准备的在中央银行的存款。中央银行要求的存款准备金占其存款总额的比例就是存款准备金率。中央银行通过调整存款准备金率，可以影响金融机构的信贷扩张能力，从而间接调控货币供应量。举例来说，如果存款准备金率为12%，就意味着金融机构每吸收1 000万元存款，要向央行缴存120万元的存款准备金，用于发放贷款的资金为880万元；倘若将存款准备金率提高到15%，那么金融机构的可贷资金将减少到850万元。在存款准备金制度下，金融机构不能将其吸收的存款全部用于发放贷款，必须保留一定的资金即存款准备金，以备客户提款的需要，因此存款准备金制度有利于保证金融机构应对客户的正常支付。

存款准备金分为法定准备金和超额准备金两部分。央行在国家法律授权中规定金融机构必须将自己吸收的存款按照一定比率交存央行，这个比率就是法定存款准备金率，按这个比率交存央行的存款为法定准备金存款。而金融机构在央行存款超过法定准备金存款的部分为超额准备金存款，超额准备金存款与金融机构自身保有的库存现金，构成超额准备金，也称备付金。超额准备金与存款总额的比例是超额准备金率，也即备付率。金融机构缴存的法定准备金，一般情况下是不准动用的。而超额准备金则可由金融机构自主动用，其保有金额也由金融机构自主决定。

2.5.2 监管资本

从根本上讲，银行是经营风险的企业，尽管银行可以通过计提准备金的形式在理论上对预期损失进行覆盖，但在实践当中，超出事先计算的预期损失，造成巨额损失的事例也不胜枚举，无数案例已经证明仅仅依靠风险准备金是不足以保证银行稳健运行的，必须通过银行自有资本进行抵补。

然而，增加银行自有资本是与银行股东利益相悖的。这是因为在银行最传统的借贷业务中，在假设零风险的前提下，银行股东最理性的选择是：不投入任何资本，单纯随着信贷规模的扩大来获得利差，以获得超额的股东收益。

假设某家银行信贷差固定为3%，当信贷期限完全一致、金额完全相等、没有任何违约事件，股东投入资本可以忽略不计时，假如信贷总额为1亿元，则归属于股东的收益为300万元；假如信贷总额为5亿元，则归属于股东的收益就是1 500万元。故而银行股东具有极强的动机以有限的自有资本撬动杠杆（leverage），以获取自身价值的最大化。而这种特点本质上决定了金融机构，尤其是商业银行有强烈的动机去监管化，运用杠杆来获取超额收益。而在金融监管缺位的20世纪30年代，因为银行股东自有资本不足，在挤兑危机之下，到1933年初，美国约有半数银行倒闭。这直接导致了各国监管机构对于银行自有资本的重视。

为了维护经济稳定和金融安全，监管当局要对银行提出相应的资本要求。符合监管当局要求和标准的银行资本被称为监管资本。最早的真正世界性的监管资本要求源于1988年巴塞尔委员会所公布的巴塞尔资本协议（简称巴塞尔协议），要求接受其指引的银行应至少持有8%的监管资本。

巴塞尔协议颁布以来，发达国家基于风险的资本比例确实显著提高，十国集团大银行的资本充足率从1988年平均9.3%的水平上升到1996年的11.2%。

巴塞尔协议中仅对信用风险提出了监管资本充足率的要求，而在2004年6月，巴塞尔委员会公布的《巴塞尔协议Ⅱ》，增加了市场风险和操作风险对监管资本的要求，并要求各成员自2006年开始实施。2010年11月，《巴塞尔协议Ⅲ》推出，对于监管资本的构成及资本充足率进行了非常大的调整，要求各成员到2019年1月1日，所有款项均要达到《巴塞尔协议Ⅲ》的新要求。中国作为《巴塞尔协议Ⅲ》的主要参与国，在符合《巴塞尔协议Ⅲ》的要求中，自律要求则更加严格。关于巴塞尔协议体系演变的详细内容，请见第四章。

2.5.3 经济资本

伴随着风险计量方法的快速发展，以获取高额收益或规避监管为目的的金融创新层出不穷，复杂多变的投资组合不断推陈出新，加之银行高层持续的高回报预期，使以银行为主的金融业迫切地需要发明一种风险计量工具，它既要能够完全反映整个机构、职能部门或业务条线所需要承担的风险大小，又要能通过内部计量方法比监管资本更有效地获得。于是，在这样的背景下，经济资本从概念推出之日开始便受到了以银行业为主的金融机构的追捧。经济资本的标准定义是：在一个给定的置信区间下，用来吸收由所有风险带来的非预期损失的资本，它是衡量银行真正所需资本的一个风险尺度。

需要注意的是，经济资本是针对一定置信区间而言的，在该置信区间之下的非预期损失由经济资本来吸收，而超过该容忍水平的损失则称为极端损失或灾难性损失，这些损失不足以被经济资本吸收，若不对其进行保险或风险转移，当这种极端损失发生时，金融机构，尤其是银行将会面临破产倒闭的风险。时至今日，经济资本的计量正被广泛地纳入金融机构各管理层的决策制定过程中，在盈利测算、定价以及投资组合最优化等公司业务中，都已成为制定决策所需要考虑的关键性指标之一。同时，经济资本的计量规避了以往采用净现值（net present value，NPV）法仅考虑项目间现值大小而罔视项目风险的弊端，在并购及衍生品交易等高层决策过程中起到了日益重要的作用。事实上，金融机构通过对经济资本的计量，能够使资本与风险相对应，促使管理层实现对资本的合理配置，从而更好地实现股东的价值。故而，当前在国际上活跃的广大银行在巴塞尔协议体系第三支柱对外披露的要求下，都非常乐于向股东披露关于经济资本框架的内容，且从定性和定量两方面开展了披露。其披露的内容包括且不限于对所选用经济资本模型的描述、风险设定的阈值、对特定风险的计量方法、按业务线划分的风险类型中经济资本的使用和分配以及多样化测量等。

在实际工作中，风险来自各个业务单元，包括不同部门、分行和业务条线等。各业务单元因承担风险而必然会面临潜在损失，这种损失又分为预期损失和非预期损失，它们事实上都要求被抵御或消化。因为预期损失已计入了经营成本，并通过产品定价、计提风险准备金得到了补偿，故而事实上对金融机构的影响程度是可控的。而非预期损失才是真正意义上的风险，需要通过经济资本加以抵御。

具体需要多少经济资本则取决于各业务单元的非预期损失。值得注意的是，银行总行根据经济资本头寸，按照一定方法分配给业务单元的资本并不是实际账面资本的拨付，而是仅仅在资源配置或评估考核时，在概念的意义下，予以计算和分配的金额，即相对于物理状态下的资本金。经济资本是一种经过计算分配到的资本金。它既不是风险本身，也不是真实的资本，而是对应着风险的一种虚拟资本，随银行承担风险大小的变化而变化。

经济资本在整个金融体系中具有非常重要的意义，其与企业风险组合、资本资源、价值创造是紧密相连的。经济资本决定着风险资本的结构，解决的是到底需要多少资本的问题；

企业风险组合决定着风险回报的多寡，解决的是究竟回报多高才处于合适区间这个问题；资本资源决定着资本的结构，解决的是究竟需要何种资本来满足企业的需要这个问题；价值创造依托于前面所述的三个方面，尤以资本资源为要，因为企业只有超越资本成本，才能创造出真正的价值。

迄今为止，尽管经济资本已经得到了金融机构的广泛重视，但在使用方法、范围以及实施效果中依然存在着很多挑战，这些挑战如下所示。

第一，计算经济资本的模型众多，但各类模型的适用范围及局限性各异，如何选择最适宜金融机构自身的经济资本模型成为一大难题；

第二，集中度风险、系统性风险的存在导致对覆盖这些风险的经济资本模型的设计及验证变得非常困难；

第三，对于分布缺乏稳定性或缺乏足够的数据来构建分布的风险而言，如何选用适宜的经济资本模型是一个难以绕过的话题；

第四，通过单一的风险测度指标——经济资本，是否真的就可以掌握银行内部所有的复杂风险一直未在理论界取得共识；

第五，经济资本作为虚拟资本的一种，单纯地计量而不做资金的事实配置将会导致风险发生时没有足够的资本予以覆盖，但若是按照计量结果足额提取经济资本又非常不经济，因此如何保证金融性资产的数量既能不影响金融机构的盈利要求，又能在一定程度内保障金融机构的安全成为一大难题。

第六，按照经济资本配置的资金，如何保证在业务经营中，不会因为其他因素而被挪用等也是一大难题。

图 2-8 显示了风险、资本与所创造价值之间的关系。

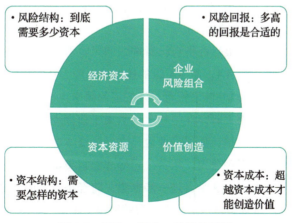

图 2-8　风险 – 资本 – 价值关系图

尽管经济资本依然在实务中存在着这些挑战，但其依然是银行风险管理中的一个核心概念，它揭示了如下三个层面的含义。

1. 风险需要资本覆盖

经济资本等于特定置信度下的非预期损失，但这两者意义并不相同。非预期损失反映的是风险大小，是一个风险概念；而经济资本反映的是要覆盖风险需要多少资本，是一个资本概念。风险与资本的对应关系揭示了风险需要资本覆盖这一基本原理。金融业基于风险来考虑资本的观点显著优于实业界的风险管理理论及实践，值得认真学习。

2. 承担风险需要耗用资本

在经济资本概念提出前，银行等金融机构单纯认为风险会造成损失，而这种损失又是不确定的，故而对于如何应对风险缺乏积极的手段和工具。而经济资本概念提出后，风险不再被认为是把握不住的，而是一种实实在在的资源占用。金融机构承担的风险需要与其耗用的资本相对应。在具体运营中，将开展某项业务所承担的风险与创造的利润相比较，其利害得失便可一目了然。

3. 经济资本要求取决于风险偏好

股东希望将银行建设成什么样，是偏好于高风险高回报，还是偏好于稳健经营？这些问题在经济资本概念提出前，大都由银行家在股东大会上侃侃而谈，而很难通过工具与银行的具体运营联系起来。但现在，则可以通过风险承受度，即一定的置信区间集中体现出来。与非预期损失一样，经济资本并不是一个绝对数，而是在一定条件下的数量。假如银行在1%的风险承受度下的经济资本是10亿元，表示如果要让银行有99%的把握能够抵御风险且不会倒闭，那么就需要有10亿元的经济资本。假如真实承担的风险未发生变化，而只是将风险承受度要求改为0.1%，那么经济资本就有可能增加到30亿元。一家银行选择自己愿意承担的风险的可能性是1%还是0.1%，则取决于它的经营取向：想追求高回报就选择1%，但是相对应的倒闭的可能性就大；追求稳健经营则选择0.1%，这样倒闭的可能性也就相对较低，但所需的资本也会相应呈几何级数增加。

而在国际实践当中，很多银行都将自己所选取的风险承受度与目标评级对应起来，如果一家银行希望自身的评级达到AA，而AA级的违约率一般为0.03%，那么银行设定的风险承受度则不能高于0.03%，否则就意味着银行对外的违约概率达不到AA级企业的要求。

总体而言，经济资本的相关研究在国际上依然属于前沿理论。迄今为止，银行业在这个领域已经取得了较为可观的成绩，而保险业也已在经济资本应用中取得了一定的建树，反观证券业及信托、财务公司、保理公司、租赁公司等非银行类金融机构，它们在这个领域的研究依然涉足尚少，需要专业人士和学者进一步探索，将经济资本的研究和应用推向更为广阔的领域，为金融机构风险管理整体水平更上一层楼做出贡献。

可以说，监管资本和经济资本都是在本章中所示风险管理工作全部失效或遭遇系统性风险后，运用资金来冲抵风险造成损失的最后一个方法，是银行生死存亡的最后一道防线，故而历来受到金融监管机构的严格监管，需要银行的风险管理者对其予以高度重视。

2.6 全面风险管理介绍

2.6.1 全面风险管理的提出

企业在日常运营中面临着一系列风险，包括但不限于战略风险、信用风险、流动性风险、操作风险、市场风险、信息技术风险等。如之前在风险管理组织架构中所述，在传统的风险管理模式下，每种风险在企业中由一个单独的部门或条线来管理，相互之间是分开的。例如，交易员管理市场风险、保险精算师管理保险风险、管理层则关注经营风险。

传统的风险管理在市场波动不大时可以满足风险管理要求，但是它却有着许多缺陷。①它忽略了风险的动态特性以及不同风险之间的相关性。②站在整个公司的角度看，不同风险是存在相互抵消、传染、转化的复杂关系的。因此，单独管理不同风险，会忽略风险之间的相关性，站在整个公司的角度，就会出现无效率、风险应对不足和过度对冲的情况。③管理不同风险的部门在评估和测量风险的时候可能会使用不同的方法和描述方式，如果没有一个集中的风险管理系统，那么公司的董事会和管理层将会从不同的部门收到不同的碎片化信息。

因此，一个中心化的集中的风险管理框架就能增加公司风险运营的效率，全面风险管理就应运而生。

2.6.2 全面风险管理的定义

全面风险管理相对来说比较新并且还在发展中，缺乏一个标准的定义。COSO 在 2004 年这样定义："全面风险管理是一种流程，受公司董事会、管理层以及其他人员影响，主要应用在整个企业内的战略决策中，用来识别能够影响企业的潜在事件，在风险承受度范围内管理风险，在实现公司目标的过程中提供合理的保障。"

最有用的关于全面风险管理的定义是："风险是一种变量，它能够使结果偏离预期的目标。全面风险管理是一个综合的集成的管理风险的框架，用以完成公司目标、最小化非预期收益的波动性、最大化公司价值。"

全面风险管理对于确定整个公司层面的政策、流程以及标准来说非常重要。

2.6.3 全面风险管理的成本和收益

一个公司实施全面风险管理的成本和收益主要体现在以下几个方面。

1）集成的风险组织结构：更高的组织效率。大多数公司都有很多单独的风险管理部门，包括市场部门、信用部门以及其他部门等，全面风险管理则可以把这些风险集成在一个风险管理流程中。在这个流程中，通常会有首席风险官这个角色，其他各个风险管理部门都向 CRO 汇报，而 CRO 则向公司董事会或者 CEO 汇报。这种流程的一个好处是：提供一个自上而下的、相互协调的框架，这个框架能够将各种风险之间的关联关系、依赖关系考虑进来。

2）集成的风险转移：更好的风险报告。在传统的非全面风险管理流程中，公司面临的不同风险是被不同部门评估和管理的，这种方式在缓解单独的某一类风险时是很有效的，但是并不能实现在不同种类的风险之间进行分散的目的，这样就会导致对单一风险的过度对冲，从而造成对单一风险的过度保护。

另外，如果没有一个部门对公司整体的风险报告负责，就会导致不同部门的风险报告是不一致的甚至是相互冲突的。相反，全面风险管理能够使公司对所有的风险以及风险对冲措施有一个全盘的了解，而这些对冲措施只需要对冲那些在不同的风险之间分散化之后的不想承担的剩余的风险。在全面风险管理框架中，所有的风险都会被集中起来，包含对公司整体风险敞口水平的描述、总的损失甚至前期的预警指标等。因此，公司董事会和高级管理层能够对不同风险之间的相互作用有一个整体的了解，在对冲剩余风险的时候也可以采取合适的措施。

3）集成的业务流程：更高的企业绩效。全面风险管理可以将风险管理集成到公司的业务决策流程中。全面风险管理可以通过业务决策来最优化企业效益，这些业务决策包括资本金分配、产品开发及定价、高效的资源分配等。这种最优化的结果是：我们承担了更少的风险，并且只承担那些带来最大化收益的风险，即从事那些风险成本低于收益的项目。传统的风险管理措施例如风险价值（value at risk，VaR）以及风险调整后的资本收益率（risk-adjusted return on capital，RAROC）越来越多地被用到市场风险、信用风险和操作风险的测量中，而诸如信用衍生产品等其他风险管理措施也被用来缓解额外的风险。全面风险管理的结果就是损失减少、收益增加、更低的收益波动率、更高的公司价值。

与此相伴，实施全面风险管理的成本也是很高的，包括需要大量的人力、资金投入和时间投入（可能要持续好多年），同时需要管理层和董事会的持续支持。

2.6.4　全面风险管理如何创造价值

宏观上，ERM可以使管理层在整个公司层面上，使风险和收益之间达到一个最优化的平衡，这种最优化的平衡可以确保公司含有资本金来支持其战略计划。在完美市场中，公司可以完全分散化它们的投资组合，此时公司资金只有用来对冲系统性风险才能够增加公司价值，也就是说对冲可分散化风险是不能够增加股东价值的。但是在真实市场中，投资者的信息是不完整的，一个没有预期到的汇率或商品价格的冲击（可分散化风险）就可以导致公司的经营性现金流和收益下滑。即使公司收益很快地反弹，也会对公司产生不利的影响。因为如果此时公司刚好有战略性投资机会，公司就不得不在"放弃这个投资机会"和"在困境中以高昂成本发行股票、债券等来筹资"两者中进行选择，如果发行债券、股票等成本太高，公司就不得不放弃这个投资机会。这样的话，暂时性的现金流下滑就会导致"投资不足"，就会永久性地降低公司的价值。对于大多数公司来说，解决这类"投资不足"问题就是在管理或对冲风险。公司可以利用远期、期货、互换、期权等衍生工具来对冲风险。比如，利用远期合约来对冲汇率风险的成本就是很低的，且因为顾虑到这种已经很低的成本而选择不对冲这些"可分散化风险"，就有可能使公司价值下降，得不偿失。因此，拥有资金并能及时支持战略计划的公司比没有这种能力的公司更具有优势。

微观上，如上所述，如果一个公司错过了有价值的投资机会，就会降低公司的价值。如果一个公司从事了一个风险项目,那么在补偿了风险之后应该还是有利可图的。只要这些项目对公司总体风险有影响,那么就必须在公司所有项目上进行风险和收益平衡的决策。因此,这种决策不仅仅是高级管理层需要做的,同时各个业务条线的经理也应该贯彻实施。为了实现这种机制,一个分散化的风险收益评估流程需要被实施。此时,CRO 的工作就是给每个部门提供信息和激励措施,让它们自己去平衡风险和收益。这种分散化的实施包含两部分:①任何管理者在评估项目时,不仅需要考虑其收益,而且需要考虑项目对公司总风险的边际增加值;②为了确保管理者在风险-收益权衡方面做得更好,需要定期对业务部门进行绩效评估,绩效评估必须考虑到每个业务部门对公司总风险的贡献。

另外,由于各个风险管理部门之间缺乏协调,传统的单独管理每种风险的方法会造成效率低下。全面风险管理的支持者认为,通过将所有风险的决策整合在一起,公司可以通过自然对冲来避免重复的风险管理支出。全面风险管理提供了一种将所有风险管理活动集中到一个框架内的机制,这样就很容易发现不同风险之间的相互关系。此外,外部利益相关者通常在评估财务和经营状况很复杂的公司的风险状况时,都会面临许多困难。而全面风险管理能够使这些公司将其风险状况很好地展示给利益相关者,并且可以作为其风险管理工作的一个承诺信号。通过提高风险管理工作的透明性,全面风险管理还可以减少监管审查和外部资本等成本。

2.6.5 全面风险管理框架的组成

全面风险管理框架主要包含以下 7 个部分。

1. 公司治理

一个成功的全面风险管理框架是离不开卓有成效的公司治理(corporate governance)的,公司治理需要董事会和高级管理层开展必要的组织活动以及制定相关流程来充分地控制风险。随着特恩布尔报告(Turnbull Report)和《萨班斯-奥克斯利法案》(Sarbanes-Oxley Act)等监管条例的出台,公司治理日益得到重视。一个成功的公司治理框架包含以下几个方面:①董事会和高级管理层合理地定义公司的风险偏好以及风险承受度水平;②为了成功地实施全面风险管理,管理层需要执行一些风险措施,以确保公司具有相应的风险管理组织结构和能力;③将所有关键风险集成到风险管理框架中,同时对于实施这个框架的人员来说,应该有清晰的角色定位和责任,例如 CRO 的角色;④监督、审计目标的完成情况,也是公司治理的关键组成部分。

2. 生产管理

生产管理(line management)指的是与公司生产的产品、提供的服务相关的管理活动,具体指如何将商业决策融入风险管理活动中,评估相应的风险,并将风险融入定价和盈利决策中。具体的评估流程,应该包含充分的尽职调查,以决定什么样的风险是无须上报管理层和董事会的。在对产品进行定价和投资决策时,应该将风险资本的成本以及预期损失考虑在内。

3. 投资组合管理

如果公司面临的每一种风险都被视为总体风险的一部分的话,投资组合管理(portfolio management)就能够提供一个对公司总体风险的全盘浏览。积极投资组合管理将所有的风险敞口加总起来,并允许进行风险分散化处理,提供对风险集中度的度量、监控(相对于风险限额)。公司内部单独管理的每一种风险,都应该与全面风险管理结合在一起,以最优化风险和收益。

4. 风险转移

风险转移(risk transfer)能够减少或转移那些不能承担的风险或者能承担但是过于集成的风险。集中度风险(concentrated risk)对于一个公司来说是非常危险的,也是银行业重点关注的风险之一,需要进行充分的监控和缓释。如果管理风险成本很高的话,也可以将它们转移。另外,还可以通过衍生工具、保险以及混合金融工具等对冲风险。即使在没有第三方参与的情况下,投资组合内部也可以实现自然对冲(natural hedges)。

5. 风险分析

风险分析(risk analysis)用于在风险测量、分析、报告中度量风险敞口水平。公司面临的许多风险,例如市场风险、信用风险、操作风险等,都是可以被测量出来的。风险分析用于在减少风险敞口水平时进行成本核算,也可以用于决策层在管理风险或者转移风险时,进行成本效益分析。风险的度量和分析最终能够增加公司股东的价值,增加公司净现值和经济附加值(economic value added,EVA)。

6. 数据技术和资源

数据技术和资源(data technology and resources)在评估风险的时候可以提高数据的质量。公司内部通常含有各种各样的系统,而这些系统则提供不同单位的价格、波动率、相关系数等。数据技术可以将这些数据集中到全面风险管理的流程中,以缓释这些问题。

7. 利益相关者管理

利益相关者管理(stakeholder management),可以很好地将公司内部的风险管理流程向包括股东、债权人、监管者、公众等利益相关者展示。这些信息对于评级机构的评级,以及分析员的研究也至关重要。一个公司的内部风险管理流程对于利益相关者应该是透明的,应该向他们保证管理层采取了合理的风险管理措施。对于这些公开的风险管理指标信息,公司也应该定期更新。

2.6.6 全面风险管理的开发与实施

1. 全面风险管理的开发

在开发全面风险管理框架的时候,管理层应该遵循以下原则。

1)决定公司可以接受的风险水平。这里关键的一步是,公司要确定在各种不同的财务情境,包括在财务困境下,公司如何能够最大化公司的价值。这里"财务困境"是指,由于不充分的资源等,尽管某个项目有净的现金流,公司也必须放弃这个项目。当公司将所有的资金投入到国债时,尽管此时出现财务困境的可能性最低,但是这并不是公司的目标。公司的目标应该是选择合适的财务困境,以最大化公司的价值。对于大多数公司来说,衡量困境的可能的指标是公司的外部评级。因此,公司在全面风险管理框架中,决定风险水平时,可以避免公司评级低于 BBB(低于 BBB 属于投机级别,高于 BBB 属于投资级别)。

2)基于公司的目标债务评级,评估公司所需要的资本金,即需要多少资本金,才能使公司在正常运营中避免出现财务困境。一个包含足够的流动性资产来支持其净现值为正的项目,即使出现现金流亏空的情况,也不会出现投资不足的问题。因此,风险管理也可以被视为投资股本金到流动性资产的一种替代方式。然而,以流动性资产来持有大量的股本金的成本是很高的,对此的一种替代方式是设立一个专门的管理流动性风险的管理流程,该流程可以维持公司经营性现金流不低于特定水平,即该水平应刚好使公司能够支持有价值的项目。也就是说,可以使公司财务困境的可能性达到一个水平,该水平可以最大化公司的价值。公司的目标,应该是在"承担风险以获取预期收益"和"解决财务困境的成本"之间取得平衡,以达到最优化(而不是消除)的总风险。

3)决定资本金和承担风险之间的最优比例,以达到公司预期的债务评级水平,在这个最优比例下,公司对于增加资本金或降低风险的态度是无差别的。

4)给公司内部所有级别的管理层提供信息和激励措施,以使他们能够很好地在风险和资本金之间进行平衡,评估单个项目对公司总体风险的边际影响,通过这种方式来分散化实施。

2. 全面风险管理的实施

全面风险管理的实施步骤如下。

1)识别公司面临的风险。如市场风险、信用风险、操作风险、流动性风险、资产价格风险、战略风险等。识别这些风险不仅需要自上而下(从董事会和高级管理层开始)的方式,而且需要自下而上(从单个业务部门的经理开始)的方式。

2)开发一个具有一致性(consistent)的方法,用于评估公司在上一个步骤中识别的风险的暴露水平。如果方法并不一致,全面风险管理系统就会失败,因为资本就会在不同的业务部门被错误地分配。

实施全面风险管理系统是很有挑战性的,需要整个公司组织来支持。因此,应当让公司所有级别的员工、管理层理解系统是如何设计的,以及全面风险管理系统是如何创造价值的,实现这一点非常重要。

■ 练习题

2.1 风险事件的发生是否意味着风险管理的失败?
2.2 描述全面风险管理框架下的风险管理工作步骤。
2.3 什么是风险承受度?

2.4 风险应对策略有几种？分别适合处理什么样的风险事件？
2.5 画图说明风险管理组织架构的演变。
2.6 简述风险管理的三道防线。
2.7 简述风险管理的流程。
2.8 风险准备金的定义及其用途是什么？
2.9 商业银行面临的损失分为预期损失、非预期损失和极端损失，如何应对这三种损失？
2.10 相对于预期损失而言，风险管理工作更关注非预期损失，这种说法对吗？
2.11 在风险管理中，董事会的职责有哪些？
2.12 风险管理流程的失败可能是由于哪些原因？
2.13 给出全面风险管理的定义。
2.14 传统风险管理有哪些缺陷？
2.15 ERM 如何创造价值？
2.16 如何将全面风险管理融入生产管理中？
2.17 开发 ERM 的时候，应该有哪些原则？
2.18 ERM 的目标是什么？
2.19 ERM 中为什么要设置 CRO 这个角色？

第 3 章

金融体系主要风险概览

纵览金融业发展历史，风险的防范和爆发贯穿始终，金融风险现象更是不一而足。在金融危机中，金融机构往往刚从一个风险中爬起，便又跌进了另一个风险之中。而从 2007 年开始的次贷危机以及自 2010 年肇始的欧债危机更是让人们直观地感受到了金融风险震荡之剧烈、影响之深远、破坏力之惊人。

说到风险，以及风险管理，我们就必须将足够多的注意力投放到金融行业，尤其是商业银行之上。这是因为，首先，金融业，尤其是银行业，实质上是唯一能够拖垮整个经济的行业；其次，没有任何一个其他行业存在如此普遍、深入的不确定性；再次，没有任何一个其他行业，其内部一个机构的倒闭会让千家万户的财富旦夕间遭受巨大损失；最后，没有任何一个其他行业如此难以让外部人士来评估其决策质量，至少在短期内是如此。更重要的是，金融业，尤其是银行业，经营的本质就是对风险的承担与管理。对金融机构所面临的风险进行仔细评估及应对可以说放到再重要的位置也不过分。

相较于商业银行最传统也最受重视的信贷业务而言，操作风险在商业银行中被予以重视乃至真正进入银行高管法眼的时间要推延至 20 世纪末，但其激烈的影响程度却在短时间内让人谈"操"色变。1995 年，巴林银行，一个在英国经营了 233 年的贵族银行，既显赫又老牌，甚至连伊丽莎白女王都曾是它的长期客户，在全球范围掌管着 270 多亿英镑的资产，竟毁于一个小小的交易员——尼克·利森之手。这种类似于"一顾倾人城，再顾倾人国"的魔力事件之所以能够爆发，就在于尼克·利森进行的是不被允许的违规期货交易。1994 年，看好日本股市的尼克·利森没有按照银行的要求进行套利交易，而是大量买入日经 225 指数期货合约和看涨期权进行趋势性赌博，且因为内部控制失效而未被及时发现并制止。然而事与愿违，1995 年日本的一场突如其来的大地震导致日本股市暴跌，短短一个月内，巴林银行损失了 14 亿美元，并最终宣告倒闭。尼克·利森能够进行这种不恰当的金融衍生品交易，完全是因为巴林银行对操作风险的漠视，未能对交易岗位及簿记岗位这样的不相容岗位进行分离，如此大的内部控制缺陷造成了这次金融界的惨案。无独有偶，2011年，瑞银的"Delta One"交易小组中的阿杜伯利在交易系统中，采取违法虚拟的现金ETF头寸，"欺骗"瑞银的交易限额机制，借此"放大"实际交易限额，并在三个月内，因为标普500指数、德国DAX指数和EuroStoxx指数期货交易造成的亏损，导致瑞银损失23亿美元。在本书第1章中提及的中航油巨亏案例，也是因其未按要求进行套期交易，而是选择了趋势性赌博。在当今金融业风险管理中，操作风险因为其独立性极高、危害性极大，已经越来越得到机构监管者和风险管理者的重视，并自《巴塞尔协议II》起，为其独立计量监管资本。

信用风险是一种历史最为悠久的风险，与金融业并生并存，有证券发行人或是交易对手的地方则天然具有信用风险。尽管如此，最近这一次金融危机的爆发仍然警示着我们：信用风险管理尽管历史悠久、经验丰富，但想要对其完全规避是不可能的，且其一旦爆发，仍然保持着超强的破坏力。尽管有很多金融监管机构的管理者、经济学家和风险管理者将金融危机的爆发归咎于美联储长期的低利率政策以及过度复杂的结构性衍生产品，但是，没有人可以否认，向信用程度不高、收入低且波动性较大的次级借款人提供贷款，才是此次金融危机爆发的根本原因。在房价不断攀升时，由于抵押品价值充足，信用风险在财务报表中潜伏起来，待到房价滞涨乃至下跌，且贷款者因为自身原因不能或不愿偿还银行贷款时，金融危机的导火索就被点燃了。金融危机首先击溃了美国的金融业，华尔街遭受重创，五大投行坍塌其三，美国经济也呈现衰退之相，并绵延颇久。危机的影响还波及欧盟、日本以及全球其他经济体，成为1929年大萧条以来全球经济遭受的最大危机。缘起于希腊债务危机的欧洲债务危机，随着产生危机国家的增多与问题的不断浮现，加之评级机构不时的评级下调行为，也成为牵动全球经济神经的重要事件。2011年5月16日，美国国债终于触及国会所允许的14.29万亿美元上限，导致了美国债务危机，其与欧洲债务危机相互激荡，使世界经济深陷泥潭难以自拔。正因如此，主权危机这样一种特殊的信用风险形式也日益得到风险管理者的高度重视。

市场风险随着商业银行在各类交易市场上的活跃表现，也成为商业银行难以回避的重要课题。换言之，哪里有可以交易的市场，哪里就天然存在着市场风险。1996年泰国股市风暴引发东南亚金融危机，导致不少银行折戟沉沙。1984～1995年，由于美元持续贬值，泰国的出口竞争力大幅提升，大量外资流入泰国的股票市场和房地产市场。在此期间，泰国股价飞涨，平均每年翻一番。而在1995年，国际外汇市场风云变幻，美元持续大幅度升值，这对实行固定汇率制的泰国不啻一次重创。再加上后来房地产泡沫破灭和国际投机资本介入，泰国经济严重衰退，股市一蹶不振。而泰国经济的萧条直接引发了东南亚金融危机，国际外汇市场上的震荡对金融及实体经济造成的影响触目惊心。之前巴林银行的倒闭、瑞银"Delta One"和中航油的巨亏，虽然本质都是操作风险导致的，但爆发的诱因则都是市场标的资产价格的不利变动。市场风险因其可激化其他类型风险的爆发而日益受到重视。

流动性风险也是商业银行面临的严峻考验之一。流动性风险如果得不到很好的控制，就会引发令银行界望而生畏的挤兑事件。自金融系统产生以来，流动性风险便一直伴随着商业银行的整个经营过程，成为商业银行最主要的风险之一。让我们回想一下此次金融危机发生之前，2007 年年初，美国银行业还在骄傲地说："我们在流动性的汪洋大海里游泳！"其言下之意就是流动性非常充裕，不管是美联储还是其他金融机构都有足够的拆借额度。但是谁也没有想到，半年之后，这个汪洋大海变成了一条河，没过几天迅速缩减为一条小溪，最后变成了一片沙漠，导致很多机构都陷入了流动性危机。而海南发展银行在 1998 年春节遭遇的银行挤兑事件也是中国商业银行家久久不能摆脱的梦魇。流动性风险虽然往往由其他风险引发，但其起到的作用恰如压死骆驼的最后一根稻草而不可不慎。《巴塞尔协议Ⅲ》后来针对流动性风险安排了专门的资本来应对，便是 2007～2009 年全球金融危机的惨痛教训。

3.1 市场风险的内涵、分类、特征及典型案例

3.1.1 市场风险的内涵

广义的市场风险是指金融机构在金融市场的交易头寸由于市场价格因素的变动而可能遭受的收益或损失。广义的市场风险充分考虑了市场价格可能向有利于自己和不利于自己的方向变化，可能带来潜在的收益或损失，这种认识对于正视市场风险、不避讳市场风险乃至利用市场风险具有积极作用。狭义的市场风险是指金融机构在金融市场的交易头寸由于市场价格因素的不利变动而可能遭受的损失。在实务当中，投资部门会更多关注市场风险带来的收益性，而传统的风险管理部门可能会更加关注市场风险的损失性。基于中国当前风险管理的现状，以狭义的市场风险定义作为管理的基础是具有现实意义的。《商业银行市场风险管理指引》中认为市场风险"是指因市场价格（利率、汇率、股票价格和商品价格）的不利变动而使银行表内和表外业务发生损失的风险"。《人身保险公司全面风险管理实施指引》中的市场风险则"是指由于利率、汇率、权益价格和商品价格等的不利变动而使公司遭受非预期损失的风险"。这两个定义有显著差别，《人身保险公司全面风险管理实施指引》认为只有市场因素造成的非预期损失才是风险，而《商业银行市场风险管理指引》则认为造成的预期损失和非预期损失都是风险。《商业银行市场风险管理指引》中的定义更接近国际公认的狭义的市场风险定义。

相对于信用风险，市场风险用于计量的数据基础会更多，易于建模和计量是其一大优势，可以采用多种方式来加以控制。但是，由于市场风险主要来源于所参与的市场和经济体系，具有明显的系统风险特征，因此，比较难以通过分散化投资的方式来完全消除。

在相当长的一段时间里，市场风险并没有如同信用风险一样引起各国金融机构和金融监管机构的充分重视，甚至在 1988 年的《巴塞尔协议Ⅰ》中，在计算银行资本充足率时对银行资产风险的考虑也只是局限于信用风险，并没有包括市场风险。这是由于当时商业银行是以银行贷款等间接融资方式为主，表外业务不太突出，交易账户资产额度在银行总体占比很小，因此各国政府管制相对比较稳定，金融机构面临的利率风险和汇率风险都比较小。

然而，自 20 世纪七八十年代以来，国际金融市场发生了很大的变化，金融自由化、全球

化、资产证券化等发展趋势对金融领域产生了重大的影响。这些变化和影响一方面使得金融机构所面临的市场风险大大增加；另一方面，也对金融机构和金融监管机构的市场风险管理水平和监管力度提出了更高的要求。

基于此，巴塞尔银行监管委员会在 1996 年 1 月颁布的《资本协议市场风险补充规定》中首次将市场风险纳入了资本要求的范围。从此，市场风险成为商业银行乃至整个金融业都极为重视的关键风险之一，而对其提出的监管指引也层出不穷，伴随着业务的创新而不断发展。

3.1.2 市场风险的分类与特征

市场风险可以分为利率风险、汇率风险（包括黄金）、股票价格风险和商品价格风险，分别是指由于利率、汇率、股票价格和商品价格的不利变动所带来的风险。其中，利率风险尤为重要，受到商业银行和保险公司的高度重视。利率风险按照来源的不同，可以分为重新定价风险、收益率曲线风险、基准风险和期权性风险。保险公司的利率风险中还包含资产负债不匹配风险。

利率风险是指市场利率变化导致具体资金交易或信贷的价格波动，使投资者可能遭受的损失。换句话说，利率风险意味着金融机构将面临潜在的收益减少或者损失。利率风险的产生主要有以下几种情况。

1）资产转换过程中，资产与负债到期日不匹配。资产转换是金融机构的关键特殊功能，包括买入基础证券和卖出二级证券。由金融机构买入的基础证券与其卖出的二级证券相比，常有不同的期限和流动性特征。如果作为金融机构资产转换功能一部分的资产与负债的到期日匹配不当，它们就有可能把自己暴露于利率风险中。一般来说，只要金融机构持有比负债期限长的资产，就会有再借款成本高于资产投资收益的可能，即再融资风险。这一点在 2011 年的中国表现得非常明显。

2）金融机构借款的期限长于其投资资产的期限。这种情况下，金融机构会产生再投资风险，即由于持有资产的期限短于负债的期限，金融机构面临以不确定的利率把借来的长期资金再投资的风险，即再投资的产品收益率可能低于首次投资的产品收益率，造成潜在收益减少。

近几年，关于这方面风险敞口的典型例子是银行在欧洲市场上的运作，它们以固定利率吸收存款，同时以浮动利率贷款。利率风险会引发市场价值风险。

3）除了在利率变动时有潜在的再融资或再投资风险外，金融机构还要面临市场价值风险。一项资产或负债的市场价值，在理论上应等于资产被折现后的未来现金流量。因此，利率的上升会提高这些现金流的折现率，从而降低该资产或负债的市场价值。相反，利率降低会提高资产或负债的市场价值。并且，持有的资产到期期限长于负债的期限，意味着当利率上升时，金融机构持有的资产，其市场价值下降的数值会大于负债下降的数值。在资产与负债的市场价值非对称下降的情况下，金融机构会有遭受经济损失和清算的风险。

基于以上特点，以及利率风险对数理模型的高度依赖，在金融机构中，利率风险一般由资产负债管理（asset/liability management，ALM）部门管理，通过资产负债匹配来调整利率期限结构，对利率风险进行单独管理。但利率风险作为最重要的市场风险之一，应当纳入全面风险管理体系之中，而非各行其是。

目前，我国金融机构面临的利率风险主要存在于债权投资业务中。商业银行、证券公司、基金公司、保险公司以及信托公司等广大金融机构大都获准经营债权投资业务，而债权投资业务面对的银行间交易市场已成为我国市场化程度最高的金融市场，拆借利率和债券回购利率已经成为我国最为市场化的利率，给参与其中的金融机构带来了一定的利率风险。

汇率风险是指一个经济实体或个人，在国际经济、贸易、金融等活动中以外币计价的资产或负债因外汇汇率的变动而引起价值上升或下跌造成的损益。具体来说，汇率风险包括以下三种类型。

1）交易风险，指汇率变化前未清偿的金融债务在汇率变化后价值发生变化所造成的风险。因此，交易风险涉及公司将来自身商业债务的现金流的变化。

2）经营风险，是指由未预料到的汇率变化所引起的公司未来现金流的改变，从而使得公司的市场价值发生变化所造成的风险。价值上的变化取决于汇率变化对未来销售量、价格和成本的影响程度。

3）折算风险，有时也称为账户风险，是指为了合并子、母公司的财务报表，针对用外币记账的外国子公司的财务报表，用单一母公司所在国货币重新做账时，导致在账户上股东权益项目的潜在变化所造成的风险。

股票风险是指股票等有价证券价格变动而导致投资主体亏损或收益的不确定性，也可称之为证券投资风险。从风险产生的根源来看，证券投资风险可以区分为企业风险、货币市场风险、市场价格风险和购买力风险。从风险与收益的关系来看，证券投资风险可以分为系统风险和非系统风险两种。

商品风险是指大宗商品合约价值的变动（包括农产品、金属和能源产品）而导致亏损或收益的不确定性。应该注意，与以上金融产品不同，商品"入账"交易通常会发生成本，因为商品合约要设定交割的形式和地点，比如锌的合约中会规定用于交割的锌块的纯度、形状和仓库地址等。在远期合约定价中，运输、储藏和保险等费用都将是影响因素。不同于金融产品，在商品市场中现货或远期合约套利会受到一定限制，无法做到完全的无成本套利。在汇总风险头寸时，必须谨慎考虑套利的限制对风险测度的影响，不管是在不同时间水平之间、不同交割地点之间，还是不同交割等级之间。这些方面的误配是商品风险敞口的显著因素，风险管理者应该检查商品风险有没有因为那些易于隐藏风险的因素（如交割时间、地点或其他交割因素间的头寸的集聚）而被低估。

3.1.3　市场风险典型案例

【相关案例】东南亚金融危机（1997～1998年）

1997年7月东南亚金融危机爆发，许多东南亚国家和地区的汇市、股市轮番暴跌，先后形成四次大的金融风波，这些遭受金融危机冲击的国家或地区的金融系统乃至整个社会经济受到严重创伤。从1997年7月至1998年1月的半年时间里，东南亚绝大多数国家和地区的货币贬值幅度达30%～50%，贬值幅度最大的印尼卢比贬值达70%以上。同期，这些国家和地区的股市跌幅达30%～60%。据估算，在这次金融危机中，仅汇市、股市下跌给东南亚国家和地区造成的经济损失就达1000亿美元以上。受汇市、股市暴跌的影响，这些国家和地区出现了严重的经济衰退。

这场危机首先从泰铢贬值开始。1997年7月2日，泰国被迫宣布泰铢与美元脱钩，实行浮动汇率制度，当天泰铢汇率狂跌20%。和泰国具有相同经济问题的菲律宾、印度尼西亚和马来西亚等国迅速受到泰铢贬值的巨大冲击。7月11日，菲律宾宣布允许比索在更大范围内与美元兑换，当天比索贬值11.5%。同一天，马来西亚则通过提高银行利率阻止林吉特进一步贬值。印度尼西亚被迫放弃本国货币与美元的比价，印尼卢比7月2日～14日贬值了14%。

继泰国等东盟国家金融风波之后，中国台湾的台币贬值，股市下跌，掀起金融危机第二波。10月17日，台币贬值0.98元，达到1美元兑换29.5台币，创下危机发生前十年来的新低，相应地，当天台湾股市下跌165.55点。10月20日台币贬至1美元兑换30.45台币，台湾股市再跌301.67点。

中国台湾的货币贬值和股市大跌，不仅使东南亚金融危机进一步加剧，而且引发了包括美国股市在内的全球股市大幅下挫。10月27日，美国道琼斯指数暴跌554.26点，迫使纽约交易所9年来首次使用暂停交易制度，10月28日，日本、新加坡、韩国、马来西亚和泰国股市分别下跌4.4%、7.6%、6.6%、6.7%和6.3%。特别是中国香港股市受外部冲击，香港恒生指数10月21日和27日分别下跌765.33点和1200点，10月28日再次下跌1400点，这三天香港股市累计跌幅超过了25%。

11月下旬，韩国汇市、股市轮番下跌，形成金融危机第三波。11月，韩元汇价持续下挫，其中11月20日开市半小时就狂跌10%，创下了1美元兑1139韩元的新低；至11月底，韩元兑美元的汇价下跌30%，韩国股市跌幅也超过20%。与此同时，日本金融危机也进一步加深，11月，日本先后有数家银行和证券公司破产或倒闭，日元兑美元也跌破1美元兑换130日元大关，较年初贬值17.03%。

从1998年1月开始，东南亚金融危机的重心又转到印度尼西亚，形成金融危机第四波。1月8日，印尼卢比对美元的汇价暴跌26%。1月12日，在印度尼西亚从事巨额投资业务的中国香港百富勤投资公司宣告清盘。同日，香港恒生指数暴跌773.58点，新加坡、中国台湾、日本股市分别跌102.88点、362点和330.66点。直到2月初，东南亚金融危机恶化的势头才被初步遏制。

案例解读：东南亚金融危机常常被认为是索罗斯的量子基金导致的。而仅仅一个人、一只基金就能够对世界上如此之多的国家和地区的经济造成如此之大的损失，这在国际金融市场形成之前是不可想象的。当我们享受着经济全球化带来的低成本、高质量的产品时，也必须要对市场风险的传染性有清醒的认识。

3.2 信用风险的内涵、分类、特征及典型案例

3.2.1 信用风险的内涵

信用风险是指债务人或交易对手未能履行合约所规定的义务，或信用质量发生变化而影响金融产品价值，从而给债权人或金融产品持有人造成经济损失的风险。在商业银行中，信用风险主要存在于授信业务。《人身保险公司全面风险管理实施指引》中的信用风险定义则是"由于债务人或交易对手不能履行或不能按时履行其合同义务，或者信用状况的不利变动而导致的风险"。该定义与国际公认的信用风险的定义一致。

信用风险有狭义与广义之分。狭义的信用风险是指因交易对手无力履行合约而造成经济损失的风险，即违约风险。广义的信用风险则是指：由于各种不确定因素对银行信用的影响，使银行等金融机构经营的实际收益结果与预期目标发生背离，从而导致金融机构在经营活动中遭受损失或获取额外收益的一种可能性程度。狭义的信用风险属于单侧风险范畴，而广义的则属于双侧风险，更符合风险的本质，但在实务当中更主要采用狭义的定义。

随着现代经济的发展，以合约为基础进行生产或交易已普遍存在，以保证经济有序进行。同时，以银行信用为主导的信用制度已经成为左右经济运行的关键因素，经济中的风险也愈加体现在信用风险当中。可以说，在现代经济中，只要信用关系存在，则信用风险恒在。信用风险的大小与金融机构在信用活动中所使用的信用工具的特征以及信用条件的优劣紧密相关。

3.2.2 信用风险的分类与特征

信用风险是一种非常复杂的风险，根据其成因可以分为违约风险、交易对手风险、信用转移风险、可归因于信用风险的结算风险等主要形式。

1. 违约风险

违约风险（default risk）是指借款人、证券发行人不愿或无力履行合同条件而构成违约，造成银行、投资者遭受损失的风险。违约风险蕴含于所有需要到期还本付息的证券及借贷合同当中。

2. 交易对手风险

交易对手风险（counterparty risk）是指合同一方的交易对手未能履行约定契约中的义务而造成另一方出现经济损失的风险。交易对手风险大多出现于场外衍生工具和证券融资交易类产品中。

银行实务中产生交易对手风险的主要业务类型有以下几种。

1）持有头寸的结算交易，一般指银行与交易对手之间约定以债券、证券、商品、外汇、现金，或其他金融工具、商品进行交易。

2）证券融资业务，一般包括回购、逆回购、证券借贷。

3）借贷交易，指使用借贷资金进行证券买卖的行为。

4）场外衍生工具交易，指银行与交易对手在交易所之外进行的各类衍生工具交易，如外汇、利率、股权、商品的远期、掉期、期权等交易合约，以及信贷衍生工具等交易合约。

违约风险和交易对手风险是客观存在的，不以证券发行人或交易对手的经济状况、还款

意愿为转移。理论上讲，每一个经济体中的自然人与法人均会对应于一个违约概率，且该违约概率应恒大于0，而小于1。

3. 信用转移风险

信用转移风险（credit transfer risk）是指债务人的信用评级在风险期内由当前评级状态转移（特指评级下降）至其他所有评级状态的概率或可能性。该风险主要通过信用转移矩阵进行管理。著名的 CreditMetrics 信用风险评价模型即建立在信用转移矩阵基础上，对信用转移风险进行测量。

4. 可归因于信用风险的结算风险

可归因于信用风险的结算风险（settlement risk），指因为交易对手的信用原因导致转账系统中的结算不能按预期发生的风险。赫斯塔特风险即为此类风险的典型。

信用风险按照发生的主体可以分为金融机构业务信用风险和金融机构自身信用风险。而金融机构业务信用风险又包括金融机构信贷过程中的信用风险和交易过程中的信用风险。金融机构自身的信用风险是在金融机构日常的经营管理中，由于内控机制不严而导致的信用风险。

信用风险按照性质可以分为主观信用风险和客观信用风险。主观信用风险指的是交易对手的履约意愿出现了问题，即因主观因素形成的信用风险，这主要是由交易对手的品格决定的。这种信用风险有时也被称为道德风险。客观信用风险指的是交易对手的履约能力出现了问题，也可以说是由于客观因素形成的信用风险。这里的交易对手既可以是个人或企业，也可以是主权国家。

无论是哪种具体类别的信用风险，都具有如下共同特点。

第一，信用风险的概率分布为非正态分布。常态来看，债务人违约属于小概率事件，但因为金融机构，尤其是银行的债务人非常集中，就造成了债权人收益和损失的不对称，造成了信用风险概率分布的偏离。故而，信用风险的分布是非对称的，收益分布曲线的一端向左下倾斜，并在左侧出现肥尾现象。

第二，道德风险和信息不对称是信用风险形成的重要因素。信用交易活动存在明显的信息不对称现象，即交易的双方对交易信息的获取是不对等的。以商业银行最普遍的信贷业务为例，一般情况下，受信人由于掌握更多的交易信息，从而处于有利地位；而授信人拥有的信息较少，处于不利地位，这就会产生所谓的道德风险问题，使得道德风险成为信用风险的一个重要因素。且受信人可能为了获取对其更为有利的信贷条件，而贿赂或与授信人的办事人员勾结，导致授信人获取的信用信息严重失真。实证结果已多次证明，受信人在经济状况趋向恶劣、违约无法避免时，更倾向于将银行授信全部或部分提取使用，使银行对其信用风险敞口进一步放大。如果交易双方的交易信息基本是对等的，则道德风险在经济风险（如市场风险）的形成过程中起到的作用就不那么明显。

第三，信用风险具有明显的非系统性风险的特征。虽然信用风险也会受到宏观经济环境，如经济危机等系统性风险的影响，但在更大程度上还是由个体因素决定，如贷款投资方向、受信对象经营管理能力、财务状况甚至还款意愿等，因此，信用风险具有明显的非系统风险特征。信用风险相关系数的计算，依然是风险管理界前沿理论之一，并深刻影响资产证券化的定价。

第四，信用风险难以进行准确的测量。贷款等信用产品的流动性差，缺乏高度发达的二级市场，这为各种数理统计模型的使用带来了不便。加之信息不对称的原因，直接观察信用风险的变化较为困难。另外，由于贷款等信用产品的持有期限较长，即便到期时发生了违约，能够观察到的数据也非常少，因而不易获取。故在实务中，相当多的金融机构将逾期的数据进行处理后，与违约数据放在一起，对信用风险进行测量。

3.2.3 信用风险典型案例

【相关案例】我国非银行金融机构破产第一案：广东国际信托投资公司破产倒闭案例

广东国际信托投资公司（以下简称"广东国投"）原名广东省信托投资公司，1980年7月经广东省人民政府批准在广州市工商行政管理局注册成立，系全民所有制企业法人。1983年经中国人民银行批准为非银行金融机构并享有外汇经营权；1984年3月经广东省工商行政管理局注册登记更改名称为广东国际信托投资公司，注册资金为12亿元。

20世纪80年代末期，广东国投的经营规模不断扩大，逐步从单一经营信托业务，发展为以金融和实业投资为主的企业集团。

在广东国投最辉煌的时候，资产多达上百亿元，其标志性建筑——广东国际大厦高达63层，一度被认为是其身份和财富的象征。1993年，穆迪和标准普尔分别将广东国投评为Baa和BBB的信用等级，与当时中国的主权信用评级比肩而立。1994年5月，该公司总裁黄炎田的照片登上了美国发行量最大的财经杂志《商业周刊》的封面。

进入20世纪90年代以后，我国加快推进政企分离，公司独立性越来越强。特别是1997年下半年亚洲金融危机爆发以后，同年11月，国务院召开了中央金融工作会议，主题就是深化金融改革、整顿金融秩序、加强监管、防范和化解金融风险，确立了各级政府对自己的金融机构负责、谁借钱谁还债的责任制度。这个改革措施当时被形象地称为"谁的孩子谁来抱"。

但广东国投并没有顺应这一重大转变，更没有改革完善其经营管理机制，依然在世界范围融资，在国内引资揽存，向国内外500多家债务人拆借资金、发放贷款近130亿元，且对这些债务人的资信和偿债能力未进行严格的审核。这些隐患在1992年以后便根植于广东国投，直至金融危机爆发后，它所面对的大多数债务人不能偿还债务，导致其不能支付到期巨额国内外债务，且资不抵债，出现了严重的外债支付危机。

1998年10月6日，中国人民银行依法发布公告，宣布广东国投因不能清偿到期巨额国内外债务予以关闭。随后依法进行的清算表明，广东国投负债状况实在惊人，且已无重组的可能。1999年1月16日，广东国投终于被广东省高级人民法院宣告破产。

广东国投破产案是中国首例非银行金融机构破产案，也是人民法院受理破产财产标的最大的破产案。美国《华尔街日报》曾这样评论："广东国投宣告破产，使中国金融业真正走向了市场，标志着中国法治从此进入了新纪元。"

本案例的主要资料及数据来源于有关广东国际信托投资公司的公开材料，包括：2003年第3期《中华人民共和国最高人民法院公报》中的《广东国际信托投资公司破产案》；2003年3月6日中国法院网中的《原广东国际信托投资公司破产案审判纪实》（张景义、张慧鹏）；2009年9月3日《信息时报》中的《广东国际信托投资公司破产案》。

案例解读：广东国投作为一个规模巨大、业务覆盖国内外、评级高、曾在国际上为中国赢取过荣誉的明星企业，因为在发展过程中未能建立严明的信用风险管理机制和流程，未在操作中严格执行相关制度要求，在遭遇了大面积债务人违约的情况下，竟导致其无法到期清偿自身的巨额债务而不得不黯然谢幕。这个案例对于认为自身股东背景强大、政府大力支持而轻视风险管理，尤其是轻视信用风险管理的金融机构具有深远的警示作用。

3.3 操作风险的内涵、分类、特征及典型案例

3.3.1 操作风险的内涵

业界、理论界对操作风险的定义有狭义和广义两种。广义上认为除信用风险和市场风险以外的所有风险，都属于操作风险，这种定义涵盖范围较宽，定义简单，但由于未给出任何定义性或描述性的字眼，对操作风险的识别、衡量和管理意义不大。狭义上的定义则有多种。

尽管不同机构对操作风险的定义还存在一定的分歧，但是业界对操作风险应包括的基本内容已达成了一定的共识，其中以《巴塞尔协议Ⅱ》之后对操作风险的定义为主要代表：操作风险是指金融机构由于人员失误、外部事件或内部流程及控制系统发生的不利变动而可能遭受的损失。《商业银行操作风险管理指引》中对操作风险也做了如下定义：操作风险是指由不完善或有问题的内部程序、员工和信息科技系统，以及外部事件所造成损失的风险。《人身保险公司全面风险管理实施指引》中的定义则是："操作风险，是指由于不完善的内部操作流程、人员、系统或外部事件而导致直接或间接损失的风险，包括法律及监管合规风险。"可以看出，这两个定义与国际公认定义保持了一致。

从国际范围看，公认的操作风险具有以下主要表现形式：内部欺诈、外部欺诈、雇员活动和工作场所安全性、客户、产品及业务活动、实物资产损坏、营业中断和信息技术系统瘫痪，执行、交割和流程管理中出现的操作性问题。

对操作风险可以这样理解：①关注内部操作，内部操作就是金融机构及其员工的作为或不作为，金融机构能够和应该对其施加影响；②人员品质和人员失误起着决定性作用；③外部事件是指自然、政治、军事事件、技术设备的缺陷，以及法律、税收和监管方面的变化；④内部控制系统具有重要影响。

操作风险存在于金融业的各个方面，具有普遍性。而且，不同于信用风险、市场风险的是，由于操作风险仅为下侧风险，即并不能因承担该风险而给商业银行带来潜在盈利，因此对它的管理策略应该是在一定的管理成本约束下，尽可能降低操作风险。

相对于银行对信用风险的重视，直到20世纪90年代以后，随着以巴林银行的倒闭为代表的国内外金融要案的频繁发生，对操作风险进行有效度量与管理成为人们最关注的话题之

一。其实操作风险并不是一个新生事物，它从金融机构诞生之始便一直存在，确切地说是蕴含于所有组织的所有操作之中。但是，与信用风险和市场风险相反，操作风险通常不易辨别也不能分散，广泛存在于各类业务单元和业务当中。在一个流动的交易市场中，操作风险是不会得到根本性消除或规避的。而更重要的是，任何完备的体系和IT系统，毕竟还是要由人来操作，而人在不确定的时间，出现不确定的失误，造成不确定的损失，这样的情况却是确定的。金融界中，将交易员因操作失误而导致大盘失控的事故称为"肥手指综合征"（fat-finger syndrome），即交易员或经纪人在输入指令时敲错键盘。

【相关案例】历史上声名卓著的"肥手指综合征"事件

2005年12月8日上午开盘后不久，瑞穗证券公司一名交易员接到一位客户的委托，要求以61万日元（约合4.19万元人民币）的价格卖出1股J-Com公司的股票。然而，这名交易员却犯了一个致命的错误，他把指令输成了以每股1日元的价格卖出61万股。这条错误指令在9:30发出后，J-Com公司的股票价格便快速下跌。直到瑞穗证券公司意识到这一错误时，55万股股票的交易手续已经完成。为了挽回错误，瑞穗发出了大规模的买入指令，这又带动J-Com公司的股价快速上升，到当日收盘时已经涨到了77.2万日元（约合5.3万元人民币）每股。回购股票的行动使瑞穗蒙受了至少270亿日元（约合18.5亿元人民币）的损失。

2005年6月27日，中国台湾地区的股市经历了一场大动荡。一名富邦证券公司的经纪人在接受客户的交易委托时，将英文数字8 000万（eighty million）误听为80亿（eight billion），并将其输入了电脑。结果从11:30到11:40的10分钟里，中国台湾股市大盘指数从6 284.82点暴涨到6 342.45点，百余只股票涨停。该证券公司因此承担了6亿元新台币（约合1.5亿元人民币）的损失。

2005年2月，一名经纪人原本应当以180.25便士的价格卖出1.5万股百代（EMI）音乐发行公司的股票，却错误地发出买入1 500万股的指令，这笔交易价值4 150万英镑。

2004年9月，摩根士丹利的交易员将一笔总额数千万美元的股票买单错误输入为数十亿美元，结果令罗素2 000小型股指数开盘就上升2.8%，纳斯达克指数也随之上升。当纽约证交所察觉情况有异，通知取消交易时，大盘已经受到了影响。

2003年4月，一名经纪人以13英镑每股的价格买入了50万股葛兰素史克（Glaxo Smith Kline）制药公司的股票，但该股票当时的市值不到70便士。

2002年11月，一名经纪人看错了爱尔兰低价航空公司Ryanair的股票价格的货币单位，把先令和欧元弄混，结果使该股票在伦敦市场的报价上涨了61%，从404.5先令上升到653.7先令。

2002年10月，欧洲期货与期权交易所的一名经纪人在一笔期货交易中输入了错误的价格，结果导致这个世界最大的衍生证券市场暂时停盘3小时，指数暴跌500点。

2002年9月，欧洲期货与期权交易所的一名经纪人打算在德国法兰克福指数达到5 180点的时候卖出一单期货合同。但是，他把指令错误地输入为卖出5 180单合同，这导致市场大跌。5小时后，交易所才宣布取消这多出来的5 179笔交易。

2001 年 12 月，瑞银华宝（UBS Warburg）银行的一名经纪人原本应该以每股 60 万日元的价格卖出 16 股日本广告业巨头电通（Dentsu）公司的股票，但他却以每股 6 日元的价格卖出了 61 万股。这给瑞银华宝带来了 7 100 万英镑的损失。

2001 年 5 月，美国雷曼兄弟证券公司伦敦分公司的一名交易员在接近收盘时忙中出错，将一笔 300 万英镑的交易打成了 3 亿英镑，金额放大了 100 倍，结果英国金融时报指数瞬间暴跌 120 点，百家蓝筹股的 300 亿英镑市值化为乌有。为了回购原本不该卖出的股票，雷曼兄弟公司损失了 500 万～1 000 万英镑。

本案例的主要资料及数据来源于以下公开材料，包括：2005 年 6 月 30 日《世界新闻报》中的《台湾股市乱了套》（谢铭）；2005 年 12 月 11 日国际新闻网中的《61 万新股误以 1 日元抛售日本瑞穗痛失 270 亿》。

随着现代世界经济一体化、金融市场全球化的发展，银行及其他金融机构面临的竞争压力不断加大，金融产品尤其是金融衍生产品的不断推出，网上银行、电子贸易等新交易模式的出现，计算机信息技术的迅猛发展使得金融机构面临的风险越来越复杂并难以控制，特别由操作风险引发的金融案件频频发生，给整个金融界造成了巨大的损失。现在主要出现的金融业重大损失绝大多数都是源于操作风险，如巴林银行、瑞穗证券、法国兴业银行、UBS 等，因操作风险导致的损失也都超过 10 亿美元。操作风险以其单体即可造成巨额损失的特点而引起全球金融监管者、从业人士尤其是风险管理者的注意，但对于如何从完全意义上规避该类事件的发生，尤其是如何规避不同岗位之间的合谋等风险事件，仍然缺乏好的解决方案。

与国外类似的是，国内由于操作风险所引发的金融案件也是层出不穷，令人担忧。如中国农业银行邯郸分行特大金库被盗案，南海华光的 74 亿元骗贷案，中国银行黑龙江河松街支行 10 亿元高山案，海通证券西安营业部员工桂璟挪用客户资金 8 600 万元炒股票和期货，广东证券股份有限公司的"国洪起案"等。这些案件的发生不仅让这些金融机构遭受了较大的经济损失，更为重要的是，给它们的声誉带来了巨大的损害，使监管机构及利益相关者对其风险管理能力疑窦不减，影响其正常的运营与发展。

为遏制金融操作风险案件发生蔓延的势头，1998 年，巴塞尔银行监管委员会就公布了关于操作风险管理的咨询文件，随后在 1999 年 6 月、2001 年 1 月、2003 年 4 月三次提出征求意见稿，并于 2004 年 6 月在最终颁布的《巴塞尔协议 II》中，首次将操作风险与信用风险、市场风险并列为当今金融机构所面临的三大风险，并要求将操作风险作为独立的范畴纳入银行风险管理框架中，要求各金融机构为操作风险配置相应的资本金。这对于有效地监管操作风险，加强金融机构，尤其是银行对操作风险的重视起到了重要的作用，但它在测度操作风险对应的监管资本模型方面仍然与信用风险、市场风险相差甚远，显得较为粗糙。现在，一个得到全球风险管理者广泛认可的观点就是，对于操作风险的测度更多是一种艺术而非科学。

操作风险管理是对操作风险进行积极识别、评估、监控、控制、缓释和报告的过程，是定期主动地评估风险、加强内部控制，是标准化的、系统化的管理而非随意性管理，是对银行内部控制的深化。同时，操作风险管理以信息为基础，是成本分析的工具，是公司治理机制的要求。

总而言之，操作风险管理不是一项计划，而是贯穿于一家机构的不懈和勤勉的管理过程。而且，现今的金融机构，更多是依靠金融机构中的职员以自身的行为反应提供服务。因此，操作风险管理成功的关键要素是良好的管理，以及诚实、可信、经验丰富的员工。另外，因为操作风险存在于所有组织当中，故而金融机构的操作风险管理可以与非金融机构的操作风险管理相互参考、借鉴。

3.3.2 操作风险的分类与特征

1. 操作风险的分类

在操作风险管理上，实现对操作风险的合理分类，是操作风险管理上的一大进展，它主要体现在以操作风险分类作为工具，从而为操作风险控制和管理提供支持。目前，国际上存在如下三种分类。

（1）按风险事故发生的频率和损失严重程度分为四类

1）发生频率低、损失程度也低的操作风险事件，这些事件的损失一般属于预期内损失，金融机构可采取如信用风险防范的"备抵法"，以风险准备金的形式预先扣除损失。

2）发生频率高、损失程度低的损失事件，如计算错误、交易误差等。这些损失可运用直接观察得到的客观数据，通过统计模型来评估，并通过流程再造、人员培训、建立风险报告系统等控制方式来控制风险水平，降低损失发生的概率。

3）发生频率低、损失程度高的事件。这些事件包括自然灾害、政治及军事事件、内外部欺诈、会计违规等。如2001年的"9·11"事件，2003年美国加利福尼亚州发生的大面积停电事件，2008年的四川汶川地震等。这类事件的发生往往不能预料且损失巨大，由于发生频率低，损失数据难以收集，故很难用模型来进行评估。金融机构可通过业务外包、保险等风险转移或缓冲方式来有效管理，或者在参考外部数据的情况下运用极值理论测算并提取相应的准备金。

4）发生频率高、损失程度也高的事件。这部分需要风险管理者高度关注，尽量做到在事前加以防范，避免其发生。一旦发生，则应及时根据之前已经建立并演练成熟的措施对损失后果加以控制。

（2）按操作风险发生原因分类主要有"四类型法"

"四类型法"将操作风险分为操作流程的缺陷、人员因素、系统因素和外部事件四类。

1）操作流程的缺陷指的是在交易、结算及日常的业务操作过程中存在的缺陷，这方面的操作风险主要存在于数据录入、评估资产、客户争端及客户资产损失等方面。

2）人员因素指的是由于雇员及相关人员有意或无意造成的损失，或者是由于公司与客户、股东、第三方或监管者之间的关系而造成的损失，包括歧视性交易、未授权交易、关联交易和内部欺诈等。

3）系统因素是指由于硬件、软件和通信系统发生故障，致使交易系统中断、延误、崩溃，或发生偏差、出现程序错误以及交易人员或风险管理者使用了错误的模型，或模型参数选择不当等方面造成的损失等。

4）外部事件是指由于第三方而造成的损失，如外部欺诈、撤资、监管变化、自然灾害、恐怖袭击、勒索、电脑犯罪等。

（3）按操作风险的损失事件类型划分为七种事件类型

对损失事件类型的划分来自巴塞尔银行监管委员会，损失事件类型是按照操作风险损失发生的事件因素来进行区分的，《巴塞尔协议Ⅱ》推荐的内部计量法和损失分布法均按此方法对操作风险进行分类。具体分类如下：

1）内部欺诈。

2）外部欺诈。

3）雇员活动和工作场所安全性风险。

4）客户、产品及业务活动中的操作性风险。

5）实物资产损坏。

6）营业中断和信息技术系统瘫痪。

7）执行、交割和流程管理中的操作性风险。

2. 操作风险的特征

通过以上对于操作风险的分析，我们可以清晰地认识到，操作风险同时具有人为性、多样性、内生性、风险与收益的非对称性、关联性等特点。风险管理者只有掌握了其特点，才能做到有效认识和管理操作风险。

操作风险具有人为性。由于操作风险主要来自金融机构的日常运营，因此，人为因素在操作风险的形成原因中占了绝大部分。只要是与人员相关的业务，都存在着操作风险。如果说市场风险来自金融市场上金融产品价格的波动，信用风险来自债务人或证券发行人的违约，那么大多数的操作风险则来自金融机构内部的有意或无意的人为因素或失误。

操作风险具有多样性。操作风险在组织中无处不在，并构成业务经营中重要的组成部分。从覆盖范围看，操作风险几乎覆盖了金融机构经营管理的所有方面。从业务流程看，它既包括后台业务、中间业务，又包括前台与客户面对面的服务；从风险的严重程度看，既包括工作疏忽、计算失误等小问题，又包括影响很大的内外部欺诈、盗用等恶性事件；从风险的主体看，既包括操作人员的日常操作性失误，也包括高层管理的决策失误。因此，操作风险涵盖的范围很大。

操作风险具有内生性。市场风险、信用风险一般为外生性风险，是由于外部不确定性因素而引发的风险。而操作风险除自然灾害以及外部冲击等一些不可预测的意外事件外，大部分是一种内生风险，即由金融机构内部不合规的操作因素引起，它的防范依赖于金融机构的组织架构、管理效率和控制能力。只要金融机构的业务没有中断，则操作风险将永远存在，并成为业务经营中的重要组成部分，故而，对于操作风险只能进行管理，而永远不能完全消除。

操作风险具有风险与收益的非对称性。对信用风险和市场风险而言，一般遵循高风险高收益、低风险低收益的特点，存在风险和收益的对应关系。操作风险则不然，没有任何金融机构能够因为长期、持续地承担操作风险而获得高收益，操作风险损失在多数情况下与收益的产生没有必然联系，即没有额外的收益与之对应。

操作风险具有关联性。操作风险往往与信用风险、市场风险相生相伴，它会加大信用风险和市场风险的冲击力度。操作风险的大小与交易业务范围和规模联系密切，业务交易量大、规模大、结构变化迅速的业务领域受到操作风险冲击的可能性大，而一些业务品种单一、业务规模小、交易流程简单的业务领域受到操作风险冲击的可能性较小。

3.3.3 操作风险的典型案例

【相关案例】华夏银行沈阳分行唐相庆案

2003年7月20日，沈阳市中级人民法院宣判了一起诈骗金额逾4 000万元人民币的票据诈骗案，姜明海、唐相庆、李宁阳3名案犯均被一审判处死刑。

唐相庆大学毕业后，先在辽宁省证券公司工作，后进入华夏银行沈阳分行盛京支行（以下简称"华夏银行盛京支行"）工作。期间他不断高升，成为该银行的个人金融科客户部经理。2002年7~9月，唐相庆在很短的时间内，竟拉来了整整1亿元人民币的企业存款。但从2002年9月25日起，唐相庆音信皆无。随后银行调查发现，由唐相庆吸储到账的1亿元人民币企业存款，竟有7 000万元人民币被转入了另一个账户，而其中的4 000万元人民币已经从客户的存款账户上消失了。2002年10月17日，该银行报案。

公安机关经过十几个昼夜的奔波，于2002年10月28日将携款潜逃的唐相庆抓获。随后在2002年11月12日和2003年8月30日，另两名犯罪嫌疑人李宁阳、姜明海也相继落网。

沈阳市中级人民法院经审理查明：辽宁省证券公司工作人员李宁阳（28岁）介绍无业人员姜明海（43岁）与唐相庆相识后，于2002年6月，由姜明海、李宁阳唆使唐相庆共同实施了他们蓄谋已久的计划——以给华夏银行盛京支行增加营业额为由，拉入单位存款，并设法将存款转出，之后潜逃。计划展开后，姜明海便开始四处联系。于是，沈阳经济技术开发区开发集团公司（以下简称"开发集团"）于2002年7月3日存入华夏银行盛京支行2 000万元人民币，辽宁宏伟物业管理有限公司（以下简称"宏伟公司"）于2002年8月8日存入2 000万元人民币，辽宁省某机关于2002年8月8日存入3 000万元人民币，沈阳公众物产经贸公司在2002年9月13日存入3 000万元人民币。

这期间，唐相庆利用伪造的公章和法人章加盖到事先购买的乙类转账支票上，伪造了开发集团和宏伟公司的支票，将开发集团的2 000万元人民币和宏伟公司存入的2 000万元人民币转入实际上由唐相庆、李宁阳所有的沈阳天武房屋开发有限公司（以下简称"天武公司"）在华夏银行盛京支行的账户上。后唐相庆将4 000万元人民币陆续由天武公司的账户上转出，大部分转入了由姜明海联系的苏州某贸易有限公司账户、李宁阳联系的沈阳市东陵区五三信用社储蓄所秦某账户和唐相庆的股票账户及天武公司的账户。提取现金后，3人潜逃。

本案例的主要资料及数据来源于有关华夏银行沈阳分行的公开材料，包括：2004年2月

27日《沈阳晚报》中的《"内奸"笑脸骗得银行好惨》(常成钢、徐薇);2004年7月21日中国法院网中的《三巨骗内外勾结狂骗银行四千万》(王贵廷、刘宝权)。

【相关案例】建设银行德州市平原支行刁娜挪用公款案

刁娜,女,系建设银行山东省德州市平原县支行营业部综合柜员,于2006年1月1日加入银行,为短期合同工,在入职仅8个月后,即于2006年8月23日~10月10日,从容地挪用、盗用银行资金高达2 180万元用于购买体育彩票,涉案风险资金1 606万元。

在2006年8月23日~10月10日的49天内,年仅23岁的刁娜通过两种简单的方式作案:一是空存现金。即在没有资金进入银行的情况下,通过更改账户信息,虚增存款。尽管事实上并没有真金白银入账,但由于存单本身是真实的,可以将虚增"存款"提取出来或者转账,使之成为自己可以支配的资金。为了获取资金购买彩票,刁娜向李顺刚(刁娜男友李顺峰之兄)、周会玲(德州卫校体彩投注站业主)、冯丽丽(德州保龙仓体彩投注站业主)3人开立的4个账户虚存资金52笔,共计2 126万元。在实际操作中,刁娜将其中的1 954万元分54次转入体彩中心账户,提取的现金172万元也用于购买彩票。二是直接盗取现金。原银监会案件专项治理督导组调查显示,刁娜在作案期间,利用中午闲暇时间直接将盗取的现金交给柜台外的男友李顺峰,或下班后自行夹带现金离开,或将现金交给其他柜台存入李顺刚账户,共计盗取现金51万元。

2006年9月17日,刁娜购买彩票中得500万元奖金,她选择以"空取现金"(与空存现金相反)的方式归还了部分库款,但最终仍留给建设银行平原支行1 680万元的现金空库,扣除公安机关追缴冻结的资金74万元,建设银行平原支行涉案风险资金为1 606万元。

2006年10月13日,建设银行山东省德州市分行计划财务部监控资金头寸时,发现平原支行现金库存高达2 152万元,超过上级行核定的现金库存200万元10倍多。经突击检查,刁娜案件才被发现。

银监会原案件专项治理督导组对刁娜案件涉及的相关业务环节进行梳理,发现主要有以下几个原因造成刁娜案件的发生。

(1)管理人员严重失职,导致12个重要业务环节严重失控。建行德州分行、平原支行和营业部相关管理人员不认真履职甚至严重失职,使得刁娜"轻松"越过授权、查库、事后监督检查、库存现金限额控制和安全管理等"5道关口"和至少12个业务环节的风险控制闸门,"从容"作案。可以说,正是这些环节的违规操作和管理失控,导致前、中、后台的风险防范制度和措施全部落空。一是营业部大额现金存取的两级授权环节流于形式;二是支行及营业室将"三级查库"职责层层下放,导致3个环节的制度形同虚设;三是营业室事后稽核和分行业务检查、纪检监察3个环节敷衍了事、走过场;四是支行及营业室各级管理人员对柜台库存限额和现金备付率两个环节出现的重大异常麻痹大意;五是营业室负责人置安全管理制度于不顾,监控录像和钥匙管理这两个环节严重失控。

(2)制度设计和系统控制存在漏洞,缺乏"补漏"程序。一是建行当时的IT系统还有一些缺陷,尚不具备异常业务预警和阻止业务违规操作的功能;二是建行山东省分行系统内营业前柜员尾箱管理存在制度漏洞。

（3）经营指导思想偏差导致业务发展与风险防控失衡、市场营销与基础管理错位。一是重形式轻内容，各项管理制度和措施未落到实处；二是选人出现导向性偏差，用人失察；三是思想教育工作不细不实，责任意识、风险防范意识淡漠，"违规"文化盛行；四是片面强调和理解考核和激励政策导向，挤掉和忽视风险防范。

本案例的主要资料及数据来源于有关建行德州市平原支行的公开材料，包括：2007年2月26日银监办发〔2007〕第63号《中国银行业监督管理委员会办公厅关于防范银行业金融机构内部员工挪用资金购买彩票案件的通知》；2007年第3期《财经》中的《49天盗用2 180万 普通柜员盗用建行资金买彩票始末》(历志钢)；2007年3月26日中国法院网中的《建行平原支行女柜员与恋人挪用2 125万资金买体彩》(王贵廷、刘宝权)；2007年第11期《新世纪周刊》中的《银行系统的彩票沉迷者》(汤涌)。

3.4 流动性风险的内涵、分类、特征及典型案例

3.4.1 流动性风险的内涵

流动性风险是金融机构经营管理过程中天然存在的最基本的风险种类之一，它主要是指经济主体由于金融资产流动性的不确定性变动而遭受经济损失的可能性。在商业银行系统内，流动性风险特指商业银行无力为负债的减少或资产的增加提供融资而造成损失或破产的风险。《商业银行流动性风险管理指引》中对流动性风险的定义为："流动性风险是指商业银行虽然有清偿能力，但无法及时获得充足资金或无法以合理成本及时获得充足资金以应对资产增长或支付到期债务的风险。"《人身保险公司全面风险管理实施指引》中对流动性风险的定义为："流动性风险，是指在债务到期或发生给付义务时，由于没有资金来源或必须以较高的成本融资而导致的风险。"《商业银行流动性风险管理指引》中的定义强调了商业银行即便拥有清偿能力仍遭受流动性风险的情况，《人身保险公司全面风险管理实施指引》中的定义则不考虑是否拥有足额的清偿能力，相比较而言，《商业银行流动性风险管理指引》的定义更为狭窄，但两者的共同之处是都认同流动性风险应为无法获取资金来源或以合理成本获得资金所导致的风险。

商业银行流动性风险的根源在于硬负债与软资产的不对称性，是流动性供给与流动性需求不匹配导致的，当流动性需求远远超过流动性供给时，就会发生流动性风险。

3.4.2 流动性风险的分类与特征

流动性风险总体可分为内生性风险以及外生性风险两大类。商业银行将缺乏流动性的资产与高流动性的负债进行转换之时，集中了整个社会的流动性冲击压力，故而流动性风险为商业银行内生性风险之一。一般来说，流动性风险常常是由其他原因造成的，如操作风险、信用风险和市场风险，还有管理和声誉问题、法律法规和执行困难等问题。当这些问题中的一种或某几种同时出现时，就会导致极其严重的风险。操作风险导致日常业务流程的中断，

可能会影响现金流量，造成流动性方面的损失。信用风险可以引发流动性的问题，如签约方不能履行已签订合约的交易，比如一项衍生品或者贷款，则可能会导致流动性方面的亏损。市场风险，如利率出现巨大变动，会导致银行资产损失巨大，造成现金短缺，同时筹资成本上升，使银行承受流动性损失风险。

从实际情况来看，很多银行的流动性危机是由外部力量冲击造成的，体现为外生性。外部力量，如系统性风险或系统性的市场危机、循环信用危机，或者发生诸如资本管制或债务延期偿付等重大事件，也可能是银行面临流动性方面的压力，例如2007～2009年金融危机便表现出这样的特点。原本风险管理水平很高的商业银行，可能因为外部的不利冲击所导致的流动性黑洞而突然出现流动性不足；而一个风险管理水平不尽如人意的公司，如果一直处在一种有利的市场环境中，流动性危机很可能不会凸显出来。流动性风险更多时候会体现为一种"覆巢之下安有完卵"的态势，外生性流动性危机与企业自身实力相关性并非很大。

流动性风险由资产流动性风险（asset liquidity risk）和融资流动性风险（funding liquidity risk）组成。欧洲银行监管委员会（Committee of European Banking Supervisors，CEBS）给出了如下定义。

资产流动性风险，也被称为市场/产品流动性风险（market/product liquidity risk），是指资产头寸在市场深度不足或市场崩溃时，无法在不显著影响市场价格的情况下快速变现的风险。

融资流动性风险，是指金融机构在不遭受意外损失的情况下便无法筹资来偿还债务的风险。

总体来说，资产流动性取决于以下因素：①市场条件。买卖价差越小，市场反弹性越强（如大额交易造成的市场冲击可很快恢复），则流动性越好。②变现时间范围。在不影响价格剧烈变动的情况下，变现所需时间越短，流动性越好。③资产和证券类型。容易定价、交易活跃、近期发行的热门证券流动性更好。④资产的可替代性。标准的、集中交易的合约，如期货或股票相对于场外交易的衍生工具更具可替代性，流动性更好。

融资流动性风险的发生主要有以下原因：①无法预测的现金流量冲击；②银行管理不善；③负面印象和市场反应；④金融系统性恐慌带来的流动性风险。

更加糟糕的是，流动性风险发生时，在某些情况下，资产流动性风险与融资流动性风险会接踵而至，为了满足外部监管的硬性要求而不得不进行融资，以便摆脱困境。然而，在不能快速、廉价地获取外部流动性支持时，便不得不快速使资产变现，在变卖资产数量较大时，便会造成市场价格剧烈下挫，从而引发市场上绝大多数参与者同时卖出且不再买入。如此便会造成"流动性黑洞"，使得原本试图保证增加流动性的行为，结果却导致了不断增加的融资成本和不断降低的融资弹性。当流动性黑洞出现后，每一次想获取现金来源的新的尝试都会加剧原有的危机，导致新的困难和更高的成本。在这个方面，银行挤兑就是很好的例子。

所谓的流动性黑洞，是指金融市场在短时间内骤然丧失流动性的一种现象。总体而言，金融机构多种多样，故而，金融市场的流动性要求是多样性的。但银行和其他金融机构广泛采用类似模型或完全一致的计量模型，这导致系统会针对某一种市场指标对不同的机构给出同一个指令，提示其买入或卖出，与此同时，金融行业整体上监管的放松等措施减少了市场参与者行为的多样性，使其行为愈加趋同，这种后果是非常严重的。当金融机构从事市场交易时，由于外部环境变化、内部风险控制的需要以及监管机构的要求，会在某些时刻出现金融产品的大量抛售。而交易成员由于具有类似的投资组合、风险管理目标和交易心态，会在市场价格急速下跌时，大量抛售，此时整个市场只有卖方，没有买方，市场流动性骤然消失。被抛售资产的价格急速下跌与卖盘持续增加并存，又会进一步恶化流动性状况，导致流动性危机迅速升级为偿付危机。在证券市场上，已经出现了越来越多类似于"银行挤兑"的事情。拥有上百亿市场资本的企业可能在数日内变得失去偿付能力。最终流动性好像被市场和机构瞬间吸走殆尽一样，这种现象被形象地称为"流动性黑洞"。

流动性黑洞理论认为，流动性的核心是金融市场的多样性。流动性黑洞的形成一般与市场规模没有必然的关系，而是与金融市场的多样性密切相关。一般而言，流动性黑洞在同质化的市场，或者说，在那些信息、观点、头寸、投资组合、交易主体、风险管理缺乏多样化的市场中非常容易出现，而在那些存在较大异质性的市场中则会较少出现。

3.4.3 流动性风险的典型案例

【相关案例】AIG 的流动性风险

美国国际集团（AIG）是一家全球性的保险公司，曾经是全球最大的上市公司之一。由于其强大的收入和资本基础，AIG 长期被各个国际评级机构评为最高的信用等级 AAA。而在这样一片形势大好的氛围中，AIG 允许其金融产品部门不断增大其风险敞口。它对其交易对手出售针对债务担保证券（CDO）高级层次的信用违约互换（CDS），而因其信用评级为最高级，故而交易对手并没有要求其对该风险敞口提供抵质押品。

2005 年 3 月 14 日，AIG 的 CEO 被要求辞职并接受商业质询。翌日，AIG 的信用评级被降为 AA+。信用评级的下降作为合约触发条件，要求其对互换产品追加 12 亿美元的抵质押品。此时，这些貌似仍不是问题，因为 AIG 拥有 800 亿美元的股权资本。

然而此后，它的 CDS 投资组合仍然在不断增长，并达到 5 000 亿美元。当金融危机爆发时，CDO 层次的价值急剧损失，而作为 CDO 的保险方，AIG 宣布其在 2008 年上半年亏损 130 亿美元。

2008 年 9 月 25 日，标准普尔再次降低了 AIG 的信用评级，从 AA- 降为 A-。结果，AIG 被要求追加 200 亿美元的抵质押品，而此时 AIG 已无力完成该义务，而陷入破产危机。

因为 AIG 的崩溃会产生系统性风险，故而美国政府介入 AIG 事件并提供了 850 亿美元的贷款。10 月，又增加了 380 亿美元的贷款。11 月，美国财政部在问题资产救助计划（TARP）下又追加投资了 400 亿美元的新发行的 AIG 高级优先股，这是有史以来对私有化公司的最大援助。

本案例的主要资料及数据来源于有关美国国际集团的公开材料，包括：Philippe Jorion. *Financial Risk Manager Handbook*, Sixth Edition. John Wiley & Sons, Inc。

案例解读：2007年爆发的金融危机中，每一次评级机构对被评级的金融巨头评级下降几乎都会引发流动性危机，故而金融机构应将评级下降作为重要的风险事件列入压力测试之中。

【相关案例】大而不倒的奇迹：大陆伊利诺伊银行险遭破产

1984年春夏之际，作为美国十大银行之一的大陆伊利诺伊银行（Continental Illinois Bank）曾经历了一次严重的流动性危机。在联邦有关金融监管当局的多方帮助下，该银行才得以渡过危机，避免倒闭的命运。

早在20世纪80年代初，大陆伊利诺伊银行最高管理层就制订了一系列雄心勃勃的信贷扩张计划。在该计划下，信贷员有权发放大额贷款，而为了赢得顾客，贷款利率往往又低于其他竞争对手。这样，该银行的贷款总额迅速膨胀，1977～1981年的5年间，大陆伊利诺伊银行的贷款额以每年19.8%的速度增长，而同期其他美国16家最大银行的贷款增长率仅为14.7%。与此同时，大陆伊利诺伊银行的利润率也高于其他竞争银行的平均数。但是，急剧的资产扩张已经隐藏了潜在的危机。

与其他的大银行不同，大陆伊利诺伊银行并没有稳定的核心存款来源，其贷款主要由出售短期可转让大额定期存单、吸收欧洲美元和工商企业及金融机构的隔夜存款来支持。在20世纪70年代，该银行的资金来源很不稳定，在资金使用上也很不慎重。由于大量地向一些有问题的企业发放贷款，大陆伊利诺伊银行的问题贷款份额越来越大。1982年，该银行没有按时付息的贷款额（超过90天还未付息的贷款）占总资产的4.6%，该比率比其他大银行高出一倍以上。到1983年，该银行的流动性状况进一步恶化，易变负债超过流动资产的数量约占总资产的53%。在1984年的头3个月里，大陆伊利诺伊银行问题贷款的总额已达23亿美元，而净利息收入比上年同期减少了8 000万美元，第一季度的银行财务报表出现了亏损。

1984年5月8日，当市场上开始流传大陆伊利诺伊银行将要倒闭的消息时，其他银行拒绝购买该银行发行的定期存单，原有的存款人也拒绝延展到期的定期存单和欧洲美元。公众对这家银行的未来已失去信心，5月11日，该银行从美国联邦储备银行借入36亿美元来填补流失的存款，以维持必需的流动性。1984年5月17日，联邦存款保险公司向公众保证该银行的所有存款户和债权人的利益将能得到完全的保护，并宣布将和其他几家大银行一起向该银行注入资金，而且美联储也会继续借款给该银行。但这类措施并没有根本解决问题，大陆伊利诺伊银行的存款还在继续流失，在短短的两个月内，该银行共损失了150亿美元的存款。

1984年7月，联邦存款保险公司接管该银行（拥有该银行股份的80%），并采取了一系列其他措施，才帮助大陆伊利诺伊银行渡过了此次危机。

由于大陆伊利诺伊银行是有限的几个大银行（该公司当时拥有340亿美元的资产）之一，其倒闭可能对整个金融体系产生巨大的影响，金融监管当局才会全力挽救。但是，大量的面临流动性危机的中小银行就没有这么幸运了。此后，关于"大而不倒"（too big to fail）的讨论方兴未艾，绵延至今。

本案例的主要资料及数据来源于有关大陆伊利诺伊银行的公开材料，包括：2012年第

2 期《上海金融》中的《金融机构"大而不倒"问题：发展沿革、解决方案与政策启示》（王刚）；2012 年第 19 期《中国市场》中的《"大而不倒"问题及其解决路径》（李玥）；Philippe Jorion.*Financial Risk Manager Handbook*, Sixth Edition.John Wiley & Sons, Inc。

案例解读：大陆伊利诺伊银行幸运地逃过了破产的厄运，并非其自身有多么优秀，仅仅是因为彼时的监管机构认为承受不了它倒塌所引发的金融地震。而在次贷危机中，贝尔斯登、雷曼兄弟就没有如此幸运了。这个案例说明，关注流动性，不仅要关注资产负债错配的缺口、期限，更重要的是关注资产负债经济实质之间的相关性。

3.5 其他金融风险介绍

除了巴塞尔协议体系非常关注的信用风险、市场风险、操作风险和流动性风险之外，战略风险、声誉风险、法律风险、合规风险和主权风险也成为以商业银行为代表的金融机构所关注的重点风险。

战略风险是指金融机构在追求短期商业目的和长期发展目标的系统化管理过程中，不适当的未来发展规划和战略决策所带来的对金融机构未来发展的潜在风险。

在实际操作中，战略风险可以被理解为两层意思：一是金融机构发展战略的风险管理，针对金融机构面临的内部和外部情况，系统识别和评估金融机构所制定的战略存在的风险；二是从战略性的角度管理金融机构的各类风险，以战略的角度来管理信用风险、市场风险、操作风险和流动性风险，保障金融机构的稳定运营。保监会在《人身保险公司全面风险管理实施指引》中也将战略风险视为保险公司主要风险之一。

声誉风险是指意外事件、机构政策调整、市场表现等产生的负面结果，可能对金融机构的声誉造成损失。声誉风险一般是受其他风险影响所产生的风险，其对金融机构的影响是巨大且深远的。遭遇声誉风险的金融机构在极端时可能会遭遇挤兑。汇丰集团前主席庞约翰爵士曾言："过去摧毁一座金融帝国可能需要一个很漫长的过程，但是现在，即使是经营了上百年的金融帝国也可以在一夜之间倾塌。"相对来说，声誉因素比财务业绩更能提升或挫伤一家金融机构的声誉，然而其也更加难以衡量、控制和预测。中国银监会在《商业银行声誉风险管理指引》中强调："商业银行应当将声誉风险纳入公司治理及全面风险管理体系。商业银行在所有业务和经营管理的过程中，应始终贯穿声誉管理意识。"而巴塞尔协议体系也于 2009 年 1 月明确将声誉风险列入第二支柱，指出：银行应将声誉风险纳入其风险管理程序中，并在内部资本充足评估程序和流动性应急预案中适当涵盖声誉风险。

一般来说，金融机构规模越大，抵御风险的能力就越强，但同时意味着金融机构可能面临的风险因素也越多，对其声誉的潜在威胁也越大。管理声誉风险需要金融机构考虑几乎所有内、外部风险因素。实践证明，良好的声誉风险管理已经成为金融机构的主要竞争优势，有助于提高其自身的盈利能力和实现长期的战略目标。

法律风险是一种特殊的操作风险，它是指在金融机构的日常经营过程中，由于无法满足或违反法律要求，导致金融机构无法履行合同，引发争议甚至是法律纠纷，给金融机构带来经济损失的风险，其包括但不限于下列风险：一是商业银行签订的合同因违反法律或行政法规可能被依法撤销或者确认无效；二是商业银行因违约、侵权或者其他事由被提起诉讼或者申请仲裁，依法可能承担赔偿责任；三是商业银行的业务活动违反法律或行政法规，可能承担行政责任或者刑事责任。

第一，从风险来源角度，可将商业银行法律风险分为以下几种。

一是银行内部法律风险，指因银行战略决策、内部管理、业务经营等未能对法律问题做出充分反应或失效而产生的风险。具体包括：①银行决策的合法性评估失误，以及对该失误的法律后果认识不足、处理失当导致的风险；②银行业务经营和操作中的违法违规不当行为导致的风险；③银行缔结的交易存在瑕疵导致的风险；④银行未能采取有效法律措施保护其资产和权益导致的风险。

二是银行外部法律风险，指银行法律制度环境的变化导致银行不利后果的风险。具体包括：①影响银行及其相关商业机构的法律发生变化而产生的风险；②现有法律不明确或无法解决与银行有关的法律问题（如新产品和新业务）而产生的风险。

第二，从风险事件角度，可将商业银行法律风险分为以下几种。

1）合约风险，指银行的缔约过程、合约权利义务、救济方式等存在缺陷，或是交易对手不履行合约项下义务的风险。

2）侵权风险，指银行的资产或权益被他方侵犯，或是银行侵犯他方的资产或权益。

3）诉讼风险，指银行卷入诉讼纠纷，在起诉案件、被诉案件或执行中面临的风险。

4）争议风险，银行的产品、服务或管理引发争议、存在潜在诉讼可能的风险。

5）合规风险，银行没有遵循其业务经营所在地的法律法规监管规则与行业准则引发的风险。

第三，从风险后果角度，可将商业银行法律风险分为以下几种。

1）导致法律责任的法律风险，包括民事赔偿、行政处罚、刑事制裁等。

2）导致监管处罚的法律风险，包括罚金、营业限制、市场禁入、停业整顿、吊销执照等。

3）导致声誉损失的法律风险，包括评级下降、信誉贬损、品牌影响力减弱等。

4）导致财务损失的法律风险，包括股票价值下跌、客户群退出、交易减少、业绩恶化、利润减少甚至破产清算等。

合规风险是指商业银行由于违反外部监管规定和原则，而招致法律诉讼或遭到监管机构处罚，进而产生不利于商业银行实现商业目的的风险。从巴塞尔银行监管委员会关于合规风险的界定来看，银行的合规特指遵守法律、法规、监管规则或标准。至于银行的行为是否符合银行自己制定的内部规章制度，则不属于合规及合规风险的范畴，而是需要通过银行内部审计监督去解决的问题。《商业银行合规风险管理指引》对合规的含义也进行了明确，"是指使商业银行的经营活动与法律、规则和准则相一致"。

法律、规则及准则主要是指与银行经营业务相关的法律、规则及标准，主要包括反洗钱、防止恐怖分子进行融资活动的相关规定，以及涉及银行经营准则（包括避免或减少利益冲突等问题）、隐私及数据保护以及消费者信贷等方面的规定。此外，依据监管机构或银行自身采取的不同监督管理模式，上述法律、规则及标准还可延伸至银行经营范围之外的法律、规则及准则，如劳动就业方面的法律法规及税法等。

法律、规则及准则可能有不同的渊源，包括监管机构制定的法律、规则及准则，市场公约，行业协会制定的行业守则以及适用于银行内部员工的内部行为守则。它们不仅包括那些具有法律约束力的文件，还可能包括更广义的诚实廉正和公平交易的行为准则。

在实践中，合规风险与法律风险、操作风险的边界较为模糊，存在一定的交叉地带。

操作风险与合规风险的主要区别有以下几点。

1）划分标准不同。操作风险、信用风险和市场风险这三大类风险，是从可能对银行的资本造成损失的角度划分的，而合规风险是从守法与违法的角度出发，并不考虑银行的资本充足率问题。

2）风险引发因素不同。操作风险是由不完善或有问题的内部程序、人员、计算机系统或外部事件等引发的风险，合规风险则是因为银行违反法律法规及监管规章而导致的风险。

3）风险内涵不同。操作风险的内涵比较复杂，它既包括操作交易风险，也包括技术风险、内部失控风险，还包括外部欺诈、盗抢等风险，合规风险的内涵则相对单一，只是集中于银行违法行为所导致的法律后果。

操作风险与合规风险也有一定的关联性，主要是操作风险可以导致合规风险的发生，合规风险的背后必有操作风险，某个具体的操作风险可能直接转为合规风险。

法律风险与合规风险在不少情况下也是重合的。例如，因某项业务违反法律而遭受处罚时，银行既面临合规风险，也承担法律风险，与该业务相关的有关交易合约可能被认定无效，银行须承担由此产生的损失和责任。尽管如此，银行对法律风险与合规风险的管理模式存在一定差异，如合规风险包括商誉风险，法律风险则不涉及商誉风险。法律部门负责向业务部门和管理人员提供法律咨询意见，对银行业务方案及交易合同的法律风险进行审查，合规机构负责监控银行内部政策、制度和流程的合规性，并就合规风险向管理层提出报告和建议。

值得注意的是，在国外一些大银行中，法律部门与合规机构的职责界限比较模糊。据美国银行协会的统计，银行规模越大，越希望由银行法律部门履行银行合规职责。在我国实践当中，也常常将法律风险与合规风险划归法律合规部统一管理，且在金融机构风险管理组织架构序列中居于较高的位置。

主权风险也称国别风险、国家风险，是指经济主体在与非本国交易对手进行国际经贸与金融往来时，由于别国经济、政治和社会等方面的变化而遭受损失的风险。

根据产生主权风险的因素，主权风险还可以细分为政治风险、经济风险和社会风险三类。政治风险是指一国发生的政治事件或一国与其他国家的政治关系发生变化时，对金融机构造成不利影响的可能性。经济风险是指境外金融机构仅仅受特定国家直接或间接经济因素的限制，而使得本国金融机构遭受损失的风险。社会风险是指由于经济或非经济因素造成特定国家的社会环境不稳定，从而导致金融机构遭受损失的风险。主权风险有两个特征：一是主权风险发生于国际经济金融活动中,在同一国家范围内的经济金融活动不存在国家风险;二是在国际经济金融活动中,经济中的每一个主体都有可能遭受主权风险带来的损失。主权风险最典型的情况就是俄罗斯债务违约导致了长期资本管理公司的倒闭。主权风险,在2010年欧债危机之后,越来越受到金融监管当局和金融机构的重视。

■ 练习题

3.1 金融体系的主要风险有哪几大类?简要描述。
3.2 市场风险包含哪几类?
3.3 简述信用风险的特点。
3.4 操作风险按照事故发生的频率和严重程度如何分类,应对措施是什么?
3.5 请说明操作风险有哪些特征。
3.6 什么是流动性风险,流动性风险是由什么原因引起的?
3.7 流动性风险分为哪两类?分别说明其影响因素。
3.8 请解释融资流动性风险和交易流动性风险。

第 4 章

国际相关监管法规介绍

众所周知，金融机构自成立之初，便因为其作为融资媒介的天然地位而具有"去资本化"经营的内在偏好，即利用尽可能高的杠杆，通过有限的自有资本撬动最大限度的资金进行信贷、投资等金融行为来获取收益和利差。如果金融机构面临的是一个不存在风险的真空环境，则自然不需要风险管理，更不需要监管当局煞费苦心地制定监管法规了。

但是，金融机构作为多种实业间的润滑剂，其经营必然面临着来自交易对手的信用风险，来自所处市场的市场风险，日常运营中因为人员、流程、IT系统、外部事件所导致的操作风险，系统性的流动性风险，以及法律风险、合规风险、声誉风险等。可以说，金融机构所面临的风险种类众多且一旦发生其影响程度极高，其中尤以挤兑最为著名，它的发生动辄会导致银行的巨额损失，乃至破产倒闭，远非实业企业可比。巴林银行的倒闭、长期资本管理公司的黯然退场、海南发展银行的挤兑事件如今想来依然触目惊心，而肇始于2007年的次贷危机和2010年的欧债危机更是让大众对金融风险有了切身的体会。一言以蔽之，除了金融机构之外，又有几家企业的倒闭可以做到妇孺皆知，扰乱世界经济秩序呢？

以上种种，必然要求金融机构在日常工作中要对风险进行全面管理和覆盖，这一方面需要金融机构按照最佳实践来提高公司治理水平，另一方面需要其增加资本以预防非预期风险的发生并提振债权人信心。但是，我们不得不清醒地认识到，这与金融机构尤其是银行的内在偏好是相违背的，仅靠其自律很难达到保护存款人和一般债权人免遭损失的要求，故而必然需要外部监管机构对其进行统一的强制性监管。

但是，金融监管并不是与金融机构伴生的。最早的近代银行在12世纪发源于意大利威尼斯的金匠，但最早的中央银行——英格兰银行却是在17世纪方走上历史舞台的。而时至今日，几乎所有的国家及地区均已设有金融业监管机构，对金融机构产生深远影响的监管模式主要分为统一监管模式和分业监管模式。中国现在采用的监管模式为银保监会、证监会分业监管，但在银监会于 2003 年 4 月 28 日正式履行职责前，我国实行的是中国人民银行统一监管的方式。

对于政府监管金融市场的理由，主要有以下三个。

（1）系统安全——确保金融系统以一种安全和稳健的方式运作，避免由一个公司或一个市场的倒闭或危机蔓延到其他地方的传染性风险。

（2）投资者保护——确保金融市场的普通私人客户能得到银行或投资顾问公司的公平对待，并在这些银行和投资顾问公司倒闭时为其提供相应的保护措施来避免其风险损失。这是因为大的公司客户从长期来讲对金融机构利润贡献度较大，故而更容易在出现危机时得到金融机构的优待，提前平仓，安全"着陆"。

（3）市场完整——确保金融市场在尽可能有效的情况下运作，防止操纵市场并提高市场的流动性，以保护投资者信心。

此外，当监管对象同时涉及国内和国外机构时，监管机构会面临很大的压力。这是由于监管机构需要保持来自不同领域的金融机构之间竞争的公平性，并确保来自某一国家或某一监管背景的公司不会因不同的监管要求而享有不公平的竞争优势。这种考虑就是通常所指的"公平竞技场"（level playing field）的概念。它在建立国际监管标准时具有相当重要的意义，欧盟建立统一监管体系的过程便是典型的例证。

同时，尽管存在共同的目标，但银行和证券公司业务活动的差异使银行和证券的监管直到现在依然是各行其是。毋庸置疑，许多历史上出现在银行和证券监管者之间的问题，与其监管目标和着眼点的差异有着直接的关系。

在金融监管机构存在的前提下，仍可能存在金融监管不力的情况，始于 2007 年的次贷危机更是给全世界上了一堂代价沉重的风险管理课。而另据世界银行统计，自 20 世纪 70 年代后期到 2000 年，全球共有 93 个国家先后爆发了 112 场系统性银行危机，并有 46 个国家发生了 51 次局部危机。可以说，这些危机的爆发进一步强化了金融业对监管法规完备性、适用性的要求，促进了监管法规的不断进步。

当前，世界上金融业广为接受的跨境监管法规有两项：针对银行业进行监管的巴塞尔协议体系（Basel Accord）及针对保险业进行监管的欧盟偿付能力体系（Solvency），它们都将资本或偿付能力监管作为核心内容。迄今为止，巴塞尔协议已发展到了《巴塞尔协议Ⅲ》，并在向《巴塞尔协议Ⅳ》演化，而欧盟偿付能力体系已发展到欧盟偿付能力二号。相对于银行和保险领域国际监管的不懈探索，证券行业并不存在由于不同国家的法规差异而引起的要求资本的定义、分类和计量采用国际统一标准的现实压力。这主要源于相对于银行业和保险业，证券公司跨境竞争的情况相对较少，证券监管者尚未有相当的压力去订立一个类似的像银行业的巴塞尔协议体系那样的标准。而结果是，虽然证券监管机构也像银行同业们一样建立了一个自己的国际组织——国际证券监督管理委员会（IOSCO），但其重点是放在加强业务执行的跨境合作和内幕交易法规方面，而监管证券公司的任务则基本上被视为各国监管机构的地方性事务。故而本章节将不对证券业的国际监管法规进行介绍。

4.1 巴塞尔协议体系概览

4.1.1 巴塞尔协议之前的银行资本监管

资本监管一直在以银行、保险业为代表的金融机构的稳健经营、风险承担和公司治理等方面发挥着至关重要的作用。商业银行的资本监管始于 20 世纪初。从 20 世纪初到 20 世纪 70 年代末，全球银行业处于一个相对平稳的发展阶段，对银行的监管主要集中在市场结构、资产分配规则和利率等方面，对银行资本的关注并不充分，处于萌芽阶段的资本监管规则也略显粗糙。此时，更多的监管重心集中在其他的监管方式上，包括市场准入监管、存款保险制度，规定储蓄存款和定期存款利率上限，严格分离商业银行和投资银行业务，限制银行持有的资产种类等，这些监管都对这一时期的银行业稳定提供了有力保证。

20 世纪 70 年代中期，金融自由化思想的传播以及金融工具创新促使银行不断开展金融衍生业务，导致银行所面临的信用风险、市场风险与操作风险等各类风险开始显现，直接导致之前的那些监管措施大都失去了其应有的功能，而全球范围内银行业的资本充足率也开始明显下降。20 世纪 80 年代一些大银行的倒闭更是使人们认识到银行资本抵御风险能力的重要，银行资本逐渐成为银行监管的焦点，并在金融业中占据了日益重要乃至核心的地位。

资本监管的兴起伴随着人们对银行风险认识不断深入的过程，它的发展进程揭示了资本和风险内在的逻辑关系，体现了监管理论和技术的进步。总的来说，资本监管制度发展至今，经历了不确定的主观资本监管标准、确定的客观资本监管标准和统一的资本监管标准三个发展阶段。统一的资本监管标准即为巴塞尔协议体系，将在下面章节中着重介绍。

1. 不确定的主观资本监管标准阶段

在 20 世纪 80 年代以前，衡量商业银行资本充足性的标准一直处在不断变化的过程中，虽然在这个阶段资本监管指标得到了不断的改进和发展，但始终是一种不确定的主观资本监管标准。以美国为例，1914 年，美国财政部货币监管局要求美国国民银行的资本与存款比率不低于 10%，这种把资本金与全部存款额之比作为资本充足指标的做法曾经被广泛应用。后来，监管当局认识到银行持有的资本其主要功能应为弥补资产造成的损失，资本应该和有关商业银行资产损失的项目联系起来，所以资本充足率应定义为资本与有关资产的关系。20 世纪 40 年代后，一些监管当局用资本与总资产比率作为判别商业银行资本是否充足的指标，例如，美国银行监管当局曾采用资本与总资产比率不低于 7% 的标准。此时，资本与总资产虽然通过这一指标紧密联系在一起，却忽略了银行资产组合中不同资产的风险程度也不尽相同。比如拥有相同资产数量的两家银行，可能一家拥有大量政府债券，另一家却拥有大量个人房屋贷款，显然两者资产所内含的实际风险是不一样的。随后美国监管当局对此进行了修正，但仍没有真正将资本与风险挂钩，就这样一直延续到 1988 年《巴塞尔协议Ⅰ》才有了突破性进展。

在此阶段，监管当局制定资本充足率一直采用的是经验标准的做法，即把各银行按资本规模大小等特征分类，然后计算出每一子类银行的平均资本充足率，将此指标作为该子类的衡量基准。但是许多银行为了达到盈利的目的，故意降低资本金要求，导致各类银行资本充足率的差距逐步缩小，使得分类进行资本充足率监管失去了意义，导致商业银行资本冲抵风险的能力也越来越差，于是监管机构开始探索新的资本监管标准。

2. 确定的客观资本监管标准阶段

20 世纪 80 年代初，飞速上升的利率和石油价格导致了全世界经济的衰退，繁荣时期酿成的风险在衰退时期充分敞口，银行资本不断下降，倒闭事件开始增加。在这一背景下，各国监管当局越来越重视商业银行的资本状况，并试图通过强化资本监管扭转银行业资本水平持续下滑的趋势。此时，商业银行资本监管逐渐开始由不确定的主观监管标准阶段走向确定的客观资本监管阶段。

以美元为例，1981 年，美国联邦储备委员会开始采用客观的资本监管办法，把银行按规模分成三类：跨国银行、区域银行、社区银行，后两者可接受的资本充足率（资本/资产比率）分别为 6.5% 和 7%，而对跨国银行实施逐个监督，并没有明确制定最低标准。1985 年 6 月，美国的监管当局要求所有银行总资本充足率不得低于 6%，从而最终形成了统一的资本标准，但仍没有在全球达到客观统一。

与此同时，在良好的国内外环境以及金融自由化思想的推动下，日本银行业得以快速扩张。但由于日本银行受政府高度保护，破产风险极小，银行普遍不关注自有资本问题，从而导致其自身资本充足率很低。相较美国、英国和瑞士等国较高的资本资产比来说，资本充足率已经成为日本银行业明显的软肋。为此，美国指责正是偏低的资本资产比使得日本银行无视经营风险，并能在国际市场上迅速扩张，一旦风险转化为损失，则会给日本金融界带来灾难。这也是十国集团最终选择资本充足率作为《巴塞尔协议Ⅰ》主要监管指标的现实原因之一。

历史地看，这一时期发达国家跨国银行业务的迅速扩大，日本银行业在全球市场中迅速崛起，而各国监管方式上的差异增大了监管跨国银行的难度。同时，资本监管指标没有准确识别和计量风险，以及全球监管指标缺乏一致的标准，也引起了人们对跨国银行的经营稳健状况和不平等竞争加剧的担忧。于是，建立适应新国际环境的、客观统一的国际银行资本监管原则被提上了议事日程。

4.1.2 巴塞尔委员会历史沿革

20 世纪 70 年代以来，全球经济一体化和金融国际化的趋势不断增强，跨国银行在经济中扮演的角色越来越重要，但是，跨国银行在全球多个国家设立分支机构，母国和东道国的监管当局均不能对其实施有效、及时和全面的监管。而且各国对跨国银行缺乏一个统一的监管规则，更容易形成监管上的漏洞。1974 年，德国赫斯塔特银行和美国富兰克林国民银行相继倒闭，给国际货币与银行市场造成了巨大影响，各国监管当局高度重视，制定统一的国际银行监管规则被提上了议事日程。1975 年 2 月，十国集团及卢森堡的中央银行行长们在瑞士巴塞尔成立巴塞尔银行监管委员会（Basel Committee on Banking Supervision）（以下简称"巴塞尔委员会"）。巴塞尔委员会作为国际清算银行（Bank for International Settlements，BIS）的一个正式机构，其第一次会议于 1975 年 2 月召开，此后每年定期召开 3～4 次会议。

1975 年 9 月，巴塞尔委员会通过了《对银行国外机构的监管报告》（Report on the Supervision of Banks' Foreign Establishments）（以下简称《库克协议》），这是国际银行业监管组织第一次共同对国际银行实施监管，开创了巴塞尔委员会协调监管政策的先例。该协议针对国际银行监管主体缺位的现实，建立了各国监管当局对银行国外机构进行监管合作的若干准则，并提出了改进其有效性的方法。作为对 1975 年协议的补充和完善，1978 年 10 月，巴塞尔委员会又发布了《综合资产负债表原则》，提出要基于银行或银行集团在各地所从事的全部业务，全面考察风险敞口程度（包括风险集中度和资产质量）、资本充足率、流动性、清偿能力、外汇业务与头寸。但是，在监管实践中，由于各国的监管标准存在较大差异，母国和东道国常对监管责任的划分产生分歧。因此，在综合了 1978 年协议的基础上，《对银行国外机构的监管原则》（Principles for the Supervision of Banks' Foreign Establishments）于 1983 年 5 月公布，对 1975 年《库克协议》的多数原则都进行了更加具体的说明，进一步明确了母国和东道国监管当局的监管责任，而且要求二者之间进行联系和合作，体现了两个基本原则：一是任何银行海外机构不得逃避监管，二是监管应当是充分的。

鉴于 20 世纪 80 年代初发生的国际债务危机给银行业带来的重大损失，以及由于各国银行资本要求统一所造成的不公平竞争，1988 年 7 月，巴塞尔委员会发布了《关于统一国际银行资本衡量和资本标准的协议》（International Convergence of Capital Measurement and Capital Standards），简称《1988 年资本协议》，我们称之为《巴塞尔协议Ⅰ》，业内也称之为巴塞尔旧资本协议。该协议建立了一套完整的、国际通用的、以加权方式衡量表内与表外风险的资本充足率标准，从实施的角度来看，更具有可行性和可操作性，有助于银行更为全面有效地管理风险，维护存款人的正当利益和公众对银行的信心。巴塞尔委员会推出的这些规定不具法律约束力，但十国集团监管机构一致同意在规定时间内在十国集团实施。经过一段时间的检验，鉴于其合理性、科学性和可操作性，许多非十国集团监管机构也自愿地遵守了《巴塞尔协议Ⅰ》，特别是那些国际金融参与度高的国家。随着金融创新的不断发展，新的重要性风险不断涌现，《巴塞尔协议Ⅰ》也面临着不断更新的需求。1996 年 1 月，巴塞尔委员会公布了《资本协议市场风险补充规定》，强调了市场风险的重要性，对市场风险敞口提出了资本计提要求。

1997 年东南亚金融危机的爆发引发了巴塞尔委员会对于金融风险全面而深入的思考，并于 1997 年 9 月推出了《有效银行监管的核心原则》（Core Principles for Effective Banking Supervision）（以下简称《核心原则》），它是继《巴塞尔协议Ⅰ》后国际银行业监管的又一指导性文件，进一步提出了比较系统全面的风险管理思路，着眼于银行监管的全方位和有效性，这表明巴塞尔委员会在制定监管规则方面实现了重大突破。如果将《巴塞尔资本协议》（《巴塞尔协议Ⅰ，Ⅱ，Ⅲ》）看作是银行监管的框架，则《核心原则》更像是践行框架的具体标准。

国际银行业的运行环境和监管环境在 20 世纪 90 年代发生了巨大变化，信用风险和市场风险以外的风险，如操作风险、流动性风险等，其破坏力也日趋明显，故而逐渐暴露出《巴塞尔协议Ⅰ》的局限性。1999 年 6 月，巴塞尔委员会第一次发布了修订《1988 年资本协议》的征求意见稿，随后又分别于 2001 年 1 月和 2003 年 4 月推出了第二稿和第三稿，其间还在全球范围内进行了三次大型的定量影响分析，最终在 2004 年 6 月，十国集团的央行行长一致通过了被惯称为巴塞尔新资本协议的《统一资本计量和资本标准的国际协议：修订框架》（International Convergence of Capital Measurement and Capital Standards: A Revised Framework），我们称之为《巴塞尔协议Ⅱ》。《巴塞尔协议Ⅱ》延续了《巴塞尔协议Ⅰ》以资本监管为核心的风险监管思路，并对银行资本监管规则进行了一次根本性的推陈出新，除此以外，又增加了外部监管和市场约束两大支柱的内容。其不仅为银行的内部风险管理提供了可供参考的统一框架，同时也为各国及地区的银行监管当局提供了有力的监管工具和标准，在国际金融环境日益复杂的环境下，被越来越多的国家和地区所采纳。

在 2007 年初《巴塞尔协议Ⅱ》开始全面实施的时候，谁都不会想到，一年后一场席卷全球的金融危机将《巴塞尔协议Ⅱ》迅速推向了《巴塞尔协议Ⅲ》。此次金融危机暴露了《巴塞尔协议Ⅱ》的诸多不足，如现行监管体系对系统性风险、顺周期效应考虑不足，尚未对杠杆率进行一致监管等。针对上述问题，巴塞尔委员会不断推出新的风险管理准则和计量方法来加强银行业的稳健经营和公平竞争，并将这些作为《巴塞尔协议Ⅲ》核心内容的改革举措在巴塞尔委员会的监督机制——中央银行行长和监管当局负责人组织（Group of Central Bank Governors and Heads of Supervision, GHOS）于 2010 年 7 月和 9 月召开的会议上得到确认并通过。巴塞尔委员会最终于 2010 年 12 月 16 日正式公布了《巴塞尔协议Ⅲ》的文本终稿，确认了此前 G20 首尔峰会及各国中央银行行长和监管当局负责人组织会议通过的关于监管框架改革的所有关键指标和生效时间，并正式明确了《巴塞尔协议Ⅲ》的内容和范围。由此，一个新的国际金融监管标准正式确立，并在全球范围内得到了普遍支持。另外，对于几乎相似的风险水平，不同的银行计算出来的风险加权资产水平相差巨大，同时，还存在对外部评级依赖过大等问题。正在逐步演化的《巴塞尔协议Ⅳ》试图解决这些问题，新的正在提出中的监管框架，建立在对风险资本权重的重新审阅下，其试图在简单性（simplicity）、可比性（comparability）和风险敏感性（risk-sensitivity）之间取得很好的平衡。

4.1.3 《巴塞尔协议Ⅰ》

1.《巴塞尔协议Ⅰ》的主要内容

《巴塞尔协议Ⅰ》提出了统一的国际资本充足率标准，而且覆盖了信用风险和市场风险，使得全球银行经营从注重规模转向注重资本、资产质量等因素，体现了资本的质与量的统一，从而掀开了国际金融监管的重要一幕，其主要由《关于统一国际银行资本衡量和资本标准的协议》《资本协议市场风险补充规定》两份文件组成。

（1）《关于统一国际银行资本衡量和资本标准的协议》

该协议是《巴塞尔协议Ⅰ》的主要组成部分，从资本标准和资产风险两个方面对银行提出了明确的要求，确立了以资本充足率监管为核心的资本监管框架，对商业银行资本管理思想产生了深刻影响。资本充足率的详细计算方法和标准主要涉及两部分内容：一是确定了资本的构成，将商业银行的资本分为核心资本和附属资本两大类。核心资本主要包括实收资本和公开储备,附属资本主要包括未公开储备、重估储备、普通呆账准备金、混合债务工具、长期次级债券。二是在表内风险加权资产的计算中,根据资产的风险大小,将资产分为四个不同的风险档次,每个档次的风险权重各不相同,具体风险权重见表4-1。三是通过一定的转化系数,将表外授信业务纳入资本监管框架中。四是对商业银行资本充足率的具体指标设定了最低资本要求。其中,商业银行的资本充足率(也被称为库克比率)不得低于8%,核心资本充足率不得低于4%。需要强调的是,该协议只是要求银行针对信用风险进行资本计提。

考虑到世界经济和金融市场的迅速变化,巴塞尔委员会在1997年4月公布的修订版中,对其做了四处较大的改动:①允许将一般准备金计入附属资本当中(1991年11月修订);②关于经济合作与发展组织(Organization for Economic Co-operation and Development,OECD)(以下简称"经合组织")风险权重系数使用范围的界定(1994年7月修订);③将一些表外科目(协议中附录3的内容)和"经合组织"非中央政府公共部门机构所发行的证券当作可抵押的债权(1995年4月修订);④删除了过渡期与实施安排方面的内容。

表4-1 资产负债表中资产的风险权重

风险权重(%)	资产类别
0	现金、黄金、对经合组织国家的所有权,例如:美国国债、有保险的住宅抵押贷款
20	对经合组织国家中银行和政府机构的所有权,例如:美国州政府证券、市政债券等
50	没有保险的住宅抵押贷款
100	对公司的贷款、公司债券,对非经合组织成员国银行的所有权

(2)《资本协议市场风险补充规定》

在银行满足最低资本充足率要求的情况下,以金融衍生品为主的市场交易风险屡屡发生,致使国际银行业中重大银行倒闭或亏损的事件层出不穷。于是1996年巴塞尔委员会公布了《资本协议市场风险补充规定》(以下简称《补充规定》),针对银行与日俱增的市场风险,提出对应的资本准备金要求,以补充和完善《巴塞尔协议Ⅰ》的风险覆盖范围。该规定主要由风险测量框架和资本要求两部分组成。一是在风险测量框架方面,商业银行必须以量化的方式,准确计量出自己所承受的市场风险,既包括银行从事交易性债券、股票和相关表外科目交易时所承受的价格变动风险,也包括银行所承受的外汇买卖和商品买卖(如贵金属交易)风险,而所采用的量化模型则包括标准测量法和内部模型法;二是在资本要求方面,增加了三级资本的概念,在资本比率计算时,将市场风险的预测值乘以12.5,加入原协议中的加权风险资产作为总的加权风险资产,分子则是一级、二级、三级资本的总和。

《补充规定》是在《巴塞尔协议Ⅰ》基础上的自然延伸,它重申了资本金占风险加权资产不能低于8%的要求,商业银行要达到这一要求,不仅要考虑按风险权重加权后的资产总额,还得考虑自身所承受的市场风险,这也意味着商业银行最低资本金要求相应增加了。

2.《巴塞尔协议Ⅰ》的意义

《巴塞尔协议Ⅰ》早在1988年颁布之时,便确定了在银行监管历程中的核心地位。它不仅提供了统一的国际银行监管标准和方法,为国际银行间的竞争创造了一个公平的外部环境;

同时又提倡基于风险的资本管理体系，促使银行强化风险管理能力，提升了整个商业银行体系的安全性和稳定性，在整个金融史中具有划时代的意义。

《巴塞尔协议Ⅰ》反映出报告制定者监管思想的根本转变。

（1）监管视角从银行体外转向银行体内

此前的协议都注重如何为银行的稳定经营创造良好的国内、国际环境，强调政府的督促作用以及政府间的分工协作，对银行机构本身尤其是对银行防范风险屏障的资本没有做出任何有实际意义和可行标准的要求。而《巴塞尔协议Ⅰ》则直指主要矛盾和矛盾的主要方面，从资本标准及资产风险两个方面对银行提出明确要求，从而使监管当局摆脱了劳而无获或收获甚微的尴尬。

（2）监管重心从母国与东道国监管责权的分配转移到了对银行资本充足性的监控

《巴塞尔协议Ⅰ》规定银行必须同时满足总资本和核心资本两个比例要求，总资本和核心资本都必须按明确给定的标准计量和补充。这既是对以往经验教训的深刻总结，也表明报告真正抓住了事物的本质。报告出台以前，各国虽然也对资本金规定了规模要求，但并没有对资本的内涵和外延做出明确规定，这使银行可以轻易地通过会计处理增加银行账面资本金，并实际加大资产与负债的落差，进而加大银行的经营风险。此外，由于资本金的管理还处在原始的静态管理状态，无法形成根据资产和负债的性质及其变动相应调整的机制，因而使这种资本金管理形同虚设，发挥的作用也极其有限。这也从另一个侧面说明此前协议的监管重心只能简单地放在监管责权的分配之上。

（3）注重资本金监管机制的建设

资本金监管的生命力在于它突破了单纯追求资本金数量规模的限制，建立了资本与风险两位一体的资本充足率监管机制。这表明报告的制定者真正认识到资本是防范风险、弥补风险损失的防线，因而必须将其与风险的载体（资产）有机相连。而资产的风险程度又与资产的性质相关。报告以不同的风险权重将不同风险的资产加以区分，使得同样规模的资产可以对应不同的资本量，或者说同样的资本量可以保障不同规模的资产。资本的保障能力随资产风险权重的不同而异，体现出报告的动态监管思想。针对以往银行通常以金融创新方式扩大表外业务以逃避资本监管的现象，报告认识到监管表外资产的必要性，因而首次将表外资产纳入监管。由于当时表外业务的种类、规模及其破坏力有限，报告只能简单地将期限种类各异的表外资产套用表内资产的风险权数来确定其风险权重，并相应提出了资本充足性的要求。

（4）充分考虑到了银行的国别差异

过渡期及各国当局自由度的安排表明，报告真正认识到国际银行体系健全和稳定的重要，各国银行的监管标准必须统一，而这种安排充分考虑了银行的国别差异，可防止国际银行间的不公平竞争。

《巴塞尔协议Ⅰ》的推出意味着资产负债管理时代向风险管理时代过渡。由于监管思想的深刻、监管理念的新颖、考虑范围的全面以及制定手段和方法的科学合理，这个报告成了影响最大、最具代表性的监管准则。此后围绕银行监管产生的核心原则或补充规定等，都是在报告总体框架下对报告的补充和完善。尽管巴塞尔委员会并不是一个超越成员国政府的监管机构，发布的文件也不具备法律效力，但各国的监管当局都愿意以报告的原则来约束本国的商业银行。自从《巴塞尔协议Ⅰ》颁布以来，发达国家基于风险的资本比例确实显著提高，十国集团大银行的资本充足率从1988年的平均9.3%上升到1996年的11.2%，抵御风险的能力得到增强。

3.《巴塞尔协议Ⅰ》的局限性

尽管1988年的《巴塞尔协议Ⅰ》历经修改与补充，但学术界和银行界还是对其中的许多原则及其市场适应性提出了批评和质疑。

首先是国家风险问题。《巴塞尔协议Ⅰ》只是重新确定了经合组织成员国的资产风险权重，对非经合组织成员国的风险权重歧视仍未解除。这一方面造成国与国之间巨大的风险权重差距（多为100%），这种差距不仅在成员国与非成员国之间存在，在成员国与成员国之间也存在，致使信用分析评判中的信用标准扭曲为国别标准；另一方面则容易对银行产生误导，使其对经合组织成员国的不良资产放松警惕，而对非经合组织成员国的优质资产畏缩不前，从而减少银行的潜在收益，相应扩大银行的经营风险。此外，这一规定仍然遵循静态管理理念，未能用动态的观点看待成员国和非成员国的信用变化。

其次是风险权重的灵活度问题。这实际上是一个企业风险权重歧视问题，且与国家风险权重歧视交织在一起。对于非经合组织成员国银行、政府超过一年的债权，对非公共部门的企业债权，无论其信用程度如何，风险权重均为100%；而由经合组织成员国对金融机构担保的债权，风险权重则一律为20%。此外是风险权重的级次过于简单且不合理，仅有0%、20%、50%及100%四个档次，没有充分考虑同类资产的信用差别，也就难以准确反映银行面临的真实风险。而在理论上来看，在《巴塞尔协议Ⅰ》的信用风险框架下，由于风险资产被赋予了不同的风险权重，银行可能倾向于经营低风险的资产；然而在特定的风险权重中，该权重所对应的资产都承担着相同比例的资本要求，银行也有动机去经营高风险的资产。美国经济学家爱德华·奥尔特曼（Edward Altman）（2001）根据美国非金融机构所发债券的数据，运用蒙特卡罗模拟方法进行实证研究后得出的结论也证实了这一点。

再次是对金融形势的适应性问题。《巴塞尔协议Ⅰ》从起始就注意到了表外业务的潜在风险，也提出了对照表内项目确定表外资产风险权重的做法，但随着金融新业务的推出和银行组织形式的更新，《巴塞尔协议Ⅰ》的涵盖范围和监管效果都难以让人满意。最典型的是银行资产证券化和银行持有债券、金融控股公司的广泛建立以及银行全能化等，由此不仅引发逃避或绕开资本金管束的问题，而且引发了信用风险以外的市场风险。其中最为常用的方式是资产证券化，即将表内业务通过证券化移至表外。比如，银行将低质量的信贷资产证券化后，这部分资产的风险权重就会降低，从而节约了资本。尽管监管资本套利帮助银行逃避了监管，降低了经营成本，但更为重要的是，它使银行可能更倾向于持有资产质量较差的资产组合，导致银行系统的风险加大，与《巴塞尔协议Ⅰ》的目标相背离，大大削弱了《巴塞尔协议Ⅰ》的有效性。

最后是全面风险管理问题。《巴塞尔协议Ⅰ》已经在1997年形成了全面风险管理的理念和基本框架，但并未对其内容做详尽的阐释，更未提出切实、可行的方法，且只涉及了信用风险和市场风险，不足以囊括银行业务的实际风险（比如操作风险、法律风险、声誉风险等），且此时对于风险的全面管理还停留在理论上论证、方法上探索的阶段，至于这两类风险的计量应建立哪些模型、模型中应选择哪些参数，以及相应的资本金要求如何设计等问题，几乎都没有涉及。此外，《巴塞尔协议Ⅰ》中，银行始终处于被动地位，银行危机的产生主要由借款人的风险引起，银行风险的规避取决于监管当局对其资本金计提方法和计提数量的监督，并不注重当事人主观能动作用的发挥，也没有对银行提出如何适应市场以及如何主动接受市场约束的问题。

为应对这些挑战，巴塞尔委员会推出了一系列修订方案，但总体来看，并没有对《巴塞尔协议Ⅰ》进行根本性的改革。在理论界和银行界的批评和质疑声中，巴塞尔委员会于1998年开始着手制定新一代的巴塞尔资本协议，对《巴塞尔协议Ⅰ》进行全面修订。如4.1.2所述，从1999年6月巴塞尔委员会颁布第一份征求意见稿开始，经过长达五年的繁复讨论和修改，《巴塞尔协议Ⅱ》才于2004年6月正式定稿，从此迎来了全球金融监管的新时代。

4.1.4 《巴塞尔协议Ⅱ》

1.《巴塞尔协议Ⅱ》的主要内容

《巴塞尔协议Ⅱ》较《巴塞尔协议Ⅰ》更加广泛和复杂，重大创新主要表现在以下几个方面。

（1）新的监管框架更加完善与科学

《巴塞尔协议Ⅱ》在最低资本要求的基本原则基础上，增加了外部监管和市场约束来对银行风险进行监管，构建了三大支柱（资本充足率、外部监管和市场约束）的监管框架。图4-1显示了《巴塞尔协议Ⅱ》下整体的三大支柱。

图4-1 《巴塞尔协议Ⅱ》下整体的三大支柱

第一，坚持以资本充足率要求为核心。巴塞尔委员会坚持和发展了《巴塞尔协议Ⅰ》以资本充足率为核心的监管思路,并将资本要求视为最重要的支柱。具体地说:其一,《巴塞尔协议Ⅱ》提出了更精确和全面的评估信用风险的方法。风险管理能力有待提高的银行可以继续采用简单易行的标准法,但是鼓励风险管理水平较高的银行采用初级或高级内部评级法;其二,《巴塞尔协议Ⅱ》充分肯定了1996年《补充规定》中关于交易账户下市场风险的处理方法,并对银行账户下利率风险监管做了进一步调整,建议将其放在第二支柱下处理;其三,《巴塞尔协议Ⅱ》考虑到与银行内部控制密切相关的操作风险,如道德风险、法律风险、IT风险等,并要求对操作风险配备单独的资本。此外,《巴塞尔协议Ⅱ》扩大了资本约束范围,主要体现为,要求银行将投资于非银行机构的大额投资从其资本中扣除,以商业银行业务为主导的控股公司开始受到资本充足比率的约束,并且考虑到控股公司下不同机构的并表问题,最后还对证券化的处理方法做了明确规定。

第二,转变监管方式,纳入外部监管。外部监管作为《巴塞尔协议Ⅱ》的第二支柱,明确要求各国监管当局应结合各国银行业的实际风险对银行进行灵活的监管,强化了各国金融监管当局的职责。在此支柱下,监管者与银行应当持续地对话和交流,以确保能够进行有效的监督并在必要时采取措施。协议确定了外部监管的四项原则:一是监管当局应该根据银行的风险状况和外部经营环境,全面判断银行的资本充足率是否达到要求;二是银行应参照承担风险的大小,建立起严格的内部评估体系,使其资本水平与风险度相匹配,并制定维持资本充足水平的战略;三是监管当局应及时对银行的内部评价程序与资本战略、资本充足状况进行检查和评价,以确保每家银行有合理的内部评级程序;四是在银行资本充足率未达要求时,监管当局要及时对银行实施有效干预,并可要求银行持有超过最低比率的资本。监管机构对银行的评估可采取现场检查、非现场检查及与银行管理部门座谈等手段来实现。此外,为了顺利实现向内部评级法资本充足衡量体系的转换,还要求商业银行应向监管当局提交完备的内部风险评估制度安排、资产分类制度安排等。外部监管的引入反映出,巴塞尔委员会并没有忽视以利益最大化作为目标的银行可能利用信息不对称违背监管规则的道德风险问题,而是希望通过发挥监管当局的作用来减少这种问题的发生。

第三,强化信息披露,引入市场约束。《巴塞尔协议Ⅱ》第一次引入了市场约束,与第二支柱共同作为第一支柱的补充,以此来强化资本监管的有效性。《巴塞尔协议Ⅱ》强调以市场的力量来约束银行,认为市场约束具有能使银行有效而合理地分配资金和控制风险的能力。一般来讲,稳健的、经营良好的银行可以以更为有利的价格和条件在市场上获得资金,而风险程度高的银行必须支付更高的风险溢价、提供额外的担保或采取其他安全措施来获得资金,从而在市场中处于不利地位。这种市场奖惩机制可以促使银行保持充足的资本水平,推动银行和金融体系的稳定发展。

市场约束作用得以有效发挥的前提是提高银行信息披露的水平,加大透明度。《巴塞尔协议Ⅱ》提出了全面信息披露的理念,对于银行的资本结构、风险状况、资本充足状况等关键信息的披露提出了更为具体的要求,提高了银行信息披露的水平,增加了透明度。主要包括:要求银行在应用范围、资本构成、风险评估和管理过程及资本充足性方面不仅要披露定性的信息,而且要披露定量的信息;强调有关风险和资本关系的综合信息披露,监管机构要对银行的信息披露体系进行评估；信息披露不仅要披露核心信息，而且要披露附加信息。这些信息至少应在每年的财务报告中体现出来，最好每半年一次，并且巴塞尔委员会希望任何重要变化发生之后都应立即披露。

（2）扩大风险资本要求范围

《巴塞尔协议Ⅱ》对风险的认识更加系统、全面。它在1988年《巴塞尔协议Ⅰ》中信用风险的基础上，保持了1996年《补充规定》中针对交易账户市场风险规定的资本要求，并强调内部模型法在衡量市场风险中的重要性。此外，《巴塞尔协议Ⅱ》首次将操作风险纳入资本充足率的计算，并要求商业银行为操作风险配置相应资本。在《巴塞尔协议Ⅱ》的框架下，操作风险是指由不完善或有问题的内部程序、人员及系统或外部事件所造成损失的风险。本定义包括法律风险，但不包括策略风险和声誉风险。对于操作风险的衡量，巴塞尔委员会提出了多种可供选择的方式，包括基本指标法、标准法和内部计量法，这三种方法在复杂性和风险敏感度方面渐次加强，银行可以根据自身操作风险的实际情况选用复杂程度不同的方法。

这一变动扩大了银行风险管理涉及的范围，综合考虑了信用风险、市场风险和操作风险等各种因素，从而对银行的资本金提出了更高的要求，使得《巴塞尔协议Ⅱ》中的风险监管更加全面、谨慎和周密。

（3）倡导使用内部评级法

《巴塞尔协议Ⅱ》提出了更加多样和灵活的风险衡量方法，驱使银行提高风险管理水平。其中，从《巴塞尔协议Ⅰ》延续下来的标准法的特点是通过外部评级机构来确定商业银行各项资产的风险权重，计算最低资本要求。除了以外部评级获得资产评级的方式外，《巴塞尔协议Ⅱ》最主要的创新之一就是提出了计算信用风险的内部评级法，充分肯定了内部评级在风险管理和资本监管中的重要作用，强调要建立银行内部风险评级体系，并鼓励有条件的银行建立和开发内部评级模型及相关的计算机系统。内部评级法提出了四个基本要素：违约概率（PD）、违约损失率（LGD）、违约风险敞口（EAD）和期限（M），包括初级法和高级法。如果银行采用初级法，则只需计算违约概率，其余要素则只需按照监管机构提供的参数。如果内部评级法的上述四个要素均由银行自身确定，则称为高级内部评级法，或简称高级法。协议鼓励银行在具备充分数据的条件下，采用高级法。在高级法下，银行的自由度增加，减少了监管机构对银行的监控手段，因此银行在使用高级法之前必须要先得到监管机构的认可，而且要参考监管机构的要求标准，考虑如何符合监管机构的期望，从而有效推行自己的内部评级法。

内部评级法的优点在于银行的内部评级是以自身具有竞争力的商业机密数据以及对客户更为充分的了解为基础，并可充分利用外部无法得到的商业机密资料进行评估，大幅度提高了资本监管的风险敏感度。同时，内部评级法的采用使新的监管规则有一定的灵活性，有利于吸收现代大型银行管理风险的各种先进经验。

总之，《巴塞尔协议Ⅱ》全面考虑了20世纪90年代国际金融市场和银行业的变化与发展，在银行业监管方面取得了突破性的进展，《巴塞尔协议Ⅱ》将使资本充足的监管要求更加准确地反映银行经营的风险状况，为银行和金融监管当局提供更多衡量资本充足可供选择的方法，从而使巴塞尔委员会的资本充足框架具有更大的灵活性来适应金融体系的变化，以便更准确、及时地反映银行经营活动中的实际风险水平及其需要配置的资本水平，进而促进金融体系的平稳健康发展。

2.《巴塞尔协议Ⅱ》的意义

全球银行监管规则从《巴塞尔协议Ⅰ》到《巴塞尔协议Ⅱ》的转变，很大程度上提高了银行风险管理能力，指明了现代银行风险管理的发展方向，即更先进的监管理念、更全面的监管手段和更多元的监管角度。

（1）监管理念不断创新

首先，从信用风险监管转向全面风险监管。1988年《巴塞尔协议Ⅰ》以信用风险控制的监管理念为重点，注重单一风险度量。但从20世纪90年代开始，国际监管组织和各国监管当局对金融创新及其产品都给予了高度关注。巴塞尔委员会经过对一系列规则的论证和颁布推出的《巴塞尔协议Ⅱ》已经考虑了银行面临的绝大多数风险，标志着银行监管从单一风险监管转向全面风险监管。全面风险监管的要求最终体现在最低资本要求上，通过改进最低资本充足率的计算方法，银行必须为多种风险配置相应的资本，有效地促进了国际银行体系的安全和稳健。此外，由于受复杂国别影响，难以对银行账户中的利率风险确定国际统一的计量标准，《巴塞尔协议Ⅱ》首次通过第二支柱（外部监管）对银行在这方面的管理提出了监管要求。

其次，更加强调主动风险管理。在监管当局的资本充足率监管中，《巴塞尔协议Ⅰ》强调统一的外部监管标准，银行总是被动地进行风险管理。《巴塞尔协议Ⅱ》赋予银行更多的主动选择和控制的权利，银行可以灵活地采取不同的风险管理方法。比如，满足一定条件的银行可以采用内部的模型和数据来确定所需资本，从而使银行进行风险管理的自主性、积极性和主动性显著提高。

最后，更加强调激励相容。激励相容监管的理念在《巴塞尔协议Ⅱ》中得到了很好的体现。《巴塞尔协议Ⅱ》对每一类风险的量化，包括信用风险、市场风险和操作风险，都提供了可供银行选择的、难度不同的风险管理体系，那些选择高级法进行风险管理的银行，其所需要配置的资本金一般较少（监管资本激励），不仅能在金融市场的竞争中更为主动，而且也符合监管当局促使银行提升风险管理水平的目标。因此，这种监管理念较之《巴塞尔协议Ⅰ》所制定的具体的8%的最低资本充足率要求，更好地协调了银行的经营目标与监管机构的监管目标。

（2）监管手段更加全面

其一，从单一支柱转向三大支柱的监管框架。与《巴塞尔协议Ⅰ》单一的最低资本充足率要求相比，《巴塞尔协议Ⅱ》则由三大支柱组成。事实上，在新的监管框架下，最低资本要求与外部监管和市场约束互为支撑，不仅强调监管当局的监督检查和及时干预，而且强调银行资本管理的透明度，使银行监管的要求和水平提升到了一个新的高度。

其二，从强调定量指标转向定量指标与定性指标相结合。在《补充规定》和《有效银行监管的核心原则》中，这种监管手段的转变已有明显的体现。《巴塞尔协议Ⅱ》沿用了上述两个文件的监管思路，确立了定量和定性相结合的方法来促进银行加强风险管理。一方面，第一支柱反映了定量方法的使用，对衡量信用风险和操作风险时所采用的高级方法提出了严格的技术标准和制度标准；另一方面，第二支柱和第三支柱都在一定程度上反映了定性方法的使用，比如，对资本充足的监管检查关注的是银行内部风险计量和管理过程，而市场约束关注的是风险和资本信息的披露。

其三，进一步强调国际合作监管。金融业的全球化推动着国际监管合作的形成和发展，促使不同国家的监管机构通过合作将一家国际性银行的境内外机构、境内外业务进行并表监管。2003年8月，巴塞尔委员会发布了《跨境实施巴塞尔新资本协议的高级原则》，以进一步加强母国和东道国监管当局之间的合作与协调。2004年5月，巴塞尔委员会重申监管当局的紧密合作对于《巴塞尔资本协议》的有效执行至关重要，将推进以国际业务为主的银行集团的母国与东道国监管的合作，并主要关注实践中它们在高级方法上的合作。巴塞尔委员会还强调母国与东道国监管当局要就监管的目标、原则、标准、内容、方法以及实际监管中发现的问题进行协商和定期交流，以便减少银行的执行成本并节约监管资源。

（3）监管角度更加多元

一是从合规监管转向注重银行内部风险监管。《巴塞尔协议Ⅰ》基于银行的资产负债状况，衡量资本充足率是否符合量化的统一标准，实际上是一种合规的风险监管。《巴塞尔协议Ⅱ》则转向了审查银行的风险管理体系是否完善、合理和有效，关注的是银行如何度量和管理风险，而不是银行的业务和风险水平是否符合事先规定的量化标准，从而使监管从单纯地注重外部合规标准转向银行内部风险监管上来。

二是从对银行的监管转向注重对金融集团的监管。《巴塞尔协议Ⅰ》的监管对象主要是银行，但是，随着金融服务集团化的趋势日趋明显，金融集团在金融活动中的影响力迅速提升。为应对这种变化趋势，巴塞尔委员会将新的监管规则写入《巴塞尔协议Ⅱ》，它不再局限于对银行的监管，其监管角度开始从传统的注重银行的监管转向全面的对于金融集团的监管。

从《巴塞尔协议Ⅰ》到《巴塞尔协议Ⅱ》，巴塞尔委员会似乎为国际银行业监管建立了一套完整而又不乏灵活性的原则和标准。在开创和延续以资本监管为核心的监管时代的同时，提出了监管当局监督检查和市场约束的新规定，形成了三大支柱的监管框架，而且还采用了由简单到复杂的多种方法计算资本要求，从而在监管理念、手段和角度上都有了大幅度的进步。

原银监会也于2007年2月公布了《中国银行业实施新资本协议指导意见》，标志着中国正式启动了实施《巴塞尔协议Ⅱ》的工程。2009年原银监会开始对第一批六家银行（中国工商银行、中国农业银行、中国银行、中国建设银行、中国交通银行、招商银行）实施《巴塞尔协议Ⅱ》的进展进行预评估，并于2010年9月对评估情况进行了总结。

3.《巴塞尔协议Ⅱ》的局限性

肇始于2007年的金融危机一方面凸显出了高标准资本协议实施的必要性，另一方面也暴露了《巴塞尔协议Ⅱ》的诸多内在缺陷，如现行监管体系对系统性风险、顺周期效应考虑不足，尚未对杠杆率进行一致监管等问题。

（1）尚未关注系统性风险

第一，系统性风险监管理念尚待加强。《巴塞尔协议Ⅱ》关注的重点是受其约束银行的微观稳健，即强调风险从银行的转移，相关的监管要求也只是建立在对风险真实转移认定的基础之上,并没有关注风险本身的化解状况和转移后实际承担者的稳健,缺乏对系统性风险的指导和要求。这使得在次贷危机向金融危机转化的过程中,CDO、CDS等资产证券化产品不仅成为风险传染的媒介,同时也极大地放大了次级贷款的风险,最终导致包括银行业在内的整个金融系统风险的爆发。

第二,内部模型对系统性风险因子考虑不足。金融危机中,由于压力测试不足,基于市场正常时期抵押率发放的贷款,在危机时期风险加剧,而且按揭贷款及结构化贷款的违约概率和违约损失率之间存在强相关性,使得基于历史经验的数据估计出来的风险参数低估了贷款组合的信用风险。

第三,《巴塞尔协议Ⅱ》对金融一体化增加金融机构之间的联系造成系统性风险的关注不够。从金融市场发展趋势来看,随着经济的全球化和金融自由化的推进,金融机构之间的相关性加强,共同风险敞口日益趋同。巴塞尔委员会以单个金融机构为单位,并实行自下而上的监管,对于金融系统性风险评估不足,势必会忽视金融系统的整体稳健,并且对金融风险传染防范不足。特别是,在经济周期下行阶段,一家银行考虑采取的行动方针在有限的范围内很可能被接受,但是,同样的行动方针,如果被其他银行广泛复制则会对整个银行体系产生不利影响。羊群效应或行动的复制性也会扩大系统性风险。

在目前的监管理念下,金融规制与监管不应仅仅关注单个或部分金融机构的稳健与否,更应在此基础上重视对金融体系整体稳健性的把握;金融规制与监管的重点不应是关注单个金融机构的倒闭与破产,而是关键看其是否会引发风险的传染和系统风险的爆发。

(2)资本的定义复杂化,抵御风险的可得性差

此次金融危机暴露的主要问题之一是银行资本质量和资本水平不足。《巴塞尔协议Ⅱ》对资本定义较为宽泛和复杂,造成在极端风险发生时资本可得性差,表现为如下几点。

第一,金融危机前,许多银行一级资本比率合适,但普通股比率很低。扣除监管调整后,许多银行可灵活使用的资本与风险加权资产的比率一般在1%～3%,杠杆率达到33～100倍。第二,在金融体系中相互融资的、日益复杂的二级资本,以及更低级的抵御市场风险的三级资本占据了大部分的资本构成。特别是次级债券造成了银行资本充足率虚高的假象。巴塞尔资本协议规定次级债券在一定条件下可以计入银行附属资本,因此发行次级债券可以增加银行附属资本,从而通过提高分子项使资本充足率上升。由于发行次级债可以随时快速地提升银行资本以达到监管要求,而其相对于以发行普通股和优先股来补充资本的方式来说,发行程序相对简单、周期短,因此银行非常热衷于选择发行次级债来提高资本充足率。这一点单从次级债券在过去半个世纪中在银行负债结构中不断提升的比例就可以看出来(见表4-2)。

表4-2 1966～2007年美国银行业次级债券所占负债结构的变化 (%)

年份	1966	1975	1985	1995	2000	2005	2006	2007
次级债券占比	0.46	0.50	0.57	1.10	1.52	1.50	1.65	1.74

资料来源:钟永红、李政:《美国商业银行资金来源结构的变迁及启示》,载于《金融论坛》,2008年第6期。

从表4-3中还可以看出,从2001年开始,美国银行业的资本充足率数值始终保持上升的

态势，直到 2007 年次贷危机爆发。但是如果剔除附属资本中的次级债的影响，很难判断实际资本充足率的发展趋势在次贷危机发生之前是否那么乐观。从不包含次级债券的核心资本充足率来看，事实上在次级贷款发生之前的 2006 年，核心资本率就已经有了下降的苗头。

表 4-3　美国银行业资本充足率　　　　　　　　　　（%）

年份	2001	2002	2003	2004	2005	2006	2007	2008
资本充足率	8.99	9.21	9.15	9.45	10.28	10.52	10.50	9.36
核心资本充足率	7.78	7.86	7.88	8.11	8.25	8.22	7.97	7.49

资料来源：Statistical Abstract of the United States, the FDIC Quarterly Banking Profile.

银行通过这种方式只会使得资本充足率表面上提高，但是不能真正起到作用，银行只有降低附属资本和债务资本的比例，提高资本质量，才能真正提高抵御风险的能力。在一些国家，银行为了达到资本充足率要求，交叉持有银行发行的次级债，这种交叉持有次级债意味着整个银行体系并没有增加资本进入，抵御风险的能力其实并没有增强，只不过是将风险转嫁成了银行的系统性风险，而这种系统性风险的增强，比单个银行的抗风险能力降低更可怕，因为系统性风险一旦爆发，导致的将是全局性灾难。

（3）交易账户风险控制不足

巴塞尔委员会 1996 年发布的《资本协议市场风险补充规定》中明确要求商业银行设立交易账户，以一般风险和特有风险两个维度对交易账户市场风险进行评估。《巴塞尔协议Ⅱ》框架下对于交易账户风险控制不足，表现在：一是《巴塞尔协议Ⅱ》主要侧重于银行账户的风险控制，如持有的贷款。二是金融工具交易结构安排的日益复杂，使其可交易性受到影响，市价定价以及风险评估难度增加。《交易账户的调查：反映的汇总》（2005）通过对十国集团的 47 个商业银行、投资银行和投资公司的调查发现，交易账户的定价方式取决于金融工具是否存在一个交易活跃的市场。对于不存在活跃交易市场的金融工具来说，价格的确定与调整都较为困难。据统计，流动性差的头寸占比从 0.2%～28% 不等。对流动性差的产品，例如新型市场债券，一般根据相应的指数确定其价格。对于结构更为复杂的衍生品，其相关性、长期波动率等参数在市场上不易得到，定价更为困难。2008 年金融危机的重大损失也主要来自交易账户，尤其是复杂的证券化风险，如债务抵押债券等，造成交易账户中违约风险提高，市场风险也不断增大。这种情况下，交易账户的资本计提将无法完全反映出每年发生不到两三次的单日大规模损失，也不能反映出几个星期内或几个月内大规模累计价格浮动的潜在可能。

（4）加剧了顺周期性

2008 年金融危机的过程带有典型的顺周期性。美国房地产价值大幅下降，导致了次贷危机的爆发，商业银行的损失巨大，此时银行计提损失准备和紧缩信贷，产生了流动性危机，最终使实体经济陷入衰退。

《巴塞尔协议Ⅱ》框架具有周期性，会通过影响银行体系的信贷行为而放大宏观经济周期，加剧经济波动。首先，从第一支柱来看，对于资本监管，周期性就是其自身显著的特征之一。尤其是公允价值会计准则的引入，更增强了顺周期性。这已得到了诸多学者的证明。其次，《巴塞尔协议Ⅱ》引入了信用风险的内部评级法，在改进其风险敏感度的同时，银行对风险要素估计方法的不同选择，增加了协议的顺周期性。内部评级法通过对资本充足的影响而间接产生顺周期性。当经济繁荣的时候，借款方经营状况表现良好，抵押品价值也较高，此时银行对违约概率、违约损失率等风险要素的评估会较低，对借款方内部评级级别较高，导致基于内部评级的监管资本要求较低，刺激银行进一步扩大信贷规模，从而刺激经济的繁荣。最后，协议中评级体系的规定，不管是从外部评级还是从内部评级，都同样会成为加强顺周期性的因素之一。对比"时点"和"周期"的评级体系的差异，发现银行会主动采用"时点"评级体系，从而放大顺周期性。

虽然《巴塞尔协议Ⅱ》也积极采取了各种措施，如在第一支柱下，采取包括涉及动态的贷款损失准备金制度，在经济状况良好时预提资本，采用较长时期内的数据来计算客户及债券评级、压力测试、风险权重函数的调整等措施，以期降低顺周期性效应。通过第二支柱的监督检查制度，要求银行从更加长远的视野去评估其资本充足率，来消除顺周期性。但是从金融危机的发生来看，效果并没有充分体现。

（5）对表外业务监管不足

密切监测全球银行业的总资产和风险加权资产的关系，是评估协议是否能有效控制风险的一个比较直观的方法。根据《巴塞尔协议Ⅱ》的规则，2004～2010年，银行的总资产大幅增加，但风险加权资产却只有温和增长。可见《巴塞尔协议Ⅱ》对表外业务的监管存在缺陷。以与表外业务联系最密切的金融衍生品为例，金融衍生品的总值随着银行业的不断发展已经远远超过了银行的总资产，蕴含着很大的风险（见表4-4）。

表4-4 衍生品占银行总资产比重　　　　单位：万亿美元

年份	衍生品总值	银行总资产	倍数（衍生品总值/银行总资产）
1993	11.8	3.7	3.2
2002	56.3	8.4	6.7
2004	88.3	10.1	8.7
2006	132.2	11.9	11.1
2007	173.4	12.7	13.7
2008	201.1	13.8	14.6

资料来源：The FDIC Quarterly Banking Profile.

表外业务在一定程度上影响着银行未来的获利能力和偿付能力，当某一或有事件发生时，它们将会由表外转至表内成为银行实际的资产和负债。这种或有资产和或有负债由于其不确定性，往往伴随着比表内业务更大的风险。并且由于表外业务具有的不确定性大、自由度大、透明度差、交易集中程度高的特点也决定了表外业务蕴含着巨大的风险，这些风险不仅包括由于表外业务服务的对象违约造成的信用风险，还包括导致商业银行在表外业务中蒙受损失的利率、汇率风险，以及可转让金融工具不能以接近市场价格很快出售或遭损失，及或有资产和或有负债转化成现实资产和负债时所产生的流动性风险，还包括清算风险和经营风险等。

在次贷危机爆发的前几年，银行表外资产规模增长迅速。《巴塞尔协议Ⅱ》虽然将衍生品纳入监管范围中，但其监管依然不足。第一，在《巴塞尔协议Ⅱ》框架下，对其表外资产风险覆盖不足，即使覆盖，其风险权重调节系数仍然过低。金融衍生品和资产证券化产品层出不穷，其结构设计复杂和高杠杆性，使其风险控制难度加大。第二，《巴塞尔协议Ⅱ》缺乏对金融衍生产品、表外风险等方面信息的有效披露。由于表外业务不反映在银行的资产负债表上，银行对信息披露相对不足，而《巴塞尔协议Ⅱ》又没有对金融衍生产品等方面信息披露的硬约束，使得无法得到关于银行业经营及投资衍生品的充分而准确的信息，造成信息不对称。

（6）对"影子银行"体系风险缺乏控制

金融创新的加速，使得风险转移的方式呈现出多样性，传统金融机构大规模拓展非传统金融产品和业务，投资银行、对冲基金、特殊目的实体（SPV）等影子银行金融机构功能日益发展，使得其与传统金融机构的相关性加强，导致风险在不同金融机构之间的蔓延更加容易、更加迅速，金融系统性风险产生新的来源。

影子银行系统的出现，一定程度上挑战了《巴塞尔协议Ⅱ》中强调的对银行集团的机构监管模式。在《巴塞尔协议Ⅱ》监管模式下，吸收公众存款的商业银行等具有明显外部性的传统金融机构和传统金融产品接受较为严格的监管，而类银行金融机构和场外金融产品受到的监管较为松散甚至缺失。虽然面对金融混业的发展现状和趋势，《巴塞尔协议Ⅱ》采取了银行集团方式的改进，但在金融创新的推动下，形式不同、业务种类各异的影子银行等金融机构所提供的金融服务在经济功能上却发挥着与银行一样的作用。影子银行本身具有高杠杆和过度创新的商业经营模式，其与商业银行一样也能够对金融系统的稳健产生重大影响，现行的金融监管模式相对于金融创新的实践而言显得应对不足，滞后于金融创新的速度。

4.1.5 《巴塞尔协议Ⅲ》

1.《巴塞尔协议Ⅲ》的主要内容

《巴塞尔协议Ⅲ》旨在从银行个体和金融系统两方面加强全球金融风险监管。在单个银行实体（微观审慎）层面，意图提高银行及其他金融机构在市场波动时期的恢复能力，使银行能够更好地抵御经济金融风险的压力，其主要内容包括对原有资本监管要求的完善和对流动性标准的建立。在整个金融体系（宏观审慎）层面，力求减少具有潜在系统性风险的银行对整个金融业的影响，以对全球长期金融稳定和经济增长起到支持作用。主要内容是在资本框架中加入逆周期机制，包括逆周期资本缓释和留存资本缓释。

可以看出，无论是微观审慎还是宏观审慎，《巴塞尔协议Ⅲ》在这两方面的内容设计都涉及资本框架的改革，这也反映出资本监管改革仍旧是《巴塞尔协议Ⅲ》的核心。巴塞尔委员会通过在《巴塞尔协议Ⅱ》的三大支柱框架基础上加强资本监管框架，提升银行业的抗风险能力；改革监管资本的数量和质量，扩大风险覆盖范围；引入杠杆率强化资本基础，用于限制银行体系过高的杠杆，并对资本计量中度量和模型风险提供额外保护。同时，通过在资本框架中引入宏观审慎因素，以抑制顺周期性和金融机构间相互联系和影响造成的系统性风险。

（1）微观审慎监管

第一，提升资本质量。巴塞尔委员会对现有的监管资本定义进行了修订，主要体现在：首先，在资本结构上进行了重新细化，将监管资本分为核心一级资本（CET1）、一级资本和二级资本；其次，制定了资本工具的合格性标准，以提高一级资本工具吸收损失的能力；再次，统一了资本扣除和调整项目，并在普通股权益层面上实施扣除；最后，提高资本结构的透明度，要求银行披露监管资本的所有要素，以及与财务报告科目之间的对应关系。

第二，提高资本充足率监管标准。在加强对银行资本质量监管的同时，巴塞尔委员会也重新审视了《巴塞尔协议Ⅱ》中关于资本充足率的监管标准。2010年9月12日，中央银行行长和监管当局负责人组织的会议公告显示，作为吸收损失资本的最高形式，对CET1的要求将从现行的2%提高到4.5%，并且将增设2.5%的留存缓冲资本，这样总的普通股本充足率要求将达到7%，维持普通股本充足率与一级资本充足率和总资本充足率的级差不变，再加上留存缓冲资本后，商业银行普通股本（含留存收益）充足率、一级资本充足率和总资本充足率应分别达到7%、8.5%和10.5%。同时，为了冲抵资本充足率的顺周期性，巴塞尔委员会特增设一项新的资本充足要求，即逆周期缓冲资本，其具体设定可根据不同国家的具体情况和商业银行运营状况在0%～2.5%浮动。另外，针对系统性重要银行，还可视具体情况提高其资本充足率。

第三，引入杠杆率作为风险资本的补充。巴塞尔委员会提出将杠杆率监管引入到《巴塞尔协议Ⅱ》的第一支柱下，以弥补资本充足率监管的单一化缺陷。杠杆率定义为一级资本与总风险敞口（表内与表外）的比率，监管红线被确定在3%，作为基于风险的资本指标的补充，其不仅有助于防止银行利用风险资本要求的漏洞，也有助于防止模型风险和计量错误的发生。

第四，流动性风险监管。巴塞尔委员会于2009年12月发布《流动性风险计量、标准和监测的国际框架（征求意见稿）》，并在全球成员国范围内进行定量影响测算。在该框架中，巴塞尔委员会设置了两个监管标准：流动性覆盖率指标和净稳定资金率指标，同时也提供了一套用于提高不同国家间监管一致性的通用监测指标，包括合同期限错配、融资集中度、可用的无变现障碍资产、与市场有关的监测工具，以帮助监管当局识别和分析单个银行和银行体系的流动性风险趋势。其中，"流动性覆盖率"定义为优质流动性资产储备与未来30日的资金净流出量的比值，且要求该比值应大于等于100%，用于衡量在设定的严重压力情境下，优质流动性资产能否充分满足短期流动性需要。"净稳定资金率"指标是指"可用的稳定资金来源"与"业务所需的稳定资金来源"的比值，同样要求该比值应大于等于100%，主要衡量商业银行在未来一年内、在设定的压力情境下，用稳定资金支持表内外资产业务发展的能力。

（2）宏观审慎监管

目前，《巴塞尔协议Ⅲ》中关于宏观审慎的措施主要是在资本框架中引入了留存资本缓释和逆周期缓释机制。此外，还包括对系统重要性银行的监管标准的探讨（见表4-5、表4-6）。

第一，逆周期资本缓释。所谓逆周期资本监管是指监管当局在经济上升期提高对银行的资本要求，增加超额资本储备，用于经济衰退期弥补损失，以保证商业银行能够持续地达到最低资本要求，维护正常的信贷供给能力。为实现逆周期资本监管，2010年7月10日，巴塞尔委员会发布《逆周期资本缓冲方案（征求意见稿）》，方案指出为了缓解银行体系的顺周期性，资本监管要求应随着经济周期不同阶段的转化和变化体现出应时而变的特征。各国监管机构将根据自身情况确定不同时期的逆周期缓释,其范围在 0% ~ 2.5%。如在正常市场情况下,逆周期缓释设为 2.5%;而当监管当局认为市场处于信用过度增长时期,可将逆周期缓释从 2.5% 向下调整,在严重时期可调为 0,以使逆周期缓释能够全部用来缓解银行在危急时刻的压力。

第二,留存资本缓释。巴塞尔委员会认为,金融危机期间许多银行仍在回购股份、分发红利和发放奖金,主要原因是如果其他银行都在这么做,自己不这么做的话就会被认为是经营有问题。这种情况对银行的未来竞争将产生不利影响,最终结果是所有的银行都要这样做,导致银行体系无法从内源融资渠道来补充资本。因此,解决问题的根本方法就是在市场繁荣时期保留一部分资本作为危机时期的资本缓释。2010 年 9 月中央银行行长与监管当局负责人组织会议确定资本留存缓冲要求为 2.5%,由扣除递延税等其他项目后的普通股权益组成,并指出资本留存缓冲的目的是确保银行在金融经济衰退时能利用缓冲资本来吸收损失。这意味着银行在满足普通股 4.5%、一级资本 6%、一级和二级资本 8% 最低要求的基础上,还要再预留 2.5% 的普通股作为资本留存缓释,因此普通股在最低资本要求和资本留存缓释的要求下总计需达到 7% 的最低标准。资本留存缓释自 2016 年起逐步实行,到 2019 年 1 月 1 日银行须达到 2.5% 资本留存缓释的最低标准。尽管银行在危机期间可以利用这一缓冲资本,但银行的监管资本比率越接近于最低资本要求,对其利润分配的要求就越严格。

第三,系统重要性银行及其相关的监管。本次危机凸显了解决"大而不倒"机构道德风险的迫切性,对此,《巴塞尔协议Ⅲ》提出对系统重要性银行增加额外资本、或有资本(contingent capital)和自救债务(bail-in debt)等要求。但到目前为止,具体的内容尚在磋商研究之中。基本的问题,如系统重要性银行的标准尚未明确。另外,具体操作层面还存在其他大量悬而未决的问题,尚需仔细斟酌。例如,建立额外资本要求与识别系统性影响机构之间的关系如何?额外资本要求如何建立,是针对整个大型银行体系还是仅考虑单个银行的系统重要性?额外的资本要求的目的是防止危机发生还是内部化社会成本等。

表 4-5 《巴塞尔协议Ⅲ》的资本监管标准及过渡期安排 (%)

施行时间表	2011	2012	2013	2014	2015	2016	2017	2018	2019
核心一级资本			3.50	4.00	4.50	4.50	4.50	4.50	4.50
资本留存缓释						0.625	1.25	1.875	2.50
核心一级资本+资本留存缓释			3.50	4.00	4.50	5.125	5.75	6.375	7.00
一级资本的逐渐扣减				20.00	40.00	60.00	80.00	100.00	100.00
一级资本			4.50	5.50	6.00	6.00	6.00	6.00	6.00
总资本			8.00	8.00	8.00	8.00	8.00	8.00	8.00
最低总资本+留存资本			8.00	8.00	8.00	8.625	9.125	9.875	10.50
逆周期资本区间						0 ~ 2.5			
系统重要资本						X			
不再认定为非核心一级资本或附属资本的资本工具			2013 年起逐步淘汰使用						

表4-6 《巴塞尔协议Ⅲ》的系列文件

发布日期	核心文件	
	中文题目	英文题目
2006-06-30	《巴塞尔Ⅱ》：资本测算和标准的国际整合：修改框架（综合版）	Basel Ⅱ:International Convergence of Capital Measurement and Capital Standards : A Revised Framework——Comprehensive Version
2009-07-13	增强《巴塞尔Ⅱ》资本框架	Basel Ⅱ Capital Framework Enhancements Announced by the Basel Committee
2009-09-07	对全球银行业危机的综合回应	Comprehensive Response to the Global Banking Crisis
2009-12-17	增强银行业抗风险能力（征求意见稿）	Strengthening the Resilience of the Banking Sector——Consultative Document
2009-12-17	流动性风险计量、标准和监测的国际框架（征求意见稿）	International Framework for Liquidity Risk Measurement, Standards and Monitoring——Consultative Document
2010-05-03	《巴塞尔Ⅱ》和资本要求的修订	Basel Ⅱ and Revisions to the Capital Requirements Directive
2010-06-11	巴塞尔委员会和制度改革	The Basel Committee and Regulatory Reform
2010-06-18	关于《巴塞尔Ⅱ》市场风险框架的调整	Adjustments to the Basel Ⅱ Market Risk Framework Announced by the Basel Committee
2010-07-16	逆周期资本缓释的提案（征求意见稿）	Countercyclical Capital Buffer Proposal——Consultative Document
2010-07-26	监管理事会就巴塞尔委员会针对资本和流动性的一系列改革达成共识	The Group of Governors and Heads of Supervision Reaches Broad Agreement on Basel Committee Capital and Liquidity Reform Package
2010-08-18	实施更高资本和流动性要求对宏观经济影响的评估	Assessment of the Macroeconomic Impact of Stronger Capital and Liquidity Requirements
2010-08-19	巴塞尔委员会关于确保在无法持续经营时监管资本损失吸收率的建议	The Basel Committee's Proposal to Ensure the Loss Absorbency of Regulatory Capital at the Point of Non-Viability
2010-09-03	夯实金融系统：成本与收益的比较	Strengthening the Financial System : Comparing Costs and Benefits
2010-09-03	根本上增强银行监管框架	Fundamentally Strengthening the Regulatory Framework for Banks
2010-09-12	监管理事会宣布更高的全球最低资本标准	The Group of Governors and Heads of Supervision Announces Higher Global Minimum Capital Standards
2010-09-21	《巴塞尔Ⅲ》：更安全的金融体系	Basel Ⅲ : Towards a Safer Financial System
2010-09-22	新规则远景	A New Regulatory Landscape
2010-09-28	采取宏观审慎决策的挑战：各方角色？	The Challenge of Taking Macroprudential Decisions : Who Will Press Which Button(s)?
2010-10-04	金融改革：进展报告	Financial Reform: A Progress Report
2010-10-19	巴塞尔委员会对金融危机的应对：给G20的报告	The Basel Committee's Response to the Financial Crisis: Report to G20
2010-10-19	宏观审慎政策：这次有所不同？	Macroprudential Policy: Could It Have Been Different This Time?
2010-10-26	校准监管的最低资本要求和资本缓冲：一个自上而下的方法	Calibrating Regulatory Minimum Capital Requirements and Capital Buffers : A Top-Down Aproach

(续)

发布日期	核心文件	
	中文题目	英文题目
2010-11-09	《巴塞尔Ⅲ》和金融稳定	Basel Ⅲ and Financial Stability
2010-11-25	《巴塞尔Ⅲ》资本协议框架：一个决定性的突破	The Basel Ⅲ Capital Framework :A Decisive Breakthrough
2010-11-25	为什么《巴塞尔Ⅲ》对拉美和加勒比海金融市场是重要的	Why Basel Ⅲ Matters for Latin American and Caribbean Financial Markets
2010-12-16	综合的定量测算结果	Results of the Comprehensive Quantitative Impact Study
2010-12-16	各主权国家实施逆周期资本缓冲的指引	Guidance for National Authorities Operating the Countercyclical Capital Buffer
2010-12-16	《巴塞尔Ⅲ》：流动性风险计量、标准和监测的国际框架	Basel Ⅲ :International Framework for Liquidity Risk Measurement, Standards and Monitoring
2010-12-16	《巴塞尔Ⅲ》：一个更稳健的银行及银行体系的全球监管框架	Basel Ⅲ :A Global Regulatory Framework for More Resilient Banks an Banking Systems
2010-12-17	实施更高资本和流动性要求对宏观经济影响的最终评估报告	Final Report on the Assessment of the Macroeconomic Impact of the Transition to Stronger Capital and Liquidity Requirements
2010-12-20	银行对中央对手方风险敞口的资本化（征求意见稿）	Capitalization of Bank Exposures to Central Counterparties——Consultative Document

2.《巴塞尔协议Ⅲ》的意义

《巴塞尔协议Ⅲ》以银行体系的稳健发展为目标，体现了更加平衡的监管理念。通过对危机的反思，《巴塞尔协议Ⅲ》的监管思路设计更加全面。在监管标准的制定上，既注重资本的数量要求，也提出资本质量的重要性不可忽视；既肯定了资本对风险的吸收作用，又强调了银行流动性状况至关重要。在监管手段上，既保留了风险敏感的资本充足率要求，又新增了缺乏弹性、不易被粉饰的杠杆率指标。在监管视角上，既着重从银行机构层面的微观审慎监管着手，又结合考虑了宏观审慎的目标。可以说，《巴塞尔协议Ⅲ》在《巴塞尔协议Ⅱ》合理的框架设计基础上，力图在监管的效率原则和安全原则间寻找新的平衡点。

首先，多层次资本监管框架初步形成，进一步加强资本监管。构建多层次的资本监管框架，是《巴塞尔协议Ⅲ》为增强银行系统损失吸收能力而做的另一项重要革新。第一层次表现为资本的重新定义，突出了股东必须为银行直接承担风险的原则，缩小了银行业利用复杂资本结构向市场或者政府转嫁风险的空间。第二层次为引入资本留存缓释，突出以丰补歉的作用。建立逆周期资本缓释是《巴塞尔协议Ⅲ》搭建的第三层次资本监管框架，目的是提高整个银行业在危机中的恢复能力，并在一定程度上弱化周期性带来的影响。同时，《巴塞尔协议Ⅲ》也客观评估了内部模型的缺陷，引入风险中性的杠杆比率作为基于风险最低资本要求的辅助工具，来回避模型风险和限制任何通过计量技术降低风险权重并节约资本的行为。杠杆率涵盖了表外产品，对于负有连带责任的表外资产以及衍生品净头寸都纳入杠杆率计算的总资产中，通过其最低比率要求有效降低银行的杠杆倍数，降低系统性风险。

其次，流动性监管的框架和要求得以确立。金融危机后出现了强化流动性监管的趋势，监管者在流动性风险管理中扮演更为积极的角色，并最大幅度地保证银行在各种可能的压力情境下有足够的优质资金维持其流动性，引入两个流动性定量监管指标——流动性覆盖率（liquidity coverage ratio，LCR）和净稳定资金率（net stable funding ratio，NSFR）来加强流动性风险管理，并分阶段做了渐进安排。通过这两个独立而又互补的监管指标，银行可优化资金结构，减少短期融资的期限错配，增加长期稳定资金来源。

再次，强化了对系统性风险的关注，降低了银行经营杠杆。《巴塞尔协议Ⅱ》是微观的、内向型的，重点在于增强银行自身的风险管理能力。而《巴塞尔协议Ⅲ》是宏观的、外向型的，它将对整个宏观经济运行产生直接的影响，其意义已经超过了银行监管本身。《巴塞尔协议Ⅲ》引入了"系统重要性金融机构"（systemically important financial institutions）这一概念，对于业务规模较大、业务复杂程度较高，发生重大风险事件或经营失败会对整个金融体系带来系统性风险的机构，提出特别资本要求，使其具有超出一般标准的吸收亏损能力。

最后，扩大风险覆盖范围，加强了交易账户的管理。《巴塞尔协议Ⅲ》弥补监管漏洞、更全面地覆盖了各类风险，对市场风险的框架做了根本的改革，特别是加强了那些与资本市场活动相关的领域：交易账户、证券化产品、场外衍生工具交易对手的信用风险和回购交易等。通过交易账户和银行账户处理一致性、增加复杂结构化产品的风险权重、减少对外部评级的依赖、动态反映交易对手信用质量的恶化等措施，将交易账户的风险监管提到一个新的高度。

3.《巴塞尔协议Ⅲ》的局限性

总体而言，我们不得不说《巴塞尔协议Ⅲ》是对《巴塞尔协议Ⅱ》的完善而非替代。《巴塞尔协议Ⅱ》是银行业风险管理的完整框架，对银行全面提升风险管理能力具有实质性的帮助，而《巴塞尔协议Ⅲ》仅仅是对金融危机应对的一揽子协议，对银行而言其更多的是监管要求而非管理建议。尽管其继续了《巴塞尔协议Ⅱ》以资本充足率、外部监管、市场约束三大支柱为支撑；继续以资本监管为主，并引入了流动性监管标准；继续以微观监管为主，并引入了宏观审慎监管的概念，但其仍然存在着一定的争议。

首先，《巴塞尔协议Ⅲ》的主旨是希望资本充足，进而达成银行稳健经营的目的，但这样是否便能够达到效果仍然存疑。不管是从资本的定义和水平的提高，还是"资本留存缓释"和"逆周期资本缓释"的增加，《巴塞尔协议Ⅲ》的直接表现就是诸多条款的核心要求都指向了资本，提高资本的充足率，抑制金融业及金融机构的投机行为。但仅仅从资本的角度来考虑，对于夯实整体银行业的经营基础，仍然是远远不够的。无论理论分析还是历史经验都已经告诉了我们这样一件事实：单纯增加资本并不能有效保障银行的经营安全。在危机爆发的时刻，资本规模越大，其所造成的破坏就越具毁灭性，而这恰恰与《巴塞尔协议Ⅲ》的目标，即整体金融体系的稳定相悖。2007~2009年金融危机的经验，也使我们看到当金融业面临危机时，资本金只能起到一定的缓冲作用，而真正造成银行困境乃至破产的绝大多数是流动性而非偿付能力。尽管《巴塞尔协议Ⅲ》中引入了流动性标准，但对流动性和资本充足之间的联系和相关度没有给予较为清晰的界定。对于银行和监管机构而言，监管重点应更多地放在风险加权资产即分母上，即通过完善内部治理，强化风险管理体系建设，提升风险管理技术和能力，控制风险资产的非理性扩张，并最终降低银行所面临的总体风险。

其次，《巴塞尔协议Ⅲ》推进缓慢是否会导致重蹈《巴塞尔协议Ⅱ》的覆辙仍然存疑。从目前公布的实施安排来看，《巴塞尔协议Ⅲ》从出台到其全面落实之间的过渡期极为漫长，预计要持续到 2019 年。而金融发展日新月异、金融创新层出不穷，九年的时间实在是过长，很可能全面实施时已物是人非。《巴塞尔协议Ⅱ》已经是一个非常鲜明的例子：2004 年正式颁布，2006 年终于尘埃落定。欧盟委员会作为全球实施《巴塞尔协议Ⅱ》最早、最为成熟的机构于 2008 年 1 月 1 日起全面实施；美国迫于国际压力，采取了差异化的实施方案，设定了过渡期，于 2009 年开始正式实施新资本协议。从实施进程来看，没等各国正式推行《巴塞尔协议Ⅱ》，金融危机已经爆发了，《巴塞尔协议Ⅱ》并没能起到应起的作用。故而，目前《巴塞尔协议Ⅲ》更重要的是实施，即在竞争日益激烈、金融创新不断涌现的金融时代，在 G20 框架下，要积极不断落实《巴塞尔协议Ⅲ》的有关要求，并动态覆盖新的风险内涵和外延的变化。而其相关标准在实施中的困难则是《巴塞尔协议Ⅲ》面临的又一难题，例如逆周期资本实施中对于经济周期的预判，等等。

再次，《巴塞尔协议Ⅲ》仍然未能完全解决监管资本套利的问题。监管资本套利一直是巴塞尔资本协议无法回避的缺陷，《巴塞尔协议Ⅲ》也回避不了。在《巴塞尔协议Ⅲ》的框架下，虽然已经尽量减少了制度的差异性，但是作为各国监管机构妥协后的产物，不同国家、不同监管体制仍将被允许采取不同的监管标准。例如《巴塞尔协议Ⅲ》中允许各国监管机构根据自身情况确定不同时期的逆周期资本缓释，其范围在 0%～2.5%。可以预计的是，资本出于逐利的本性，会发生基于风险度量、主体类别、资产类别和种类的监管资本套利。更重要的是，各国监管机构为了提高本国银行的竞争实力，有动机将本国的逆周期资本缓释要求降至达到或低于国际平均水准，而这种迁移行为具有显著的"羊群效应"，会孕育新的风险积聚点，降低了资本监管的有效性，加剧了银行业的系统性风险。因此，要积极通过缩小制度差异性，减少监管资本套利的空间。

最后，《巴塞尔协议Ⅲ》的"非强制性"和各国"政策搭配"可能会稀释其监管功效。巴塞尔委员会是一个缺乏行政权力和法律效力的国际机构，其颁布的协议只是提供指导，最后是否被采纳还得由各个国家根据自身情况而定。在后金融危机时代，各国宏观经济发展必然步调不一，从衰退进入复苏轨道的情况也会各不相同，不排除那些复苏步伐较慢甚至仍然没有走出危机阴影的国家在落实《巴塞尔协议Ⅲ》的过程中打一些折扣，以避免执行该协议造成对本国经济的不利冲击。同时，不得不看到的是，《巴塞尔协议Ⅲ》并不是危机之后金融改革的全部内容，也不能解决所有问题。《巴塞尔协议Ⅲ》主要是针对银行业，代表的是银行业的改革方向。而证券业、保险业等行业和会计制度、税收制度等也同样需要进行改革。从这一角度来看，《巴塞尔协议Ⅲ》的监管效果并不能完全独立，同样需要其他政策的搭配，否则其监管效果便会被稀释，乃至被破坏。

总之，这些问题涉及各国利益的复杂博弈，还需要各国进行大量协调，争取获得更广泛的共识，采取较为协调一致的行动，方能真正实现《巴塞尔协议Ⅲ》的目标——实现整体金融体系的稳定。

4.《巴塞尔协议Ⅲ》在中国的实施状况

长期以来，银监会对于巴塞尔协议体系与中国银行业的指导给予了高度重视。2006年银监会工作会议明确提出"海外设有经营型分支机构的中资银行，力争在2010年实施新资本协议"。《银监会2006年工作要点》明确要求："密切跟踪新资本协议在各国的实施情况，研究提出我国实施目标规划。指导有关银行加快内部评级体系，改进风险管理技术，抓紧做好实施相关准备。"2007年银监会发布《中国银行业实施新资本协议指导意见》，随后几年银监会陆续下发14个专门的监管指引（另有部分指引尚在征求意见中），2009年建立支撑新资本协议的监管制度框架。2009年10月银监会正式启动了达标申请的预评估工作。2011年，为推动落实"十二五"规划，银监会起草了《商业银行资本管理办法（征求意见稿）》，其中提及坚持我国银行业资本监管的成功经验，充分考虑国内银行业经营和风险管理实践，以巴塞尔新资本协议（即 Basel Ⅱ）三大支柱为基础，统筹考虑第三版巴塞尔协议（即 Basel Ⅲ）的新要求。2011年原银监会发布了《中国银行业实施新监管标准指导意见》（以下简称《指导意见》），确定了我国银行业实施国际新监管标准的总体原则、主要目标、过渡期安排和工作要求。预计2012年将执行新资本监管标准，比《巴塞尔协议Ⅲ》更严格。原银监会要求银行业金融机构"应按照《新资本协议》与第三版巴塞尔协议同步推进，第一支柱与第二支柱统筹考虑"的总体要求，积极稳妥地做好新监管标准实施的各项准备工作，加强对实施新监管标准工作组织领导，制定切实可行的新监管标准实施规划，调整发展战略积极推动业务转型，从公司治理、政策流程、风险计量、数据基础、信息科技系统等方面不断强化风险管理，确保系统重要性银行和非系统重要性银行业金融机构分别在2013年年底和2016年年前达到新监管标准的要求。2012年6月原银监会颁布《商业银行资本管理办法（试行）》，就商业银行风险监管标准提出了新的实施要求，以加强对银行业的风险监管，维护银行体系稳健运行。该办法自2013年1月1日起实施。根据《商业银行资本管理办法（试行）》核心一级资本充足率比《巴塞尔协议Ⅲ》标准高0.5%，系统重要性附加资本要求为1%，而《巴塞尔协议Ⅲ》并未做明确要求。总体而言，银保监会的要求比《巴塞尔协议Ⅲ》更严厉。《商业银行资本管理办法（试行）》实施后，若不能达到最低资本要求，将被视为严重违规和重大风险事件，银保监会将采取严厉的监管措施。具体监管措施如图4-2所示。

按照银保监会实施新的《商业银行资本管理办法》的要求，各家商业银行全面加强资本管理及风险管理，分别对信用风险管理、市场风险管理及操作风险管理进行持续优化。多家银行通过了银保监会对资本管理高级方法实施情况的验收。

各家银行应对《商业银行资本管理办法》中新监管、新要求的举措大致可归类为：进行资本储备，完善制度建设，关注资本充足及资本回报的平衡关系，改造和升级信息系统、建立健全、优化细化计量模型。

根据银保监会网站公布的信息，截至2019年二季度末，商业银行加权平均资本充足率为14.12%，加权一级资本充足率为11.40%，加权核心一级资本充足率为10.71%，杠杆率为6.55%，均较银监会2013年4月发布的《中国银行业运行报告》数据显著提升，风险偿付能力明显增强。商业银行总资产2 323 395亿元人民币，国有大型商业银行总资产1 144 037亿元人民币，约占商业银行总资产的49.24%。

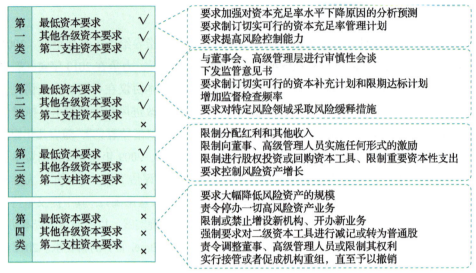

图 4-2 《商业银行资本管理办法（试行）》将采取的监管措施

4.1.6 《巴塞尔协议Ⅳ》

1. 巴塞尔协议的监管趋势

1988 年，《巴塞尔协议Ⅰ》被首次提出，是为了解决以下三个问题：第一，确保银行的资本能够覆盖其面对的风险；第二，测量跨国银行的资本覆盖情况（1988 年之前，不同管辖区域内的资本测量方法和标准差异很大）；第三，对不同银行的资本头寸情况进行比较。巴塞尔委员会对资本进行了分类并简单地定义了其风险权重。1996 年巴塞尔协议修正案的提出，是巴塞尔协议首次允许使用内部模型。《巴塞尔协议Ⅰ》的监管特点是度量风险方法简单且具有可比性，但是缺乏风险敏感性。

由于统计和数学模型技术的大量使用，2004 年提出的《巴塞尔协议Ⅱ》，提出了对操作风险的资本金要求、监管当局的监管和市场纪律，同时使得运用更加复杂的以及风险敏感的内部模型成为可能。对于更加复杂的内部模型的运用，能够使银行精确地估计出其所需要的资本。同时，内部模型使银行有机会采用比标准法要求更低的资本占用。

金融危机的出现，使得监管层对银行资本的数量和质量产生怀疑。因此，《巴塞尔协议Ⅲ》对资本进行了重新定义，并引入了更高的资本比率，同时还引入了流动性风险管理和杠杆比率。

但我们把注意力集中在 1988 年（提出《巴塞尔协议Ⅰ》）至 2013 年（完成《巴塞尔协议Ⅲ》）这段时间时，我们发现《巴塞尔协议Ⅰ》是简单而且透明的，《巴塞尔协议Ⅲ》却是复杂和不透明的。从《巴塞尔协议Ⅰ》到《巴塞尔协议Ⅲ》，监管趋势从简单到风险敏感，但是可比性却在降低。我们发现在计算资本充足率的时候对内部模型的过度依赖，总是会伴随着不透明以及其他一些明显的缺点（比如：市场约束难以实现，银行管理层很难管理上百个模型等）；另一方面，对于简单的测量方法的依赖，却缺乏风险敏感性。因此，理想的情况是新的监管协议不仅应该具备《巴塞尔协议Ⅱ》和《巴塞尔协议Ⅲ》的风险敏感性，而且应该像《巴塞尔协议Ⅰ》那样简单可测量。

《巴塞尔协议Ⅳ》是一个正在提出中的新监管框架，建立在对风险资本权重的重新审视下，其应该能够在简单性、可比性和风险敏感性之间取得很好的平衡。这些监管措施大致可以被分成三大类：

- 提高标准法的风险敏感性和稳健性；
- 改变内部模型法在资本框架中的角色；
- 完成杠杆比率和资本最低标准的设计和校准。

2.《巴塞尔协议Ⅳ》的监管框架

巴塞尔委员会近期发表的许多研究报告都集中体现了这样的现象：风险水平极其相似的银行计算出来的风险加权资产水平却相差巨大。这些研究报告试图回答以下两个问题：第一，给定两个风险偏好相似的银行，它们在用高级内部评级法计算风险加权资产时，会有多大的差异？第二，对于相似的银行，是什么原因导致其计算出不同的风险加权资产水平？

由于信用风险引起的资本金需求占风险加权资产的大多数（一半以上），巴塞尔委员会认为以下几点原因可以回答上述两个问题：第一，使用了不同的信用风险计算方法；第二，对于违约的定义不同；第三，由于风险偏好不同，在风险参数上额外添加的额度不同；第四，对于经济周期的调整不同；第五，对于低违约投资组合的风险参数评估不同；第六，对于外部评级转换为内部评级的方法不同。

巴塞尔委员会针对风险水平相似的银行计算出不同水平的风险加权资产这一现象，拟出台几项措施。其中的两项措施非常关键：第一，让银行更加及时、准确地披露风险报告，以使外部的市场参与者能够很精确地评估出银行面临的风险；第二，在计算资本水平时，限制银行使用内部评级法的自由度，在计算风险权重时设置一个最低的风险加权水平。

巴塞尔委员会指出了现行标准法的一系列弱点：第一，过度地依赖外部信用评级，导致对市场参与者不精确的评估；第二，缺乏精度和风险敏感性，对于不同的风险差异缺乏回应；第三，风险权重需要重新校准，因为金融市场是一直在改变和发展的；第四，标准法和高级内部评级法计算出的风险加权资产水平差异很大；第五，标准法和内部评价法交叉使用，使得风险敞口不清晰。

针对这些问题，巴塞尔委员会提出了一系列对标准法的修订文件。《巴塞尔协议Ⅳ》将会根本性地改变银行中风险加权资产和资本比率的计算方式，这些计算方式将独立于银行的规模和银行内部模型的复杂性。下文将根据巴塞尔委员会出台的一系列文件，来介绍《巴塞尔协议Ⅳ》的框架。

（1）交易账户的根本审查。2008年的金融危机暴露出了交易活动资本框架设计的重大缺陷，交易账户对应的资本金水平根本不足以吸收其损失。作为对危机的回应，巴塞尔委员会在2009年7月发布了一系列关于市场风险框架的修改（巴塞尔协议2.5的一部分），巴塞尔委员会随后意识到巴塞尔协议2.5并不能解决这种缺陷。于是，巴塞尔委员会在2013年10月31日发布了《交易账户的根本审查：经修订后的市场风险框架》（Fundamental Review of the Trading Book: A Revised Market Risk Framework，FRTB）文件。

1) 市场风险资本金的计算。要了解 FRTB 对市场风险资本金的改变，需要知道之前版本的巴塞尔协议对市场风险资本金的计算。《巴塞尔协议 I》对市场风险资本金的计算是计算在 99% 的置信区间内，一个 10 天的 VaR，这种计算方式只反映了近期的市场情况。巴塞尔协议 2.5 对市场风险资本金的计算由两部分组成：10 天的 VaR 和 250 天的压力市场下的 VaR，其中银行可以自己选择 250 天的窗口期作为压力市场环境。监管单位认为，2008 年会是一个比较好的压力市场环境。

综上所述，以前巴塞尔协议用的都是 VaR 这个指标，即在某一个置信水平下，一个特定窗口期内的最大损失是多少。假设一个银行在 99% 的置信区间内，10 天的 VaR 是 3 000 万美元。说明该银行在 10 天内的最大损失，只有 1% 的可能性超过 3 000 万美元，但是如果这 1% 的可能性的损失是 10 亿美元呢？这对银行将会是一个灾难性的影响，而 VaR 却没有反映出来。故 VaR 并不能解决"如果情况变坏，银行的损益会是多少"这个问题，不能捕获尾部风险。因此，FRTB 提出使用预期损失（expected shortfall，ES）来代替 VaR。ES 能同时衡量出在一定置信水平下的风险的可能性和大小。巴塞尔委员会提出使用 97.5% 的 ES 来估计资本金需求。对于正态分布而言，使用 VaR 和 ES 估算出来的结果近似，但是对于有肥尾的分布而言，两者差异很大。

2) 全面应对市场流动性不足风险。在巴塞尔协议 2.5 之前，市场风险框架是基于这样一个假设，即交易账户的风险头寸都是流动性资产，银行能够在 10 天的窗口期内售出或对冲这些头寸。然而，近期的金融危机证明这种假设是错误的。在金融危机中，流动性恶化，银行被迫更长期地持有这些风险资产，也遭受了巨大的损失。

为了解决在市场流动性不足的情况下，交易账户监管资本不足的问题，FRTB 提出了以下两个方法：第一，在市场风险测量时引入流动性期限（liquidity horizons，LH）。LH 是指"在压力市场环境下，在不影响对冲工具价格的情况下，消除对某个风险因子（risk factor）的暴露所需要的时间"。风险因子是指：利率、汇率波动、能源价格、主权国投资级别的信用利差等。巴塞尔协议将风险因子分为 10 天、20 天、60 天、120 天、250 天这五个流动性期限类别。例如，60 天的监管资本的计算，是为了使银行可以等待两个月，以期从潜在资产价格波动中得以恢复，并为银行规避重大风险提供保障。而 LH 也被用于标准法和内部模型法的校准中。第二，针对流动性溢价跳跃的风险，引入资本附加值。目的是鉴别出，在市场风险监管资本测量中单纯使用历史价格数据并不能反映其风险的金融工具，正如危机爆发前的结构性信贷产品一样。

3) 交易账户和银行账户的界限。交易账户包含那些打算择机交易的风险资产，因此需要周期性盯市，并且适用于市场风险资本金计算规则。银行账户则包含那些打算持有到期的资产，因而适用于更严格的信用风险资本金计算规则。FRTB 之前的巴塞尔协议对于银行账户资产和交易账户资产区分的一个边界是：由银行自己决定其交易意图。由于银行账户和交易账户对于监管资本需求的不同，会诱使银行将信用依赖的资产放到交易账户中，以实现监管套利。事实证明，交易意图是一种固有的主观标准，从某些司法管辖区的审慎角度来看，这种标准难以监管，而且限制性不足。

为了解决监管套利的问题，FRTB 对于资产如何被分配为交易账户或银行账户出台了一些标准。如果资产要被划分为交易账户，那么必须满足以下标准：①该资产必须是能够被交易的；②在交易台（trading desk）（一组交易者或交易账户，他们/它们在一个明确的风险管理结构中实施既定的投资策略）上物理管理该资产的潜在相关风险。如果这两条标准满足，那么该资产就可以被分配给交易账户，但是其日常价格波动必须能够影响到银行的股权价值，并且影响银行的偿付能力。另外，一旦某个资产被分配为银行账户或者交易账户，那么除了在极端情况下（例如银行更改会计实践，这是全公司范围的改变），这个资产都不允许再被重新分类。如果要重新分类，则需要向监管当局申请，监管当局同意后还需要向公众披露。最后，巴塞尔协议 2.5 也引入了新增风险资本（incremental risk charge，IRC）来缓解监管套利。IRC 包括两种信用依赖的风险：信用利差风险（credit spread risk）和突然违约风险（jump to default risk），即交易账户中的风险资产资本金的计算也需要考虑信用风险敏感。

（2）最低资本要求。巴塞尔委员会在 2014 年 12 月 22 日，发布了一个关于最低资本（capital floors）的咨询性文件 "Capital Floors: The Design of a Framework Based on Standardised Approaches,"该文件的目的在于提高风险加权资产比率的可靠性和可比性，在计算信用风险、市场风险和操作风险时，基于标准法设置一个最低的资本标准框架。新的最低资本标准有以下几个目标：第一，确保银行系统的资本标准不低于一个特定的水平；第二，缓解由内部模型法带来的模型误差和测量误差；第三，增加不同银行之间的可比性；第四，降低由于银行特定的模型假设而造成的资本比率的差异；第五，降低开发内部模型的激励。

第一步，首先需要计算标准法下的资本需求，其等于基于标准法计算出的银行的风险加权资产乘以一个风险因子，这个风险因子将在以后被巴塞尔委员会确认，公式如下所示

$$CR_{SA} = f \times RWA_{SA} \qquad (4\text{-}1)$$

最低资本标准可以被应用到每个主要的风险类别上，比如信用风险、市场风险和操作风险。对于每一个类别的风险而言，其最低资本是标准法下计算的资本需求和内部模型法计算出的资本需求中的较大者。总的最低资本是所有类别的最低资本的总和。

$$\text{Floor} = \sum_j \max(CR^j_{SA}, CR^j_{IM}) \qquad (4\text{-}2)$$

式中，j 为不同类别的风险，CR^j_{SA} 为第 j 种风险在标准法下的资本需求，CR^j_{IM} 为第 j 种风险在内部模型法下的资本需求。

另外，最低资本需求也可以被应用到总的风险加权资产中，其值为内部模型法计算出的 RWA 和修订的标准法计算出的 RWA 的较大者。

（3）信用风险中，对标准法和内部模型法的修改。2015 年 12 月 10 日，巴塞尔委员会发布了关于计算信用风险的修订的标准法的咨询文件 "Revisions to the Standardised Approach for Credit Risk"。与最初的计算方法相比，文件主要的差异是：在计算风险敞口时，外部信用评级的重新定位。但这次对信用风险权重的修订范围不包括国家主权、中央银行以及公共部门实体。对于其他实体，计算其风险权重的差异如表 4-7 所示。

表 4-7 《巴塞尔协议Ⅳ》前后标准法中风险权重的计算对比

	《巴塞尔协议Ⅳ》之前的信用评级标准法	《巴塞尔协议Ⅳ》修订后的标准法
机构	评级：外部评级 风险权重（RW）：20%～150%	评级：a）外部评级，b）没有评级的风险敞口 RW：a）20%～150%，b）50%～150%，三个评级 A，B，C
公司	评级：外部评级 RW：20%～150%，没有评级则100%	评级：管辖区域内 a）允许外部评级，b）不允许外部评级 RW：a）20%～150%，如果未评级则100%，如果中小企业则85%，b）100%，如果投资级别，则75%，如果中小企业则85%
专业贷款	无	评级：a）外部评级，b）不允许外部评级 RW：a）同"公司"标准，b）120%，如果是没有评级的服务、商品金融；100%，经营性项目融资；150%，项目前融资
零售	RW：75%，如果是中小企业则乘以0.761 9（欧洲）	RW：75%，如果满足一定标准；100%，如果个人不满足一定标准
多边发展银行	评级：外部评级 RW：0%，或同"机构"	评级：外部 RW：0%，满足一定的标准（例如：质量、流动性、期限）；20%～150%，如果有评级，50%，如果没有评级

2016年3月24日，巴塞尔委员会发布了"Reducing Variation in Credit Risk-Weighted Assets—Constraints on the Use of Internal Model Approaches"文件。该文件的目标在于降低监管框架的复杂性，提高可比性，同时解决在使用内部评级法或高级内部评级法计算信用风险时资本差异巨大的问题。对于内部模型法的改变主要有三点：第一，减少使用内部模型法的范围；第二，对于模型参数引入最低标准；第三，改变参数估计过程。

（4）对资产证券化的修改。为了解决诸如对外部信用评级的过度依赖、缺乏风险敏感性、悬崖效应以及特定的风险敞口资本金不充足等问题，巴塞尔委员会于2014年12月11日发布了"Revisions to the Securitisation Framework"文件，完善了资产证券化（securitisations）框架，该框架已于2018年1月实施（见表4-8）。

表 4-8 资产证券化新的计算方法

对于资产证券化产品的监管资本的通用修改	如果是资产证券化，则采取15%的最低风险权重，如果是再证券化，则100% 多层级的模型，不同层级的风险权重从上到下逐步增加 如果银行不能使用上面的模型，则使用一级资本扣减或 RW = 1.25%
资产证券化（内部评级法）	按照监管要求来计算资产证券化资产池的资本金需求 对于投资组合至少95%的比例来说，应该使用IRB模型来估计IRBA参数
资产证券化（外部评级法）	根据资产证券化产品风险敞口的外部评级、清算顺序以及到期日的不同安排风险权重
资产证券化（标准法）	用一个监管公式来计算
隐含的修改	在大多数投资组合中，资本金需求增加了 在计算风险权重的时候增加了对数据的需求

（5）对交易对手信用风险敞口的测量方法。2014年3月31日，巴塞尔委员会发布了对交

易对手信用风险敞口的测量方法，即"The Standardised Approach for Measuring Counterparty Credit Risk Exposures，（SA-CCR）"文件，文件中提出了一种对交易对手信用风险违约敞口的新的测量方法。SA-CCR 将会取代现有的非内部模型法、现有的风险敞口方法（current exposure method，CEM）以及标准法（standardized approach，SA），并于 2017 年 1 月 1 日生效。SA-CCR 的主要目标有以下几个方面：第一，能够很好地被应用到各种衍生品交易中；第二，能够很简单、容易地被执行；第三，能够解决现有的风险敞口方法和标准法的缺陷；第四，用现有的巴塞尔框架下的方法修改；第五，最大限度地减小所在国监管当局和银行的自由裁量权；第六，在不增加不必要的复杂度的情况下，提高资本框架的风险敏感性。

（6）新的操作风险标准测量方法。新的对操作风险的测量方法（standardised measurement approach for operational risk，SMA），在 2014 年 12 月作为一个咨询性文件由巴塞尔委员会发布，又在 2016 年 3 月 4 日被重新引入。SMA 的主要目标是通过替换三个现有的标准法以及高级测量法（AMA），从而简化操作风险资本金的计算方式。新的方法建立在两个指标上：对操作风险进行测量的商业指标（business indicator，BI）以及公司过去的平均操作损失。SMA 方法提高了风险敏感性，同时增加了不同银行和管辖区域内监管资本的可比性。此外利息收入也被考虑在内，以防止对 BI 的滥用。另外，一个新的不调整的商业指标（unadjusted business indicator，UBI）被引入，用于解决那些具有高净利差的机构通过权重因子计算出来的资本金反而更高的问题。SMA 计算操作风险的资本金主要通过不同 BI 等级和平均年损失加权计算出来。

BI 作为一个新的代理指标，其主要包含三个部分：第一，利息、经营租赁和分红部分（interest, operating lease and dividend component，ILDC），主要考虑利息的收入和支出，租赁的收入和支出，以及分红收入。第二，服务业务（services component），考虑其他经营性收入和支出，费用收入和支出以及 UBI。第三，金融业务，考虑交易账户和银行账户的净利润和损失。

（7）关于交易对手信用价值调整的框架。巴塞尔委员会于 2015 年 7 月 1 日发布了关于交易对手信用价值调整（CVA）的咨询性文件"Review of the Credit Valuation Adjustment Risk Framework"，具体实施日期有待确定。该文件的目标有三个：第一，捕获监管资本标准中关于信用价值调整的风险和对冲的所有关键因素；第二，与 FRTB 的修改保持一致；第三，在不同的会计制度下，与 CVA 的公允价值测量保持一致。

（8）银行账户中的利率风险。巴塞尔委员会于 2016 年 4 月 21 日发布了银行账户中利率风险（interest rate risk in the banking book，IRRBB）的标准，这些标准是基于 2015 年 6 月发布的咨询性文件制定的。这次的标准旨在解决第二支柱里面关于银行账户的利率风险问题，对于压力测试、模型验证、信息披露方面需要监管层给予更多的监管，同时需要监管层对 IRRBB 进行周期性审阅。

文件中对银行账户中的利率风险的资本金问题给出了两个选择：①采用第一支柱中的测量方法，来计算最低资本金。这将有利于促进一致性、透明性和可比性，因此可以提升对银行资本充足率的市场信心，并在国际上形成一个公平的竞争环境。②第二支柱方法，包括基于上述第一支柱方法计算的银行账户利率风险的定性披露,这将更好地适应不同的市场条件和跨司法管辖区域的风险管理实践。

(9)测量和控制重大风险的监管框架。为了在一个或一组相互联系的交易对手突然倒闭的情况下,使银行能够承受的最大损失得到控制,帮助银行持续经营,巴塞尔委员会提出了对重大风险敞口进行测量和控制的标准"Supervisory Framework for Measuring and Controlling Large Exposures"。这个新的标准在2014年4月15日被发布,在2019年1月1日生效。

该框架将会帮助确定一个在跨司法管辖区内,测量、汇总以及控制单个实体集中度风险的最低标准。特别地,当一个银行的交易对手是另外一个银行时,对这种重大风险敞口的限制将会直接减少系统性风险的传播。

重大风险敞口标准有以下几个方面:

- 可用的资本仅限于一级资本,二级资本不在范围内;
- 定义和报告的阈值是可用资本的10%;
- 一个交易对手(或一组相互联系的交易对手)的风险敞口应该限制在一级资本的25%以内;
- 全球系统性重要银行之间的风险敞口,应该控制在一级资本的15%以内;
- 潜在风险等于或大于银行资本0.25%的情况下,应该穿透查找到该特定的资产;
- 对于能够识别出一些特殊特点的担保债券的一种处理方法。

巴塞尔委员会于2016年3月11日发布了《第三支柱披露要求——一个统一的增强的框架》(Pillar 3 Disclosure Requirements —— Consolidated and Enhanced Framework),新的建议包括对全球系统性重要银行吸收损失能力的披露要求、操作风险框架的披露要求以及市场风险的披露要求。巴塞尔协议第三支柱同时还包括对杠杆比率、流动性比率的披露要求。

3.《巴塞尔协议Ⅳ》的监管理念

《巴塞尔协议Ⅳ》的提出力求在简单性、可比性以及风险敏感性之间找到平衡,其主要有以下几个监管理念。

(1)降低对复杂的内部模型的依赖。每家银行出于管理的目的,通常设计并管理着多个不同的模型,有些大银行具有几百个内部模型也不足为奇,这种情况下,巴塞尔委员会发现对于相似的风险,不同银行算出来的风险加权资本差异巨大。因此,《巴塞尔协议Ⅳ》建议降低对内部模型的依赖,增加透明性和可比性,更谨慎的方法是在内部模型法中设置最低标准。

(2)更加标准化、更多的数据收集、更详细的风险报告。在实践中,银行给予外部利益相关者的报告五花八门,异质性很高。首先,银行对相同的概念具有不同的定义;其次,风险的等级被以不同的方式展现;最后,风险报告的详尽程度差异巨大。所有的这些因素,导致很难对银行所面临的风险进行评估。因此,巴塞尔委员会倾向于由银行提供更标准、更详细的风险报告,并且具有很好的数据管理能力。

(3)更改客户选择标准。巴塞尔委员会提出将会在高级内部模型法的输出上增加限制,这样的一个结果就是客户选择标准会发生改变。例如，如果一个银行评估一个潜在客户的风险加权资产低于由标准法计算出来的风险加权资产阈值时，银行就可能不会跟这个客户做生意，因为期望收益不能覆盖风险的增加可能带来的损失。

（4）更加透明和详细的风险报告。在《巴塞尔协议Ⅳ》中一个重要的变化是，需要提供关于交易对手的额外的财务信息，如果没有提供交易对手的这些信息，银行将会在资本计量时得到惩罚性的风险权重。例如，在之前的框架中，如果一个公司没有信用评级将会得到一个 100% 的风险权重，而在《巴塞尔协议Ⅳ》中，一个没有提供相应财务信息的公司，将会得到一个 300% 的风险权重。因此，如果缺乏交易对手的财务信息，银行将会受到惩罚。

（5）改变外部信用评级机构的角色。在现行的计算交易对手的风险权重中，外部信用评级是非常重要的。然而，大部分的交易对手并没有外部评级，这样就使得对这些未评级的交易对手进行风险识别很困难。在《巴塞尔协议Ⅳ》中，外部信用评级不再是一个决定性的计算风险权重的因素。外部信用评级将会被用来进行客户选择和定价，但只占监管框架中的一部分。这种情况下，还是需要银行能够自己对交易对手进行信用评级。

（6）增加银行的资本金。巴塞尔委员会对高级内部模型法设置了一个最低标准，这就无形中增加了银行的资本金需求。例如，假设银行用高级内部模型法计算出一个投资组合的违约概率为 4%，然而用《巴塞尔协议Ⅳ》中新的标准法计算出来的违约概率为 10%，那么银行在计算风险加权资产的时候就应该用 10% 的违约概率，而非 4% 的违约概率，这样就增加了额外的资本需求。

4.2 国际互换与衍生工具协会协议体系

4.2.1 金融衍生产品与国际掉期与衍生工具协会

金融衍生产品（derivatives），又称衍生工具、衍生产品等，一般是指从传统的基础金融工具的交易过程中派生出来的新金融产品，目前并无确切统一的概念。巴塞尔委员会于 1994 年发布的《衍生产品风险管理准则》，对衍生产品定义如下："广义上而言，衍生产品是一种金融协议，其价值取决于一种或多种基础资产或指数的价值。"1994 年巴塞尔委员会于金融衍生产品风险管理文件中指出："衍生工具是指一个价值建立在一个或多个标的资产或指数上的金融契约，其包含广泛金融契约集合，有远期、期货、互换以及期权等。"原银监会发布的《银行业金融机构衍生产品交易业务管理办法》第三条规定："本办法所称衍生产品是一种金融合约，其价值取决于一种或多种基础资产或指数，合约的基本种类包括远期、期货、掉期（互换）和期权。衍生产品还包括具有远期、期货、掉期（互换）和期权中的一种或多种特征的混合金融工具。"

20 世纪后期，全球金融自由化的浪潮，加速了货币资本在全球的流动，从事各种贸易的跨国交易者面临着难以预测的市场风险，包含利率、汇率、商品价格风险等。而金融衍生品的最初设计，也正是为了规避这些风险，通过私下磋商（又称"柜台交易"）进行衍生品交易，实现风险在风险规避者和风险爱好者之间的转移。在交易的过程中，金融衍生品逐步具有了规避风险、价格发现、资源配置、增加市场流动性、降低筹资成本等功能，同时也具有跨期性、杠杆性、联动性、可交易性等特点。尽管金融衍生产品有许多功能，对促进经济发展意义重大，但也正是由于衍生品的这些特点，使得投机者能够成倍地放大风险，若是对其隐藏的风险视而不见，后果将不堪设想。不论是2002年的安然破产事件，还是2008年席卷美国的金融危机，金融衍生品，特别是场外衍生产品的交易难辞其咎。

根据是否标准化或交易场所的不同，金融衍生产品可以分为场内交易（exchange-traded instrument）和场外交易（over-the-counter, OTC）。场内交易是在交易所内集中进行的衍生品交易，所有的交易都是由交易所提供的标准法律文件并有交易所担保履约的，所以是标准化的衍生产品，但正是由于标准化产品而不能进行个性化的交易。场外交易是指双方私下达成衍生品合约的交易，它能够进行个性化的设计，满足双方的业务需求，同时也需要承担交易对手的信用风险。

自20世纪70年代发展以来，金融衍生产品的交易量远远超过现货交易量，而场外衍生品的表现又十分抢眼，其交易规模与活跃性又超过了交易所交易。然而由于每笔场外衍生品交易都需要双方当事人详细协商洽谈，逐步确定各项条款，甚至是同一交易对手的同类交易也需要如此。因此当场外衍生品市场逐步发展壮大时，其频发的交易使得交易谈判的难度、所耗费的成本也成倍提升。场外衍生品交易主体想将某些非经济型交易条款，比如陈述、保证、违约事项、损害赔偿、转让、选择管辖地和准据法等，纳入初始的交易条框中，以避免每次交易都要对这些进行逐条确认。因此，为了节省谈判和达成书面协议的时间、降低交易成本、增加合约的流动性等，1985年，18位纽约顶尖的金融衍生品交易商和律师源于实现利率掉期交易标准化的努力成立了国际掉期与衍生工具协会（International Swaps and Derivatives Association, ISDA）。

1987年，ISDA推出了《ISDA利率和货币兑换协议》（ISDA Interest Rate and Currency Exchange Agreement）及《ISDA利率互换协议》（ISDA Interest Rate Swap Agreement），为当时国际互换市场的有序发展提供了样本和平台。1992年，为了满足国际金融衍生产品不断发展的需求，ISDA推出了被称为金融衍生品交易行业中里程碑式的标准化合同文件《1992年ISDA主协议》，该协议扩大了衍生品的覆盖范围，由互换交易扩大到利率、货币、外汇等远期、期权及互换衍生品交易中，极大地扩展了ISDA主协议的适用性。1992年版ISDA主协议包括《ISDA当地货币单一管辖地主协议》（ISDA Local Currency-Single Jurisdiction Master Agreement）和《ISDA多货币跨境主协议》（ISDA Multicurrency-Cross Border Master Agreement）。在经历了亚洲金融危机、俄罗斯债务危机之后，ISDA在充分听取市场参与者意见并吸收经验之后，于2003年1月发布了2002年版的ISDA主协议。该协议对1992版内容进行了些许调整及补充，包含宽限期缩短、付款前提、净额结算、声明、合意、违约事由、特定主题、终止事项、不可抗力、税务提前终止等。最大的变化则在于引入净额结算计算方法。

ISDA致力于降低交易对手风险、增加透明度、改进操作结构这三个方面，进而建立起强而有力、稳定的金融衍生产品市场及规范架构，维护金融衍生产品市场交易的安全性及效率性。

4.2.2 ISDA 文档结构

2002 年版的 ISDA 协议采用文件群结构，主要包括了主协议及其附件、交易确认书、定义文件和信用支持文件。具体如下。

1. ISDA 主协议及其附件

主协议（master agreement）是 ISDA 文件群的核心，相当于一个框架，所有交易文件通过主协议联为一体。主协议对场外衍生品交易的通用条款进行标准化，其中包括释义、义务、违约与终止事件、提前终止与终止净额结算、转让、约定货币、准据法与司法管辖等重要内容。主协议是格式化的合同版本，只能由双方当事人签字或盖章，而不能在主协议中进行任何修改。

主协议的附件（schedule）部分是交易双方关注的重点，可以对主协议中部分条款进行修改或补充约定，或在主协议预定的空间，由当事人合意后填补。比如，在主协议附件中约定交易双方司法管辖、预定的产品范围等。

2. 交易确认书

交易确认书（confirmation）是交易双方就已经达成的某项衍生品交易进行确认或予以证明的文件。通常一个主协议下会有多个交易确认书，甚至是不同类型的多个交易确认书。虽然具有多个交易确认书，但并不代表双方之间的单独协议，而是主协议、交易确认书等所有文件构成一个单一协议，具体可参看 4.2.3 中关于 ISDA 的单一协议制度。

主协议的制定者考虑到市场参与者来自不同的国家，对必要的条款意见不一，ISDA 主协议是在平衡各方利益的条件下做出妥协、折中的产物。因此，除了主协议附件外，也可以通过交易确认书对主协议中的内容进行增加或删除。交易确认书的作用，主要是确定特定金融衍生品的相关交易条件、到期日（日历日或营业日）、执行价、履约价、履约方式等。尽管交易确认书的法律效力高于补充协议及主协议，但通常交易确认书上不会再对主协议或补充协议进行修改，仅会载明适用 ISDA 公布的相关定义文件。

3. 定义文件

定义文件（definition document）是以交易种类为标准，对不同类别的交易以及对应的确认书规格进行规定。在交易当事人签署 ISDA 主协议时，若引用定义文件，则该定义文件称为 ISDA 主协议的组成部分。目前主要采用的定义文件包括：《1991 年定义》《1993 年商品衍生交易定义》《1996 年权益衍生交易定义》《1997 年政府债券期权定义》《1998 年外汇及货币期权定义》《2000 年定义》《2002 年权益衍生交易定义》《2003 年信用互换衍生交易定义》《2005 年商品衍生交易定义》《2006 年定义》。

4. 信用支持文件

ISDA 主协议中的信用支持文件，随着金融衍生品交易量的攀升而逐渐受到重视，随着风险管理要求的提升以及担保制度的发展，信用支持文件（credit support document）被越来越广泛地应用。信用支持文件是针对 ISDA 主协议的一种类似担保的履约保障安排，对主协议提供担保或其他信用支持，旨在避免交易主体信用风险而设计的法律文件。由于金融衍生产品的交易存在所谓的"盯市损失"（mark-to-market loss，MTM loss），当盯市损失达到一定的限额时，该交易对手就可以依据信用支持文件，要求提供适当担保，以作为未来抵充或处分取偿等。

5. ISDA 文件群结构之间的关系

ISDA 文件群结构如图 4-3 所示，各文件的法律效力优先级自上而下逐渐减弱，交易确认书的约束力高于附件，而附件的约束力又高于主协议。至于交易确认书中设计 ISDA 定义的适用，其效力低于经当事人约定的交易确认书。信用支持文件的效力比照交易确认书，优于补充协议，不过信用支持文件和补充协议两者并无冲突。当主协议与附件出现冲突时，优先按照附件法律效力执行；当附件与交易确认书出现冲突时，按照交易确认书执行。同样，从上到下，文件由特定交易条款到一般条款，到达主协议的时候已经是标准化的文件。

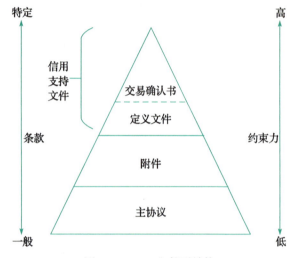

图 4-3 ISDA 文件群结构

主协议、附件与交易确认书，三者内容及定位互不相同，主协议主要为所有衍生品交易设计基本条款；附件用于对主协议进行补充、修改；交易确认书则单纯载明个别交易之交易条件。在 ISDA 文件群结构中，主协议篇幅较长，附件次之，交易确认书仅主要负责金融衍生品的专业条款、详细交易条件及若干与 ISDA 公布相关的法律关系等。

4.2.3 ISDA 协议的三大制度

ISDA 主协议有三项特殊的制度基础：单一协议制度、瑕疵资产制度、终止净额结算制度，三项基础制度构成一个统一的整体，对于提高场外衍生品市场交易的效率和维护国际衍生品市场的平稳发展发挥了重要作用。

1. 单一协议制度

单一协议（single agreement）制度是基于 ISDA 主协议伞状结构的独特设计。2002 年版的 ISDA 主协议第 1（c）款明确规定"所有交易的进行乃是基于本主协议以及所有确认书构成双方之间的单一协议这一事实，否则双方不会进行任何交易"。也就是说签署主协议的衍生品交易双方只存在一个合同法律关系，双方之间的多个交易都只是这个合同法律关系的一部分。单一协议制度将原来需要多个合同的两个交易主体之间的交易合并成一个主协议，使这些不同的具体交易变成整个交易不可分割的组成部分。

单一协议使得当出现违约或者终止事件时，交易双方对在同一合同法律关系下的所有交易都会提前终止，进行净额结算。单一协议制度的主要作用体现在以下几个方面：第一，能够加强终止净额结算制度的有效性，降低信用风险。因为单一协议制度把两个交易主体之间的所有交易都归结为一个法律关系，可以防止当一个交易出现问题时，违约方有选择性的履约（cherry picking）行为。第二，节省了交易成本，同时增加了违约方的违约成本。单一协议巧妙地将多个交易行为合并为一个法律关系，节约了交易成本。交易一方在一项交易下的违约行为将会导致整个主协议下的所有交易都终止，包括违约方已经获利的交易，从而加大了违约行为的代价，降低了违约风险。

2. 瑕疵资产制度

2002 年版的 ISDA 主协议中关于瑕疵资产（flawed asset）基础制度的安排主要体现在两个条款上。其中，第 2（a）(三) 款规定："各方的付款与交付义务，以对方不存在违约事件和潜在违约事件为前提。"第 6（c）款规定："在所有交易终止时，每一交易下的付款或交付义务均不须履行，而只剩下在第 6（e）款下的单一付款义务。"

瑕疵资产制度表明，交易双方当事人履约的前提是双方都没有违约或潜在的违约事件，一旦出现违约事件或者潜在的违约事件时，守约的一方有权发出通知指出提前终止日，并且守约方有权暂时终止具体交易中的拟付款或交付。即使守约方没有发出提前终止日通知，守约方也没有义务完成在交易项下到期的付款或者交付。该项制度为守约方在危机的情形中提供时间去思考复杂的局势。但是，如果守约方指定了提前终止日，则在提前终止日之后到期的付款等义务将一并计入提前终止款项进行净额结算。

瑕疵资产制度非常类似于英美等国的预期违约制度。预期违约，是指某一事件的发生，或在其他合同下的违约事件，使得交易一方的违约事件成为必然，违约只是时间问题。瑕疵资产制度的设计主要是为了更好地保护守约方的权利，避免守约方遭受更大的损失。衍生品交易本身风险极高，如果交易一方出现违约事件或潜在的违约事件，则守约方可根据情况终止所有交易。

3. 终止净额结算制度

终止净额结算（close-out netting）制度，是指当发生主协议规定下的违约事件或终止事件时，交易双方所有未到期的交易都提前终止，并对此交易项下的盈亏轧差结算净额，以该净额的价值作为交易双方权利义务的最终确定金额，以替代或更新之前双方的权利义务。

协议发生终止情形，是指提前终止条款的启动，而提前终止事由分为违约事件及终止事件。违约事件包含没有给付或交割（failure to pay or deliver）、违反合意的义务、信用支持违约、声明不实、特定交易违约、交叉违约、破产、未承担合并等。终止事件则包含因法规变更使得交易不适法、因主管机关税负变更、因合并之税赋变更、合并发生信用减损及当事人约定的其他终止事由。当终止事件和违约事件同时发生时，仅视为终止事件而不构成违约事件。

净额结算是指当事人之间的所有应收应付款项，首先进行抵充计算，最后得出应收或应付金额，再将该金额由应付方给应收方，省却了逐笔交付的过程。特别是随着金融衍生品类型以及交易量的增长，交易会越来越频繁，如果还逐笔进行结算，将会给交易双方带来许多不便。

终止净额结算制度是 ISDA 三大基本制度中的核心内容，尤其是在破产的情况下，能够有效地保护守约人的利益。在终止净额结算制度下，守约方或受影响方所承担的损失由原先的总金额降至结算后的净值，可以有效地降低交易对手的风险敞口，有助于控制交易对手的信用风险。同时，由于是净额结算，可以提高资金的利用效率，支持更大规模的金融衍生品交易。对整个金融衍生品市场而言，由于可以降低每个交易对手之间的风险敞口，因此也就大大降低了市场的整体性风险，从而有效降低了金融市场和金融机构的系统性风险。

4. 三大制度的相互关系

单一协议制度、瑕疵资产制度与终止净额结算制度，相互补充，共同构成了统一的有机整体。

单一协议制度是瑕疵资产制度与终止净额结算制度的前提。只有在单一协议下，交易对手的所有交易都构成了一个单一的完整协议，交易一方未履行交易项下的任何一个义务都构成违约，这样才使得守约方有权启动瑕疵资产制度，在终止事件发生后，才有进行净额结算的可能。同时，也只有在瑕疵资产制度和终止净额结算制度的约束下，才使得守约方能够最大可能地维护自身的利益。单一协议制度、瑕疵资产制度与终止净额结算制度均具有降低和控制信用风险的作用，三项制度相互配合共同促进全球金融衍生品市场的稳定健康发展。

4.2.4 中国版 ISDA 协议——NAFM Ⅱ 协议

1. NAFM Ⅱ 协议的具体内容

ISDA 作为国际金融衍生品市场上最重要的自律性组织，其公布的 ISDA 主协议已经成为全球衍生品市场上的通用规则。然而由于 ISDA 协议以英文发布，给国内的市场参与者造成诸多不便，不能有效地利用避险工具。同时由于 ISDA 协议适用的法律与中国的法律不完全一致，这样就造成 ISDA 协议越来越无法符合中国市场发展的需求。

2004 年，银监会出台了《金融机构衍生产品交易业务管理暂行办法》，我国金融衍生品市场得以重新启动。2005 年，中国人民银行发布了《全国银行间债券市场债券远期交易主协议》，以适用于债券远期交易。2007 年，中国人民银行授权中国银行间市场交易商协会公布了《中国银行间市场金融衍生产品交易主协议（2007 年版）》（以下简称"2007 年 NAFM Ⅱ 主协议"），以适用于人民币衍生品交易。同年，国家外汇管理局批复中国外汇交易中心发布了《全国银行间外汇市场人民币外汇衍生品主协议》（以下简称"2007 年 CFETs 主协议"），适用于外汇衍生品交易。于是，在市场上形成了 NAFM Ⅱ 和 CFETs 两套主协议，两套主协议内容有些许差异，在管理和适用上难免造成困扰。ISDA 曾指出 2007 年 NAFM Ⅱ 主协议和 CFETs 主协议的重叠和可能的冲突，容易引发争议，会使得市场上交易主体仍然无法充分地规避风险。为了解决这一问题，在中国人民银行和外汇管理局的主导下，2008 年 10 月主协议的合并工作启动，银行间市场交易商协会积极组织协调起草工作，并于 2009 年 3 月发布了《中国银行间金融市场衍生产品交易主协议》（以下简称"2009 年版 NAFM II 主协议"），协议适用于几乎所有的场外衍生合约。中国人民银行 2009 年 3 月 11 日发布公告表示：市场参与者开展金融衍生产品交易应签署交易商协会制定并发布的 2009 年版 NAFM II 主协议。

2009 年版 NAFM II 主协议在整体上采用文件群结构，整套文件由《主协议》《补充协议》《转让式履约保障文件》《质押式履约保障文件》以及《定义文件》组成。从文件结构上看，NAFM II 主协议是中国版的 ISDA 主协议，其文件构成借鉴了 ISDA 主协议。比如：NAFM II 主协议沿用了主协议、附件和交易确认书的文件群结构，同时包含单一协议原则和终止净额结算制度。2009 年版 NAFM II 主协议第 1 条规定：《主协议》《补充协议》以及交易有效约定这三部分文件共同构成交易双方的单一有效的协议。

虽然中国银行间市场交易商协会公布了 NAFM II 主协议，但是没有在立法层面进行相应的修改。因为中国银行间市场交易商协会只是一个非营利性的社会团体法人，是银行间债券市场、拆借市场、票据市场、外汇市场和黄金市场参与者共同的自律组织。因此，其指定的协议充其量是国家机关认可的行业惯例，并不是立法文件。

2. NAFM II 主协议与 ISDA 主协议的区别

在法律适用方面，NAFM II 主协议强制要求适用中国法律，而 ISDA 主协议一般适用英国法或纽约法。在适用范围上，NAFM II 主协议适用范围仅限于银行间参与者之间的衍生品交易，而 ISDA 主协议则适用于任何金融衍生品交易。

另外，NAFM II 主协议中的净额结算与 ISDA 主协议中的净额结算并不是一个概念。首先，从性质上说 NAFM II 中的净额结算侧重于"轧差"这一便捷的结算方式，而 ISDA 中的净额结算则是针对交割财产或交付资金的代履行或未平仓合同而言的。其次，NAFM II 中的净额结算是发生在登记结算公司和参与者之间，而真正的市场交易主体之间并不直接发生法律关系。而 ISDA 主协议中的净额结算则是直接发生在衍生品交易的两个参与主体之间。最后，NAFM II 中的净额结算是用来调节场内衍生品的，尤其是股票、债券等交易所产品，而 ISDA 主协议中的净额结算适用于场外交易产品，诸如外汇远期、货币与利率掉期等柜台交易产品。

ISDA 主协议的本质是为规范场外衍生品交易而签订的合同。因此，考虑 ISDA 中净额结算在中国的适应性问题，就需要根据《中华人民共和国合同法》的相关规定来确定其有效性。《中华人民共和国合同法》规定，"违反法律和行政法规的强制性"的合同无效。因此，依据我国现行的法律法规，ISDA 主协议中终止净额结算制度的有效性以"是否违反法律的强制性规定"为标准可以划分为两类：不涉及破产的终止净额结算和涉及破产的终止净额结算。其中，前者主要受《中华人民共和国合同法》调整，一般可以得到法院的有效性确认和强制执行；而涉及破产的终止净额结算则主要依据《中华人民共和国企业破产法》相关的规定进行调整，能否得到有效性确认以及能否得到强制性执行具有极大的不确定性。

4.3 《多德 – 弗兰克法案》

美国的金融监管体系形成于过去的 150 年。从制度起源看，美国金融监管源自历次金融危机和金融市场重大发展带来的监管和立法变革。也正是这些金融危机集中暴露了市场内部缺陷和外部监管缺失，产生了对金融监管的需求，进而催生了金融监管立法的供给。

19世纪末至20世纪初的一系列金融恐慌集中暴露了没有中央银行的金融体系的高度不稳定性，迫使美国政策制定者统一了认识，直接促成了《1913年联邦储备法案》（The Federal Reserve Act of 1913）的通过和美国中央银行制度（美国联邦储备系统）的确立。20世纪30年代的大萧条更是催生了一系列重大金融改革立法，其中《1933年银行法》（The Banking Act of 1933）（《格拉斯－斯蒂格尔法案》）确立了商业银行和投资银行分业经营的体制。但是，华尔街长期的繁荣景象使人们忘记了危机的教训，对金融监管的态度也发生了变化，浩浩荡荡的去监管化浪潮出现了。于是1999年，美国颁布了《1999年金融服务现代化法案》（The Financial Services Modernization Act of 1999），正式废除了《格拉斯－斯蒂格尔法案》，允许银行控股公司以"金融控股公司"的形式进行横跨银行、证券、保险的混业经营。《1999年金融服务现代化法案》的出台标志着金融领域去监管化的全面胜利。金融自由化表面上带来了空前的繁荣，然而2008年席卷全球的金融危机暴露了美国现有金融监管体系的弱点，包括缺乏对系统性风险的监管；"大而不能倒"的问题突出，道德风险严重；对金融消费者和投资者保护不足等问题。痛定思痛，奥巴马总统遂于2010年7月21日正式签署《多德－弗兰克华尔街改革与消费者保护法案》（Dodd-Frank Well Street Reform and Consumer Protection Act），简称《多德－弗兰克法案》。该法案彻底扭转了金融领域去监管化的思潮，对政府与市场的关系进行了再平衡。至此，美国金融体系完成了从监管、去监管到再监管的一个完整轮回。

法案本身与其他任何立法一样，它必然是各方利益和各种思想博弈和妥协的结果。因此它并不完美。法案本身的效果，很大程度上依赖于法案本身的执行情况，现在就对法案做出系统评价为时尚早。本小节仅对法案的内容做简单的介绍。

4.3.1 系统性风险监管改革

1. 促进金融稳定

法案要解决的首要问题就是这次国际金融危机暴露出来的最大问题：对系统性风险监管的缺失。该法案的第一章也被称作《2010年金融稳定法案》（Financial Stability Act of 2010），它分为三节，分别是"金融稳定监督委员会"（Financial Stability Oversight Council，FSOC）、"金融研究办公室"（Office of Financial Research，OFR）以及"美联储对特定非银行金融机构和银行控股公司的额外权力"。

（1）金融稳定监督委员会的设立

该部分首先开宗明义，设立金融稳定监督委员会，自法案颁布之日起生效。FSOC有三项宗旨：第一，识别威胁美国金融稳定的风险，包括大型、相互关联的银行控股公司（被当作银行控股公司的外国银行）或具有系统重要性的非银行金融机构出现重大财务困难、倒闭或正在进行的活动而对美国金融稳定构成的危险，以及金融业意外产生的其他威胁对美国金融稳定的风险；第二，通过消除这些机构的股东、债权人和对手方在机构倒闭时获得政府救助的期望，强化市场纪律；第三，应对针对美国金融体系稳定的其他正在形成的威胁。

法案第 152 条规定，在美国财政部内部设立金融研究办公室作为 FSOC 的支持机构，其需要为 FSOC 搜集数据，提供研究等支持。

法案第 112 条规定，FSOC 有权从金融研究办公室、成员机构以及法案新成立的联邦保险办公室（Federal Insurance office，FIO）获得所需的数据和信息，以监测金融服务市场，识别对美国金融稳定的潜在威胁，并履行 FDOC 的其他职责。同时，FSOC 有权通过 OFR 要求任何银行控股公司或非银行金融机构提供定期报告和其他报告，以评估该公司、其参与的金融活动或市场是否对美国金融稳定构成威胁。如 FSOC 根据以上渠道获得的信息、与管理层的讨论以及公共信息仍无法判断一家美国非银行金融机构是否对美国金融稳定构成威胁，FSOC 则有权要求美联储对该机构进行检查以帮助其判断该非银行机构是否应该由美联储进行监管。这实际上是为美联储创设了一项对非银行金融机构的备份检查权。根据法案第 116 条，FSOC 有权通过 OFR 要求总资产 500 亿美元及以上的银行控股公司或受美联储监管的非银行金融机构提交机密报告，内容包括财务状况，控制财务、操作和其他风险的制度，与关联存款机构的交易等。

这次金融危机的一个重大教训是，由于美联储没有监管具有系统重要性的非银行金融机构的法定职责，而美国证监会等微观审慎监管部门又视野不够开阔、资源有限，导致未能发现雷曼兄弟、AIG 等非银行金融机构的系统性风险，更未能及时对其进行防范和处置。因此，法案第一章明确监管职权的扩大，确定美联储在系统性风险监管中的核心地位，明确了哪些非银行金融机构、金融活动、金融基础设施应该受到美联储的监管。

（2）受到更严格监管的机构

一般来说，只有 FSOC 确定由美联储监管的非银行金融机构才受到更严格的审慎监管。2010 年 1 月 1 日，总资产为 500 亿美元或以上的银行控股公司如曾接受过"问题资产救助计划"的救助，这些机构即使在 2010 年 1 月 1 日后任何时候不得再次注册成为银行控股公司，仍将被当作根据法案第 113 条认定的系统重要性非银行金融机构由美联储继续监管。另外，总资产 500 亿美元或以上的银行控股公司自动接受美联储更严格的审慎监管。

法案将"美国非银行金融机构"定义为主要从事金融业务的，但同时又不是银行控股公司、农场信贷体系机构的美国公司、全国性的证券交易所（及其母公司）、清算机构（及其非银行控股公司的母公司）、在美国证监会注册的证券基准互换交易机构或数据库、被指定为合约市场的交易所（及其母公司），或在美国商品与期货交易委员会注册的衍生品清算组织（以及非银行控股公司母公司）、互换交易机构或数据库。

法案第 114 条要求，被 FSOC 决定由美联储监管的非银行金融机构在 FSOC 最终决定做出后 180 天内到美联储注册并按要求提交有关报告。由美联储监管的非银行金融机构在并购银行或银行控股公司 5% 以上股权时事先必须得到美联储的批准，在取得从事金融业务且并表资产在 100 亿美元或以上的任何除投保存款机构以外的其他公司的任何具有投票权的股份时，必须事先向美联储提供书面报告。

法案第 166 条规定，美联储必须与 FSOC 和 FDIC 协商制定有关条例，要求系统重要性金融机构对其财务困难进行早期整治，并明确规定联邦政府不得为此目的提供财政救助。

法案第 121 条授权美联储在确认某一系统重要性金融机构对美国金融稳定构成"严重威胁"时，美联储在获得 FSO 三分之二多数批准后，必须：①限制该机构与另一公司之间的合并、收购、重组或其他方式的关联；②限制该机构提供金融产品的能力；③要求公司终止一项或多项业务；④对公司一项或多项业务的开展方式规定条件；⑤如果美联储认为以上四项手段仍不足以减轻对美国金融稳定的威胁，可作为最后手段要求公司出售或以其他方式转移资产或表外项目至非关联机构（拆分）。

2. 加强对支付结算体系的监管

法案第 802 条记录的美国国会对支付结算体系作用的说明和立法目的的阐述道出了支付结算体系的极端重要性，即金融市场的有效运转取决于对支付、证券和其他金融交易的清算和结算的安全、有效安排。本章的目的在于：第一，授权美联储针对系统重要性金融基础设施以及系统重要性支付、清算和结算业务推动实施统一的风险管理标准；第二，改善美联储对系统重要性金融基础设施的风险管理标准的监管；第三，加强系统重要性金融基础设施的流动性；第四，改善美联储对金融机构的系统重要性支付、清算和结算服务的风险管理标准的监管。

对金融基础设施和支付结算业务系统重要性的认定，法案第 804 条规定，FSOC 应以三分之二多数指定具有（或可能具有）系统重要性的金融基础设施或支付、清算或结算业务。做出这一判断的基础是该金融基础设施的失败或运转中断或该业务的开展，可能威胁金融体系的稳定。

法案在决定由美联储对系统重要性金融基础设施进行更严格监管的同时，规定这些金融基础设施在紧急情况下可以从美联储贴现窗口和贷款工具获得紧急融资。而传统上只有商业银行可以从美联储获得紧急救助。法案第 806 条第二部分主要规定了指定金融基础设施必须按照其主要监管机构的规则要求，向该主要监管机构事先报告可能对其风险的性质和程度造成重大影响的规划、程序或运营上的变化。

4.3.2 如何解决"大而不倒"问题

按照美联储前主席伯南克的看法，如果金融危机只带来一个教训，那么就是必须解决"大而不倒"问题。对雷曼兄弟这一投资银行的破产清算是按照一般企业的破产框架进行的，而一般企业的破产框架重在保护债权人的利益，但对具有系统重要性的复杂金融机构适用于一般企业破产程序将对金融稳定和市场信息产生重大的负面影响。

为了解决这一问题，法案设立了专门制度对系统重要性非银行金融机构（经纪商－自营商和银行控股公司）进行有序破产清算，以尽量避免这些机构的倒闭对经济金融稳定产生冲击。同时该制度的设立使得"大而不倒"变成"大而能倒"，并由金融机构本身而不是纳税人支付清算成本，从而加强市场纪律、解决道德风险问题。

1. 有序清算权的适用范围

有序清算权的适用范围被财政部部长定为"适用金融公司"（Covered Financial Company）的"金融公司"，即财政部部长认为该公司已经违约或存在违约风险且该违约将对美国金融稳定构成系统性风险，但不包括投保存款机构。

2. 系统性风险的认定

适用有序清算程序的前提是该金融公司被财政部部长指定为具有系统重要性。财政部部长在做出决定是否任命 FDIC 为该金融公司的破产管理人时，需要经过一定的程序。法案第 203（c）条规定，"金融公司"在以下四种情况下被视作"违约或有违约风险"：①该公司已经开始或可能即将开始在美国《破产法》下启动破产程序；②该公司已经或可能遭受的损失将耗尽其全部或大部分资本，且无法合理避免；③该公司已经或可能资不抵债；④该公司已经或可能无法在正常的运营中偿债。

3. 司法审查

财政部部长根据法案第 203（b）条对金融公司做出具有系统性风险的决定后，必须通知 FDIC 和"适用金融公司"。适用金融公司，可以选择默认、同意，或者拒绝默认、拒绝同意。如果拒绝同意，则可以申请司法审查。财政部部长的决定中仅有两项内容受到司法审查，"是否具有违约或违约风险"，以及是否属于本章定义的"金融公司"。实际上，这一司法审查标准的设立保证了在大多数情况下法院将支持财政部部长的决定。

4. 有序清算程序

法案第 204 条明确规定，设立有序清算权的目的是给对美国金融稳定构成显著风险的失败"金融公司"进行破产清算提供必要的权力，以减轻这些风险并使道德风险最小化。有序清算权的行使必须最有利于实现这一目的，并使得：①该"金融公司"的债权人和股东承担损失；②造成公司困境的管理层不得留任；③FDIC 和其他政府部门要采取所有必要和恰当措施确保对造成公司困境负有责任的全部责任方，包括管理层、董事和第三方，承担与其责任一致的损失。

FDIC 获任管理人后，法案授权 FDIC 按照财政部部长批准的计划使用本章设立的有序清算基金。FDIC 的有序清算职权为 FDIC 获任管理人后，能够接管公司的运营管理，具有清算被接管公司资产、与其他公司合并、行使传唤权、继承被接管公司的所有权利和义务、作为公司的债权人对债权的申报与确认、债务清偿、司法行动的终止、抵销等权利。

无担保债权的优先顺序：①管理人行政费用；②欠美国政府的费用；③工资、薪酬、佣金，包括假期、解雇和病假补偿金，但仅限于管理人任命前 180 天前的所得且每人不超过 11 725 美元；④对员工福利计划的欠款；⑤其他一般和优先债务；⑥次级债务；⑦前公司高管和董事的工资、薪酬、佣金，包括假期、解雇和病假补偿金；⑧对股东、成员、普通合伙人、有限合伙人或其他拥有被接管公司股份的人的债务。

本章的有序清算机制没有规定存款债权的优先权，这是因为有序清算机制只适用于不包括存款类机构在内的非银行金融机构，但明确规定了美国政府债权相对于一般债权的优先权。

5. 有序清算基金

法案第 210（n）条规定，在财政部设立有序清算基金，该基金不通过向私营部门的事先收费形成。FDIC 可以从该基金借款以履行有序清算机制下的职权。

破产清算费用可从财政部借款以支付破产清算的费用，但法案禁止用纳税人的钱进行有序清算机制下的破产清算。法案第 210（o）条规定，破产清算的全部费用必须通过处置"适用金融公司"的资产和向金融机构收费支付。

4.3.3 银行业监管改革

1. 废除储贷监理署及存款保险制度改革

（1）废除储贷监理署

法案第 311 条规定，储贷监理署（Office of Thrift Supervision，OTS）的职权必须在法案颁布一年内转移完毕，但财政部部长如决定以上时限无法有序实现，有权再延长最多 6 个月。

储蓄协会和储贷控股公司（Savings and Loan Holding Companies，SLHCs）监管权的转移是指把对 SLHCs 的监管权并入美联储，对联邦储蓄协会的监管权并入货币监理署并由一名副署长负责其监管事务，对州储蓄协会的监管权则并入 FDIC。同时，把对所有储蓄协会的规则制定权并入 OCC，对 SLHCs 的规则制定权和其他职权并入美联储，OTS 在《住房所有者贷款法案》（Home Owners's Loan Act）下的与关联方和内部人交易以及反捆绑规定有关的规则制定权也并入美联储。

法案第 313 条规定，在转移监管职权完成后的 90 天内，OTS 将被正式撤销，OTS 及其署长此前拥有的一切与转移给 OCC 的职能有关的权力将全部转移给 OCC 或 OCC 署长。

职权移交不影响在移交前已存在的美国政府、OTS 或其他人的权利、义务或责任的持续有效性。

（2）存款保险制度改革

美国的联邦存款保险制度，在这次危机中发挥了重大作用，有效地维护了参加存款保险地美国银行体系的稳定。

1）改革存款保险收费制度。法案第 331 条要求 FDIC 修改存款保险收费规则，将现有的以存款为基础的收费体制（收取保险费时仅考虑金融机构在美国应付的存款）改为以存款机构在收费期间并表总资产减去同期平均有形资本为基础的收费体制，以更好地体现金融机构的真实风险。这一改革要求大型银行更多地承担 FDIC 保费负担，因为大型银行在资金来源上更少依赖存款，同时为存款保险基金带来了更大的偿付风险。由于是并表资产，金融机构的海外存款也会被计入收费费基。

2）消除顺周期收费。法案授权 FDIC 停止或限制对缴费额超过 1.5% 部分的利息支付。

3）撤销存款保险基金的上限并调整底线。法案第 334 条撤销了现有的存款保险基金上限（估算投保存款额的 1.5%），并将下限从现有的 1.15% 提高至估算投保存款额的 1.35%。

4）提高存款保险限额。法案第 335 条将危机中临时性调高的存款保险限额永久化，即投保存款机构和投保信用社的存款保险限额均从原来的 10 万美元上调至 25 万美元（每人、每家银行、每个账户类别），且其有效性向前追溯至 2008 年 1 月 1 日后由 FDIC 被任命为管理人或保护人的所有投保存款机构。

2. 改善对银行控股公司、储贷控股公司和存款类机构的监管

（1）《1956 年银行控股公司法》有关豁免的中止和进一步研究

法案第 603 条规定，FDIC 不得批准 2009 年 11 月 23 日以后收到的任何《1956 年银行控股公司法》下豁免于"银行"定义的存款机构的联邦存款保险申请，如果这些机构的直接或间接控制人为商业企业。"商业企业"指并表年毛收入中来自金融业务的部分少于 15%。

（2）加强美联储的银行业监管权

法案对《1999 年金融服务现代化法案》中的所谓"轻联储"（Fed lite）的规定做了大幅修改，全面加强了美联储对金融机构，包括已经受到具体功能监管机构监管的银行控股公司子公司的直接监管权。

（3）加强对金融控股公司和金融业并购的监管

1）资本充足、管理完善的要求。按照《1999 年金融服务现代化法案》的规定，保证资本充足和管理完善的要求只针对银行控股公司的存款类子公司，而不针对控股公司。法案第 606 条修改了这一规定，要求那些选择称为金融控股公司从而可以从事更广泛业务的银行控股公司必须保证资本充足和管理完善。

2）对大型并购的新要求。法案第 604 条对《1956 年银行控股公司法》第 4（k）条增加了申请要求，规定金融控股公司在收购并表资产 100 亿美元以及以上的非银行公司时应向美联储提交申请。

3）金融机构并购对金融稳定的影响。法案第 604 条规定相关联邦银行监管机构在审查《1956 年银行控股公司法》下收购银行股份的申请和《银行合并法案》下合并或收购银行资产的申请时，必须考虑"对美国银行业或金融体系稳定的影响"。

4）大型金融机构扩张的集中度限制。法案第 622 条进一步修订了《1956 年银行控股公司法》，为该法增加了第 14 条，禁止金融公司从事导致兼并后的公司在全部金融机构总负债占比超过 10% 的兼并活动。

5）跨州兼并的集中度限制。法案第 623 条规定，如果合并后的机构和其所有关联投保存款机构合并计算控制了美国境内所有投保存款机构超过 10% 的存款，投保存款机构不得进行跨州并购。

（4）联邦和州贷款限制下的衍生品信用风险

法案第 610 条修改了全国性银行的贷款上限以包括衍生品交易、回购和逆回购协议以及证券借贷交易等产生的信用风险。

法案第 611 条修订了《联邦存款保险法案》，规定除非相关州银行法对贷款上限的规定考虑了衍生品交易带来的信用风险，投保州银行不得从事衍生品交易。

（5）对证券控股公司的新监管框架

法案废除了《1934 年证券交易法》下设立的可选性的投资银行控股公司监管框架，取而代之以新的由美联储负责的证券控股公司监管框架。美联储将对受监管的证券控股公司制定资本充足率和其他风险管理标准，这些标准可以按个体或类别对受监管的证券控股公司进行区分。

（6）沃尔克规则

法案第 619 条即著名的"沃尔克规则"。该规则得名于该条款的提案人——美联储前主席

保罗·沃尔克，核心是限制银行从事自营交易和拥有对冲基金或私募股权基金，从而更好地控制银行风险。在本质上，沃尔克规则与大萧条时期通过的《格拉斯－斯蒂格尔法案》类似，都是通过限制商业银行从事高风险业务以维护金融体系的稳定。

该规则要求，如果某银行实体直接或间接地作为基金的管理人或投资顾问、发起人或受托人，或与善意提供的信托或投资顾问业务有关而设立基金，则银行实体及其关联人不得与该对冲基金或私募股权基金（或任何该基金控制的基金）进行任何《1913年联邦储备法案》第23（a）条规定的"覆盖交易"（covered transaction）。但该规则并不禁止银行实体及其关联人与基金所投资企业的交易。

《1913年联邦储备法案》第23（a）条的"覆盖交易"包括向关联企业提供的贷款或授信；购买关联企业资产或投资于关联企业证券；接受关联企业证券作为向第三方提供的贷款或授信的抵押；或代表关联企业出具担保；承兑或信用证。还包括与第三方的交易，如果交易所得被转移给或用于关联企业的话。

总体上，法案是将与银行实体有以上关系的基金当作银行的关联人对待，使用《1913年联邦储备法案》对银行与关联人交易的一系列限制。

法案第619（g）条规定，在沃尔克规则与其他法律规定出现冲突的情况下，沃尔克规则优先使用。

法案第620条要求美联储、FDIC和OCC在法案颁布18个月后联合对联邦或州法律下银行实体允许从事的业务做出报告，包括命令、解释或指引授权的业务。报告须包括对有关业务或投资银行实体或美国金融体系安全稳健造成的负面影响，该业务或投资对银行实体的适宜性，以及应对有关安全稳健风险的额外限制。

4.3.4 证券业监管改革

1. 对《1993年证券法》和《1934年证券交易法》的改革

（1）对"D条例"的修订

《1993年证券法》规定所有供出售的证券必须注册或获得SEC豁免。"D条例"规定了豁免注册的三个规则。其中"506规则"规定，证券的特定私募发行和出售免于注册。《1993年证券法》第18（b）条还规定，"506规则"下发行的证券业属于州证券法豁免的对象。

法案第926条要求SEC对于法案颁布一年内制定有关规则禁止所谓"坏人"享有"506规则"的豁免。同时规定了以下人士不得从事证券发行或销售：①有关州和联邦金融监管机构发布终局命令，禁止该人士与受监管的实体相关联，从事证券、保险或银行业或从事储蓄协会或信用社业务；或在向SEC提交与该证券发行或销售有关的"D表格"之日前10年内，该人士因违反有关反欺诈和反操纵法规而受到当局命令的制裁。②该人士被判决犯有与证券买卖有关或与提交虚假材料有关的罪行。

（2）对合格投资者标准的修订

法案第四章第413条规定，在合格标准者的定义上，SEC在计算净资产标准时，需要将主要住宅的价值排除在外，并规定SEC有权调整净资产标准仍为100万美元以上。同时规定,法案颁布后的 4 年内该净资产标准仍为 100 万美元（不包括主要住宅的价值）。该规定的目的无疑是要提高"合格投资者"的认定标准以更好地保护普通投资者。

（3）对零售投资者的披露要求

法案第 919 条对《1934 年证券交易法》第 15 条做出了修订,授权 SEC 规定经纪商–自营商在零售投资者购买投资产品或服务前必须向其提供文件或信息。

（4）证券借贷和卖空

法案第 984 条要求 SEC 在法案颁布两年内制定相关规则以增加证券借贷的信息透明性。

法案第 929（x）条修订了《1934 年证券交易法》第 9 条,禁止任何人从事操纵性卖空；并修订了《1934 年证券交易法》第 15 条,要求注册经纪商–自营商通知其客户有权不允许其已完全支付的证券被用作卖空。此外,法案第 929（x）条还修订了《1934 年证券交易法》第 13（f）条,扩大其信息披露范围至证券卖空,包括发行人身份以及每一证券的卖空综述,且该披露至少每月一次。

2. 对投资顾问的监管

（1）投资顾问的注册

为解决对私募基金投资顾问监管的缺失,法案对《1940 年投资顾问法》做出了一系列修订。首先,法案为《1940 年投资顾问法》增加了新的第 202（a）（29）条,将"私募基金"定义为任何符合《1940 年投资公司法》第 3（c）（1）条和第 3（c）（7）条豁免条件的发行人。该定义因此涵盖了一般所称的对冲基金、私募股权基金、风险投资基金以及其他私募投资工具。

法案第 403（2）条完全撤销了《1940 年投资顾问法》第 203（b）（3）条对私募基金投资顾问的豁免。今后任何投资顾问,即使那些只有一个或几个客户,且不公开将自己描述为投资顾问的人,也必须进行注册。

（2）对投资顾问的信息披露与报告要求

1）新的信息与报告要求。法案第 404 条对私募基金投资顾问规定了有关信息真实性、报告和披露的强制性要求。该条款修订了《1940 年投资顾问法》第 204 条,要求私募基金投资顾问保持特定记录和报告并接受 SEC 的检查,同时授权 SEC 根据公共利益或 FSOC 评估系统性风险的需要,要求私募基金投资顾问保留并向 SEC 或 FSOC 提交由其管理的私募基金的资料。第 204 条同时授权 SEC 可以要求私募基金投资顾问提交额外报告,并规定了私募基金投资顾问保留私募基金资料的期限。

2）信息共享和保密。法案第 404 条修订的《1940 年投资顾问法》第 204（b）条同时规定,SEC 必须与 FSOC 共享信息,按照 FSOC 评估系统性风险的要求向其提供由私募基金投资顾问提交的全部报告、文件、记录和信息。

3. 公司治理

（1）管理层薪酬

法案第九章 E 节名为《问责与管理层薪酬》,内容主要为从公司治理层面加强对管理层薪酬的管理和问责。最大的变化是所谓的"对薪酬发言的投票"和"金色降落伞"。

1）对薪酬发言的投票（对管理层薪酬的非约束性股东投票）。法案第951条为《1934年证券交易法》增加了第14（a）条，规定在法案颁布6个月后举行的股东年度会议或其他会议上，公司必须向其股东提供非约束性投票以批准按照SEC规则披露的指定管理人员薪酬。

法案第957条还禁止经纪商在未收到收益所有人指令的情况下行使自由裁量权进行"对薪酬发言的投票"。

2）金色降落伞（股东对公司并购进行的非约束性投票）。法案第951条同时规定，在法案颁布6个月后的任何为批准企业并购而举行的股东会议上，发行人必须在其要求股东准许或赋予代理投票权的材料中描述"金色降落伞"安排的主要条款、总额和支付条件，并为股东提供对"金色降落伞"的非约束性投票。

3）薪酬委员会的独立性。SEC规则要求全国性证券交易所在对独立性进行定义时应考虑以下几点：①董事薪酬的来源，包括发行人支付给董事的任何咨询、顾问或其他补偿费用；②该董事是否与发行人、发行人的子公司，或者发行人子公司的关联机构有关联。

法案还对薪酬追回（clawback）机制、受监管实体的"过高薪酬"、关于雇员及董事套期保值的披露等做出了规定。

（2）股东投票权

法案第九章第E节和第G节对与股东投票有关的联邦投票代理规则增设了新的规则和披露要求。最突出的是法案没有强制所有美国上市公司在董事选举中遵守多数通过规则。

4. 证券化改革

法案第九章第D节试图解决被广泛指责的贷款发放机构未尽到尽职调查和其他贷款评估之责，导致不良贷款泛滥并被整体打包出售给缺乏警惕的购买者的问题。

法案设置了资产支持证券的贷款发放机构和证券化机构"风险自留"的要求，并为鼓励更好的承销、风险评估、风险管理及披露制定了新的要求。

（1）"风险自留"规则

法案第九章第D节的核心条款是为《1934年证券交易法》新增的第15（g）条。新增的第15（g）条要求"联邦银行监管机构"（OCC、美联储和FDIC）和SEC在法案颁布后的270天内联合制定条例，要求证券化机构在通过发行资产支持证券（ABS）而转移或销售给第三方的资产中的"一部分"信用风险中保留一定经济利益。

法案将"风险自留"的具体要求授权前面提到的各监管机构共同制定，同时新增的第15（g）条明确规定了这些规则的最低标准，包括：①证券化机构必须保留通过发行ABS的方式转移、出售、转让的任何资产至少5%的信用风险，除非所有担保ABS的资产属于"合格的住房抵押贷款"资产。②条例必须规定风险留存的允许形式和最短期限，并明确禁止证券化机构直接或间接地对冲或转移要求留存的有关资产的信用风险。③条例必须规定"按照联邦银行监管机构和SEC的决定"通过在证券化机构和发起人之间配置风险留存要求来规定"风险分担"。

（2）ABS报告和披露义务

法案第942条修订了《1933年证券法》第7条，要求SEC制定规则，要求每一个ABS

发行人就每一等级（tranche）或每一证券种类披露该证券背后支持资产的信息。SEC 应对 ABS 发行人提供数据的格式设立标准，以便于对相似资产等级的证券数据进行比较。SEC 的规则还应至少要求 ABS 的发行人披露供投资者独立进行尽职调查所必需的资产层面的数据。

5. 信用评级机构

信用评级机构未能准确揭示结构性金融产品风险被广泛认为是 2007~2009 年金融危机的重要推手之一。在对评级体系缺陷的检讨中，内控不足、发行方付费模式带来的利益冲突、透明度缺失以及缺乏对评级结果的问责机制等成为立法需要改进的主要方面。此外，美国相关法律和条例对使用 NRSRO（Nationally Recognized Statistical Ratings Organization）评级的规定导致了对评级的过度依赖和过度信任。法案力图对以上各方面的缺陷进行矫正。

（1）强化信用评级机构的法律责任

法案第 933（a）条取消了评级机构的报告和披露免于私人诉权的保护性条款，要求信用评级机构做出的声明应与注册会计师事务所、证券分析师做出的声明一样适用《1934 年证券交易法》中有关执行和处罚的条款。另外，法案第 933（b）条对《1934 年证券交易法》第 21D（b）(2) 条进行了修订，降低了对信用评级机构或其控制人就有关证券评级提起证券欺诈集团诉讼的起诉标准。根据新的标准，要满足有关主观状态的要求，原告只需要提供足够的事实以推论评级机构在明知或重大疏忽的情况下没有对其赖以进行评级的事实进行合理的调查或证实即可。

法案废止了《1933 年证券法》下的"436（g）规则"。该规则使得 NRSROs 可以有效规避《1933 年证券法》第 11 条关于专家应对证券注册书中的重大错误陈述或遗漏负法律责任的规定。"436（g）规则"废止后，注册人为在注册说明书中包含 NRSRO 的信用评级，就必须与注册说明书一起提交该 NRSRO 的专家书面同意意见，NRSRO 也就因此为重大错误陈述或遗漏承担《1933 年证券法》第 11 条规定的专家责任。

（2）对信用评级机构的监管

法案第 932 条规定在 SEC 设立信用评级办公室，负责执行与 NRSRO 有关的 SEC 规则，提高信用评级的准确性，并确保信用评级免受利益冲突的影响。信用评级办公室的一个基本职能是对每一个 NRSRO 进行年度检查。

（3）对信用评级机构的公司的治理要求

法案第 932 条要求每一个 NRSRO 设立董事会，董事会至少有半数以上的独立董事，而且至少有一名独立董事是 NRSRO 评级的用户。

每个 NRSRO 必须建立一个负责执行和遵守信用评级政策、程序和方法的内控管理体系，并做好该内控体系的维护、运作和记录保存。

（4）利益冲突

每个 NRSRO 必须建立、维护和执行恰当的政策和程序以确定该员工的任何利益冲突是否足以影响有关信用评级，并在必要时根据 SEC 的规定修改相关评级。每个 NRSRO 必须向 SEC 报告前 5 年中任何关联人被接受该 NRSRO 评级服务的相关实体雇用的情况。该报告将由 SEC 公开。

（5）信息披露规则

由 NRSROs、发行商或承销商聘用的任何第三方尽职调查提供商必须按 SEC 规定的格式向 NRSROs 提交书面证明，保证其对 NRSROs 做出准确评级所必需的数据、文件以及其他信息已经进行了彻底的审查。

每个 NRSRO 必须以可比的格式公开披露每一类型被评级的债务人、证券和货币市场工具的评级历史记录。每个 NRSRO 必须在发布评级时包含一个申明，确认评级的全过程未受其他商业活动影响、评级完全基于被评级工具本身的事实、评级是对被评级工具风险和事实的独立判断。

6. 市政证券监管

为了更好地保护市政证券的投资者，法案授权市政证券规则制定委员会（Municipal Securities Rulemaking Board, MSRB）对市政顾问（Municipal Adviser）行使监管权，同时为增加该委员会的独立性，规定委员会大多数成员必须独立于市政证券市场参与者。

法案第 975 条规定，市政顾问应根据《1934 年证券交易法》第 15（b）条的规定注册；"市政顾问"对其服务的市政实体负有诚信责任；市政顾问须对欺诈、欺骗或操纵市场等行为承担法律责任。

法案第 979 条规定在 SEC 设立市政证券办公室，负责执行与市政证券有关的 SEC 规则，并就规则制定和执法行动与 MSRB 协作。市政证券办公室的负责人向 SEC 主席负责。

7. 证券投资者保护以及相关改革

（1）经纪商-自营商的行为准则

在美国金融监管改革中，一个被广泛讨论的话题就是经纪商-自营商与投资顾问是否应适用同样的行为准则，以及该准则是否属于信托责任类型的准则。

法案第 913 条修改了《1934 年证券交易法》第 15 条，明确规定 SEC 可以指定规则，要求所有经纪商—自营商在为零售顾客提供个性化证券投资建议时的行为准则与《1940 年投资顾问法》第 211 条中投资顾问的行为准则相同。

（2）SEC 投资者顾问委员会和投资者保护办公室

1）投资者顾问委员会。法案第 911 条为《1934 年证券交易法》新增了第 39 条，在 SEC 设立投资者顾问委员会，负责向 SEC 就如下事项提出建议：监管重点、关于对证券产品、交易策略和收费结构的监管以及披露有效性的问题、投资者权益保护行动和提升投资者信心以及证券市场完整性的行动。

2）投资者保护办公室。法案第 915 条修改了《1934 年证券交易法》第 4 条，在 SEC 设立投资者保护办公室。投资者权益保护人由 SEC 主席任命并直接向 SEC 主席负责。投资者权益保护人应当有保护证券投资者利益的经验，能够解决投资者与 SEC 或 SROs 之间的重大问题。

（3）对举报者的激励和保护

法案第 922 条对《1934 年证券交易法》进行了修改，新增第 21（f）条。该条旨在激励和保护举报者。这些举报者自愿向 SEC 提供原始的、独立获得的涉及违反证券法律的详细信息。同时，法案还为举报者创设了私人诉权（private right of action），如果举报者的雇主对举报者采取解雇、降级、暂停职务、威胁、骚扰或歧视等措施，举报者可以起诉该雇主。

4.3.5 保险业监管改革

1. 联邦保险办公室

法案第五章第 A 节名为《2010 年联邦保险办公室法案》。该节第 502 条规定，在财政部设立联邦保险办公室，办公室主任由财政部部长任命。

根据法案第 502 条，除了医疗保险、农作物保险以及作为参众两院协商会议中增加的一个例外情形，即长期护理保险外，FIO 将负责履行与其他各种保险相关的职责。

（1）覆盖协议和优先权

当与外国政府或监管当局谈判"覆盖协议"，以及当这些协议与州保险法发生冲突时，协议具有潜在的优先权。

第五章第 A 节规定只有在下列情况下协议才具有优先权：FIO 主任认为这些措施导致一家受覆盖协议约束的、位于非美国管辖区的非美国保险公司获得的待遇低于一家位于该州、在该州取得营业执照或者获得在该州营业许可的美国保险公司，并且 FIO 主任认为这些措施与覆盖协议不一致。

（2）关于保险业和再保险业研究及监管的报告

法案要求 FIO 主任准备报告并提交国会相关委员会，并在某些情形下提交总统。在国会参众两院对法案最终文本的协商中，FIO 主任应当提交的报告范围扩大为如下几类：①从 2011 年 9 月 30 日起，每年向总统和国会相关委员会提交一份年度报告，该报告的主要内容就是 FIO 就覆盖协议对任何不一致的州的措施具有优先权而采取的任何行动；②从 2011 年 9 月 30 日起，每年向总统和国会银行委员会提交一份关于保险业的年度报告并包含相关委员会要求提交的任何其他信息或 FIO 主任认为有关的任何其他信息；③在 2012 年 9 月 30 日之前，向国会银行委员会提交一份报告，该报告的主要内容是全球再保险市场的范围和广度以及该市场在支持美国保险业方面发挥的关键作用；④在 2013 年 1 月 1 日之前，向国会银行委员会提交一份报告，该报告主要内容是下文"再保险"部分中提到的再保险市场改革对各州保险监管机构获取辖内再保险信息的能力产生的影响。

（3）要求提供和收集数据的权力

法案授权 FIO 从保险业和保险公司（包括再保险公司）以及它们的关联人收集数据（包括财务数据）、签署信息共享协议、分析和发布数据并发布与各种保险（医疗保险除外）有关的报告。FIO 可以要求保险公司或保险公司的关联人提交 FIO 合理要求的数据或信息。

2. 非传统保险和再保险市场改革

法案第五章第 B 节名为《2010 年非传统保险和再保险市场改革法案》。第 B 节旨在提高非传统的财产和意外保险市场的效率、降低交易成本并改善消费者进入该市场的渠道，以及改革再保险市场监管。第 B 节通过以下措施实施改革：①跨州提供的非传统保险仅仅受到被保人"母州"（Home State）法定要求和监管要求的约束；②提高全国保险监理官协会对非传统保险公司的资质要求，作为对非传统保险市场的标准；③对州法律限制非传统保险经纪人从非传统保险从业者获得商业保险的能力进行限制；④投保人不必再向两个或两个以上的州支付非传统保险的保费税；⑤当（再保险）分出公司住所地的州监管机关认可再保险的信用时，非住所地的州保险监管机关不得否认这种再保险的信用。

4.3.6 金融消费者保护

此处内容旨在保护金融服务消费者不受市场滥用行为的侵害。这里的"消费者"指个人或其代理人、受托人或代表。法案还拓展了中低收入者以及其他未完全融入金融主流的美国人可获得的金融服务范围。

1. 消费者金融保护局

法案第十章，《2010年消费者金融保护法案》（Consumer Financial Protection Act of 2010，CFPA）创设了消费者金融保护局（Bureau of Consumer Financial Protection，BCFP），BCFP将承担大部分现由银行业监管机关和其他机构履行的消费者金融服务监管职能。

虽然CFPA将BCFP设在美联储内，但其治理结构的设计又使该局能作为自治机构独立履行职能。法案第1012条特别禁止美联储干预BCFP的任何事项；任命、指示或免除该局的任何官员或雇员；审查、批准、推迟或阻止该局发布任何规则或命令等。

BCFP的主要职责包括对"适用主体"（covered persons）遵守联邦消费者金融法律（federal consumer financial law）的监管以及发布有关这些法律的实施规则。

BCFP具有以下权利：①对"不公平、欺诈或滥用行为和实践"予以界定并有权采取行动来防止"适用主体"的前述行为；②制定有关消费者金融产品信息披露的新规则并发布示范格式；③要求"适用主体"应消费者请求向消费者提供有关金融产品的信息；④制定有关"适用主体"的注册规定。

根据法案第1022条，BCFP有权制定发布联邦消费者金融法律的实施规则并负责有关联邦消费者金融法律的执行。BCFP也有权对某类"适用主体"或某类金融产品或服务进行豁免。

2. 抵押贷款改革以及反掠夺性贷款法案

法案第十四章为《抵押贷款改革以及反掠夺性贷款法案》（Mortgage Reform and Anti-Predatory Lending Act）。该章修改了发放、服务和管理有关住房抵押贷款的法律。

法案第1402条修改了《诚实借贷法》，要求所有的抵押贷款发放人应当符合一定资质，并在相关监管机关注册登记，获得职业牌照。法案第1403条修改了《诚实借贷法》，禁止所谓操纵性激励，即防止住房抵押贷款发放人的报酬根据住房抵押贷款的条款（而不是依据贷款的本金）来确定。法案还要求美联储发布相关规定，禁止抵押贷款发放人进行某些滥用性、欺诈性、掠夺性或不公平的放贷。

法案第1411条修改了《诚实借贷法》，为抵押贷款的发放设定了最低标准，要求债权人对一笔贷款的发放做出合理、善意的判断，即认为借款人有能力偿还贷款以及相应的税费、保险费和评估费。

法案第1413条规定，如果债权人违反了第1403条关于操纵性激励的禁止性规定或第

1411 条的抵押贷款发放标准，借款人可在债权人强制收回其住宅时要求扣除部分被求偿金额或进行相应的抵销。

法案第 1496 条重新授权抵押贷款紧急救助计划，并为业主紧急救助基金额外提供 10 亿美元资金，用来向那些失业的业主提供贷款，帮助他们偿还抵押贷款。

3. 其他金融消费者保护措施

法案第十二章名称为《2010 年改善获取主流金融机构服务的途径法案》，旨在鼓励向目前不能获得主流金融产品和服务的中低收入美国人提供金融产品和服务。

法案授权财政部部长建立一个多年的资助、合作协议和金融机构协议计划以及其他计划或项目：①使得中低收入群体能在一家投保存款机构开立一个或多个账户，以满足他们的金融需求；②使得这类群体能以合理的条款获得账户服务。

授权财政部部长与合格机构建立一个长期示范计划，向消费者提供低成本的小额美元贷款，作为那些成本更高昂的小额美元贷款的替代选择。

法案修改了《1994 年社区开发银行和金融机构法案》，允许社区开发金融机构基金向社区开发金融机构提供资助，以支持小额美元贷款计划，包括对贷款损失准备金提供资金支持。

法案第 989（a）条规定，BCFP 下的金融教育办公室必须制订一个向州和相关合格实体提供资助的计划，以保护年龄在 62 岁或以上的老年人，防止他们受到误导性或欺诈性金融产品销售或建议之害。

■ 练习题

4.1　什么是库克比率（cooke ratio）？
4.2　《巴塞尔协议Ⅰ》的资本金包含哪些组成部分？
4.3　简述《巴塞尔协议Ⅰ》的缺点。
4.4　请解释《巴塞尔协议Ⅱ》的三大支柱。
4.5　市场风险是在什么时候被加入巴塞尔协议的，在什么情况下加入的？
4.6　在《巴塞尔协议Ⅲ》的框架下，银行的资本金构成包含哪些？
4.7　简述《巴塞尔协议Ⅲ》中的微观审慎监管和宏观审慎监管。
4.8　请解释资本留存缓释和逆周期资本缓释，并简述为什么要引入这两项条款。
4.9　请解释巴塞尔协议体系的监管趋势。
4.10　《巴塞尔协议Ⅳ》的监管理念是什么？
4.11　由于银行账户和交易账户的资本金要求不一样，因此存在监管套利问题，FRTB 是怎么解决这个问题的？
4.12　ISDA 协议是在什么情况下提出的？
4.13　简述 ISDA 的三大制度。
4.14　《多德－弗兰克法案》如何解决"大而不倒"的问题？
4.15　简述金融稳定监督委员会的职责。
4.16　《多德－弗兰克法案》如何保护消费者？

第 5 章

风险管理主要方法

金融风险的控制和处置是金融风险管理的对策范畴，是解决金融风险的途径和方法，一般分为控制法和财务法。控制法是指在损失发生之前，实施各种控制工具，力求消除各种隐患，减少金融风险发生的因素，将损失的严重后果降到最低程度的一种方法。主要是通过内部控制、风险规避、风险组合分散等方式来进行的。财务法是指在金融风险事件发生后已造成损失时，运用财务工具，对已发生的损失给予及时的补偿，以促使尽快恢复的一种方法。主要包括保险、风险对冲、准备金提取、资本补偿等方式。

在金融机构中，通用的风险管理主要方法包括：内部控制、风险损失估计、风险准备金计提、资本计提及配置、风险调整绩效配置。

5.1 内部控制

5.1.1 内部控制的概念

内部控制是各个组织控制操作风险的最重要的管理方法。所谓内部控制，是指一个单位为了实现其经营目标，保护资产的安全完整，保证会计信息资料的正确可靠，确保经营方针的贯彻执行，保证经营活动的经济性、效率性和效果性而在单位内部采取的自我调整、约束、规划、评价和控制的一系列方法、手续与措施的总称。内部控制不足的风险管理体系是不健全的，内部控制是风险管理的基石，也是全面风险管理的重要组成部分。

巴塞尔协议体系核心监管原则中，历来重视内部控制在风险管理中的重要作用。巴塞尔委员会在 1997 年 9 月颁布的《有效银行监管的核心原则》中第一次提出具有普遍意义的内部控制原则，以指导和加强银行业的内部控制，指出"内部控制的目的是确保银行的业务能根据银行董事会制定的政策以谨慎的方式经营。只有经过适当的授权方式方可进行交易，资产得到保护而负债受到控制，会计及其他记录能够提供全面、准确和及时的信息，而且管理层能够发现、评估、管理和控制业务的风险"。在2006年修改的《有效银行监管的核心原则》则强调指出，"银行监管当局必须满意地看到，银行具备与其业务规模和复杂程度相匹配的内部控制。各项内部控制应包括对授权和职责的明确规定、银行做出承诺、付款和资产与负债账务处理方面的职能分离、上述程序的交叉核对、资产保护、完善独立的内部审计、检查上述控制职能和相关法律、法规合规情况的职能"（原则17——内部控制和审计）。

1997年中国人民银行在《加强金融机构内部控制的指导原则》中对金融机构内部控制原则与目标、基本内容与要求、管理与检查等方面均设定了明确的指导性规定，全面参考巴塞尔委员会颁布的《有效银行监管的核心原则》，对我国金融机构内部控制的建设具有积极意义。

原银监会于2007年最终定稿的《商业银行内部控制指引》对我国商业银行内部控制制度做了进一步的指导和探索，对内部控制做了如下定义："商业银行为实现经营目标，通过制定和实施一系列制度、程序和方法，对风险进行事前防范、事中控制和事后评价的动态过程和机制。"这个定义突出了对内部风险的动态处理特征，是一个很大的进步。这个指引还具体探讨了商业银行内控制度若干核心问题，是中国广大商业银行及非银行类金融机构进行内控自评价时的主要参照。可以相互印证的是，原银监会的监管理念即为管风险、管法人、管内控、提高透明度。

根据巴塞尔协议体系对内部控制的要求，内部控制应该达到以下三大目标：运营目标、信息目标、合规目标。

- 运营目标：确保各岗位运行的效率和各项经营活动的效果，避免无效运作。
- 信息目标：确保银行经营管理的信息传递、反馈和财务运行等信息的全过程可靠、完整。
- 合规目标：确保整体运作受法律、法规和内部规章制约，依法合规经营。

上述三大目标相辅相成、互为补充、互为条件、互相兼容，只有正确地把握三大目标的度与量，才能有效地实现金融机构内控目标。

根据银监会《商业银行内部控制指引》，我国商业银行内部控制的目标包括如下四项：①保证国家法律法规、金融监管规章和金融机构内部规章制度的贯彻执行；②保证自身发展战略和经营目标的全面实施和充分实现；③保证业务记录、财务信息以及其他管理信息的及时、完整和真实；④保证风险管理体系的有效性，确保将各种风险控制在适当的范围内。

可以看出，这四项目标的前三项分别为合规目标、运营目标和信息目标，而最后一项则说明商业银行内部控制的核心目标是保证风险管理体系的有效性。

在理论和实务当中，关于金融行业内部控制和合规管理的关系往往是讨论的热点。内部控制包括多个方面，其覆盖范围涉及公司管理过程的各个方面，一个有效的内部控制系统有助于企业本身有效地实现其经营目标。内部控制比合规管理覆盖的范围更为广泛，有效控制合规风险是实现内控的一种手段。

保证公司业务合规，其含义指保证公司经营活动与法律、管治及内部规则保持一致。合规管理中讲的"合规"可以细分为以下三个层次。

一是规制，即遵守公司与国家相关法律法规和行业准则。

二是规则,即遵守公司内部规章制度,包括企业价值观、商业行为准则。

三是规范,即遵守公司内部的规范流程,包括雇员职业道德规范、雇员行为准则。

根据巴塞尔委员会发布的《合规与银行内部合规部门》,"合规风险"指的是:银行因未能遵循法律法规、监管要求、规则、自律性组织制定的有关准则,以及适用于银行自身业务活动的行为准则,而可能遭受法律制裁或监管处罚、重大财务损失或声誉损失的风险。从内涵上看,合规风险主要是强调银行因为各种自身原因主导性地违反法律法规和监管规则等而遭受的经济或声誉的损失。这种风险性质严重,造成的损失也很大。

5.1.2 内部控制的具体做法

当前,美国的 COSO 框架、巴塞尔协议体系下的银行组织内部控制系统框架、加拿大的 COCO 控制指南、英国的 Turnbull 指南是世界上广为接受的内部控制框架体系。在这几类内部控制框架中,COSO 内部控制框架是美国证券交易委员会唯一推荐使用的内部控制框架,同时《萨班斯法案》第 404 条款的"最终细则"也明确表明 COSO 内部控制框架可以作为评估企业内部控制的标准。在纽约证券交易所上市的公司,需要按照法案要求,引进 COSO 内部控制框架,整合现有内部控制,满足法案的要求。因为纽交所上市公司众多,且多为世界经济巨头,故而这样的客观要求促使 COSO 框架成为世界广为接受且使用范围最广的内部控制框架。

巴塞尔协议体系下的银行组织内部控制系统框架,认同和发展了 COSO 内部控制框架。银行组织内部控制系统框架包括五大要素,即管理层的督促与控制文化、风险识别与评价、控制活动与职责分离、信息与交流、监控评审活动与缺陷的纠正,此五大要素可与 COSO 的五要素相对应。故可将此内部控制系统框架视作 COSO 框架在银行业特殊领域的应用。

1992 年 9 月,随着公司舞弊行为和社会公众的利益冲突日益加剧,为调和矛盾,美国反虚假财务报告委员会所属的发起人委员会(以下简称"COSO 委员会")提出了"内部控制整合框架"。1994 年,COSO 委员会公布了该报告的修订版,得到了美国审计署(GAO)和美国注册会计师协会(AICPA)等权威机构的大力支持。COSO 报告将内部控制看作是一个受公司决策层、经理层及其他人员影响的过程,旨在保证财务报告的可靠性、经营的效果和效率以及遵循现行的法规。COSO 委员会内部控制整体架构主要由控制环境、风险评估、控制活动、信息沟通和监督五项要素构成。其对象是所有的组织,也包括金融机构。

控制环境(control environment)是控制人员进行各项活动和进行监控活动的基础,既包括公司的诚信度和道德观,也包括员工的道德标准和能力。另外,COSO 还特别强调组织的管理风格和规模对控制环境会有深远影响。环境要素是推动企业发展的引擎,也是其他一切要素的核心。

风险评估(risk appraisal)就是识别并分析实现目标的过程中存在的重大风险,它是决定未来如何管理风险的基础。COSO 报告认为,商业决策和公司运营必然会产生风险,且没有任何一种方法可将风险降至零。通过风险评估这个过程可以识别和评估风险,选取对公司实现其目标有重大影响的风险进行管理,并决定未来在该项风险投放的资源、相关的管理改进等问题。COSO 报告希望公司采取定期的、正式的、备有证明的文件努力去识别所有风险。

控制活动（control activity）就是确保管理层人员得到实施的政策和程序。控制活动分为三种类型：经营控制活动、财务控制活动和遵守法律控制活动。控制活动是管理的工具，为管理各类风险，公司必须建立并有效执行实施控制的各项政策和流程。

信息沟通（information and communication）是将上述三项活动相联系的纽带，为了实现公司目标，公司的所有层级，特别是高级管理人员和风险管理人员都需要获取大量的经营和财务信息，而沟通的目的就是为了确保所有人员都能接受来自高级管理层对控制责任和内部控制重要性的认识。

监督（monitoring）。整个内部控制的过程必须施以恰当的监督，通过监督活动在必要时对其加以修正。COSO 将监督看成是评估各个时期的内部控制质量过程的一部分，只有将公司运营的全过程置于监控之下，控制系统才可以反馈，并在授权范围内及时做出调整。这个过程包括即时监督、分别评估或两者的组合。

COSO 报告提出了经营目标、财务报告目标和合规目标三大目标，以及内部控制环境、内部控制策划、实施和运行、检测评价与持续改进、信息交流与反馈五大要素。COSO 报告提出的五大要素采用了"策划—实施—检查—改进"（PDCA）循环的管理模式，是系统论、控制论和信息论在管理中的具体应用。

COSO 报告还对内部控制中各个参与主体所应承担的职责进行了要求。

1）管理层：CEO 最终负责整个控制系统。对于大公司而言，CEO 可把权限分配给 CRO 或其他负责风险管理的高级管理层，并评价其控制活动，然后，高级管理层具体制定控制的程序和人员责任；对于小公司而言，一切可更为直接，由 CEO 具体执行。

2）董事会：管理层对董事会负责，由董事会设计治理结构，指导监管的进行。有效的董事会应掌握上下沟通的有效渠道，设立财务、内部审计等职能，防止管理层通过超越控制、有意歪曲事实来掩盖管理的缺陷。

3）内部审计师：内审对评价控制系统的有效性具有重要作用，对公司的治理结构行使着监管的职能。

4）内部其他人员：明确各自的职责，提供系统所需的信息，实现相应的控制；对经营中出现的问题，对不合法、违规行为有责任与上级沟通。

5）外部人员：公司的外部人员也有助于控制目标的实现，如外部审计可提供客观独立的评价，通过财务报表审计直接向管理阶层提供有用信息；另如法律部门、监管机构、客户、其他往来单位、财务分析师、信用评级公司、新闻媒体等也都有助于内部控制的有效执行。

当前，中国企业都需要按照财政部、原银监会、证监会、原保监会、审计署等五部委共同发布的《企业内部控制基本规范》和《企业内部控制配套指引》来规范内部控制，银行及集团财务公司等非银行类金融机构参照《商业银行内部控制指引》执行，证券公司参照《证券公司内部控制指引》执行，保险公司参照《保险公司内部控制基本准则》执行。尽管如此，金融机构因内部控制出现问题而导致巨额损失的例子仍然比比皆是，金额触目惊心。

【相关案例】中国银行黑龙江河松街支行 10 亿元存款失踪案

2005 年 1 月 4 日，东北高速公司在中国银行哈尔滨河松街支行对账时发现，该公司两个账户应有的近 3 亿元存款余额只剩下 7 万多元，其余存款去向不明。另外，东北高速子公司——黑龙江东高投资开发有限公司存于该行的 530 万元资金也去向不明。与此同时，河松街支行行长高山也神秘"失踪"。东北高速公司随即向警方报案。

警方调查后发现，此案资金涉及东北高速在哈尔滨河松街支行的两个账户中共计存款余额 2.933 7 亿元；东北高速子公司——黑龙江东高投资开发有限公司（以下简称"东高投资"）存于该行的 530 万元资金；黑龙江辰能哈工大高科技风险投资有限公司所存的 3 亿余元资金；黑龙江社保局 1.8 亿元资金；东高投资存在大庆市农业银行的履约保证金 2 427.98 万元亦被悉数卷走。

事后查明，该行行长高山以跳票飞单的形式，利用高息获得巨额存款，在休眠期串通世纪绿洲系企业的实际控制人李东哲通过地下钱庄将超过 10 亿元的资金汇往国外，并顺利出境。

"飞单"或"跳票"这种融资手段，即用高息揽存的方法，把企业的大额资金套进指定银行，然后通过各种手段把固定期限的存款划转到另一家企业的账户上使用，到期限结算时再把本金连同利息"回笼"，从而完成一次交易。一般贷方只需将钱以"活期"形式存入指定银行，然后自己拿着高息承诺的存款凭据。贷方唯一的"代价"是要签一份书面文件，并加盖法人印鉴和本单位支票专用印鉴，承诺一年的"休眠期"之内不得支取这笔款项。

包括东北高速在内的多家企业，将账户开在河松街支行后，运用支票的形式将资金转移到河松街支行的账上，然后通过背书转让或者其他转账方式转至其他账户用作他途。同时，河松街支行向企业出具虚假的存款凭证和对账单，维持资金仍在企业的中行账户上的假象。但正是这一年的"休眠期"使李东哲和高山有了充分的时间去转移这笔资金。

本案例的主要资料及数据来源于有关中行黑龙江河松街支行的公开材料，包括：金融界网站专题"中行高山案"；人民网法治专题"中行黑龙江河松街支行金融大案"。

【相关案例】美国银行的内部控制实践案例解读

为了确保风险与回报的适当平衡，需设置系统且全覆盖的风险管理流程，在全行范围内识别、度量、监测和管理风险，采用全面综合的方法审视风险。美国银行的风险管理流程包括识别和度量、政策和审批、缓释和升级调整、报告和评估、培训和认知等环节。风险评级、风险矩阵等控制流程也都是标准化的，能确保信息透过业务单元和产品类别进行汇总。美国银行的风险管理流程如图 5-1 所示。

作为风险和收益管理的一部分，美国银行认为每个员工都应承担百分之百的报告义务——用公开、直接的方式揭示、标示所有风险。最佳决策依赖于所有交易和事项的充分披露，为达到这个目标，美国银行运用多种风险管理工具，如使用六西格玛法来寻求机会，测量和管理风险，平衡风险和收益。

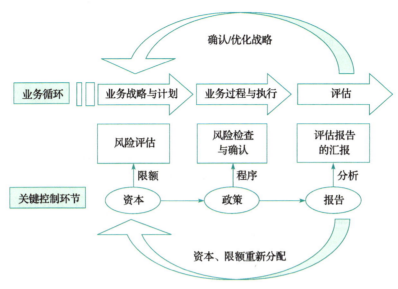

图 5-1 美国银行的风险管理流程

1. 三道防线

美国银行的风险管理架构和流程建立在三道防线基础上，其中的任意一层对确保经营活动中风险和收益的合理识别、计量和管理都有重要的意义。三道防线（见图 5-2）需要高效的团队合作，团队的每个角色都应对自己的岗位负责。与传统意义上的三道防线相比，美国银行将财务、会计、人力资源、IT 一同视为第二道防线的组成部分，与风险管理部共同组织业务单元识别、评估并降低风险。

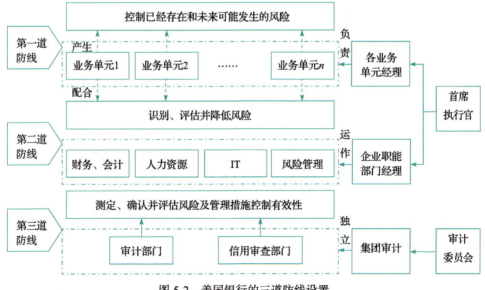

图 5-2 美国银行的三道防线设置

2. 持续改进

持续改进为美国银行风险与汇报管理模式的特点之一。目前美国银行关注的改进是加强市场风险和操作风险管理体系的建设，进一步提高在跨业务单元风险方面的预测能力和进一步加强报酬与绩效之间的联系。

3. 合规管理

美国银行将合规视为其根本的经营之道。合规是各业务单元以及所有员工的首要职责。每项业务的合规包含七个元素：承诺和责任、政策和操作规程、控制和检查、监管检查、监督、培训和认知以及报告。

CEO 每年与各业务单元执行官会晤检查其主要的合规风险以及合规程序的执行情况，评估第一、二道防线负责人对最高标准的合规要求的责任表现、尽责程度和贯彻落实情况。

所有员工每年必须承诺将严格遵守道德行为手册上的内容规定，并将其作为继续聘用的条件之一。要求员工进行反洗钱培训，掌握客户情况，注重保密，重视信息安全等。

5.2 风险损失估计

5.2.1 潜在损失估计

在确认对金融市场主体有显著影响的风险因素以后，就需要对各种风险因素进行测量，对于潜在可能造成的损失进行定量描述，继而方能通过风险准备金和资本计提来进行抵补。

识别金融风险是金融风险管理的基础，金融风险管理人员需要在进行大量的调查研究，全面掌握各种信息之后，运用各种方法对潜在的各种风险进行系统的分析和论证。金融风险识别所要解决的主要问题是确定影响金融风险的因素、性质及其可能产生的后果，使投资者增强对风险的识别能力和感知能力。金融风险识别经常与风险度量联系在一起。具体识别的方法主要有统计分析法、环境分析法、财务分析法和分解分析法。

测量潜在损失即风险测度，其理论发展大致经历了三个阶段：首先是以方差和风险因子等为主要度量指标的传统风险测度阶段；其次是以现行国际标准风险测度工具 VaR 为代表的现代风险测度阶段；最新的是以 ES 为代表的一致性风险测度阶段。

目前经常使用的金融风险测度指标大致可以分为两种类型，即风险的相对测度指标和绝对测度指标。相对测度指标主要是测量市场因素的变化与金融资产收益变化之间的关系。例如：针对债券等利率性金融产品的久期（duration）和凸度（convexity）指标；针对股票的 beta 值；针对金融衍生产品的 delta，theta，gamma，vega 和 rho 指标。这些工具多被交易席位的交易员用于头寸的日常性风险管理，在风险管理第一道防线中起着非常重要的作用。

风险测度理论迄今为止仍然是一个有待进一步开发和完善的领域，有许多值得深入研究的课题。由于现有各种风险测度指标均存在一定的局限性，新的风险测度理论和建立在其上的新的风险测度指标（性能优良、便于计算、合理检验）是今后值得深入研究的重点和方向。

1. 金融风险测度理论——传统风险测度

马科维茨提出用标准差来度量资产风险，后来又衍生出半方差和离差（又称极差）等量化指标来度量风险。在资产负债管理中，利率久期和各种形式的修正久期成为度量利率风险的重要方法。目前，适用性最广的度量金融风险的方法是 VaR 方法，其已经由市场风险推广至信用风险、流动性风险和操作风险当中。而实践中最容易让人理解的则是标准差或方差方法，许多学者认为较为客观的方法是以布莱克－斯科尔斯－默顿期权定价模型为代表的期权定价法。

传统风险测度工具包括方差、半（下）方差、下偏矩 LPM（low partial moments）、久期、凸度，以及希腊字母，如 beta、delta、theta、gamma、vega、rho 表示的测度指标。这些指标分别从不同的角度反映了投资价值对风险因子的敏感程度，因此被统称为风险敏感性度量指标。

方差、半（下）方差、下偏矩 LPM 等风险敏感性度量指标只能描述收益的不确定性，即偏离期望收益的程度，并不能确切证明证券组合损失的大小。所以，它们只是在一定程度上反映风险的特征，难以全面综合地度量风险，因此只能适用于特定的金融工具或在特定的范围内使用。

2. 以 VaR 为代表的现代金融风险测度

风险价值 VaR 是指在正常的市场条件和给定的置信水平下，在给定的特有期间内，投资组合所面临的潜在最大损失，现行的国际标准风险管理工具 VaR 最初是由 J. P. 摩根（J. P. Morgan）针对其银行业务风险的需要提出的，并很快被推广成为一种产业标准。

VaR 是借助概率论和数理统计的方法量化和测度金融风险。它最大的优点是可以得出多维风险的一个一维近似值，可用于测量不同市场的不同风险并用一个数值表示出来，进而对不同风险可能造成的潜在损失进行比较，因此具有广泛的适用性。巴塞尔银行监督委员会、美国联邦储备银行、美国证券交易委员会、欧盟都接受 VaR 作为风险测度和风险披露的工具。

但是，VaR 作为风险测度的指标，不满足一致性风险测度四条公理中的次可加性公理，不是一种一致性风险测度指标。这就意味着当用 VaR 度量风险时，某种投资组合的风险可能会比该组合中所有证券风险之和还要大，从而导致投资者在这种计量方式下不愿进行多样化投资。而在实证中已经证明，多样化可以显著降低非系统风险。而且 VaR 还具有诸多缺陷，如不能测度超过 VaR 的损失、不适用于非椭球分布函数族、局部极值会导致 VaR 排序不稳定等缺陷，这些缺陷决定着 VaR 并不是一种最合适的风险测度指标，尽管其现在被运用得最为广泛。

3. 以预期亏空为代表的现代金融风险一致性测度

Artzner 等（1999）提出了一致性风险测度（coherent risk measure）概念。他们认为一种良好定义的风险测度应该满足单调性、一次齐次性、平移不变性和次可加性四条公理，并将满足这些公理的风险测度称为一致性风险测度。

（1）单调性

如果投资组合 X_1 在任意情况下的价值都比投资组合 X_2 的价值大，则一致性风险测度度量 X_1 的风险至少不应该比 X_2 的风险大。也就是说，优质资产的风险应该比劣质资产的风险小。

（2）一次齐次性

$$\forall \lambda > 0, \ \rho(\lambda X) = \lambda \rho(X) \tag{5-1}$$

（3）平移不变性

$$\forall c > \text{const}, \quad \rho(X+c) = \rho(X)+c \tag{5-2}$$

如果用数量为 $\rho(X)$ 的资本或保证金加入投资组合 X 之中，则恰好可以抵消投资组合 X 的风险。因此平移不变性公理要求风险测度在数值上就是为抵消投资组合的风险而需要提供的资本或保证金的数量。

（4）次可加性

$$\rho(X_1+X_2) \leqslant \rho(X_1)+\rho(X_2) \tag{5-3}$$

次可加性公理意味着用一致性风险测度度量出来的所有被监管对象的总体风险 ρ 不能比各单个被监管对象的风险之和大。否则，即使各单个被监管对象都设置了足够的资本或保证金 $\rho(X_i)$，也不能保证所有监管对象总的资本或保证金 $\rho(X_i)$ 足以抵消整体风险 B，因此监管措施就可能失效。可见，次可加性公理主要是从保证风险监管有效性的角度提出的，为监管目的而设计的风险测度应该满足次可加性公理。

由于这四条公理具有合理性，所以一致性风险测度被风险测度理论界广泛接受。故而巴塞尔银行监管委员会在 2012 年 5 月提出的《巴塞尔协议Ⅲ》征求意见稿中着重提出了关于一致性测度的内容，相信将在《巴塞尔协议Ⅳ》中成为一大亮点，值得银行业监管机构和银行家高度重视。

数理金融学家随后在一致性风险测度的四公理基础上提出了几种不同形式的一致性风险测度指标，其中 ES 是最常用的一种。ES 就是投资组合在给定置信水平决定的左尾概率区间内可能发生的平均损失，因此被称为预期亏空（expected shortfall，ES）。ES 对于损失 X 的分布没有特殊的要求，在分布函数连续和不连续的情况下都能保持一致性风险测度这一性质。这使 ES 不仅可以被应用到任何金融工具的风险测量和风险控制上，也可以处理具有任何分布形式的风险源，而且保证了在给定风险量的约束条件下最大化预期收益组合的唯一性。在实践中，ES 也被称为 CVaR（conditional VaR）。

由于 ES 风险测度的发展时间不长，故而 ES 作为一种一致性风险测度也存在着一定的局限性。VaR 与一阶传统随机占优是一致的，ES 风险测度与二阶传统随机占优是一致的。但是，VaR 与二阶及二阶以上传统随机占优不是一致的，ES 风险测度与三阶及三阶以上传统随机占优也不是一致的，在特定情况下，运用 VaR 和 ES 都不能做出正确的投资决策。

5.2.2 压力测试

银行压力测试是一种以定量分析为主的风险分析方法，国际清算银行全球金融体系委员会（BCGFS2000）将压力测试定义为金融机构衡量潜在但可能（plausible）发生异常（exceptional）损失的模型。压力测试是指透过情景设定或历史事件，根据可能的风险因子变动情形，重新评估金融商品或投资组合的价值，以作为判断银行蒙受不利影响时能否承受风险因子变动的参考。换言之，压力测试即为金融机构尤其是银行，衡量自身一旦遭遇极端不利的历史事件或假设情景时，是否能拥有足够的资本及能力安渡难关，并为建立风险应急预案提供参考。进行压力测试，首先测算银行在遭遇假定的小概率事件等极端不利情况下可能发生的损失，其次对这些损失对银行盈利能力和资本金带来的负面影响进行分析，最后对单家银行、银行集团和银行体系的脆弱性做出评估和判断，并采取必要措施。

压力测试是风险管理中的关键步骤，它包括：①情景分析；②压力模型、变量、相关性设定；③开发应对策略（developing response strategy）。

情景分析要考虑多个可能对资产发生影响的因素同时变化对资产质量产生的影响。风险管理者在实务中有多种选择来设计相应情景。

1）敏感性分析，即单一因素分析。此方法的主要思想是通过改变模型中的某个或某组特定的风险因子来观测模型结果随之发生的变化，从而得知相应的资产变化。这是种非常简单且直观的方法。然而不幸的是，评估金融变量间的共同变动情况是非常困难的。这是因为，所有变量在同一时间均向最极端糟糕的情况下变动的可能性极低。即便像次贷危机和欧债危机这样的极端事件发生后，我们可以观察到，各国政府为了救市、增加市场流动性可以说是不遗余力，根本不可能在经济已经如此艰难的情况下采用紧缩的货币政策和财政政策。

2）历史情景模拟法。该方法就是观察在特定历史事件发生时期，市场风险因子在某一天或者某一阶段的历史变化将导致金融机构目前拥有的投资组合市场价值的变化。国际先进银行一般会采用如下情景来进行模拟，如：1987年股市突然崩盘、1992年英镑贬值、1994年债券市场崩溃、2008年雷曼兄弟倒闭等。这种方法的优点是测试结果的可信度高，且测试结果易于沟通和理解。缺点在于，难以测试那些在该历史事件发生后才出现的创新性金融资产，或是在该事件发生后因为监管要求或行为特性变化而发生改变的风险因素。

3）建立预期情景，例如假设本国资本市场突然崩溃会给金融机构造成的直接和间接影响。理论上讲，这种情景在评估最极端市场条件发生时会给金融机构投资组合的当前头寸造成影响大小时最为合适。

4）反向压力测试（reverse stress test）。这种方法是以假设一场巨大的损失发生为开端，继而考虑发生什么样的情形方能造成这种规模的损失。这种分析方法强迫金融机构想出其他可能发生的情景，有助于找出那些通过寻常的压力测试发现不了的情况，如金融危机的蔓延。这一条对于风险管理者的专业判断、经验要求极高。能够设计反向压力测试并从中找到致命问题是优异的风险管理存在的有效证据之一。

压力测试在应对重大事件风险（event risk）方面非常有用。重大事件风险是指由政治或经济事件所导致损失的风险。这种事件的发生概率很小且难于预测，它们包括以下几点。

1）政府变更导致的经济政策变化；
2）经济政策变化，如违约、资本账户管控、税法变更、对外资直接征收等；
3）政变、内战、敌国入侵及其他政局不稳的信号；
4）货币快速而非稳步贬值，这经常随着市场变量的猛烈变化而产生。

【相关案例】阿根廷债务危机

阿根廷债务危机是新兴市场中政治风险的一个非常好的例子。直到2001年，阿根廷采取的都是"货币局汇率制度"，其主要内容是：比索与美元的汇率固定在1:1的水平上，外汇买卖不受限制；货币基础完全以外汇储备做保证；中央银行不得通过印刷钞票弥补政府财政赤字；经常项目和资本项目交易活动所需的比索可自由兑换。政府承诺将不惜一切代价保其汇率稳定。

初期这种固定汇率制在降低通货膨胀方面是十分成功的，但后来由于比索绑在了美元上，美元的坚挺使比索的币值远远高于其实际价值，对阿根廷出口贸易带来了很大的负面影响。1998年金融危机使阿根廷遭受了巨大打击，祸不单行的是，高昂的外债利息成本也让阿根廷不堪重负。

2000年，阿根廷外债总额达1 462亿美元，相当于当年外汇收入的4.7倍，当年还本付息占出口收入的38%。受东南亚金融危机和巴西金融危机影响，2001年11月，阿根廷政府宣布无力偿还外债，决定实施债务重组。

自2001年12月20日德拉鲁阿总统宣布辞职至2002年1月1日正义党参议员杜阿尔德就任新总统，短短12天内，阿根廷政府五易总统，政治危机也相当严重。

大规模的骚乱和激烈的政局动荡迫使政府放弃了比索盯住美元的货币局汇率制度，国内外投资者对阿根廷的信心急剧下降。阿根廷不仅遇到了债务危机，而且还陷入了政治危机和社会危机。

在此之前，阿根廷经济已陷入萧条，政府财政赤字和债务情况显著恶化。政府不得不通过国内银行来资助赤字，政府债务占银行资产的比率迅猛攀升，这显著增加了银行系统的信用风险。2001年12月23日，阿根廷政府宣布暂时停止偿付所有公债的利息和本金，12月24日宣布将于2002年1月发行本国第三种货币阿根廷元。阿根廷比索大幅贬值，最高时达75%，阿根廷通货膨胀迅速上扬，比索贬值后累积通胀率最高达80%，大批企业倒闭，失业率大幅上涨至25%，2002年经济下滑10.9%。2004年年底，经过艰苦谈判，最终与国际金融机构达成协议，公布了以仅相当于欠债30%的面值发行新债来偿还旧债的债务重组方案。2005年3月3日，债务重组取得成功。而这种回收率以历史标准来看是极低的。

本案例的主要资料及数据来源于有关阿根廷债务危机的公开材料，包括：Philippe Jorion. *Financial Risk Manager Handbook*, Sixth Edition.John Wiley & Sons, Inc。

1. 压力测试的原理和内容

压力测试原理来自极值分析。压力测试首先对资产假设出一个极值（极端变化），然后针对这些假设的极值计算资产组合的价值变化，进而反映出金融机构在该突发事件下的损失程度。

压力测试的内容包括：衡量异常但是可能发生的巨大损失事件对投资组合的冲击；评估机构的风险承受特性；优化并检验经济资本配置；评估业务风险。

压力测试采用的驱动因子主要取自宏观变量：GDP增长速度作为主要驱动因素，利率和汇率变动作为辅助因素。

2. 压力测试的目的、作用和局限性

1）压力测试的目的：一是评估单个金融机构在市场过度波动或危机时面临的主要风险。二

是评估在不利条件下金融体系的稳健性。即评估由于宏观经济变量出现不利的变动从而对金融机构造成的脆弱性，具体是通过评估宏观经济变量的潜在极端变动对金融体系稳健性的影响。

2）压力测试的作用。一是有利于金融监管当局评估金融机构的风险承受能力，同时，对于预测在不利的经营条件下发生系统性金融风险的可能性具有作用。二是有助于金融机构评估其通过盈余和资本充足性抵御风险的能力，增进对其自身风险状况的了解，使金融机构高级管理层进一步衡量金融机构的风险承担是否与其承受风险的能力相符。三是有助于金融机构弥补对主要以历史数据及假设为基础的数据风险方法（因为历史数据中很有可能未包含遭遇重大风险事件打击时的情景）的运用，评估蒙受损失风险的大小。

3）压力测试的局限性。压力测试虽然能估计金融机构受某特定压力事件影响的程度，但是无法考虑到发生有关事件的可能性，换言之，对于一种压力事件究竟属于罕见，还是极其罕见，在高管层中也是非常难以统一认识的。此外，压力测试会受到设计压力测试的风险管理人员的判断和经验影响。因此，压力测试的成效视情况而定，特别是金融机构是否选择了"正确"的方式进行压力测试，是否正确解释测试结果，以及是否采取了必要的补救措施。故而，对于金融机构，尤其是银行而言，尽早开展全面的压力测试情景库建设、定期进行压力测试、对风险管理者进行持续的能力建设等工作对于发挥出压力测试的真正效果是非常重要的。

3. 压力测试的步骤和方法

（1）压力测试的步骤

以商业银行为主的金融机构压力测试的步骤大体如下：

1）确定风险因素；
2）设计压力情景；
3）选择假设条件；
4）确定测试程序；
5）定期进行测试；
6）对测试结果进行分析；
7）通过压力测试确定潜在风险点和脆弱环节；
8）将结果按照内部流程进行报告；
9）采取应急处理措施和其他相关改进措施；
10）向监管机构报告。

压力测试的程序主要包括以下三个阶段。

1）识别阶段。这是压力测试的第一阶段。在这一阶段里，风险管理者首先列出资产组合中包括的所有金融工具。一旦确定后，理论上就可以进一步确定影响每一种金融工具的所有风险因子。风险因子是对资产组合未来的收益会产生影响的变量。在实务中，想要穷尽这些风险因子是不可能的，只能尽力穷尽。完成对于资产组合的全面列示后，接下来要考虑需要进行压力测试的机构或产品所处的经济、社会和政治环境，这是压力测试程序中非常重要的部分。在这一阶段，需要着重征询内部专家的意见，必要时，可聘请外部经验丰富的专家或机构协助进行，识别出他们认为的金融机构（或金融制度）最主要的脆弱点，这是因为对一个资产组合或制度的所有风险因子进行压力测试是不实际且不经济的，因而需要聚焦于某几个最为重要的风险因子，而这与风险管理应将主要精力和资源投放在重大问题上是一致的。

2）构建情景。在识别出金融机构或金融制度存在的最主要脆弱点之后，第二阶段工作是针对这些脆弱点建立情景。情景构建是压力测试的基础，目的在于产生金融市场的某些极端情景。情景又划分为历史情景和假定情景两种，历史情景依赖于过去经历过的重大风险事件，而假定情景是假设的、未曾真正发生过的重大风险事件。

3）情景分析。情景分析阶段是将情景冲击通过基本模型作用于金融机构的资产负债表、利润表等报表。

第一步，确定基本模型，可分为两类。

第一类模型是形式为需要估计的模型。这种模型的因变量为风险指标 Y，如贷款损失备付金、不良贷款等，其自变量一般来说为许多宏观经济变量。在某些模型中，也可包含外生的、有关银行自身的变量 Z，如银行规模、资本总额、成本效益比例。第二类模型是形式为恒等式的模型。与第一类不同，这类模型不需要估计参数。

第二步，确定冲击（shock）的大小。

在考察了各种风险因子和确定了建立哪一种压力测试之后，接下来的问题是如何决定冲击的大小，它的确定与压力测试中包含的每一个风险因子相关。一种方法是利用历史压力事件中实际产生过的冲击大小来确定。当使用历史事件法时，可以在历史压力事件中风险因子变化的基础上决定冲击的规模。如果在给定时段内，风险因子被假定随机出现剧烈波动，那么该历史数据期限的选择将是至关重要的。一些金融机构将前一年发生的某一事件作为压力事件，这样做可能并不合适。所以，金融机构必须选择一个更长的期限，至少应该覆盖一个对于资产组合有意义的完整的经济周期和尽可能多的压力事件。一旦期限选择定了，无论是风险因子的初始价值与期末价值之间的差别，还是给定时段内，最低值与最高值之间的最大波动，都可以用来决定风险因子冲击的大小。有时一些压力测试中涉及的情景并不容易转化为具体的冲击，如所设计的情景为欧洲出现金融危机、某地区爆发大规模战争等。这时，冲击造成的影响就很难被有效地构建出来。换言之，冲击就是对情景的具体化。

冲击大小确定后可将之作用于基本模型，即将冲击造成影响的数值代入模型，得出 Y 值，将其结果作为决策的重要参考。具体方法包括单因素分析（如敏感性分析）与多因素分析（如情景分析）等。

（2）压力测试的方法

金融机构压力测试通常包括金融机构的信用风险、市场风险、流动性风险和操作风险等方面的内容。压力测试中，金融机构应考虑不同风险之间的相互作用和共同影响来确定测试方法。而在实务中，银行业采用压力测试更加普遍，以下则以银行业风险因子压力测试方法为例进行说明。

1）信用风险因子的压力测试方法。针对信用风险可以采取的压力情景包括但不局限于以下内容：国内及国际主要经济体宏观经济出现衰退；房地产价格出现向下波动；贷款质量恶化；授信较为集中的企业和同业交易对手出现支付困难；其他对银行信用风险带来重大影响的情况。

我国银行业在信用风险压力测试中常用的风险因子为违约概率（probability default，PD）、违约损失率（lose given default，LGD）及违约风险敞口（exposure at default，EAD）三个主要风险因子。进行压力测试的方法，大致可区分成敏感性分析、情景分析和资产组合评估三种。

①敏感性分析通过改变模型中的某个或某组特定的风险因子来观测模型结果的变化，从而得知相应资产的变化。

②情景分析同时考虑多因素变化对资产质量的影响，例如选取宏观经济衰退情景分析。情景构建的方法主要有以下几种。

第一，历史模拟情景法。就是观察在特定历史事件发生时期，市场风险因子在某一天或者某一阶段的历史变化将导致机构目前拥有的投资组合市场价值的变化。例如以2008年雷曼兄弟倒闭后产生的一系列影响来设计压力情景，便要计算当时的历史变动幅度，并以此为基础评估对资产组合的影响。

第二，极值理论法。极端情景分析是依照资产组合的特性，估计可能极端情景下的最大损失。极端情景分析，在最初需要设计这样一个问题：投资组合在特定的持续时期内，有可能出现的最坏情况是什么？极值理论法将统计理论极端值研究运用于金融风险管理，针对极端值及概率分布加以分析，故使用上较有弹性，尤其是针对偏态及肥尾情形的调整更加有用，这一方法的局限在于对风险因子的波动是依照假设的分布来计算的，但在实务上难以验证各风险因子的真实分布状况。

第三，假定特殊事件法。使用某种可预知的发生概率极小的压力事件所引发的冲击来估计金融机构可能遭受的损失，由于这样的压力事件在最近没有发生过，因此必须运用历史经验来创建这些假定的情景。

在正常的情况下，以上三种方法都可以对风险因子进行估计，而且一般来说，各风险因子的变动是呈正态分布或对数正态分布的，此时采用一般的风险管理模型便已足够，但在市场出现重大变化时，各风险因子便会变得难以预测，过去的历史资料对预测此类变化的帮助亦极少。因此金融机构要进行完整的风险管理，针对这两种截然不同的市场情况，必须采用不同的模型加以管理，所以同时使用一般的风险模型与压力测试模型是不冲突的，事实上金融机构同时使用这两种模型能使其风险管理更趋完整。

③对资产组合的评估。此方法是指评估在这些不利的情况下银行的损失大小、盈利能力变化等，以衡量银行的稳健性和安全性。问题的关键是确定这些不利情况下的情景参数（GDP、利率上升、失业率上升、房价下跌、股指下跌等）和风险因子（PD、LGD、EAD等）之间的联系，以及风险因子对资产组合价值、损失等的影响程度。

2）针对市场风险的压力测试情景，包括但不局限于以下内容：市场上资产价格出现不利变动；主要货币汇率出现大的变化；利率重新定价缺口突然加大；基准利率出现不利于银行的情况；收益率曲线出现不利于银行的移动、附带期权工具的资产负债其期权集中行使可能为银行带来损失等。

压力测试情景除了以上列举的各类情况之外，还可以考虑以下情况，如：银行资金出现流动性困难；因内部或外部的重大欺诈行为以及信息科技系统故障带来的损失等。此外，还包括可能发生的自然灾害如大地震、大规模破产、一些重要法规的制定和出台以及突发性政治事件等，进行这样的假设性情景分析将使压力测试更具完整性。在这种分析方法下，银行可建立在自我判断和历史经验上，自行设计各种价格波动和相关系数等情景，但也因此会有许多经验性和主观性模型的设定。

4. 巴塞尔协议体系对压力测试的要求

2009年1月，巴塞尔银行监管委员会公布了《稳健的压力测试实践和监管原则》征求意见稿。该文件是巴塞尔委员会首次发布的专门的压力测试监管文件，它系统、全面地阐述了银行和监管机构的压力测试要求。文件要求银行开展覆盖全行范围内各类风险和各个业务领域的压力测试，提供一个全行全面风险的整体情况，以便促进风险识别和控制，弥补其他风险管理工具的不足。

20世纪90年代初以来，压力测试在国际银行业得到广泛的应用，已经成为银行等金融机构重要的风险管理工具，其测试的风险类型、可能的冲击和运用领域如表5-1所示。

表5-1 压力测试的风险类型、可能的冲击和运用领域

风险类型	可能的冲击	运用领域
利率	收益率曲线平行移动 短期、中期或长期峰值，收益率曲线形状变化 国内和国外的利率受到冲击	主要应用于交易账户，也可能用于银行账户
汇率	汇率变化，如贬值或升值10%～20%等 根据在组合中的重要性决定的其他可能受到汇率冲击的货币	主要应用于交易账户，也可用于银行账户的外汇存款
信贷	增加违约的可能性，如将所有贷款类型的评级下调一个级别 增加不良贷款率，如将正常贷款更多地转移到不良贷款各个类别中等	主要应用于银行账户，经常对其违约增加事件进行校准
股票价格	股票市场指数下跌，如主要指数下降20%～30%	主要应用于交易账户
波动性	增加利率、汇率、股价及相关期权的波动性	主要应用于期权投资组合，能够对早期市场波动增加事件进行校准
流动性	交易性证券的流动性下降，如除了最具流动性的证券外，所有证券都出现折价 存款人提款率增加或银行间贷款额度的减少	主要应用于交易账户，能够对发生折价前后的流动资产比率进行观察分析
商品	主要出口商品价格下跌，如油价下跌20%	主要应用于对大宗商品依赖严重的国家

5.3 风险准备金计提

风险准备金计提是风险承担策略的一种重要方法。该策略表明，如果损失发生，经济主体将以当时可利用的任何资金进行支付。风险保留包括无计划自留和有计划自我保险。

1）无计划自留，是指风险损失发生后从自有资金中支付，即不是在损失前做出资金安排。当经济主体没有意识到风险或是认为该损失不会发生时，或将意识到的与风险有关的最

大可能损失显著低估时，就会采用无计划自留方式承担风险。一般来说，无计划自留应当谨慎使用，因为如果实际总损失远远大于预计损失，将引起资金周转困难。

2）有计划自我保险，是指可能的损失发生前，通过做出各种资金安排以确保损失出现后能及时获得资金以补偿损失。有计划自我保险主要通过建立风险准备金的方式来实现。其应对的损失属于预期损失。

《商业银行风险监管核心指标（试行）》在第十三条中说明："风险抵补类指标衡量商业银行抵补风险损失的能力，包括盈利能力、准备金充足程度和资本充足程度三个方面……（二）准备金充足程度指标包括资产损失准备充足率和贷款损失准备充足率。资产损失准备充足率为一级指标，为信用风险资产实际计提准备与应提准备之比，不应低于100%；贷款损失准备充足率为贷款实际计提准备与应提准备之比，不应低于100%，属二级指标。"

为了使累积的风险不致危及银行的生存，银行通过提取呆账准备金和坏账准备金的方式来缓冲风险，提高银行的抗风险能力。

当前在我国，贷款呆账准备金、坏账准备金、投资风险准备金可计入银行附属资本来抵补风险损失。贷款呆账准备金是商业银行在从事放款业务过程中，按规定以贷款余额的一定比例提取的，用于补偿随时可能发生的贷款呆账的准备金。坏账准备金是按照年末应收账款余额的3‰提取，用于核销商业银行的应收账款损失。按照规定，我国商业银行每年可按上年年末投资余额的3‰提取投资风险准备金。如达到上年年末投资余额的1%时可实行差额提取。

银监会公布的《银行业金融机构国别风险管理指引》，对国别风险管理体系、管理方法和技术以及管理监督检查等内容做出明确规定，并特别强调，应对具有国别风险的资产计提国别风险准备金。其中，低国别风险计提比例不低于0.5%；较低国别风险计提比例不低于1%；中等国别风险计提比例不低于15%；较高国别风险计提比例不低于25%；高国别风险计提比例不低于50%。银行每年应向监管机构上报国别风险敞口和准备金计提情况。

2011年11月4日，中国人民银行就《支付机构客户备付金存管暂行办法（征求意见稿）》向社会公开征求意见，该意见稿指出，支付机构应当在备付金主存管行开立风险准备金专用存款账户，其计提的风险准备金不得低于其备付金银行账户利息所得的10%。支付机构在备付金合作银行开立了5个以上备付金收付账户的，自第5个备付金收付账户起，每新增一个备付金收付账户，其风险准备金的计提比例增加5个百分点，以此类推，直至风险准备金的计提比例达到100%为止。

5.4 资本计提及配置

第4章中介绍的巴塞尔协议体系的核心就是确保银行的资本充足、具有足够的偿付能力，将资本充足率作为国际银行业监管的重要角色。这是因为，即便是最为完善的内部控制体系，仍不能解决如下问题。

1）合谋等集体舞弊导致内控失效；
2）关键控制岗位因为疏忽导致错漏等内部问题；

3）外部交易对手突然倒闭；

4）市场环境的突然转变，如流动性黑洞等外部问题。

正因为风险是无处不在且无法完全消灭的，金融机构作为专业经营风险的机构，就必然要在为预期损失足额提取风险准备金后，准备出足额的资本金来应对非预期损失。银行可以计量的资本远较财务上的要求更加严格，如《巴塞尔协议Ⅲ》中对资本的范围较《巴塞尔协议Ⅱ》更加严格，去掉了之前可以覆盖市场风险敞口的三级资本，只认为普通股、留存收益可以作为一级资本，对二级资本的限制也更加严格，且只有这些经过认定的资本可以作为资本充足率计算的基础。

对于以银行为主的金融机构而言，计量资本充足率的基础即为风险加权资产的归类及计算，它是指对银行的资产加以分类，根据不同类别资产的风险性质确定不同的风险系数，以这种风险系数为权重求得的资产。在《巴塞尔协议Ⅰ》中，资本充足率的计算仅对信用风险计量风险加权资产；在《巴塞尔协议Ⅱ》中，则发展为对信用风险、市场风险、操作风险计量风险加权资产，参考值皆为8%以上；在《巴塞尔协议Ⅲ》中，风险加权资产仍然针对信用风险、市场风险、操作风险进行计量，但对参考值进行了大幅度提高，监管更加严格。

为反映总体风险水平，会为不同风险的资产设置不同的风险系数，以各种资产各自的风险系数乘以资产数额加总，便得到风险加权资产：

$$风险加权资产总额 = 资产负债表内资产 \times 风险权数 + 资产负债表外资产 \times 转换系数 \times 风险加权数（表内外风险加权资产与总资产之比） \quad (5\text{-}4)$$

巴塞尔协议体系认可的风险加权资产计量的方法有多种：针对信用风险计量的有标准法、初级内部评级法、高级内部评级法；针对市场风险的有标准法、内部模型法；针对操作风险的有标准法、基本指标法和高级法。以银行为代表的金融机构在选取不同的方法来计量风险加权资产之前，必须得到监管机构的允许，并按要求进行披露。

例如，当银行采用初级内部评级法时，监管当局首先要设立最低监管标准（包括内部识别信用风险的程度、评级体系标准设立、评级过程和评级结果真实性、违约概率的估计方法、数据收集和信息技术系统标准、内部检验、信息披露等），银行在满足严格的最低监管标准下自己测算债务人违约概率，按中国银保监会要求，计算违约概率的数据应有五年以上的数据积累。监管当局提供对其他风险要素 LGD、EAD、M 的标准值。

当银行采用高级内部评级法时，监管机构需要检验其内部评级法的每一个参数的定义、采集、归类、计算的整个过程。

对资本充足率进行监管的成本和收益可以概括为表5-2。

表5-2 资本充足性监管的收益与成本

资本充足性监管的收益	资本充足性监管的成本
促使银行破产的社会成本内部化	直接成本
有利于改善银行的风险管理和内部控制	运行成本
在银行发生流动性问题之前提供预警机制	间接成本

资料来源：《2005中国金融发展报告》，p490。

5.5 风险调整绩效配置

5.5.1 经济资本及风险调整后绩效度量

传统上，经济资本主要用来回答如下问题：考虑金融机构所从事业务的风险承担状况，该机构需要多少资本来保证足够的偿付能力？一旦金融机构能够回答这一问题，许多其他的管理问题便能够迎刃而解。因此，近年来风险管理者们开始用所有风险类别所需的经济资本来评估总体风险，这一资本也被称作风险资本，其计量基础就是高置信水平下的风险价值。现在，经济资本在实务中得到了更多发展，被用于应对越来越多的新问题，在银行及其他金融机构中尤其如此。这些新的应用包括：对企业、业务单元以及个人层次上的绩效度量以及薪酬激励；进入/退出决策的积极组合管理；为合同、交易进行定价。

经济资本的度量可以帮助我们实现以上应用。例如：假设一家银行有两个非常优秀的交易员，他们在去年都表现非常出色，每个人都为部门贡献了 1 000 万元人民币的利润。问题是，我们如何来比较他们的业绩？给他们的薪酬、激励是否应有所区分？他们两个中谁在创造收益的过程中更善于把控风险？谁正在做的业务应该被大力扶持？这对于为其提供与其风险、绩效相匹配的报酬，并决定随后进行扩张的业务种类而言是至关重要的。在经济资本概念出现前的绩效考评中，如资产报酬率（return on assets，ROA）和权益回报率（return on equity，ROE），虽然计算非常简便，但因为未考虑风险的因素，可能会导致一些危险的行为。比如在那些预期回报很高但风险可能高到超出金融机构风险容量的市场或业务线进行扩张，就可能导致情况一旦恶化时，该机构将损失惨重。在系统考虑风险与收益之间关系的工具出现之前，风险管理者仅仅能出于对交易产品的直观感觉来做类似判断，缺乏足够科学客观的工具来支持决策。

为了解决类似这样的问题，美国信孚银行（Bankers Trust）在 20 世纪 70 年代末期提出了风险调整后资本收益率（risk-adjusted return on capital，RAROC）这一概念。另一个类似的概念是风险调整后绩效度量（risk-adjusted performance measurement，RAPM）这个概念可以为各个业务提供统一的经风险调整的绩效度量，无论是管理层还是外部利益相关者都可以利用这些绩效度量指标比较金融机构的经济盈利能力，而不是会计盈利能力，比如账面权益的回报率。而且，RAROC 还可以作为平衡记分卡的一部分，帮助金融机构根据特定部门的高管层和基层员工对股东价值的贡献确定他们应得的酬劳；RAROC 可以辅助进行进入或退出一项特定业务的决策，可以协助回答这样一个问题"向一项新业务或已有业务配置资源，或是取消之，究竟可以创造多少价值"；RAROC 可以对单个交易进行风险调整定价，以保证金融机构在交易过程中遇到的经济风险可以获得补偿。例如，常识告诉我们，向财务状况相对脆弱的非投资级企业的贷款应比投资级企业定价更高，即利率更高，但是只有在计算出预期损失的数额以及对每项交易设定的风险资本成本后，方能确定这种差别的数额。在 RAROC 和 RAPM 出现前，这种差额更多来自风险管理者的主观判断，缺乏说服力。

回到最初的例子，假定这两个交易员具有如表 5-3 所示的名义金额和波动率。A 交易员拥有更多的名义金额（2 亿元人民币），市场波动率较低（每年 4%），而 B 交易员拥有的名义金额为 1 亿元人民币，市场波动率为 12%。风险资本（risk capital，RC）可以按照 VaR 度量的方法计算，例如一年 99% 的置信水平，就像信孚银行所做的一样。假定在正态分布下，转换成 B 交易员的风险资本为 2 800 万元人民币，而 A 交易员的风险资本为 1 900 万元人民币。

表 5-3　两名交易员的 RAPM 比较　　　　　　　　（单位：万元人民币）

	计算 RAPM				
	利润	名义金额	市场波动率	VaR	RAPM
A 交易员	1 000	20 000	4%	1 900	53%
B 交易员	1 000	10 000	12%	2 800	36%

风险调整后业绩的计算方法是用美元利润除以风险资本

$$RAPM = \frac{利润}{RC} \tag{5-5}$$

该数值显示在最后一列。因为 A 交易员的行为要求更少的风险资本，他实际上比 B 交易员的业绩更好。由上表可以很容易看出 A 交易员的风险调整后绩效度量明显更高，应对其配置更高的头寸来放大其收益，并给予更高的薪酬激励。

应当指出的是，本方法从一个独立的角度来考察风险。例如，使用每一个产品的波动率。从理论上来说，为了进行资本分配，应当在银行所有的投资组合环境中考察风险，并按照其对银行整体风险的边际贡献来度量。然而，在实践中，最好能向交易者针对在其控制范围内的风险核算成本，即对他们掌控的投资组合的波动率进行相应的成本分摊。

5.5.2　风险调整后资本收益率

管理者在战略决策中经常遇到这样的情况：无论是选择进入一个新的业务、项目，或是并购一家新的机构，或是决定对已有的业务项目进行扩张或关闭，管理者都不得不在已知经营活动的业绩之前做出决策。进行资本预算时，实务界通常根据式 5-6 计算税后 RAROC。

$$RAROC = \frac{预期收益 - 成本 - 预期损失 - 税收 + 风险回报 \pm 转移支付}{经济资本} \tag{5-6}$$

预期收益是指该经营活动预期产生的收益，在此过程中假设不存在财务损失。

成本是指与经营活动运行相关的直接费用，如工资、奖金、基础设施支出等。

预期损失对银行业来说主要是指信贷违约造成的预期亏损，相当于贷款损失准备金，这是银行为维持经营所必须承担的一项成本。和其他经营成本一样，这项成本已计入借款成本在交易价格中得到反映，因此不再需要风险资本作为吸收风险的缓冲器。预期损失还包括其他风险造成的预期亏损，比如市场风险和操作风险。

税收是指根据公司有效税率计算得到的经营活动的预期税额。

风险资本回报是指在这项经营活动中配置的风险资本的回报。该回报通常以无风险证券，比如政府债券的利率计算。

转移支付与转移定价机制相联系，主要指各业务单元和资金部门之间的转移支付，比如向各业务单元提供资金并因此而收取费用，以及由于对冲利率或者外汇风险而向业务单元收取费用。它还包括公司总部管理费用的分摊。

经济资本是专用于覆盖非预期损失的资本,是风险资本和战略风险资本之和,其中,战略风险资本 = 商誉 + 燃尽资本(burned-out capital)。

战略风险资本指的是那些成功与否及盈利能力都有很高的不确定性的重要投资项目的风险。如果投资项目失败,那么金融机构将会面临巨额的减值,其声誉也会遭到损害。实务界目前以燃尽资本与商誉之和来度量战略风险资本。战略风险资本可以被视为一项资本配置,目的是应对近期的收购或其他战略项目失败的风险,尽管其并未被巴塞尔协议体系所接纳。其随着战略失败风险的消失,这项资本被逐渐摊销。商誉则与投资溢价相联系,后者即收购一家公司时支付的数额高于其净资本重置价值的部分,可在一定时期内计提折旧。

在绩效度量中,该公式会发生相应变化,将预期收益和预期损失由实际收益和实际损失代替。

■ 练习题

5.1 什么是内部控制?

5.2 COSO 关于内部控制的整体架构包含哪些?对各参与主体的职责有什么要求?

5.3 什么是 VaR,其优点和缺点有哪些?

5.4 什么是 ES,其优点和缺点有哪些?

5.5 一致性风险测度包含哪些条件?

5.6 举例说明为什么 VaR 不满足次可加性,但是 ES 满足次可加性。

5.7 什么是压力测试,其原理和内容包含哪些?

5.8 简要描述构建场景分析的几种方法。

5.9 金融机构为什么需要风险准备金?

5.10 如何计算 RAROC?RAROC 有什么用途?

5.11 什么是条件 VaR(CVaR)?

5.12 VaR 的计算依赖于置信区间,如果用交易日数据,选择 99.99% 和 99% 的置信区间,在验证的时候有什么区别?

5.13 假定某交易组合在 10 天的展望期上价值变化服从正态分布,分布的期望为 0,标准差为 2 000 万美元,10 天的展望期的 99% 的 VaR 是多少?

5.14 什么是经济资本?如何计算?

5.15 大型国际银行一般保持其 AA 的信用等级,具有 AA 级别的公司一年的违约概率小于 0.03%,这说明银行应选择的置信水平至少应该是 99.97%。假设 A 银行的一个新业务在 99.97% 置信水平所对应的最坏损失为 4 000 万美元,而一年的预期损失为 200 万美元,那么 A 银行在该业务上的经济资本金应该是多少?

5.16 接上一小题,假设 A 银行每年从该新业务中由客户那里收到的资产管理费用为 1 200 万美元,管理费用预计为 500 万美元,则这项业务税前 RAROC 是多少?

第 6 章

市场风险管理

6.1 市场风险管理的核心：风险价值（VaR）

6.1.1 传统市场量化工具简介

随着以银行为主的金融机构的不断发展，尤其是在金融自由化、全球化、融资证券化等发展趋势中，金融风险管理者不再仅仅将目光局限于银行账户下的信用风险，对交易账户乃至银行账户下的市场风险，尤其是利率风险和汇率风险均给予了高度的重视。

幸运的是，相对于其他风险而言，市场风险的度量工具是相对比较丰富且数据基础较好的。而在众多的市场风险度量工具中，传统的市场风险管理工具既有价格灵敏度测度指标，如久期和凸度；也有计算资产收益分布的波动性指标，如标准差和方差这种基本可适用于多种市场风险的通用计量方法；还有针对特定金融产品的市场风险的计量方法，如希腊字母体系 delta、gamma、rho、theta 等。这些量化工具经过了近一百年的发展，已得到了理论界和实务界的高度认可，在风险管理者及交易员手中焕发着历久弥新的活力。

但是，随着可以市场化的资产结构变得越来越复杂，以及市场形式的发展，传统的风险管理技术的局限性日益显现出来。

1）传统风险量化技术无法量化金融交易中普遍的、由类型不同的资产构成的整个资产组合的风险；

2）由于不能汇总不同市场因子、不同金融机构的风险敞口，传统风险量化技术无法适用于在市场风险管理和控制中具有核心作用的中台和后台，无法帮助其全面了解业务部门和金融机构所面临的整体风险，这一点对于需要并表计算的跨国金融机构而言更是严峻的挑战，以致无法展开有效的风险控制和风险限额设定；

3）传统风险量化技术在量化风险时，无法考虑投资组合的风险分散效应；

4）传统风险量化技术不可能给出一定数量的损失发生的概率，在这种情况下，交易者或风险管理者只能根据自身经验来进一步判断每天发生某种损失的可能性。

可以说，在传统风险量化技术的使用中，风险管理者既是微观的科学家同时又是宏观的艺术家，对于风险管理经理的资质要求极高，换言之，挑战也是极大的。在这种情况下，对于风险一致性度量的需求一直都是非常迫切的。

6.1.2 风险价值（VaR）概念的提出

风险价值（VaR）是一种能够全面量化复杂投资组合风险的方法，它可以解决传统风险量化技术所不能解决的问题。VaR 方法是由 J. P. 摩根公司率先于 1993 年提出的，含义是"处在风险中的价值"，简称为风险价值，是指在市场的正常波动条件下，某一金融资产或投资组合在未来特定的一段时间内（1 天、1 周或 10 天等）和一定的置信水平（如 95%、99% 等）可能发生的最大损失。其表达式为

$$\text{Prob}(\Delta P > \text{VaR}) = 1 - \alpha \tag{6-1}$$

式中，ΔP 是投资组合在持有期 Δt 内的损失；VaR 是在置信水平 α 下处于风险中的价值。

比如，某项资产组合的风险敞口在 95% 的置信水平下的每日 VaR 值为 100 万元人民币，即意味着在市场未发生异常波动的情况下，在 100 个交易日中，该资产组合的日实际损失超过 100 万元人民币的情况最多只有 5 天，或者说，我们有 95% 的把握认为未来一天中该项资产组合损失不会超过 100 万元人民币。这里的 5% 的概率反映了金融资产管理者的风险厌恶程度，可根据不同的投资者对风险的偏好程度和承受能力来确定。

应该注意到，在 VaR 定义中，有两个重要的参数：持有期和置信水平。任何 VaR 只有在给定这两个参数的情况下才具有意义。另外，观察期间（observation period）也是非常重要的一个参数。

持有期用于确定计算 VaR 的时间周期。由于波动性和时间长度呈正相关，一般 VaR 会随着持有期的增加而增加。通常的持有期有 1 天、1 周、2 周、1 个月或更长。一般来讲，金融机构使用的最短持有期是 1 天，但理论上可以使用小于 1 天的持有期。

选择持有期时，往往需要考虑四种因素：金融市场的流动性、收益的分布特性、头寸的可调整性、数据及信息的限制。

1. 金融市场的流动性

影响持有期选择的第一个因素是金融机构所处的金融市场的流动性。在不考虑其他因素的情况下，如果交易头寸能够快速流动，则可以选择较短的持有期；但如果流动性较差，由于交易时确定交易对手的时间较长，则选择较长的持有期更加合适。一般情况下，金融机构大多在多个市场上同时持有各种头寸，而在不同市场上达成交易的时间差别往往很大，这样，金融机构很难选择一个能最好地反映交易时间的持有期。实务中，金融机构往往根据资产组合中比重最大的头寸的流动性来确定持有期。

2. 收益的分布特性

在计算 VaR 时，最通常的做法是假定收益呈正态分布。金融经济学的实证研究表明，时间跨度越短，实际的收益分布越接近正态分布。因此选择较短的持有期更符合收益呈正态分布的假设。时间跨度过长，则可能展现出不同的分布形态。

3. 头寸的可调整性

在实际的金融活动中，投资管理者会根据市场状况对其头寸和组合进行不断的调整。如果某一种头寸不断地出现发生损失的情况，管理者会把这种头寸调整为其他的头寸。如在熊市中，资产管理者往往会将股票头寸调整为债券、货币市场工具等头寸，而随着持有期越长，投资管理者改变组合中头寸的可能性也就越大。而在 VaR 计算中，往往假定为在给定持有期中组合的头寸保持不变。因此，持有期越短越容易满足组合头寸保持不变的假定。

4. 数据及信息的限制

VaR 的计算往往需要大量不同资产收益的历史样本数据，以估计收益率的方差和波动性。选择的持有期越长，所需数据的历史时间跨度越长，获取该时间跨度一直存在的数据的难度也就越大。因此，VaR 计算的数据样本量要求表明，持有期越短，得到大量样本数据的可能性越大。

置信区间也称置信水平，对其选择主要依赖于对 VaR 模型验证的需要、内部风险资本需求、外部监管要求以及在不同机构之间进行比较的需要。同时，正态分布或其他一些具有较好分布特征的分布形式（如 student-t 分布）也会影响置信区间的选择。

当考虑 VaR 的有效性时，需要选择较低的置信水平；而内部风险资本需求和外部监管要求则需要选择较高的置信水平；此外，出于统计和比较的目的，则需要选择中等或较高的置信水平。

观察期间是对给定持有期限的回报的波动性和关联性考察的整体时间长度，是整个数据选取的时间范围，有时又称数据窗口（data window）。例如选择对某资产组合在未来 6 个月，或是 1 年的观察期间内，考察其每周回报率的波动性（风险）。这种选择要在历史数据的可能性和市场发生结构性变化的危险之间进行权衡。为克服商业循环等周期性变化的影响，则希望历史数据越长越好，但是时间越长，收购兼并等市场结构性变化的可能性越大，历史数据因而越难以反映现实和未来的情况。巴塞尔银行监管委员会目前要求的观察期间为 1 年。

VaR 的计算有历史模拟法（historical simulation method）、德尔塔正态法（delta normal method）和蒙特卡罗模拟法（monte carlo method）三种。

6.1.3 风险价值（VaR）的意义

VaR 一经推出便受到三十人集团（Group of Thirty）的重视，其简洁的定义和直观的风险描述，已经被广泛地应用于金融监管机构和金融机构，近几年来，VaR 已成为金融界和金融数学界研究的热门课题。

在 VaR 的基础上，基于 VaR 具有非凸度和多极值等不利特性，又出现了条件 VaR，记为 CVaR（conditional value at risk），其含义为投资组合在一定的持有期内、给定的置信水平下超出 VaR 部分损失的平均值，它是对组合价值超过 VaR 损失的一致性度量。由于 CVaR 具有许多优于 VaR 的数学性质，目前已成为风险管理和控制研究的一个热点。

VaR 之所以具有吸引力是因为它把银行的全部风险概括为一个简单的数字并以价值计量单位来表示风险管理的核心——潜在亏损。这对于计量经济资本，对金融机构的风险进行管理而言是具有非常重要的意义的。

VaR 在风险管理中的应用主要体现在以下几个方面。

第一，用于风险控制。目前已有超过 1 000 家的银行、保险、投资基金、养老金基金及非金融公司采用 VaR 方法作为金融衍生工具风险管理的手段。利用 VaR 方法进行风险控制，可以使每个交易员或交易单位都能确切地了解他们在进行有多大风险的金融交易，风险管理者可以将这些交易的风险简明清晰地与董事会、高管层沟通，并且可以为每个交易员或交易单位设置 VaR 限额，以防止过度投机行为的出现。事实上，如果执行了严格的 VaR 管理，一些金融交易的重大亏损也许就可以完全避免。

第二，用于业绩评估。在金融投资中，高收益总是伴随着高风险，交易员可能不惜冒巨大的风险去追逐巨额利润。公司出于稳健经营的需要，必须对交易员可能的过度投机行为进行限制。所以，有必要引入考虑风险因素的业绩评价指标。

第三，估算风险资本（risk-based capital）。以 VaR 来估算投资者面临市场风险时所需的适量资本，风险资本的要求是国际清算银行对于金融监管的基本要求，其中 VaR 值被视为投资者所面临的最大可接受（可承担）的损失金额，若发生时须以自有资本来支付，防止公司发生无法支付的情况。

VaR 模型的优点有如下几个。

1）VaR 模型测量风险简洁明了，统一了风险计量标准，管理者和投资者较容易理解掌握。风险的测量是建立在概率论与数理统计的基础之上的，既具有很强的科学性，又表现出方法操作上的简便性。同时，VaR 改变了不同金融市场缺乏表示风险统一度量的状况，使不同术语（例如基点现值、现有头寸等）具有了统一的比较标准，使不同行业的人在探讨金融市场风险时有共同的语言。

另外，有了统一标准后，金融机构可以定期测算 VaR 值并予以公布，增强了市场透明度，有助于提高投资者对市场的把握程度，增强投资者的投资信心，稳定金融市场。

2）可以事前计算，降低市场风险。不像以往风险管理的方法都是在事后计量风险大小，VaR 不仅能计算单个金融工具的风险，还能计算由多个金融工具组成的投资组合风险。综合考虑风险与收益因素，选择承担一定水平风险下能带来最大收益的组合，具有较高的经营业绩。

3）确定必要资本及提供监管依据。VaR 为确定抵御市场风险的必要资本量确定了科学的依据，使金融机构资本安排建立在精确的风险价值基础上，也为金融监管机构监控银行的资本充足率提供了科学、统一、公平的标准。VaR 适用于综合计量包括利率风险、汇率风险、股票风险以及商品价格风险和衍生金融工具风险在内的各种市场风险。因此，这使得金融机构用 VaR 这样一个具体的指标数值就可以概括地反映整个金融机构或投资组合的风险状况，大大方便了金融机构各业务部门对有关风险信息进行沟通，也方便了机构最高管理层随时掌握机构的整体风险状况，因而非常有利于金融机构对风险的统一管理。同时，监管机构也得以对该金融机构的市场风险资本充足率提出统一要求。

6.2 金融机构市场风险管理

6.2.1 以银行为主的金融机构市场风险管理基本流程

20 世纪 60 年代初资产组合理论和 70 年代期权定价模型的发展，使人们开始了解市场风险因素分析，并逐渐奠定了风险价值模型的基础。

大多数银行的市场风险敞口在数量上无法与信用风险敞口相提并论，仅占较小比例。不过，从发展趋势来看，银行参与市场交易活动日益增多，银行在从事传统存贷款业务的同时，又涉入了新兴金融业务。在混业经营中，越来越多的银行开始涉足债券市场、期货市场、股票市场，这使银行面临着市场利率、外汇汇率、商品价格、股票价格不利变化导致损失的风险。银行交易头寸对金融市场变化敏感性增加，市场风险也日益增加。

银行账户以结构性市场风险为主体，主要是利率风险、汇率风险和流动性风险；交易账户以交易性市场风险为主体，主要是利率风险、汇率风险、股价风险以及商品风险。银行账户和交易账户中的利率风险、汇率风险在驱动因素上基本一致，所以按驱动因素导致的风险对利率风险细分为基差风险、重新定价风险、收益曲线风险以及期权性风险；对汇率风险细分为交易风险、会计风险或折算风险、经济风险或经营风险。银行市场风险识别分类结构示意图如图 6-1 所示。

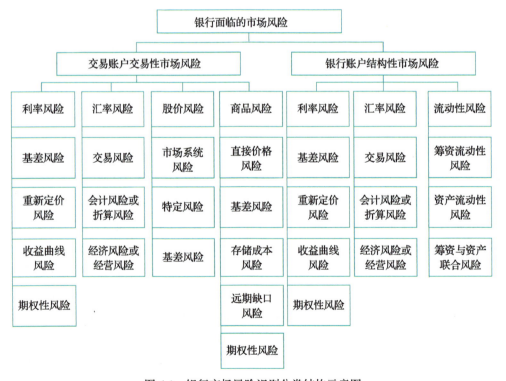

图 6-1　银行市场风险识别分类结构示意图

银行家必须实施定性和定量相结合的方式来管理市场风险。定性管理应在董事会和高级管理层监督指导之下，建立完善的治理机制、组织结构、政策程序、管理流程、信息报告、内审流程等，主要集中在六个方面：一是确立由董事会主导的统一的市场风险管理理念；二是建立适应业务性质和流程的市场风险组织架构；三是建立健全与时俱进的市场风险管理政策和程序；四是明晰市场风险报告路径、报告频率和反馈机制；五是建立内部市场风险监督审核机制和对外信息披露机制；六是建立高素质市场风险管理队伍。

市场风险定量管理一般分五步：第一步，收集全部交易数据记录；第二步，汇总交易记录形成交易组合；第三步，将决定组合价值的因子分解成基本潜在的风险因子；第四步；用相关风险因子的现行市价为分解后的资产组合定价并确定组合收益；第五步，通过运用一套模拟市场价格对资产组合进行重新定价来计量风险大小。银行所承担的市场风险应与资本实力相匹配。市场风险内部计量模型必须整合到业务管理流程中，参照内部模型和风险计量系统结果，结合管理经验，才能适时进行科学决策。

1. 确定市场风险预算

市场风险预算是指董事会及高级管理层所确定的对于收入和一个给定时期内（通常为一年）由市场风险所带来的资本损失的承受程度。风险预算分为两种类型，这两种类型对于把损失限制在确定水平上（风险预算）都是必要的。一类是止损约束，它控制由于盯市规则产生的现有头寸相对于基准组合的累计损失。另一类就是头寸约束，用于对未来市场价格不利变动所导致的潜在损失进行控制，这类市场风险控制政策就是头寸限额政策。

风险总预算通过设定止损约束来实现。影响风险预算分配的因素主要包括：①资产组合中最显著的市场风险是什么？②这些风险相关性如何？③预期一年当中如何利用这些风险？一般而言，来自不同市场和风险承担者的风险头寸并非完全相关，并且单个止损约束总和可能超过风险预算。为了与止损约束保持一致，需要经常对业绩进行评估。业绩评估是对风险预算使用以及是否与止损约束一致进行监督的关键数据。但是头寸约束的功能是对价格和回报率所发生的不利变化导致的潜在损失进行限制。

2. 设置市场风险限额

市场风险限额是根据业务性质、规模、复杂程度和风险承受能力，按照各类和各级限额的内部审批程序和操作规程，定期审查和更新的交易限额、风险限额、止损限额等，并且可按地区、业务单元、资产组合、金融工具和风险类别进行分解。银行应根据不同限额控制风险的作用及其局限性，建立不同类型、不同层次、相互补充的限额体系，有效控制市场风险，银行总的市场风险限额以及限额种类、结构应由董事会批准。用于限额控制的数据必须符合四个标准：一是数据来源必须独立于交易前台部门；二是数据必须与银行的正式记录保持一致，以确保统一性；三是代入模型的数据必须是合并后的数据；四是数据的形式必须能使风险得到准确的计量，如采用 VaR 的形式。

设置风险限额体系应考虑八个基本要素：一是交易业务性质、规模和复杂程度；二是银行自身资本实力和能承担的市场风险水平；三是业务经营部门的既往业绩；四是工作人员专业水平和从业经验；五是定价、估值及市场风险计量系统；六是压力测试结果；七是银行内部控制水平；八是外部市场发展变化情况等。

设置市场风险限额是按程序完成九个基本步骤，包括风险战略设定、风险概念定义、预算分配止损限额、风险分析计量方法、风险评估限额设定、风险报告路径设定、风险限额监控、定期检查、事件调整等。

银行应设置一级限额和二级限额，一级限额应包括对每类资产适用的风险价值限额以及压力测试限额和最高限额下的累计损失；二级限额应包括已审批的市场/货币工具限额。

金融交易单元与风险管理单元应充分了解并确认每种金融产品的价格风险特征因素。风险管理人员应尽可能明确所有会产生价格风险的市场因素，并定期确认金融工具评估公式的正确性与适用性。金融产品交易中带来价格风险的市场因素如表6-1所示。

表6-1 影响金融产品交易价格变动的市场因素

产品/市场因素	汇率	本国利率	国外利率	利率波动性	汇率波动性
即期外汇	√				
远期外汇	√	√	√		
货币市场		√			
债券市场		√			
远期利率协议		√			
互换		√			
交叉货币交换	√	√	√		
汇率期权	√	√	√		√
利率期权		√		√	
利率期货		√			
互换期权		√		√	
债券期权		√		√	
国外交易	√	√	√		

不论哪种金融产品，价格风险量化指标主要有两项：一是价格因素敏感度，即市场因素变动一个单位，金融工具或投资组合价值会有多大幅度的改变；二是最高潜在损失，即金融工具或投资组合特定期间内在一定置信度下可能出现的最大损失额。

6.2.2 以银行为主的金融机构市场风险计量基本方法

1. 市场风险识别的基本方法

银行对每项业务和产品的市场风险因素进行分解，及时、准确地识别所有交易和非交易业务中市场风险的类别和性质。识别市场风险的方法有专家调查法、历史记录统计法、故障树分析法、聚类分析法、因子分析法、模糊识别法、人工神经网络法七种方法。

专家调查法是指组织市场风险专家，对银行风险损失的过去、现在及未来趋势进行研究分析，从而对银行市场风险因子的类型、结构、性质以及发展趋势做出科学判断。该方法具体形式有头脑风暴法、德尔菲法、广议法、集体协商法、圆桌会议法等。

历史记录统计法是根据银行关于市场风险损失事件的背景、成因、损失数据等相关的历史记录进行分析，判断银行未来可能面临的风险。

故障树分析法（fault tree analysis，FTA）是自上而下的分析方法。用于风险分析，以银行损失事件为分析起点（又称顶事件），然后按照演绎分析的原则，从顶事件逐级向下分析各自的直接原因事件（又称基本事件），根据此间的逻辑关系，用逻辑符号连接上下事件，直至要求分析的深度。

聚类分析法是统计学中研究"物以类聚"的方法。其实质是建立一种分类方法，将一批样本数据（或变量）按照它们性质上的亲疏程度在没有先验知识的情况下自动分类。聚类分析至少有层次聚类法、快速聚类法、两步聚类法以及神经网络聚类法四类。

因子分析法又叫因素分析法，是20世纪心理学领域开发的一种多变量统计技术，主要目的是将一群相关变量浓缩减少成相互独立的因素，以较少维度代表原先的资料结构，且能够保存原来资料结构的大部分信息。在资产定价过程中常用的套利定价理论（arbitrage pricing theory，APT）的原理即基于此。

模糊识别法是美国自动化专家提出的方法，用来解释无法以明确数值描述的方法，用于市场风险识别，可对无法用明确数值描述的风险进行深入分析。

人工神经网络法是应用神经网络技术分析识别市场风险的方法。神经网络模型是自有分布，特别当变量是从未知分布中取出且和协方差结构不相等时，神经网络能够提供良好的分类准确性。变量之间存有微妙关系，如同数据不连续或不完全一样，均可被系统识别并生成定性评估。具有自适应功能，能够处理那些有噪声或不完全的数据，具有泛化功能和很强的容错能力。

以上各种方法的优缺点如表6-2所示。

表6-2 市场风险识别方法的优缺点

识别风险法	优点	缺点	适用性
专家调查法	简单、方便、易行	定性分析较多，定量分析不足，依靠专家经验判断	适用于从定性分析出发识别风险
历史记录统计法	容易操作，直观易懂	定量分析不深入	适用于在市场正常情况下对现行组合市场风险识别
故障树分析法	可系统分析市场风险及市场风险因子；可信度高而被广泛接受	产品组合过于庞大时分析操作困难	适用于直接经验较少的风险识别
聚类分析法	计算简易，适应性强；依据样本数据可客观决定分类标准	只能进行简单分类，难以深入揭示风险性质	适用于具有相同或相似属性的风险识别
因子分析法	可简化风险属性、显示风险属性间的正负相关性	需完整与精确地输入与输出信息	适用于识别具体的市场风险因子
模糊识别法	数据需求较少	计算量大	适用于风险的性质不易确定
人工神经网络法	可用于多产品、复杂的资产组合的风险识别	搜集大量信息做类神经网络的训练，建模费时	适用于小样本风险的分类识别

定性分析与定量分析是统一互补的。定性分析是定量分析的前提和基础，没有定性分析的定量分析是一种盲目定量，且易导致伪回归，得出并不可靠的结论；定量分析是定性分析的深化和验证，它使定性分析的结论更准确。因此，必须将风险定性分析与定量分析有机结合并贯穿于风险管理过程始终。

2. 银行账户市场风险计量法

对银行账户下利率风险进行管理，主要从两个角度考虑：①从财务会计的角度考虑短期利率风险，以控制净利息收入波动为目的，关注利润表，偏重风险管理战术；②从经济价值角度考虑长期利率风险，以控制净现值为目的，关注资产负债表，从银行风险管理的战略角度出发，对应方法由易到难。

银行账户下利率风险的计量方法，主要包括缺口分析、静态模拟分析和动态模拟分析，从财务会计角度常采用重新定价缺口分析、净利息收入模拟、风险收益方法，从经济价值角度常采用久期分析、净现值模拟和风险价值等方法计量，如图6-2所示。

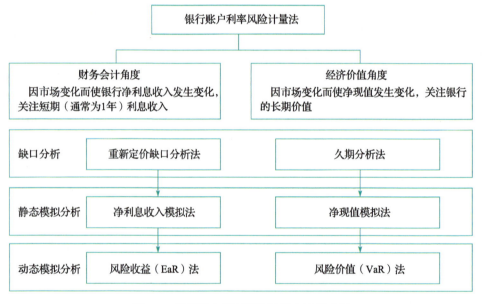

图 6-2　银行账户利率风险计量方法示意图

计量银行账户利率风险要特别注意以下四个问题。

一是关于头寸的管理。主要分成两类头寸，实际期限与合同期限不一致的头寸以及使用不同外币符号表示的头寸。如，在银行负债中，储蓄和定期存款可以既有固定的合同期限，也可以是开放式的，但存款人在这两种工具上一般有权随时提款。此外，银行不愿依照市场利率变化而改变此类存款利率。这些因素使计量风险变得更为复杂，因为当利率波动时，头寸现值及其现金流量的时间都会改变。在银行资产中，不动产抵押贷款和不动产抵押类工具中蕴含的提前还款特性给这些头寸的现金流量带来了不确定性。

二是关于银行持有的各种外币头寸带来的利率风险。由于各币种的收益曲线不同，银行一般需要估测每一币种的风险敞口。如果具备必要技术和经验，并存在重大多币种风险，可将基于各币种利率相关关系的各币种风险用加总法纳入其风险管理机制中。

三是关于计量利率变动过程中导致的当期收益和经济价值出现风险，如何处理隐含期权头寸，这一问题存在于所有计量利率风险方法。在期限/重新定价法中，银行通常假定可能的支付时间安排和头寸支取，然后按上述条件得出整个时段头寸余额。在模拟法中，可采用更复杂的行为假定，如使用根据期权调整的定价模型，以更好地测算各种利率环境下现金流量时间安排和资金规模。此外，模拟法还包括银行关于今后对它所控制的无期限存款利率拟采取的措施。

四是关于在有关期限内，"未定头寸"所体现的未定现金流这一假设条件，对于银行账户利率风险的影响。银行通常是依据"未定头寸"过去的表现来确定假设条件。同样，银行也可使用提前还款统计模型来预期房屋抵押贷款现金流量，这种模型既可以自行开发，也可来自对外部开发的高级模型的购买。另外，来自银行内部管理与业务部门提供的协作也有重大影响，因为业务和重新定价规划方面的预期变化对于无期限头寸的未来现金流量会产生影响。

【相关案例】中国利率市场化进程

利率市场化改革是经济改革的核心之一。中国政府近年来一直在稳步推进利率市场化改革。中国人民银行自 2004 年起逐步放松利率管制。2012 年 4 月，原银监会成立利率市场化改革研究工作小组，专门研究利率改革对中国银行业的影响及中国银行业的发展策略。2012 年 6 月 8 日及 2012 年 7 月 6 日，人民币存贷款基准利率及利率浮动区间两度调整，将中国金融机构人民币贷款利率浮动区间的下限调整为央行基准利率的 0.7 倍，将金融机构人民币存款利率浮动区间的上限调整为央行基准利率的 1.1 倍。为深化利率市场化改革，中国人民银行进一步放宽贷款利率管制，自 2013 年 7 月 20 日起，中国的银行业金融机构可自主设定贷款利率水平（个人住房贷款浮动利率区间不做调整，仍执行原有住房信贷政策）。2014 年 11 月 22 日、2015 年 3 月 1 日、2015 年 5 月 11 日，中国人民银行三次调整金融机构存款利率浮动区间的上限，由此前的存款基准利率的 1.1 倍，分别调整至 1.2 倍、1.3 倍、1.5 倍。2015 年 8 月 25 日，中国人民银行宣布放开一年期以上（不含一年期）定期存款的利率浮动上限，2015 年 10 月 24 日，中国人民银行宣布放开存款利率浮动上限，标志着存款的利率市场化改革迈出了重要一步。此外，2015 年 3 月 31 日，国务院正式发布了《存款保险条例》，于 2015 年 5 月 1 日正式实施。存款保险制度的推出以及市场利率定价自律机制的建立和完善，为加快推进存款利率市场化奠定了良好的基础。2018 年，中国开始探索"利率并轨"改革。

2013 年 10 月 25 日，中国人民银行宣布贷款基础利率（loan prime rate，LPR）集中报价和发布机制正式运行。包括大型商业银行在内的首批 9 家报价行，在每个工作日发布 LPR 报价，报出该行对其最优质客户执行的贷款基础利率，全国银行间同业拆借中心作为贷款基础利率的指定发布人，在剔除最高、最低各 1 家报价，并将剩余报价进行加权平均计算后，形成报价行的贷款基础利率报价平均利率，对外予以公布。该机制运行初期向社会公布一年期贷款基础利率。贷款基础利率新机制的正式运行，有望促进定价基准由中国人民银行确定向市场决定的平稳过渡，从而进一步为推进利率市场化改革奠定制度基础。

持续的利率市场化可能增加中国银行业的价格竞争，需要银行提升基于风险的定价能力，同时也将鼓励中国的商业银行开发更多市场创新产品及服务，尤其是中间业务产品及服务，如投资银行、资产管理等服务，并采取基于风险的定价。

本案例的主要资料及数据来源于监管机构的公开材料。

3. 交易账户市场风险计量法

交易账户市场风险管理工具有三类：正常市场情况下，主要采用敏感性分析、德尔塔正态法、蒙特卡罗模拟法、历史模拟法等方法计算风险价值；对非正常市场情况下采用压力测试，包括数学概论法和情景分析法；检验模型准确程度采用回溯检验法，如图6-3所示。

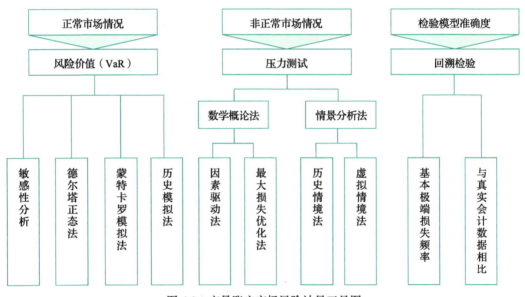

图6-3 交易账户市场风险计量工具图

对交易账户头寸每日进行市值评估，并且由独立于前台的中台、后台、财务会计部门或其他相关职能人员负责，重估定价因素应当从独立于前台的渠道获得或经过独立的验证。前台、中台、后台、财务会计部门、市场风险职能部门等用于估值的方法及假设应尽量保持一致，若不完全一致，应制定并使用一定的校对、调整方法。在缺乏可用于市值重估的市场价格时，风险管理者应在与高层管理者沟通过代用数据的标准、获取途径和公允价格计算等细节后，选择得到高层管理者支持使用的代用数据。

对于交易账户市场风险，业务复杂程度和市场风险水平较高的银行可逐步开发和使用内部模型计量风险价值，对其承担的市场风险水平进行量化估计。估值可根据金融工具的特点，采用市价估值和模型估值两种，对那些可从独立信息来源获得平仓价格的交易头寸，应至少每天进行市价评估（marked to market），此类平仓价格来源包括交易所价格、电子报价或由独立规范的经纪人提供的报价等；而对于那些没有合适的平仓价格进行市价估值的交易头寸，则以市场参数为模型，采用模型估值法（marked to model）来计算公允价值。

采用内部模型法，为定期审查和调整模型技术（如德尔塔正态法、历史模拟法和蒙特卡罗模拟法）以及模型假设前提和参数，并建立和实施引进新模型、调整现有模型以及检验模型准确性的内部政策程序。对市场风险计量系统的假设前提和参数应定期评估，制定修改假设前提和参数的内部程序，重大假设前提和参数修改须经高管层审批，并按照监管当局要求进行信息披露。同时应充分认识市场风险不同计量方法的优势与局限，并采用压力测试等其他分析方法补充。

6.2.3 以银行为主的金融机构市场风险监测基本方法

1. 市场风险报告的内容和种类

风险报告是市场风险监测的主要内容，是风险管理者用于了解和量化金融机构的风险来源、估计其市场总风险的基础。风险报告由三个阶段组成。

1）收集市场数据构建风险头寸；
2）用适当的方法计算风险；
3）综合组合风险。

每个层次的风险报告能显示风险是否被限制在预先设定的内部管理限制和资本监管限制的范围内；风险报告可以用于计算交易的风险调整业绩，也可以用作对监管者、分析师、信用评级机构和公众的信息披露。

风险报告应当包括如下全部或部分内容。

1）按业务、部门、地区和风险类别分别统计的市场风险头寸；
2）按业务、部门、地区和风险类别分别计量的市场风险水平；
3）对市场风险头寸和市场风险水平的结构分析；
4）盈亏情况；
5）市场风险识别、计量、监测和控制方法及程序的变更情况；
6）市场风险管理政策和程序的遵守情况；
7）市场风险限额的遵守情况，包括对超限额情况的处理；
8）回溯检验和压力测试情况；
9）内部和外部审计情况；
10）市场风险资本分配情况；
11）对改进市场风险管理政策、程序以及市场风险应急方案的建议；
12）市场风险管理的其他情况。

向董事会提交的市场风险报告通常包括金融机构的总体市场风险头寸、风险水平、盈亏状况和对市场风险限额及市场风险管理的其他政策和程序的遵守情况等内容。向高级管理层和其他管理人员提交的市场风险报告通常包括按地区、业务经营部门、资产组合、金融工具和风险类别分解后的详细信息，并具有更高的报告频率。

风险报告应该具有如下性质。

1）及时性。风险管理着眼于事前控制,其时间价值非常重要,因此风险报告必须及时反映当前头寸的风险情况。

2）准确性。准确性因其理论和实际限制而变得复杂,且并非绝对意义上的准确,但风险管理者还是应该尽力使其精确。如果风险报告不确切或不真实,那么风险管理者的努力将付诸东流。

3）综合性。风险报告应该通过风险单元和资产归类体现综合风险。

风险报告的种类主要有以下四种。

1）投资组合报告,以总结的方式完整列示投资组合中的所有风险;

2）风险分解"热点"报告,计算每个头寸的变化率,如果变化为正即为"风险热点",报告变化为负是"风险冷点";

3）最佳投资组合复制报告,通过简化的投资组合来解释复杂投资组合中的主要风险来源;

4）最佳风险规避策略报告,提供金融机构需要实际购买或出售的头寸规模。

2. 市场风险报告路径和频度

有关市场风险情况的报告应当定期、及时向董事会、高级管理层和其他管理人员提供。不同层次和种类的报告应当遵循规定的发送范围、程序和频率。

根据国际银行类金融机构实践,在正常市场条件下,通常每周向商业银行高级管理层报告一次,当市场发生剧烈变动时,应进行实时报告,这时主要通过信息系统直接报告。后台和前台所需的头寸报告,应每日提供并存档。VaR 值和风险限额报告在每日交易结束后应尽快完成,J. P. 摩根便是凭借其四点一刻报告在整个金融界享有盛名的。当高级管理层或决策部门有需要时,风险管理部门应当有能力随时提供相应的风险报告以供参考,故而前台数据对中台风险管理部门的透明至关重要。

【相关案例】J. P. 摩根的四点一刻报告与风险管理创新案例

1989 年,"风险"这个字眼一直在困扰着丹尼斯·韦瑟斯通爵士(Sir Dennis Weatherstone)。出生于伦敦的丹尼斯爵士刚刚出任 J. P. 摩根公司(JP Morgan & Co.)董事局主席,这本来应该足以被任何金融家视为毕生事业的顶峰,然而,此时的 J. P. 摩根却似乎已是明日黄花。因为当 20 世纪 80 年代美国其他主要金融中心银行凭借为高风险的商业房地产项目和杠杆收购提供贷款而大赚特赚的时候,摩根却像个沉睡的巨人,依然固守着"旧世界"的贵族气与保守传统——为巨富们提供私人银行服务、为主权国家提供贷款,坚守着美国商业银行中唯一的 AAA 信用评级。华尔街 23 号俨然更像一个封建时代的城堡:城门紧闭、吊桥拉起,只有受到邀请的人——通常是巨富阶层——才有资格进入。J. P. 摩根私人银行最低开户金额为 500 万美元,这足以让中小资产者自惭形秽,望而却步。当大公司需要公司金融方面——如兼并与收购——的服务时,J. P. 摩根往往不是 CEO 们的首选。但保守的经营作风并不意味着对各种风险的免疫,同其他西方大银行一样,第三世界的债务危机给 J. P. 摩根带来巨大损失。在提留了大量坏账准备后，1989 年的 J. P. 摩根录得 10 亿美元以上的亏损。

J. P. 摩根需要变得更激进些，在更为有利可图的公司金融和证券市场上放手一搏，但也要恪守其引以为豪的稳健、诚信的传统。科学有效的风险管理是实现这一目标所必需的。但 J. P. 摩根到底在面临着什么样的风险？这些风险是否可以准确地度量？丹尼斯爵士并没有现成的答案。于是他做了一件也许在当时让他的下属们很头疼的事：每天下午四点一刻，财务部门必须准时将一份度量和解释公司全部风险的报告呈放在他的办公桌上。

研究人员冥思苦想的结果就是，在市场风险乃至整个风险管理界具有里程碑意义的概念——风险价值 VaR——于 1994 年在 J. P. 摩根诞生了。研究员们在四点一刻报告中用 VaR 值反映 J. P. 摩根全球交易的涉险业务程度，计算出未来 24 小时内承受的潜在损失，而后这样的风险测量服务免费提供给 J. P. 摩根的机构客户，这对客户头寸的风险控制和 J. P. 摩根自身的风险控制都起到了巨大作用。

其后发生的，也是足以载入风险管理史册的经典事件即 1994 年"风险矩阵"（risk metrics）系统的问世；1997 年"信用矩阵"（credit metrics）系统问世。这两套系统成为世界金融业风险管理的典范。与此同时，进入了 20 世纪 90 年代的 J. P. 摩根也一改旧貌，重现了摩根财团往昔的光荣：当其他大银行还在因拉美债务危机谈虎色变的时候，J. P. 摩根率先重返拉美债券市场，为墨西哥 Cemex 水泥公司承销 4.25 亿美元的欧洲债券（Euro bond）；当多国部队在"沙漠风暴"行动后高唱凯歌的时候，J. P. 摩根又率先为科威特战后重建提供了 50 亿美元贷款；当法国政府在该国历史上首次发行零息票债券（zero-coupon bond）时，承销商还是 J. P. 摩根……总之，J. P. 摩根已经从一间传统的商业银行，演变为集商业银行、投资银行和证券交易为一体的全能金融超市，成为 90 年代主宰世界金融市场的巨人之一；与此同时，它依然保持着 AAA 信用评级和所有金融中心银行中最低的坏账比率。在这一切成就的背后，有效的风险管理功不可没。

本案例的主要资料及数据来源于有关 J. P. 摩根的公开材料，包括 2005 年第 2 期《当代金融家》中的《J. P. 摩根：追求盈利与风险之间的最佳平衡》（崔文迁、白雨）；2007 年 10 月 30 日《期货日报》中的《期货分析师的培养与成长》（马文胜）。

6.2.4 以银行为主的金融机构市场风险控制基本方法

通常，风险限额管理包括风险限额设定、风险限额监测和风险限额控制三个环节。其中，风险限额设定是整个限额管理流程的重要基础，其本身就构成了一项庞大的系统工程。风险限额的设定分成四个阶段。

第一，全面风险计量，即金融机构对各项业务所包含的信用风险、市场风险、操作风险、流动性风险分别进行量化分析，以确定各类敞口的预期损失（EL）和非预期损失（UEL）。

第二，利用信息系统，对各业务敞口的收益和成本进行量化分析，其中制定一套合理的成本分摊方案是亟待解决的一项重要任务。

第三，运用资产组合分析模型，对各业务敞口确定经济资本的增量和存量。

第四，综合考虑监管机构的政策要求以及金融机构战略管理层的风险偏好，最终确定各业务敞口的风险限额。

市场风险限额应该在分析市场未来变动情况的基础上制定，同时考虑历史上的市场风险变动情况和金融机构管理层处置风险敞口所需要的时间，限额也可以参照利率数据的分布情况来制定。通常它使用基于 VaR 的风险资本限额和基于敏感度的风险限额。风险限额是全部预算和计划过程的一部分，是在损失发生之前就对风险进行控制的方式，并以名义本金来表示。

常用的市场风险限额有止损限额、交易限额和风险头寸限额三种。

1）止损限额，即允许发生的最大损失额。通常，当某项头寸的累计损失达到或接近止损限额时，就必须对该头寸进行对冲交易或平仓。典型的止损限额具有追溯力，即止损限额适用于一日、一周或一个月等一段时间内的累计损失。当前台某交易员事实上已经积累了一定的损失后方对其头寸设定止损限额，则该设定为事后行为，并不能阻止损失的发生。设置止损限额的目的是试图阻止那些已经出现损失的交易员通过"双倍下注"的方式来弥补损失。

2）交易限额，即对总交易头寸或净交易头寸设定的限额。总头寸限额对特定交易工具的多头头寸或空头头寸给予限制，净头寸限额对多头头寸和空头头寸相抵后的净额加以限制。

3）风险头寸限额，即指对采用一定的计量方法得到的市场风险规模设置限额，如对内部模型法得到的风险价值设定的风险价值限额（VaR 限额）、对期权性头寸设定的期权性头寸限额（limits on option position）等。

在实践中，金融机构通常将这三种风险限额结合使用。

制定出金融机构市场风险限额政策后，就要求有关实施部门有效地执行该政策，但是严格的限额管理并不意味着该限额权限不可能被突破。金融机构应当对超限额情况制定监控和处理程序，且应将超限额情况及时向相应级别的管理层报告。该级别的管理层应当根据限额管理的政策和程序决定是否批准，以及此超限额情况预计会保持多长时间，对未经批准的超限额情况应当按照限额管理的政策和程序进行处理。管理层应当根据超限额发生情况来决定是否对限额管理体系进行调整。执行委员会应当根据风险职能部门提出的建议，并考虑相关风险的影响，定期批准汇总风险限额。必须注意的是，一旦头寸超过特定水平，限额体系应该立即引起风险管理部门的注意，并进行相应的控制和监督。

6.2.5 市场风险对冲

现代金融业的发展和金融工具的创新为消除或转移市场风险提供了手段和条件，有效地使用相关的金融工具可以帮助金融机构乃至工业企业锁定风险、转移风险甚至从中获利。在市场风险对冲中发展最快的就是基于金融工程的衍生金融工具。衍生金融工具可以被简单地定义为一种价值取决于另一种或多种资产或指数的价值的金融合约。它们既可以被投资者用作管理风险的工具，又可以被用来获取收益——此时必然代表着承担一定的风险。当衍生金融工具被用作风险管理工具时，投资者以风险对冲的方式转嫁了风险，但同时必须付出相应的代价。与其他风险管理手段相比，利用衍生金融工具管理风险具有以下特点。

1）利用衍生金融工具管理风险一般采用风险对冲的方式，且多用于汇率、利率和资产价格等市场风险的管理上。在市场风险管理方面，衍生金融工具在二十多年来取得了充分的发展，并形成了以金融工程为代表的现代金融风险管理的核心内容。

2）通过对冲比率的调节和金融工程方面的设计安排，可以将风险完全对冲或根据投资者风险偏好和风险承受度将风险水平调节到投资者满意的程度。这种风险管理的灵活性可以使投资者根据自己的风险偏好管理投资组合，找到最适合自己的风险和收益的平衡点。因此，利用衍生金融工具进行风险对冲管理除了需要对各种对冲工具和对冲对象的性质有充分而正确的理解外，还要根据风险管理目标和所运用的衍生金融工具的性质确定适当的对冲比率。

3）通过选择远期或期权类的衍生金融工具，可以选择完全锁定风险或只想获得并锁定投资组合其他方面的收益，而将某一特定风险完全消除。例如，某个投资者希望在管理某种货币贬值风险的同时获得该货币汇率上升的潜在收益，则可以购买该种货币的看跌期权。因此，衍生金融工具增强了风险管理的灵活性和适用性。

4）通过衍生金融工具的买卖，可以随着市场情况的变化，比较方便地调节风险管理策略，便于风险管理的动态进行。由于用衍生金融工具管理风险是通过衍生金融工具的交易进行的，在衍生金融工具的交易市场非常发达的今天，风险管理的动态调节也极其易于实现。因此可以根据投资组合风险状况的变化，随时买卖期权、期货等衍生金融工具，实现风险的动态管理，如实现动态对冲等。

5）通过购买特定种类的衍生金融工具，投资者可以分离某种特定的风险并将其对冲掉，而保留其他愿意承担的风险。例如某个国际投资者购买了一个美国的股票和国债的组合，他可以通过美元期货买卖将该组合中所承受的汇率风险分离出来并对冲掉，而保留利率风险。

6）用衍生金融工具进行风险管理本身也具有一定的风险。除信用风险、操作风险、结算风险外，运用其对冲风险则会产生一种独特的市场风险形式即所谓的基差风险（basis risk）。此外，衍生金融工具用于风险管理和用于投机获利具有天然的内在联系，实践中金融机构进行衍生金融工具交易的这两种动机都同样强烈。因此，用于风险管理的衍生金融工具的交易仍需纳入风险内控和监管的框架之内。如2012年5月J.P.摩根的"伦敦鲸"事件即是由本该用于消弭风险的首席投资办公室造成的。

金融机构无论运用衍生金融工具进行风险对冲管理还是获取投机利润，对其自身而言均为在风险和回报之间所做的转换和选择，最终可以通过总体的投资效应进行统一的计量。但是，对于金融监管当局而言，金融机构运用衍生金融工具的不同交易动机则有完全不同的意义。了解金融机构运用衍生金融工具的动机对金融监管当局而言是至关重要的。真正用于风险对冲的衍生金融工具交易是风险管理的一个重要组成部分，一般会得到金融监管当局的支持；用于投机的衍生金融工具交易则会大大增加金融机构的总体风险，且会增加整个金融体系的系统性风险——国际金融危机危害如此深远便源于此，因而常常会受到金融监管当局的严密监管甚至惩罚或禁止。

衍生金融工具带来的收入效应是非对称的，即成功的交易往往给参与交易的交易员乃至金融机构高管带来高额奖励；但亏损，尤其是导致金融机构倒闭的巨额损失，对这些高管的影响却并非很大，肇始于2008年的金融危机中高管们的"黄金降落伞"即充分说明了这一点，这种巨额损失最终由市场或是政府来承担。正因为这种交易的非对称性，导致参与交易者具有追逐风险的潜在天然动机，这不仅需要金融机构内部的风险管理体系正规完善，也必然需要外部监管机构进行密切监督。

【相关案例】德国金属公司原油期货套期保值失败案例

德国金属公司（Metallgesellschaft AG）是一家具有110多年历史的老牌工业集团，经营范围包括金属冶炼、矿山开采、机械制造、工程设计及承包等，在德国工业集团中排位在第十三四名。德国金属公司以经营稳健著称，向来是金融机构和家族投资者投资的对象，科威特的埃米尔王族、德意志银行、德累斯顿银行、奔驰汽车公司等都是它的大股东。

由于德国金属公司具有很强的实业背景，且本身就是金属、能源等产品的生产和消费大户，故而它在国际商品交易市场上相当活跃。例如，著名的伦敦金属交易所（LME），始终保持着英国旧式的交易所体制，即只吸纳为数不多的公司作为交易所会员，所有的交易必须通过这十几家会员进行，许多声名赫赫的投资银行和工业集团都无法挤进去成为会员，而德国金属公司却能成为其会员，足见德国金属公司的影响和其广泛参与全球商品交易的程度。

德国金属公司介入各商品交易所的现货、期货和期权交易，除为本工业集团服务外，还向其他投资（或投机）和套期保值的企业提供经纪服务。有时，它也以做市商（market maker）身份出现，直接在店头市场（over-the-counter）与交易对家（contractual counterparty）达成合约。德国金属公司下属的一家美国子公司名叫德国金属精炼及市场公司（MG Refining and Marketing，以下简称"德国金属"），专门从事石油产品交易，它在1993年夏天与客户签订了一个长期供货合约。签约之初，恐怕谁也想不到这笔交易给德国金属公司带来的会是怎样一个噩梦。

这个合约实际上是由一个特殊的供货合同和一些金融衍生交易的成分组合而成的。德国金属承诺在10年内以固定价格向美国的油品零售商（以下简称"用户"）提供汽车油、取暖油和航空燃油。具体供应量分两部分，一部分定期定量交货，另一部分交货时间由用户随时指定。合约的特殊性体现在供货价格长期固定，不像普通长期供货合约一样随通货膨胀因素调整；另外，交货的时间和数量也不完全确定。所谓金融衍生交易成分是指德国金属授予用户的一个期权，即在合约的10年有效期内，如果世界油品市场价格有利于用户（现货市价高于合约定价），用户有权决定是否要求德国金属将未交货部分油品以市场价格和合约定价之差折算成现金付给用户，从而提前终止合约。

合约赋予用户的利益是显而易见的：一是长达10年的固定价格；二是选择履约的灵活性。至于德国金属，它接受合约条件的原因是多方面的，当然主要是想利用特殊的合约条件吸引住大的用户，开拓市场；其次，德国金属公司曾投资一家美国石油勘探和炼油公司，具有一定的供应商背景。在合约签订时，合约定价比现货市价高出3~5美元，对供方还是有一定吸引力的。但是，如果单有上述原因德国金属大约是不会选择成交的，真正促使德国金属签订这个合约的因素，还是其对自身在全球商品市场交易的丰富经验及在金融衍生交易方面的技术能力的充分自信。

德国金属为这个合约制定了一套套期保值的策略，试图将油品价格变动风险转移到市场上去，具体讲，它采用了在纽约商业交易所（New York Mercantile Exchange）买入石油标准期货合同和在店头市场做互换合同的方式来将它与用户契约所引起的价格风险转移。从常规的回避和控制风险的角度去评判，这似乎是无可非议的，总体上也符合德国金属公司经营稳健的风格。然而，一系列技术性的因素却造成了套期保值失败，事后甚至有人评论，不是简单的套期保值失败，而是套期保值行动本身导致了更大、更高阶的风险，使德国金属非但没有达到回避或降低风险的目的，反而招致了灾难性的后果。

德国金属在纽约商业交易所和店头市场用以对它同用户的供货契约进行套期保值的交易组合在设计上具有两个特点。第一，通过买进短期（临近交割月份一个月到几个月）石油产品期货合同并不断展期来与供货合约对应。理由很简单，市场上没有直接对应的衍生工具可以利用，商品交易所里时间最长的能源期货合约也远低于10年，长期合约流动性也很差。再则，德国金属在供货合约中赋予用户终止合约权，交货时间表也不是完全确定的。因此，德国金属很自然地要选择短期衍生交易合约来进行保护。第二，利用能源市场通常呈现现货升水（backwardation）或称期货贴水的规律来赚取基差，维持短期期货合约的滚动展期。这样的设想不是毫无道理的，现货升水意即现货价格高于期货价格，若低价买入期货合约，临近到期变成现货合约时以高于买价的价格卖出，再买入新的交割月份的期货合约，既达到了合约展期的目的，交易保证金的资金成本和合约滚动的展期成本也得以补偿。

不幸的是，在1993年年底世界能源市场低迷、石油产品价格猛烈下跌时，德国金属在商品交易所和店头市场交易的用以套期保值的多头短期油品期货合同及互换协议形成了巨额的浮动亏损，按期货交易逐日盯市的结算规则，德国金属必须追加足量的保证金；对其更为不利的是，能源市场一反往常现货升水的情况，而变成现货贴水（contango）也称期货升水，石油产品的现货价格低于期货价格，当德国金属的多头合约展期时，非但赚不到基差，还要在支付平仓亏损外，贴进现金弥补从现货升水到现货贴水的基差变化。为了降低出现信用危机的风险，纽约商业交易所提出了把石油产品期货合约初始保证金加倍的要求，这一下无疑是火上浇油，使德国金属骤然面临巨大的资金压力。

其时，德国金属公司自身也面临流动资金的短缺，无法帮助德国金属交付巨额的保证金和合约滚动展期的成本。消息传出，金融圈一片哗然，不光是债权人对向德国金属公司融通资金信心不足，连大股东们对德国金属公司能否渡过危机也十分怀疑。作为德国工业巨子之一的德国金属公司出现了前所未有的融资危机，滑到了破产的边缘。

尽管自20世纪70年代以来，金融衍生交易飞速发展，已经成为金融服务业发展和繁荣的主要驱动力之一，但围绕期货、期权、互换协议等衍生交易的财务核算和会计记账规则仍旧很不健全，更谈不上有公认的统一的国际会计准则。美国会计学会（AAA）、国际会计准则委员会（IASC）等很多会计团体和组织虽然都对金融衍生交易的财务和会计处理办法进行过研究，但由于争议较大，始终未能制定出统一的指导性原则。德国传统上采取比较保守稳健的会计和信息披露制度，对金融衍生交易的财务核算和会计记账，考虑更多的还是谨慎性原则。比如，衍生交易持仓头寸按逐日盯市规则计算出来的浮动亏损要在每一财税期末记入公司的财务报表，而持仓头寸的浮动盈利却不能记作公司的利润，这样不对称的账务处理确实满足了谨慎性原则，但在德国金属的案例中却起了一些反作用，误导了那些还不了解事件的全部情况或者虽知道一些情况但没有足够时间或能力进行专业判断的投资者和债权人，在一定程度上堵塞了德国金属公司的融资渠道，加剧了危机。

本案例的主要资料及数据来源于有关德国金属公司的公开材料，包括《风险管理案例集：金融衍生产品应用的正反实例》（第2版），约翰·E. 马丁森著，东北财经大学出版社；Philippe Jorion. *Financial Risk Manager Handbook*, Sixth Edition. John Wiley & Sons, Inc.。

【相关案例】中信泰富"豪赌"酿成巨大亏空

2008年10月20日中信泰富首告因澳元贬值跌破锁定汇价——澳元累计认购期权合约公允价值损失约147亿港币，至12月时，巨额亏损已扩大到186亿港币。在短短30多个交易日内，中信泰富以每天1.1亿港币的惊人亏损快步冲刺。

事件发生后，集团财务董事和财务总监辞去董事职务，2008年10月22日香港证监会确认，已经开始对中信泰富的业务展开调查，中信泰富的股价在两天内已经跌了近80%。公司主席荣智健之女、前财务主管被曝遭降职。2008年12月母公司中信集团向中信泰富注资15亿美元。2009年1月17日香港证监会开始调查中信泰富17位董事，其中就包括荣智健和中信泰富董事总经理等高管。2009年3月25日中信泰富公布2008年全年业绩亏损127亿港币，外汇损失159亿港币。2009年4月3日香港警务处商业罪案调查科搜查中信泰富总部。中信泰富发表声明称，商罪科主要调查该公司近两年签订的外汇合约及发出的公报是否有串谋欺诈及虚假陈述。2009年4月8日中信泰富召开董事会，接受荣智健辞去中信泰富主席及董事职务，同时也接受范鸿龄辞任董事总经理职务。

中信泰富的母公司中信集团也因此受到影响。穆迪将中信集团的长期外币高级无抵押债务评级从Baa1下调到Baa2；标准普尔将中信集团的信用评级下调至BBB-待调名单；各大投行也纷纷大幅度削减中信泰富的目标价。除此之外，中信泰富的投资者纷纷抛售股票。

这起外汇杠杆交易可能是因为澳元的走高而引起的。中信泰富在澳大利亚有一个名为Sino-Iron的铁矿项目，该项目是西澳最大的磁铁矿项目。这个项目总投资约42亿美元，很多设备和投入都必须以澳元来支付。整个投资项目的资本开支，除目前的16亿澳元之外，在项目进行的25年期内，还将在全面营运的每年度投入至少10亿澳元，为了减低项目面对的货币风险，因此签订了若干杠杆式外汇买卖合约。

为对冲澳元升值影响，中信泰富签订了3份Accumulator式的杠杆式合约，对冲澳元及人民币升值影响，其中美元合约占绝大部分。按上述合约，中信泰富须接取的最高现金额为94.4亿澳元。

实际上，这种合约的风险和收益完全不对等。合同表面来看也就是500万或1 000万港币的数额，"但是可怕之处在于，最大损失不会止步于500万港币，而是500万港币乘以24个月，如果有高杠杆，比如5倍，那就是再乘以高杠杆的比率"。Accumulator这种合约，因为盈利有上限但亏损无下限,被市场称为"魔鬼交易"。

而中信泰富所签的合约中最高利润为5 150万美元,但亏损则无底线。合约规定,每份澳元合约都有最高利润上限,当达到这一利润水平时,合约自动终止。所以在澳元兑美元汇率高于0.87时,中信泰富可以赚取差价,但如果该汇率低于0.87,却没有自动终止协议,中信泰富必须不断以高汇率接盘,理论上亏损可以无限大。

另外,杠杆式外汇买卖合约本质上属于高风险金融交易,中信泰富对杠杆式外汇买卖合约的风险评估不足。

在同十几家银行签订的10多笔外汇交易中,正是中信泰富没有识别合约隐含的下述四大毒丸才酿成巨额损失的苦酒。

一是目标错位。作为未来外汇需求的套保,其目标是锁定购买澳元的成本,也就是最小化澳元波动的风险。但是其签订的这些Accumulator合约的目标函数却是最大化利润,对风险没有任何约束。换言之,中信泰富的风险是完全处于暴露状态的。

二是量价错配。据报道,中信泰富在当年7月的前三周内,签订了10多份合约。当澳元兑美元的价格走势对其有利时,最多需买36亿澳元,而当价格大幅下跌时,则需要购入最多90亿澳元。而中信泰富的真实澳元需求只有30亿澳元,这是量上的错配。在价格上,中信泰富的选择更是糟糕。当年7月,次贷危机发展成金融危机,并逐渐转化为经济危机。石油、有色金属等大宗商品价格开始下跌。澳大利亚作为主要的铁矿石、铝矿石和铜矿石等资源出口国,其经济必将遭受经济衰退的沉重打击。即使在当时看,澳元走低的可能性也很大。而新西兰的货币在2007年5月就已经开始贬值了。

三是工具错选。Accumulator不是用来套期保值的,而是一个投机产品。虽然企业需求各异,通常需要定制产品来满足其特定需求,但是在定制产品过程中,企业自身应发挥主导作用,而不应是被动的角色。另外,在很多情况下,通过对远期、期货、互换、期权等进行组合,也可以达到企业特定的套期保值需求,而不必通过Accumulator。

四是对手欺诈。一些国际银行利用其定价优势,恶意欺诈。在最理想的情况下,中信泰富最大盈利5 150万美元,但是因为定价能力不对等,签订合同时,中信泰富就已经亏了1亿美元。

本案例的主要资料及数据来源于有关中信泰富的公开材料,包括:2008年12月11日《21世纪经济报道》中的《中信泰富186亿港元巨亏内幕全揭秘》(朱益民);2009年第1期《商界·中国商业评论》中的《推开中信泰富"澳元门"》(李正曦);2009年4月9日《证券时报》中的《中信泰富事件升级三点启示》(李允峰)。

■ 练习题

6.1　VaR主要有哪些应用?

6.2　某资产组合在95%的置信水平下,每月VaR是1 000万美元,请用两种思路解释。

6.3　VaR的持有期和置信水平,需要考虑哪些因素?

6.4 市场风险管理的定性管理有哪几个方面？
6.5 市场风险管理的定量管理一般分为哪几个步骤？
6.6 市场风险限额的设定应该考虑哪些因素？
6.7 简要描述市场风险识别中的专家调查法，以及其优点和缺点。
6.8 银行账户下的市场风险计量方法可以从哪两个角度分析？
6.9 一个完整的风险报告应该包含哪些内容？
6.10 指出市场风险限额中的止损限额、交易限额和风险头寸限额的区别。
6.11 如何对冲市场风险？
6.12 一个大型国际银行交易账户的规模取决于它的交易员观察到的机会。市场风险经理估计在 95% 的置信水平下每日 VaR 为 5 000 万美元。下面哪一项最能证明该经理的 VaR 估计是糟糕的？假设损失是独立同分布的。
　　（a）在最近 250 个交易日，出现超过 5 000 万美元损失的数目为 8 个。
　　（b）在最近 250 个交易日，最大损失值为 5 亿美元。
　　（c）在最近 250 个交易日，损失的均值为 6 000 万美元。
　　（d）在最近 250 个交易日，没有一次损失超过 5 000 万美元。
6.13 简述在利用 VaR 模型进行回测的时候容易犯的两类错误，以及如何解决。

第7章

信用风险管理

以银行为主的金融机构，其本质就是经营风险，而信用风险正是金融机构面临的最主要风险之一，直接影响到现代社会经济生活的各个方面，也影响到一国的宏观经济决策和经济发展，甚至影响全球经济的稳定与协调发展。事实上，在传统银行业务中，信用风险一直以来都是银行面临的最大、最难、最复杂的风险。西方商业银行在信用风险管理上虽然设计了一些较好的方法或产品类型，但仍然存在诸多需要解决的问题。随着国际银行业危机的不断发生，国际银行业和学术界深刻认识到研究信用风险模型对资产定价及风险管理工作具有越来越重要的作用，随后，产生了大量的信用风险模型。

目前国际上比较流行的信用风险度量模型包括：信用矩阵模型（creditmetrics）、默顿模型（merton model）、保险精算方法（actuarial approach）、简化模型（reduced-form model）和最近的混合型模型（hybrid model）。作为国际银行业风险管理的标准，巴塞尔协议体系自《巴塞尔协议Ⅱ》后，对信用风险、市场风险和操作风险的管理都融合使用了相当多的计量模型，如允许使用让银行具有更高自主权的高级内部评级法等。这些模型对于我国金融机构的信用风险管理及资本配置有着极大的参考价值。但从短期来看，传统的信用风险度量模型——计分模型，因简单易用，仍具有较高的参考价值。比较常用的计分模型包括：5C要素分析法、财务比率综合分析法、多变量信用风险判别模型。

5C要素分析法是金融机构对客户做信用风险分析时所采用的专家分析法之一。它主要集中在借款人的道德品质（character）、还款能力（capacity）、资本实力（capital）、担保（collateral）和经营环境条件（condition）5个方面进行全面的定性分析，以判别借款人的还款意愿和还款能力。有些银行将其归纳为"5W"因素，即借款人（who）、借款用途（why）、还款期限（when）、担保物（what）及如何还款（how）。还有的银行将其归纳为"5P"因素，即个人因素（personal）、借款目的（purpose）、偿还（payment）、保障（protection）和前景

（perspective）。可以看出，无论是"5C""5W"还是"5P"，在内容上大同小异，它们的共同之处是将每一要素逐一进行评分，使信用的定性信息数量化，从而确定其信用等级，以作为是否对其发放贷款、贷款标准的确定和随后贷款跟踪监测期间政策调整的依据。

财务比率综合分析法则源于这样的分析：由于信用危机往往是由财务危机引致，故而及早发现和找出对财务趋向恶化提前发出警示的财务指标，无疑可判断借款或证券发行人的财务状况，从而确定其信用等级，为信贷及投资提供依据。基于这一动机，金融机构通常将信用风险的测度转化为企业财务状况的衡量问题。因此，一系列财务比率分析方法也应运而生。财务比率综合分析法就是将各项财务分析指标作为一个整体，系统、全面、综合地对企业财务状况和经营情况进行剖析、解释和评价。这类方法的主要代表有杜邦财务分析体系和沃尔权重评分法，前者是以净值报酬率为龙头，以资产净利润率为核心，重点揭示企业获利能力及前因后果，该方法着眼于对企业进行微观分析；而沃尔权重法是将选定的7项财务比率分别给定各自的分数权重，通过与标准比率，如行业平均比率进行比较，确定各项指标的得分及总体指标的累计分数，从而得出对企业财务状况的综合评价，继而确定其信用等级。该方法着眼于将企业与同行业比较，进行宏观分析。

多变量信用风险判别模型是以反映财务状况变化的财务比率为解释变量，运用数量统计方法推导而建立起的标准模型。运用此模型来预测某种性质事件发生的可能性，可及早发现信用危机信号，使经营者能够在危机出现的萌芽阶段采取有效措施改善企业经营、防范危机，使投资者和债权人可依据这种信号及时转移投资、管理应收账款及做出信贷决策。目前国际上这类模型的应用是最多的，也被国际金融业和学术界视为主流方法。概括起来有线性概率模型、Logit模型、Probit模型和判别分析模型。其中，判别分析模型中的多元判别分析法最受青睐，Logit模型次之。

判别分析法是对研究对象所属类别进行判别的一种统计分析方法，也称多元判别分析法。判别分析就是从若干表明观测对象特征的变量值，即财务比率中筛选出能提供较多信息的变量，并建立判别函数，使推导出的判别函数对观测样本分类时的错判率最低。率先将这一方法应用于财务危机、公司破产及违约风险分析的开拓者是美国的爱德华·奥尔特曼博士。他早在1968年对美国破产和非破产生产企业进行观察，采用了22个财务比率进行分析后，经过数理统计筛选建立了著名的5变量Z-score模型和在此基础上改进的"Zeta"判别分析模型。奥尔特曼根据判别分值，以确定的临界值对研究对象进行信用风险的定位。由于该模型简便、成本低、效果佳，Zeta模型已实现商业化，广泛应用于美国商业银行，取得了巨大的经济效益。美国还专门成立了一家Zeta服务有限公司，美林证券也提供Z值统计服务。受美国影响，日本、德国、法国、英国、澳大利亚、加拿大以及巴西等都纷纷研制了各自的判别模型。虽在变量的选择及临界值设置上各有千秋，但总体思路与奥尔特曼如出一辙。

Logit模型采用一系列财务比率变量来预测公司破产或违约的概率，然后根据银行、投资者的风险偏好程度设定风险警戒线，以此对分析对象进行风险定位和决策。Logit模型与多元判别分析法的本质区别在于前者不要求变量满足正态分布，其模型采用Logistic函数。由于

Logistic 回归不假定任何概率分布，在变量不满足正态分布情况下其判别正确率高于判别分析法的结果，适用性也优于判别分析法。

7.1 信用风险管理的核心：信用评级

无论何时对信用风险进行度量，都需要考虑三个变量：违约概率、违约风险敞口和违约损失率。

违约是一个离散变量，即分为违约和不违约两种。违约定义为以下两种情况的一种或者两者同时出现：银行认定除非采取追索措施，如变现抵质押品（如果存在的话），借款人可能不能全额归还对银行集团的债务；借款人对银行集团的主要信贷债务逾期 90 天以上。

违约依靠违约概率来测量。违约概率即交易对手不履行交易合约的概率情况，数值范围在 0 到 1 之间。

违约风险敞口是指当交易对手发生违约时，该资产的经济价值或市值。

违约损失率是指因违约所造成的损失部分占全部的比例，其与回收率（recovery rate）相加为 1。例如，如果违约造成的回收率仅有 40% 的话，则违约损失率为 60%。

根据以上三个变量，欧美银行已开发出了多种信用管理系统及工具。

对于大型企业客户，目前欧美银行的信用风险管理主要采用五种不同的计算机系统，它们是 J. P. 摩根的 CreditMetrics，KMV 公司的 Credit Monitor/Portfolio Manager，麦肯锡公司的 Credit Portfolio View，穆迪投资者服务公司（以下简称"穆迪"）的 Risk Calc 和 CSFP 公司的 CreditRisk+。以 CreditMetrics 和 Credit Monitor/Portfolio Manager 系统为例，它的输入是客户的信用评级、客户所处行业、客户主要财务指标等；输出的是一笔贷款或一类投资组合可能的"预期损失"和"非预期损失"等。对于预期损失，银行可将其作为成本加到贷款的价格上，或用呆账准备金予以核销；对于非预期损失，银行可以通过分配经济资本来抵御该风险。

对于中型企业客户，银行通常采用自行开发的信用管理工具进行风险的识别和管理。一些银行的内部分析工具，是由其风险管理部参照 CreditMetrics 的一些思路来进行开发的。

对于个人客户或小型企业客户，国外银行广泛采用银行外机构——个人信用登记系统（credit bureau），如 Equifax 和 TransUnion，来了解和确定客户的信用风险情况，从而快速审批客户的信用申请，如信用卡、住房抵押贷款、消费信贷等。同时，银行通常会内部开发一种信用打分系统（credit scoring）来识别客户的风险。

7.1.1 信用评级机构介绍

信用评级机构（credit rating agency）是依法设立的从事信用评级业务的社会中介机构，是金融市场上重要的服务性中介机构，它是由专门的经济、法律、财务专家组成的对证券发行人和证券信用进行等级评定的组织。当前，信用评级机构与金融市场的关系日渐紧密，其对某个证券发行人的评级下调可以直接导致相应证券市场价格的大幅下跌乃至崩盘，故而投资机构及投资者对于其评级、意见给予了极高的重视。甚至这样一个商业组织对某一个国家的主权信用评级给出下调意见便可导致区域性乃至国际金融市场的重大变化，希腊的主权信用评级下调即反映了这一特点。

【相关案例】希腊主权信用评级下调至选择性违约级别

国际评级机构标准普尔公司于2012年2月27日将希腊的主权信用评级下调至"选择性违约"(SD)级别，意味着希腊债务未来很有可能出现违约的情况。

希腊的债务评级由此从"最垃圾级别"降到"违约级别"。违约级别是标准普尔公司（以下简称"标普"）信用评级体系中的最低级别。为了避免打击金融市场，标普的降级决定选择在美国股市收盘后才正式公布。

标普当天就继续调降希腊债务评级发表了声明，称希腊政府决定采取的债务重组相关计划会严重影响债权人。标普进一步表示，会对希腊偿债的具体情况进行及时评估，随时调整评级。

虽然欧元区国家后来批准对希腊总额1 300亿欧元的第二轮救助计划，但希腊的财政状况依然相当糟糕。希腊政府已正式提出了债务重组计划，私人债权人将对所持约2 000亿欧元的希腊国债减记53.5%。

其他主要国际评级机构也高度关注希腊债务评级。惠誉国际信用评级公司（以下简称"惠誉"）于2月22日将希腊的长期本外币发行人违约评级由"CCC"连降两级，下调至"C"，为最垃圾级别。穆迪公司27日发表报告指出，希腊债务违约的风险仍然很高。

标普27日还将"欧洲金融稳定基金"（EFSF）的评级展望调降为"负面"，意味着EFSF近期有被降级风险。标普称EFSF可能难以获得充足资金挽救欧债危机。标普1月曾调降了EFSF的"AAA"评级，目前给出的评级维持在"AA+"。

标普还警告，如果为EFSF提供担保的"AAA"和"AA+"成员国主权评级遭到进一步下调，那么EFSF的评级也会同时被调降。

本案例的主要资料及数据来源于有关希腊的公开材料，包括：2012年3月4日《联合早报》中的《希腊信用评级降至最低》。

标普、穆迪和惠誉并称为世界三大评级机构。三者评级均有长期和短期之分，但级别序列各有不同。

一般来说，信用评级并不是给证券的投资建议。标普认为："信用评级是标普对债权人总体信誉的评价，或对债务人在某一特定债务证券或其他金融债务上的信用的评价（基于相关的风险因素）。"对证券进行评级时，评级机构对潜在的负面损失的关注甚于对潜在的上涨收益的关注。穆迪认为评级就是"对发行者未来按时支付固定收益证券的本金和利息的能力和承担相应法律义务的评价"。由于标普和穆迪都被认为在信用评级方面具有专长且能做出公正的评价，并且能够获得公司的内部资料，因此它们的评级被市场参与者和监管机构广泛接受。当监管机构要求金融机构必须持有投资级债券时，金融机构就是根据标普和穆迪这样的信用评级机构做出的评级来确定债券的投资等级的。

信用评级主要分为发行人信用评级和特定债项评级两种。其中，发行人信用评级是对债务人总体偿债能力的评价。发行人信用评级包括交易对手信用评级、公司信用评级和主权信用评级。在这种情况下，评级机构在其评级体系和标识中对长期和短期贷款做出了区分。短期评级适用于商业票据（CP）、大额存单（CD）和可赎回债券。在特定债项评级中，评级机构还要考虑到发行人的属性，以及发行的具体条款、抵质押品的质量和担保人的信誉度等。

评级过程包括定量分析、定性分析和法律分析。定量分析主要是根据公司的财务报表进行财务分析。定性分析关心的则主要是管理水平，既要深入分析公司的行业竞争力，又要全面考察该行业预期增长能力，以及对商业周期、技术变革、监管变化和劳资关系等的敏感程度。

图 7-1 描述了一家工业企业进行评级的过程。为了对企业进行评级，分析师需要分析国际和宏观经济事件、行业前景、监督趋势，并详细了解公司特征，最终得出企业的特定债项结构。

对管理层的评估具有主观性，它不仅探讨管理层如何促进经营目标的实现，还考察管理层对风险的承受度。评级机构与债券发行人管理层会晤以审查其经营和财务上的规划、政策和战略是评级过程的一部分。具有

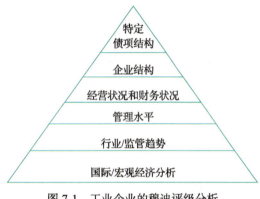

图 7-1 工业企业的穆迪评级分析

相关行业专门知识背景的评级委员会会对所有信息予以审查和评论，然后对评级结果进行投票。评级结果公布前，发行人可以提交新信息并申请重新予以评级。通常评级机构于收到评级申请后的 4～6 周内公布评级结果。

通常情况下，评级机构每年进行一次审查，并根据新的财务报告、业务信息以及与管理层的会晤等进行必要的修正。如果有理由相信审查可能导致信用评级的变化，评级机构将会发出"信用观察"或"评级审查"通知。评级改变需得到评级委员会的批准。

1975 年，美国证券交易委员会首次将全国公认的统计评级机构的评级结果纳入联邦证券监管体系，标普等三大信用评级机构才日渐形成垄断之势。时至今日，信用评级机构的评级结果已对国际金融交易市场产生直接影响，某种程度上能够决定融资利率高低，甚至能够决定融资能否顺利完成。

1. 标普评级

标普是第一家为抵押贷款支持债券（1975）、共同基金（1983）、资产支持证券（1985）评级的公司。标普的长期评级主要分为投资级和投机级两大类，投资级的评级具有信誉高和投资价值高的特点，投机级的评级则信用程度较低，违约风险逐级加大。投资级包括 AAA、AA、A 和 BBB，投机级则分为 BB、B、CCC、CC、C 和 D。信用级别由高到低排列，AAA

级具有最高的信用等级；D 级最低，视为对条款的违约。

从 AA 至 CCC 级，每个级别都可通过添加"+"或"−"来显示信用高低程度。例如，在 AA 序列中，信用级别由高到低依次为 AA+、AA、AA−。

此外，标普还对信用评级给予展望，显示该机构对于未来（通常是 6 个月至两年）信用评级走势的评价。决定评级展望的主要因素包括经济基本面的变化。展望包括"正面"（评级可能被上调）、"负面"（评级可能被下调）、"稳定"（评级不变）、"观望"（评级可能被下调或上调）和"无意义"。

标普还会发布信用观察以显示其对评级短期走向的判断。信用观察分为"正面"（评级可能被上调）、"负面"（评级可能被下调）和"观察"（评级可能被上调或下调）。

标普的短期评级共设 6 个级别，依次为 A-1、A-2、A-3、B、C 和 D。其中 A-1 表示发债方偿债能力较强，此评级可另加"+"号表示偿债能力极强。

标普目前已对 128 个国家和地区进行了主权信用评级。自美国失去 AAA 评级后，目前拥有 AAA 评级的国家和地区还有澳大利亚、奥地利、加拿大、丹麦、芬兰、法国、德国、中国香港特别行政区、马恩岛、列支敦士登、荷兰、新西兰、挪威、新加坡、瑞典、瑞士和英国。

2. 穆迪评级

穆迪的总部位于纽约的曼哈顿，最初由约翰·穆迪（John Moody）于 1900 年创立。穆迪投资者服务公司曾经是邓白氏（Dun & Bradstreet）的子公司，2001 年邓白氏公司和穆迪公司两家公司分拆，分别成为独立的上市公司。1909 年穆迪首创对铁路债券进行信用评级；1913 年，穆迪开始对公用事业和工业债券进行信用评级。

穆迪长期评级针对一年期以上的债务，评估发债方的偿债能力，预测其发生违约的可能性及财产损失概率。而短期评级一般针对一年期以下的债务。

穆迪长期评级共分 9 个级别：Aaa、Aa、A、Baa、Ba、B、Caa、Ca 和 C。其中 Aaa 级债务的信用质量最高，信用风险最低；C 级债务为最低债券等级，收回本金及利息的机会微乎其微。

在 Aa 到 Caa 的 6 个级别中，还可以添加数字 1、2 或 3 进一步显示各类债务在同类评级中的排位，1 为最高，3 为最低。通常认为，从 Aaa 级到 Baa3 级属于投资级，Ba1 级以下则为投机级。

穆迪的短期评级依据发债方的短期债务偿付能力从高到低分为 P-1、P-2、P-3 和 NP 4 个等级。

此外，穆迪还对信用评级给予展望评价，以显示其对有关评级的中期走势看法。展望分为"正面"（评级可能被上调）、"负面"（评级可能被下调）、"稳定"（评级不变）以及"发展中"（评级随着事件的变化而变化）。

对于短期内评级可能发生变动的被评级对象，穆迪将其列入信用观察名单。被审查对象的评级确定后，将从名单中去除。

目前，穆迪的业务范围主要涉及国家主权信用、美国公共金融信用、银行业信用、公司金融信用、保险业信用、基金以及结构性金融工具信用等评级。穆迪在全球 42 个国家和地区设有分支机构，员工约 13 100 人。

3. 惠誉评级

惠誉的规模较其他两家稍小，成立于 1913 年，是唯一的欧资国际评级机构。

惠誉的长期评级用以衡量一个主体偿付外币或本币债务的能力。惠誉的长期信用评级分为投资级和投机级，其中投资级包括 AAA、AA、A 和 BBB，投机级则包括 BB、B、CCC、CC、C、RD 和 D。以上信用级别由高到低排列，AAA 等级最高，表示最低的信用风险；D 为最低级别，表明一个实体或国家主权已对所有金融债务违约。

惠誉的短期信用评级大多针对到期日在 13 个月以内的债务。短期评级更强调的是发债方定期偿付债务所需的流动性。

短期信用评级从高到低分为 F1、F2、F3、B、C、RD 和 D。

惠誉将"+"或"−"用于主要评级等级内的微调，但这在长期评级中仅适用于 AA 至 CCC 6 个等级，而在短期评级中只有 F1 适用。

惠誉还对信用评级给予展望，用来表明某一评级在一两年内可能变动的方向。展望分为"正面"（评级可能被上调）、"稳定"（评级不变）和"负面"（评级可能被下调）。但需要指出的是，正面或负面的展望并不表示评级一定会出现变动；同时，评级展望为稳定时，评级也可根据环境的变化调升或调降。

此外，惠誉用评级观察表明短期内可能出现的评级变化。"正面"表示可能调升评级，"负面"表示可能调降评级，"循环"表明评级可能调升，也可能调降或不变。

惠誉的业务范围包括金融机构、企业、国家、地方政府等融资评级，总部分设于纽约和伦敦两地，在全球拥有 50 多家分支机构和合资公司，拥有 2 000 多名专业评级人员，为超过 80 个国家和地区的客户提供服务。

4. 我国信用评级机构现状

中国信用评级行业诞生于 20 世纪 80 年代末，是改革开放的产物。我国第一家信用评级机构——上海远东资信评估有限公司诞生于 1988 年，但是由于没有统一的法律法规约束，这一市场一直处于比较混沌的状态。

最初的评级机构由中国人民银行组建，隶属于各省区市的分行系统。20 世纪 90 年代以后，经过几次清理整顿，评级机构开始走向独立运营。1997 年，中国人民银行认定了 9 家评级公司具有在全国范围内从事企业债券评级的资质。2005 年，中国人民银行推动短期融资券市场建设，形成了中诚信、大公国际、联合资信、上海新世纪和上海远东 5 家具有全国性债券市场评级资质的评级机构。2006 年后，上海远东因"福禧短融"事件逐渐淡出市场。

公开资料显示，现在，我国规模较大的全国性评级机构有大公国际、中诚信、联合资信、上海新世纪 4 家。然而，自 2006 年起，美国评级机构就开始了对中国信用评级机构的全面控制。2006 年，穆迪收购中诚信 49% 的股权并接管了经营权，同时约定 7 年后持股 51%，实现绝对控股；2007 年，惠誉收购了联合资信 49% 的股权并接管经营权；2008 年标普也与上海新世纪开始了战略合作，双方在培训、联合研究项目以及分享信用评级技术等领域进行合作……可以说，美国信用评级机构几乎控制了中国 2/3 的信用评级市场。"由于国际评级机构的控制，国内评级机构话语权严重缺失。"（引自 2011 年 9 月 7 日《北京商报》上的《国内信用评级机构夹缝中艰难求生》一文。）

在被美国收购的评级机构中，中诚信、联合资信在全国各省均设有分公司，它们可以从事国内的所有评级业务，市场份额合计超过 2/3。美国评级机构借助被收购公司的分支机构，迅速将触角伸展到全中国，直接或间接从事所有评级和相关业务。穆迪、标普、惠誉已先后在中国设立了独资经营的子公司。2018 年 5 月，穆迪设立穆迪（中国）有限公司；2018 年 6 月，标普设立标普信用评级（中国）有限公司；2018 年 7 月，惠誉在中国成立惠誉博华信用评级有限公司。2019 年 1 月 28 日，中国人民银行营业管理部发布公告称，对标普全球公司在北京设立的全资子公司——标普信用评级（中国）有限公司予以备案。2019 年 1 月 28 日，中国银行间市场交易商协会亦公告接受标普信用评级（中国）有限公司进入银行间债券市场开展债券评级业务的注册。这标志着标普已被批准进入中国开展信用评级业务。

7.1.2　标普与穆迪信用评级体系介绍

标普和穆迪公司的主要业务均在美国，但在世界各地也有许多分支机构。表 7-1 和表 7-2 分别是标普和穆迪对长期信用评级的定义。最高的四个信用等级（标普的 AAA 级、AA 级、A 级和 BBB 级，以及穆迪的 Aaa 级、Aa 级、A 级和 Baa 级）被普遍认为是投资级。

表 7-1　标普各信用级别的定义

AAA	AAA 级是标普给予的最高级别。债务发行人履行其债务偿还承诺的能力极强
AA	被评为 AA 级的债务同 AAA 级的债务只有很小的差别。债务发行人履行其债务偿还能力也很强
A	相对于较高评级的债务，A 级债务较易受外在环境及经济波动状况变动的不利影响，但是债务发行人偿还债务能力仍然较强
BBB	目前有足够的偿债能力，但是恶劣的经济条件或外在环境很可能使其偿债能力变得较为脆弱
BB	相对于其他投机级评级，违约的可能性最低。但是，持续的重大不确定性，或恶劣的商业、金融、经济条件可能令其没有足够的偿债能力
B	违约可能性比 BB 级高，但是债务发行人目前仍有能力偿还债务。恶劣的商业、金融或经济条件可能削弱债务发行人的偿债能力和意愿
CCC	目前有可能违约，债务发行人依靠良好的商业、金融或经济条件才有能力偿债。如果商业、金融或经济条件恶化，债务发行人则没有能力偿还债务
CC	目前违约的可能性较高
C	已经提出破产申请或采取其他类似行动，但债务发行人仍在继续偿付债务
D	与其他级别不同，D 级不是对违约的预期。只有当违约确实发生时，债务才会被评为 D 级
+ 或 −	从 AA 到 CCC 级，各级都可以加标 "+" 或 "−" 予以微调，以反映信用级别内部的微小差异

表 7-2　穆迪各信用级别的定义

Aaa	Aaa 级债券是质量最好的债券。Aaa 级债券投资风险最小，又称"金边"债券。利息支付有充足的或极稳定的利润做保证，本金是安全的。即使各种保证本息按时支付的因素可能发生变化，这些变化也不会削弱债券的稳健地位
Aa	无论以何种指标衡量，Aa 级债券都应被认为是高质量的。一般地，Aa 级债券与 Aaa 级债券共同构成高等级债券。由于利润保证不如 Aaa 级充足，给予保证的因素的波动性可能大于 Aaa 级，或者还有其他因素使之面临的长期风险高于 Aaa 级，因而 Aa 级债券的级别比 Aaa 级低
A	A 级债券具有许多优良的投资品质，被认为是中上等级的债券。其有足够的因素保证本金和利息的安全，但人们会怀疑其偿付本息的能力在将来某个时候有所削弱
Baa	Baa 级是中等级别的债券（安全性既不高也不低）。利息支付和本金安全在当前是有保证的，但一段时间之后，保证因素可能消失或变得不可靠。事实上，这类债券缺乏优良的投资品质，而且带有一定的投机性
Ba	Ba 级债券具有投机性，其未来情况没有良好的保证。一般情况下，其本息偿付的保证是有限的，因此，无论未来情况较好或较差，这类债券的本息偿付能力都有可能被削弱。不确定性是这类债券的特征
B	B 级一般缺乏值得投资的品质。本息偿付或长期内履行合同中其他条款的保证都是极小的
Caa	Caa 级别信誉较差，有违约的可能性或当前就存在危及本息安全的因素
Ca	Ca 级具有高度的投机性。这类债券经常发生违约或有其他明显的缺点
C	C 级债券是最低级别的债券，这类债券的本息安全情况非常糟糕，根本不能达到真正的投资的级别

资料来源：摘自《穆迪信用评级和研究》，1995 年。

在一些特殊的投资项目中，金融机构按照要求只能投资于投资级的债券或债务工具。标普的 BB 级、B 级、CCC 级、CC 级、C 级（穆迪公司的 Ba 级、B 级、Caa 级、Ca 级和 C 级）被认为具有明显的投机性。

为了反映各主要信用级别内的微小差异，标准普尔和穆迪采用一些额外的符号来反映信用状况的差异，如标普利用加号或者减号修正 AA 级到 CCC 级的评级。类似地，穆迪则利用数值符号 1、2、3 细分由 Aa 级到 Caa 级的各信用级别。例如，符号 1 表明在同级债务中的最高级，因此穆迪的 B1 相当于标普的 B+。

机构的评级与未来的违约事件究竟具有多高的相关性呢？统计企业债券发行后 1～15 年内每个信用级别债券的债券发行人的平均累计违约率，可以看出答案。违约率是根据 1981 年至 2004 年的数据计算的。答案就是：评级越低，累计违约率越高。Aaa 级和 Aa 级债券的违约率非常低，10 年之后只有不到 1% 的债券违约。然而 10 年后，大约有 35% 的 B 级债券违约。这样的历史数据似乎能为机构评级做个基本验证，即在很高级别，如 Aa 级以上的机构评级与违约事件具有非常高的负相关性，但这种负相关性随着评级下降而渐趋不明显。

机构评级还有另一个作用：帮助风险分析师客观结合违约的可能性，考察已被评级机构评级或被银行以相同方式评级的企业。

虽然几家主要的评级机构的债务工具评级方法都是类似的，但有时候它们对同一债务工具的评级会有所不同。对信用评级行业的学术研究发现，在大样本中仅有过半的被评为 AA 级（或 Aa 级）和 AAA 级（或 Aaa 级）的企业被两个顶级评级机构评为相同的评级。同样的研究发现，比起标普和穆迪，较小的评级机构给出的信用评级往往较高，它们很少给出较低评级。譬如说，在 2011 年 8 月，我国评级机构大公国际曾给予我国铁道部发行人主体长期信用级别为 AAA 级。

7.1.3 信用转移矩阵

信用转移（credit migration）是指债务人或客户的信用质量发生变化，例如从 AAA 级降低到 AA 级等，或从 BBB 级提高至 A 级等。信用转移在现代信用风险管理科学的发展中起着承前启后的重要作用，是现代信用风险管理的基石之一，也是进行信用风险管理的关键技术。信用等级转移矩阵（credit rating migration probability matrix）反映了债务人信用在不同信用等级间的变动，揭示了债务人信用风险变化的趋势，出发点就是通过了解（预测）未来每一时间段内一个金融机构所有可能的信用质量状况从而进行有效的信用风险管理。这个概念首先由 J.P. 摩根公司于 1987 年提出，后来被标准普尔和 KMV 公司采用。

信用转移风险（credit migration risk）与债务人的信用质量发生变化的不确定性相关。在特定的时间范围内，债务人的信用质量可能改善或恶化。一般情况下，企业不会突然发生违约，例如，AA 级的企业很少会突然违约，但可能会下滑至 A 级或更低的级别。非违约型的信用恶化概率比违约型的要大得多。

客户的经营状况和财务指标是与宏观经济环境及企业内部管理密切相关的，其现金流量表状况也是随时在发生变化的。当银行发放一笔贷款给客户时，客户的信用等级可能是非常优秀的，但随着时间的推移，客户信用等级必将发生变化。其信用级别有可能上升，也有可能下降。如果我们能够有足够的支持数据库，那么可以较容易地得到客户信用等级变化的矩阵，即信用转移矩阵。如一个信用等级为 A 的企业，一年后其信用等级的变化情况，可能如表 7-3 所示。

表 7-3　企业信用等级变化表

信用等级	等级变化
AAA	0.27%
AA	1.59%
A	89.05%
BBB	7.40%
BB	1.48%
B	0.13%
CCC	0.06%
违约	0.03%

资料来源：标准普尔。

也就是说，信用等级为 A 的企业，一年后其信用等级：

1）变为信用等级 AAA 的概率为 0.27%；
2）变为信用等级 AA 的概率为 1.59%；
3）保持信用等级 A 的概率为 89.05%；
4）变为信用等级 BBB 的概率为 7.40%；
5）变为信用等级 BB 的概率为 1.48%；
6）变为信用等级 B 的概率为 0.13%；
7）变为信用等级 CCC 的概率为 0.06%；
8）直接违约的概率为 0.03%。

更进一步地，对于各信用等级，我们可以得到如表 7-4 所示的信用转移矩阵。

表 7-4 信用转移矩阵

起初等级	AAA	AA	A	BBB	BB	B	CCC	违约
AAA	87.74	10.93	0.45	0.63	0.12	0.10	0.02	0.02
AA	0.84	88.23	7.47	2.16	1.11	0.13	0.05	0.02
A	0.27	1.59	89.05	7.40	1.48	0.13	0.06	0.03
BBB	1.84	1.89	5.00	84.21	6.51	0.32	0.16	0.07
BB	0.08	2.91	3.29	5.53	74.68	8.05	4.14	1.32
B	0.21	0.36	9.25	8.29	2.31	63.89	10.13	5.58
CCC	0.06	0.25	1.85	2.06	12.34	24.86	39.97	18.60

资料来源：Keenan and Carty(1998).

从表 7-4 我们不难看出，信用等级较低的企业违约的概率是较高的。因此，我们在将贷款贷给信用等级较低的企业时，应当特别地小心和谨慎。原则上对 B 级及 B 级以下企业应不予贷款。

有了转移矩阵，特别是找到预期违约率后，我们就可以较为方便地计算预期损失和非预期损失。

【相关案例】大公国际对信用转移矩阵的编制方法

大公国际所有的企业主体评级，自 1996 年 1 月～2008 年年底，都涵盖在矩阵转移的统计范围内。大公国际使用静态样本库法计算转移矩阵的情况。静态样本库，或样本群，是对发行人的评级按年度进行分组，统计一年内所有受评企业主体在某一年年末的评级状况与下一年年末的评级状况变化，以此来计算一年期的转移矩阵。例如，2005 年年中进行的某个新评级将被列入 2005 年以及以后的样本群。如果该企业在下一年度未有评级记录，则不会记录在样本中。

大公国际计算 1 年期的转移率，首先考虑样本在年初时点上的评级状况以及年末时点上的评级状况，如果一个企业的评级级别在一年内被撤销，则从样本中剔除。采用类似方法来计算 2 年期、3 年期和 5 年期的转移矩阵。一个企业也可能在样本中出现多次，例如一个企业自 2004 年首次评级，如果它在 2005～2008 年都有评级记录，则它在 1 年期矩阵计算样本中将出现 4 次（2005/2004，2006/2005，2007/2006 和 2008/2007）；如果一个企业在 2003 年首次评级，而 2005～2008 年都有评级记录，则它在 1 年期矩阵计算样本中出现 3 次（2006/2005，2007/2006 和 2008/2007），在 2 年期矩阵计算样本中出现 3 次（2005/2003，2007/2005 和 2008/2006），在 3 年期样本中出现 2 次（2006/2003 和 2008/2005），在 5 年期矩阵计算中出现 1 次（2008/2003）。

大公国际企业主体转移矩阵是根据 2001 年 10 月至 2008 年年底的数据统计而成的。因此 1 年期矩阵转移统计样本 7 期，2 年期矩阵转移统计样本 6 期，3 年期矩阵转移统计样本 4 期，5 年期矩阵转移统计样本 3 期。转移矩阵观察多个时期的样本数据，以不同时期的企业主体数量作为权重计算多时期下的转移概率。

本案例的主要资料及数据来源于有关大公国际的公开材料：网络资料《大公信用评级转移矩阵及评级表现分析》。

7.2 金融机构信用风险管理

7.2.1 以银行为主的金融机构信贷政策概览

信贷政策分为宏观信贷政策与微观信贷政策两种。宏观信贷政策，是指中央银行根据国家宏观经济政策、产业政策、区域经济发展政策和投资政策，并衔接财政政策利用外资政策等制定的指导金融机构贷款投向的政策。信贷政策的制定应遵循扶优限劣的基本原则，其主要目标是改善信贷结构，促进经济结构的调整、科学技术的进步、社会资源的优化配置。微观信贷政策，是指商业银行指导信贷投放的基本原则，是商业银行整个发展战略的核心载体。本书采用的概念为微观概念。尽管资产证券化等金融创新及中间业务层出不穷，但不可否认的是，信贷资产依然是商业银行主要的收益来源，故而信贷政策在商业银行整个业务发展中具有极其重要的地位。

经过长期实践，我国商业银行大都形成了一套较为完整的信贷政策体系，主要包括区域风险管理政策、行业风险管理政策、客户风险管理政策和产品风险管理政策四个基本维度的信贷政策。

区域风险管理政策是指信贷资源区域布局策略；行业风险管理政策是在行业分析的基础上，明确信贷进入和退出的具体标准；客户风险管理政策主要规定具体客户信贷业务准入标准和风险管理内容；而产品风险管理政策明确每一种信贷业务产品的风险特征和客户层面具体融资品种结构的配置要求。例如，有两笔贷款，一个是对位于江西省从事有色金属冶炼的某个日均存款为亿元级别的客户进行一年内短期贷款，另一个是对位于浙江省从事纺织行业的某个日均存款为千万元级别的客户进行一年期以上长期贷款，从原则上来讲，这两笔贷款适用的信贷政策应具有一定差别。

从内部功能和效率来说，行业和区域信贷政策具有较高级别的政策执行力，必须优先考虑，而客户政策和产品政策必须要以满足行业和区域政策为前提。而在具体风险限额管理中，产品风险限额服从于客户风险限额管理，客户风险限额服从于行业风险限额政策，而行业风险限额服从于区域风险限额政策，它们之间存在明显的递进关系。亦即，区域政策高于行业政策，行业政策高于客户政策，客户政策高于产品政策。以下即以此顺序对我国商业银行信贷政策进行概述。

1. 中国商业银行区域信用风险管理概览

改革开放以来，随着我国非均衡经济发展战略的实施，区域间发展差距逐步拉大。在一定时期内，区域经济的非均衡性是我国经济发展的基本特征，其差异也必然决定了区域金融生态的不同。举例来说，分布于经济特区与经济欠发达地区的同一行业的竞争对手，其呈现出的态势都会具有显著不同。

因此，针对区域间不同的金融生态条件实施差异化的区域信贷政策，是我国商业银行经营管理中需要直面的重要课题。实行梯度差异的区域信用风险管理是这一信贷政策的核心。

依据不同的标准，我国可以被划分为不同的经济区域。同样，根据不同的信贷政策取向，商业银行可以具有多个维度、多种信贷区域的划分方法。一般可划分为国家信贷区域、经济信贷区域、产业信贷区域、行政信贷区域和城市信贷区域等不同层次。从历史和现实的角度考虑，我国商业银行可考虑以行政信贷区域为基本的信贷区域，以经济信贷区域、产业信贷区域、城市信贷区域为补充，建立复合型的区域信贷政策体系。

第一，经济信贷区域。根据我国区域经济发展战略规划，我国可以被划分为长江三角洲地区、珠江三角洲地区、环渤海地区、华中地区、东北地区和西部地区六大信贷区域。对于上海浦东新区、天津滨海新区、海南特区、深圳特区，以及近年规划成立的雄安新区、珠港澳大湾区则可由商业银行灵活掌握，例如划定为特别信贷区域。

第二，产业信贷区域。根据国家有关产业发展规划、产业政策和产业集群特点，将一些产业集中、发达的地区，确定为单独的信贷区域，实施相应的信贷政策。比如，我国70%的水能资源、70%左右的大型水电站和80%左右的特大型水电站主要集中在西南地区，可对该地区确定单独的信贷政策。

第三，城市信贷区域。随着城市化进程的不断深入，城市对资金流、物流、信息流的集中功能不断增强，对经济增长的贡献率不断提高，中心城市的信贷市场对银行的发展具有举足轻重的作用。一般可以将城市划分为省会城市和其他中心城市两个层次，对经济发达的经济区域也可以确定跨行政区域的城市群和大都市圈信贷区域。

在一个复合型区域信贷政策体系中，经济区域、产业区域和城市区域的区域信贷政策，是对行政区域信贷政策的重要补充。各类区域信贷政策对行政区域信贷政策的补充关系如图7-2所示。

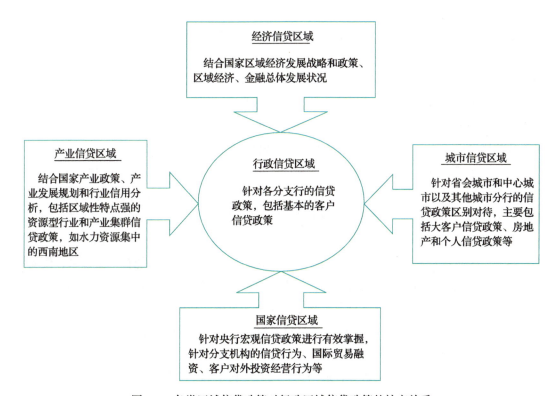

图7-2　各类区域信贷政策对行政区域信贷政策的补充关系

一个复合型的区域信贷政策体系同时也是一个基于区域信用风险管理需要的交叉信贷风险体系。因此，就具体的政策内容来讲，区域信贷政策应解决以下五个问题。

第一，区域信贷增长与风险管理相匹配的问题。区域信贷增长必须与区域信用风险管理能力相协调，信贷扩张必须要以不断加强的信用风险管理为前提。在具有足够的风险管理能力的前提下，应优先发展有竞争优势的信贷业务，积极挖掘信贷资源，拓展和培育新的信贷市场，寻找新的区域信贷增长点。

第二，区域信贷质量与风险管理相匹配的问题。在坚持信贷质量管理的战略目标下，建立区域信贷风险管理的长效机制，对各信贷区域实行以信贷资产质量的稳定性、真实性、效益性为考核、监测内容的长效管理制度。商业银行总行应建立区域信贷风险分析、监测和评级制度，推进信贷风险的集中管理，提升信贷质量管理的组织层次，强化和明确区域内各个分支机构信贷质量管理职能和职责。商业银行总行实行总量控制和比例控制结合的区域信贷风险监测、考核机制。商业银行总行应以足够的信贷数据或专家判断做基础，将各个区域划分为资产质量较好及较差两类。对于信贷资产质量较好的区域，以比例控制为主；对信贷资产质量较差的区域，以不良信贷绝对额控制为主。

第三，区域信贷结构调整与风险管理相匹配的问题。根据系统性风险和非系统性风险的管理要求，不断改进和提高行业信用结构、产品信贷结构和客户信贷结构的调整方式及能力。在加强信贷市场准入管理和客户债项评级管理的同时，在保证风险管理有效性的前提下，可考虑将客户结构调整的着力点适当下移至省级分支机构，给予这些机构一定的客户信用准入自行调节权。

对信贷生态环境较好的区域可适当改变风险偏好，提高风险承受度，可考虑按照全面信贷业务的方向，逐步减少传统信贷业务。在保持适度行业集中程度、加大重点进入类行业信用投入的同时，积极发展其他行业的信贷。

对信贷生态环境相对不好的区域要加强风险管理能力，严格风险管理，以客户结构调整为主线，积极发展各项信贷业务。完善信贷退出机制，压缩信贷总量，从而与降低客户融资风险的整体目标相结合，提高这些区域的信贷资源利用效率和质量。

第四，区域信贷效益与风险管理相匹配的问题。建立风险与效益挂钩的风险文化，构建风险-收益均衡控制的区域信贷政策运行、调节机制，信贷政策应向风险调整后收益高、信贷资产效益高、客户综合贡献度高的区域倾斜，限制低效益、高风险区域的信贷投放政策。风险管理者应着重防止下属分支行为突击完成任务，只注重眼前利益的短期信贷行为。

第五，区域信贷竞争与风险管理相匹配的问题。风险管理这一职能自产生以来，便受到追逐客户、追逐收益的信贷部门的诟病，在面临有限的客户资源、信贷竞争激烈的区域更是如此。商业银行总行应以提升信贷业务核心竞争力为目标，在保证信贷业务造成的预期损失处于区域风险容量内的前提下，不断推进信贷流程管理，提高信贷审批效率，争取信贷资源。在保证风险总体可控的前提下，可考虑以下措施，如加强重点信贷区域核心信贷业务领域的信贷创新能力，拓展信贷市场边界，适当扩大对省会城市和中心城市分支机构的信贷业务分类授权，以扩大具有相对优势的信贷业务的同业市场份额。

我国商业银行区域信用风险管理的实施过程可考虑参考如下步骤。

首先，建立区域信贷风险评级制度。建立该制度后应积极参考外部评级机构形成的评级意见，并根据本行自有数据，采用定量测算与定性测量相结合的方式。定量测算指标主要包括近年来被评价机构的资产质量和贷款总量，定性调整因素包括所在区域的经济发展水平以及发展前景、商业银行对不同区域的信贷投向和投量战略、分支机构整体经营管理水平等。若有可能，应在总行风险评级数据库基础上形成区域信贷风险评级数据集市。

其次，建立信贷授权制度。实行以区域信贷风险等级为主，结合客户信用等级、信贷业务品种、融资期限长短、客户所处行业、本外币和担保方式等多个维度的差异化信贷额度授权管理。应确保区域信贷风险等级相同的分支机构，信贷业务授权相同。

再次，建立经营资格和停复牌管理制度。根据区域信贷资源和分支机构信贷管理水平，实施分支机构信贷业务经营资格管理。严格控制对经济环境和社会信用状况差的高风险地区的信贷投入，加大从高风险地区信贷退出的力度，制定取消和限制信贷业务经营资格的标准。

最后，实施区域信贷业务跟踪监测及质量考核。主要从信贷资产质量状况、政策制度执行情况、信贷限额、信贷业务量、客户结构等方面加强区域信贷的监测和考核管理。监测和考核结果与确定信贷资产质量指标、指标与费用、奖励挂钩、系统动态跟踪监测、及时调整信贷政策等措施相联系。

根据上述内容，区域信贷政策的制定和实施过程大致可以用图7-3描述。首先，确定区域风险等级是制定和实施区域信贷政策的基本前提，定量指标及定性指标可提供关于区域信贷风险的信息。其次，综合研究分析这些区域信贷风险的信息，结合银行整体行业风险管理战略，制定区域信贷政策。最后，在区域信贷政策执行过程中，通过各种途径和方式收集政策执行情况，密切关注这些政策对全行和各类分行信贷变化的影响，定期或不定期实施总体评价。实务中，这种总体评价往往在年末进行。并且，定期的总体评价还将直接影响今后区域信贷政策调整的方向和力度以及对该区域风险等级的评价。

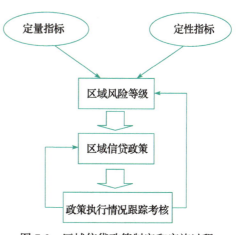

图 7-3　区域信贷政策制定和实施过程

2. 中国商业银行行业信用风险管理概览

目前，西方商业银行信用风险管理对象的重点早已由单个客户或单笔交易转向组合（如行业组合、国家组合等），其中行业信用风险管理已被置于战略高度，并已积累、形成了一整套较为成熟的管理体系，值得我国商业银行参考借鉴。

作为信用风险的一种，行业信用风险是受宏观或产业等共性因素影响，导致多个借款人或交易对手同时发生违约，从而引发的群体性信用风险。与我国商业银行相比，西方商业银行对行业信用风险范围的界定更为广泛，不仅包括产生于借贷业务的行业信用风险，还包括产生于交易业务、资本市场活动，甚至清算业务中因交易对手或发行者违约导致的行业信用风险。

国外先进商业银行的实践证明，几乎每家银行都会选择自己最熟悉、风险管理经验最丰富的行业作为信贷进入的主要领域并设定相应的限额。而对其感觉陌生、缺乏风险管理经验的行业，无论该行业的企业处于何种生命周期阶段及发展方向如何，一般都不会轻易进入。

反观我国，在计划经济时期，银行主要依赖政府指令和国家产业政策来直接决定信贷投向，自身缺乏相对独立的行业信用政策管理。近几十年来，随着中国特色社会主义市场经济的发展和金融体制改革的逐步深化，我国商业银行日益重视行业分析和风险预测，研究和制定符合自身发展战略和经营策略的行业信用政策，形成了具有自身特色的行业信用管理体系。以 2002 年我国商业银行开始设置行业信贷分析中心为标志，我国商业银行的行业信用管理正式启动。尽管如此，我国信贷投向同质化情况仍然很严重，房地产、交通运输等行业贷款集中现象十分突出。

经过多年的摸索与实践，我国商业银行已逐步形成了相对完整的行业信用风险管理思路。

一是深入把握经济命脉运行状况，掌握信贷投放行业之发展脉络及商业周期、波动规律，掌握行业宏观数据，为行业信用风险管理提供良好基础。

二是深入了解行业价值链体系，探索风险传导机制，明确行业风险预警指标，实现风险预警。风险具有波及性，这种波及性不仅表现在同一行业内部的同类企业之间，也表现在上下游企业之间，更表现在高关联度的不同行业之间。同时，风险具有扩散性，一个行业的风险会向另一个行业扩散。因此，研究产业内部、行业之间的风险传导，对于及时提示、预警相关行业的风险具有十分重要的作用。当某个行业出现风险时，商业银行可以提前判断相关行业的风险情况，有利于提前采取措施防范信贷风险。

三是构建行业信用组合，优化和调整行业客户结构和信贷产品结构。行业信用风险管理是调整信贷结构的重要基础，它可以通过行业信用风险分析和政策指导，使贷款及时退出高风险领域，加大对风险相对较小的领域的信贷投放；积极进入具有较好发展前景的行业，及时压缩、退出夕阳产业的贷款。

四是实施行业整体授信，实现行业信用风险的总量控制。行业整体授信是利用银行事先确定的数理模型进行行业评级后确定的行业信用总量限额。在客户授信和行业授信的关系上，单个客户的授信业务必须服从该行业的整体授信限额管理。意即当行业授信限额没有空间时，即便是符合信贷进入条件的客户，也不得给予授信支持。而这恰恰是风险管理者与信贷具体办理者发生矛盾的主要来源之一，需要商业银行高层领导给予风险管理者高度的支持和授权，必须保证行业授信限额高于客户授信效力，以保障行业信用管理政策的有效性和统一性。这一点在国际先进商业银行表现得尤为明显。即使是对优质客户，如果超过全行业授信额度，它们一般也会选择拒绝办理业务。对于行业信用风险管理的这一点，需要商业银行高层领导与风险管理者一同不断在各个层面进行培训及宣贯。而这一点，实则比信用评级更能决定风险管理的有效性。

五是明确行业信用投向，细分潜在信贷市场。从总体上说，行业信用风险管理要明确进入类行业和禁止进入类行业，而对这两类行业，还可以再进行细分，比如将进入类行业细分为积极进入类、适度进入类、限制进入类，通过明确行业信用市场，可以前瞻性地积极争取潜在优质客户，增强信贷市场竞争力。

六是制定行业信用政策，确定信贷准入标准。行业信用政策在行业信用风险管理中的核心地位在于它的强制执行力，它一旦制定就必须执行，反映着总行的风险战略和风险偏好。因此为保证行业信用政策的执行效果，行业信用政策必须明确而具体，具有较强的可操作性，要规定具体的行业进入和退出标准。这些标准包括但不限于经营规模，行业地位，生产经营的技术指标、财务指标等内容，以及准入客户和退出客户的信用等级、财务指标等要求，以便尽量减少在执行中因规定模糊导致执行力下降等问题，使各级分支机构从事信贷业务时有章可循，有章必依。

根据笔者多年经验，可发现我国商业银行行业信用风险管理的实施过程大体如下。

一是确定重点分析行业。我国商业银行信贷资产的行业分布范围非常广泛，但部分行业客户数量少、信用总量规模较小，如果对所有进入或者将要进入的行业进行全面的信用风险分析，其成本、收益不能妥善匹配，且不具有现实可行性。因此，应根据商业银行自身需要，选择一些对其具有战略意义、发展潜力大、贷款占比高的行业作为重点行业进行深入分析。

二是明确行业分析的内容。行业信用风险分析的最终成果应包括行业信用政策的制定、行业信用结构的调整、行业信用风险的预警与防范等内容。围绕这些内容，在分析过程中需要考虑以下几个方面。

1）行业的总体成本结构。不同的行业，其成本结构也相应不同。固定成本占总成本权重相对较高的行业为高经营杠杆行业，其平均成本随着生产规模的扩大会有明显的下降，产销量越大，盈利水平越高，制造业企业大都属于此类，如航空业、钢铁业等，故而其产销量更易受行业因素影响。相反，变动成本占总成本权重高为低经营杠杆行业，如服装加工业等，生产规模的扩大对其成本和盈利水平的影响并不显著，故而其自身产销量与行业因素相对独立。正因高经营杠杆行业的贷款风险和其行业风险的关联程度很高，所以在进行客户信用分析时，应对其行业风险重点进行分析。

2）行业所处的生命周期。行业的生命周期主要包括四个发展阶段：幼稚期、成长期、成熟期、衰退期。行业所处生命周期的判断，主要依据行业的销售增长率，以及进入或退出该行业的企业比率。在市场经济条件下，企业因其行业所处生命周期阶段的不同，所面临的风险和机会均会有所不同。故而了解借款人所处的行业生命周期阶段，可以分析其已经或即将面临的风险，以及这些风险对顺利收回贷款的影响。

3）行业与经济周期的关系。一般来说，行业的发展具有一定的经济周期性。有些行业与经济周期表现为同向发展，如房地产行业、汽车制造业、奢侈品行业、餐饮娱乐业、境外旅游业等；有些行业具有明显的反周期特征，在萧条时期的经营状况反而更好，如维修业、教育业；也有部分行业不受经济周期的影响。风险管理者在分析行业经济周期规律时，应注意行业周期和经济周期之间可能存在时间差,即行业周期可能滞后、同步或者超前于经济周期。

4)行业的总体盈利水平。如果一个行业的平均利润率长期低于社会平均利润率,其未来的经营状况和还款能力显然值得密切关注。在分析行业的盈利能力时,还要考察其总体现金流量情况,尤其是一些竞争激烈、大量赊销的行业,往往应收账款拖欠严重,企业虽有盈利但现金流量不佳,历史上发生过的三角债问题大多发生在这一类型的行业当中。

5)行业依存度。在经济结构中,各行业之间不会独立存在,会表现出一定程度的依存度,比如房地产业与建材业、煤炭业与电力业、煤炭业与焦炭业、焦炭业与钢铁业等,具有典型的依存关系。所以,必须分析其所依存行业的风险状况以及风险的传导关系。依存关系最为密切的行业主要是待分析行业的供应方和需求方。以房地产业为例,如果这一行业萧条,则与之相关的钢材、水泥、玻璃甚至银行业均可能出现萧条。一般来说,行业的供应商和客户群越多元化,该行业对其他行业的依存度越低,其贷款风险受其他行业变化的影响也就越小。

6)行业产品的可替代性。可替代产品是指那些与行业的产品功能相同、相似或者满足相同需求的产品。行业的产品是否存在可被代替的风险,与替代产品的多寡和客户使用替代产品的转换成本高低有关。如果一个行业的产品性能独特并且自然垄断,如殡葬业,就可实现价格垄断。而如果一个行业的产品有许多替代品,而且转换成本较低,则该行业产品被替代的风险就会较大,其面临的竞争环境就会较为激烈,且收入波动性较大,贷款风险较大。

7)行业的法律环境及行业的宏观经济和政策环境。法律法规的变化对产业的生存、发展具有重大影响,可能促进某些行业的发展,也可能对某些行业的生存和发展产生负面影响。在评估借款人的行业风险时,确定该行业是否具有良好的法律环境,以及是否有对该行业经营与发展产生实质性影响的法律变化是十分必要的。随着经济全球化,国际、国内和区域的宏观经济环境变化都会对行业发展产生影响,一些对于经济周期较敏感的行业尤其如此。经济政策是调控宏观经济环境的重要因素,国家经济政策的变化对行业的发展会产生不同的影响。

三是制定行业信用政策。依据行业分析结果,确定新客户准入条件。通过对客户的筛选来防范行业潜在信贷风险、调控贷款投向。风险管理者通常根据需要将客户分成重点类、基本类、限制类和退出类,分型分类指导。而这种准入的分类标准是需要进行动态管理的。

四是发布行业风险预警信息。主要是商业银行借助政府监管机构、行业协会、评级机构、证券公司、咨询机构及其他社会力量,通过信贷管理系统对各行业风险及行业政策执行情况进行跟踪监测,及时提示风险,指导全行业信贷投向。

做好行业信用分析,需要具有大量的基础数据,要求在行业分析阶段收集大量的国内外行业信息和数据资料,并且参考外部机构对产业发展的预测和评价等。而搜集这类信息并且对信息进行深层次的加工处理,仅凭银行自身实力很难完成,故而需要借助外部机构力量,形成行业信用政策和信贷经营策略。

1）与国务院国资委、国家发改委、财政部、审计署等宏观经济部门或银保监会等行业监管机构，以及国内重要的研究机构、研究力量较强的证券公司、行业协会等建立广泛联系，收集宏观经济、产业政策调整、体制改革以及行业分析等方面的信息和资料。

2）加强与国内外专业性评级机构和专门的征信事务所的合作，充分利用其研究成果，完善银行信用风险数据库，深化银行的行业信用风险分析。

3）与各行业的领军企业建立战略联系，广泛收集关于行业技术发展动态、产品市场情况以及产品潜力等方面的信息和资料。

4）充分利用各类行业数据库获取信息。从行业数据库中可以获取大量信息，可以选择一些重要的行业数据库，定期查询或下载对行业信用风险分析有用的信息。

5）熟练掌握信贷管理信息系统的分析查询操作技术，有效利用银行已掌握的客户基础信息数据，运用数据库技术，多维度、全方位地对行业信用风险进行深度分析。

3. 中国商业银行客户信用风险管理概览

针对不同客户的信贷风险特征，从以往对客户不加区分的粗放管理转为依据客户风险程度实行差别化管理，成为我国商业银行转型期客户风险管理的重要内容。1994年以后，国有银行专业化分工被打破，国有商业银行逐渐能够根据客户需求和自身市场定位来细分信贷市场，进而实行不同的客户信贷政策。因此，按照客户不同的风险类型特征创新信贷管理模式成为我国商业银行改革的选择。

客户分类管理是指商业银行按照一定的标准将客户进行分类，按照信贷资源投入与产出相匹配的原则，针对不同的客户实行不同的营销、开发和风险管理策略，并配合以不同的金融产品和服务。商业银行进行客户分类管理，不仅能够最大限度满足客户的不同需求，促使基本客户群的稳定和市场份额的稳步提高，而且能够使得商业银行资源在不同客户之间进行合理配置，保持或提高资源的边际贡献。

需要注意的是，客户分类管理与计算风险加权资本中的风险敞口分类并不相同。后者主要是为了分类后并入同一池子（pool）中进行监管资本计量。同一池子中的群体将采用同一个 p 来计算，而不同池子中的 p 有些为具体数值，如个人按揭贷款的 p 为 0.15，100 万元透支额度以下的信用卡则为 0.04，除此之外无论是在对公还是对私的池子中，p 是基于违约概率 PD 的因变量，等等。可以说，风险加权资本中的风险敞口分类相对于前台的客户分类而言，其种类要明显少于后者。这种概念上的区分需要予以重视。

首先，按客户社会经济成分细分。根据客户属于法人还是自然人，可将客户分为公司客户和个人客户。根据组织性质可对公司客户再进行细分，有企业法人、事业法人、机关团体、社会团体等。企业法人又分为国有企业法人、集体企业法人、股份制企业法人、外资企业法人、民营企业法人、个体企业法人等多种组织形式。个人客户可根据年龄、收入、文化水平、消费层次、消费结构与观念、家庭生活水平、社会阶层等标准再进行细分。这一点对于信用卡发放与否、透支额度设置以及是否发放按揭贷款非常重要。不同类型的个人客户群，在信贷业务风险和对金融产品与服务的需求上存在很大差别（见表 7-5）。

表 7-5 家庭生命周期与金融需求

阶段	财务状况	银行需求
年轻阶段： 单身	几乎没有财务负担，喜欢消遣娱乐	低成本支票、自动贷款、信用卡
筑巢阶段： 最小的孩子在 6 岁以下	购房高峰，流动资产低，职业母亲多	抵押贷款、信用卡、票据贷款、小额贷款
满巢阶段： 夫妻年长，孩子成人但仍在家居住	财务状况良好，职业母亲多	改善住房贷款、资产信贷、定期存款账户、货币市场存款、个人退休金账户、其他投资服务
空巢阶段： 夫妻年老，子女不在身边，夫妻双方或一方退休	经济收入大幅度下降	展期个人退休金账户、定期存款支票等

资料来源：吴晓灵.银行家市场营销［M］.北京：中国计划出版社，2000.

其次，按组织形式和业务规模细分。根据客户业务发展的规模和经济活动的组织形式，可将客户划分为集团客户、大型客户、中型客户、小微客户。不同规模、组织形式、种类的客户的信贷业务风险与金融服务需求存在明显不同。生产规模越大，对金融产品和金融服务的需求档次就越高，对银行及具体经办人员的要求就越高（见表 7-6）。

表 7-6 不同组织形式客户金融需求的差异

企业规模	业务特征	金融需求
特大型企业（集团客户）	现代企业管理，业务国际化，产品技术先进	银行中长期贷款、银团贷款、发行债券、信用证、保函业务、财务顾问、股本融资等
大型企业（大型客户）	先进企业管理，产品技术先进，职工较多	银行中短期贷款、银团贷款、发行债券、财务顾问、工资支付、信用卡、股本融资等
中型企业（中型客户）	业务扩张，生产密集型，职工较多	中长期资本性融资、大量现金支付、租赁融资、保兑业务、信用卡等
小微企业（小微客户）	业务规模小且以本地企业为主，财务资源有限	个人金融服务、银行小额贷款、租赁融资、个人理财等

资料来源：易国洪.商业银行客户经理［M］.重庆：重庆出版社，2001.

最后，按客户贡献度细分。客户消费或购买金融产品和金融服务的数量、价格和风险承受度的大小，是商业银行确认优质客户、改善客户结构的重要基础。按照客户现在和将来能给商业银行经营效益和业务发展带来贡献的大小，可以将客户划分为重点客户（或称目标客户、优质客户）、普通客户、限制客户和潜力客户（见表 7-7）。

表 7-7 客户层次和划分标准

客户层次	划分标准
重点客户（目标客户、优质客户）	（1）把本行作为大部分或全部信贷产品的供应者，频繁购买本行的产品和服务 （2）对附加值高的金融产品的购买力较强 （3）每年带给本行超过平均水平的利润和收入 （4）经营管理严谨、效益好，收入增长幅度大且稳定

（续）

客户层次	划分标准
普通客户	（1）收入稳定，业务发展正常 （2）把本行作为其部分金融产品的供应者，对本行的产品购买力不断增加 （3）每年带给本行不低于平均水平的利润和收入 （4）是本行某类产品的优秀购买者
限制客户	（1）收入逐年下降、业务萎缩、发展前景不佳 （2）对本行提供的金融产品购买力逐渐下降 （3）对本行的利润和收入的贡献度在平均水平之下 （4）银企关系恶化
潜力客户	（1）业务发展前景好，收入迅速增长 （2）对本行提供的金融产品有较强的购买欲望和购买力 （3）预计将给本行收入和利润带来丰厚回报

总之，商业银行对客户的风险分类标准是多维度的，完全可以根据不同的管理目标和管理需要进行分类，进而进行有针对性的风险管理。比如若需要研究客户的所有制结构的特征，就可以按照客户的所有制结构进行分类。

根据笔者多年经验，总体而言，我国商业银行客户信用风险管理的实施过程大体如下。

（1）信用评级

1）信用评级的分类管理。当前我国商业银行对不同类别的客户进行分类且分别评级。

- 根据客户性质的不同，按法人及自然人的区别，将公司客户和个人客户进行划分并分别建立不同的信用评价标准。
- 根据客户规模和企业风险特征的不同，对大中型企业客户与小微型企业客户分别设立不同的评价指标进行信用评级。
- 根据大中型客户分属行业的不同，按照行业设立不同的评价体系进行信用评价。

2）按照评级结果确定客户信贷投放类别。依据客户评级结果确定客户信用等级是商业银行确定客户信贷投向的基本依据。国有商业银行一般都是根据信用等级将客户确定为重点进入类客户、基本类客户和退出类客户等类别。

- 重点进入类客户：属于商业银行信贷业务的重点客户，原则上积极鼓励分支行与同业展开竞争，积极获取该类客户。
- 基本类客户：为该类信贷业务设置了进入的一般标准，原则上低于这一信用等级的客户不得进入。
- 退出类客户：一般为信用评级较低或很差，风险较高的客户。此类客户除某些经风险管理者判断为低风险的特殊类业务以外，基本为商业银行信贷业务退出领域。

（2）授信

为了更切合授信对象的实际情况，我国商业银行一般按照项目法人客户、事业法人客户、房地产法人客户、退出类法人客户和综合类法人客户进一步细化了不同的授信核定方法，并安排对客户进行授信额度管理。风险管理者需要保证经办人员严格按照不同的授信核定方法进行授信投放。

(3) 贷前调查

分支机构信贷人员充分履行尽职调查职责，收集客户财务和非财务信息，核对客户的身份证明、主体资格、经营情况、财务状况等资料的合法性、真实性、有效性，找出借款人因融资能力、资本实力、财务状况较差等问题导致不能偿还到期债务的风险，以及借款人因主要管理者缺乏诚信等问题导致不愿偿还到期债务的风险。

(4) 按照资产质量分类进行贷后管理

因为客户的信用状况完全可能在贷款收回前恶化，导致之前的优质客户在贷款期内成为基本类或退出类客户，故而对客户贷后持续跟踪并管理也是客户风险管理的一个重要环节。风险管理者应注重与信贷管理部门的合作，对资产质量进行五级分类，即正常、关注、次级、可疑、损失，跟踪其信用状况的迁徙并及时报告。贷后管理应形成全面的制度，通过系统有效地跟踪、评估客户在融资期间的行为，对所能识别出的可能影响还款能力的风险做出有效回应，对资产进行风险分析，达到防范化解风险和管理全行资产质量的目的。

1) 对于正常类贷款客户，主要评估客户的经营状况、市场竞争力、财务状况、融资能力、还款意愿等，分析其经营和财务下滑的可能性。对于有抵质押品的，还应评估抵质押品是否合法、足值、有效。

2) 对于关注类贷款客户，重点评估影响客户还款能力的相关因素以及抵质押品、担保品是否合法、足值、有效。当客户的经营和财务状况出现问题，依靠第一还款来源可能无法保证及时、足额偿还贷款时，要切实加强对第二还款来源的管理，确保其对贷款本息的保障。至少应每季度深入客户进行一次现场检查，若检查出现异常情况的，至少要每月进行跟踪。

3) 从正常或关注类贷款客户劣变为不良贷款的客户，以及在不良贷款之间迁徙劣变的客户，应确定原因，分清责任，制定化解和清收不良贷款的措施。

4. 中国商业银行产品信用风险管理概览

经过近些年的摸索与实践，我国商业银行按照既能满足客户多样化的需求，又有利于风险控制的原则，逐步开发成了表内外、长短期信贷产品相互补充的多元化信贷产品格局，初步构建了相对完善的信贷产品体系。

产品信用风险管理的主要内容。

(1) 基本框架

迄今为止，我国商业银行参照国际先进商业银行及《巴塞尔协议Ⅲ》的有关做法，对信贷业务产品进行了梳理整合，初步构建了一个涵盖6大类40余个品种的公司客户信贷产品体系。

如表7-8所示，我国商业银行公司客户信贷产品体系一般包括票据类、贸易金融类、流动资金贷款类、固定资产贷款类、房地产贷款类以及其他贷款类等6大类表内外信贷业务。

表 7-8 我国商业银行公司客户信贷产品体系

产品大类	包含品种
票据类	银行承兑汇票贴现、商业承兑汇票贴现、买方付息票据贴现、信用证项下银行承兑汇票人民币贴现
贸易金融类	进口信用证、进口押汇、进口T/T融资、打包贷款、出口信用证项下的押汇与贴现、出口跟单托收项下的押汇与贴现、福费廷业务、出口保理、进口保理、出口发票融资、提货担保、国内信用证、国内信用证项下的打包贷款、国内信用证项下的卖方融资、国内信用证项下的买方融资、国内保理业务、国内发票融资
流动资金贷款类	营运资金贷款、临时贷款、备用贷款、搭桥贷款、周转限额贷款、出口买方信贷、外汇转贷款
固定资产贷款类	固定资产项目贷款、项目融资、固定资产临时周转贷款、并购贷款、出口买方信贷、外汇转贷款
房地产贷款类	住房开发贷款、商用房开发贷款、土地储备贷款、法人商业用房按揭贷款、高校学生公寓贷款
其他贷款类	担保、银行贷款、信贷证明

（2）主要特征

首先，从单一型走向多元化产品结构。我国商业银行传统的信贷产品模式，主要呈现出流动资金贷款与固定资产贷款一统江湖的局面。而经过多年发展后，我国商业银行已将信贷产品发展至票据类、贸易金融类、流动资金贷款类、固定资产贷款类、房地产贷款类等5个系列的产品，同时还包括担保、承诺、内保外贷等其他特殊的业务品种。而在各类传统产品结构中，又进一步进行细分。这种细分有利于体现不同产品风险程度的差别，而对包括准入、担保等在内的风险控制措施进行区别，提升贷款管理水平。

其次，从表内融资扩展至表外业务。信贷产品除具有融资功能外，还具有增信的作用。通过银行出具的担保、承诺等有效地将商业信用转化成银行信用，帮助供销双方消除彼此间的不信任，促进贸易活动的顺利进行。传统的商业银行信贷产品注重资金融通功能的开发，忽略了信用担保等功能的设计。通过短短几年的实践，我国商业银行已能充分抓住这部分市场机遇，针对工程建设从投标、预付款到融资等各个环节，设计开发了相应的各类保函品种，提高了银行的中间业务收入，逐步调整了银行的内部收益结构。但不可否认的是，这一类表外业务也使商业风险流入金融系统并转化为金融风险而留下了隐患。故而，巴塞尔协议体系一直以来要求对表外业务也需计提监管资本。

最后，从传统型业务过渡至创新产品。传统型信贷业务主要针对本土市场需求的特点而设计，基本上为技术含量低、风险相对较高的贷款类业务。随着中国经济体制改革的不断推进，对外开放的逐步深化，与时俱进地进行信贷产品的创新非常关键。如在2008年年末，原银监会发布《商业银行并购贷款风险管理指引》，允许符合条件的商业银行开办并购贷款业务。并购贷款业务存在较高的风险，但除了给银行带来贷款利息收入，更有利于银行开拓、稳定其优质客户，发展与此相关的中间业务，发掘新的利润来源。当然，此项业务的风险管理工作至关重要。

总体而言，因为商业银行不断的产品创新及将表内风险转移为表外风险，产品复杂度不断增强，为风险管理者提出了新的挑战，更要求风险管理者加强对于该类产品风险的辨识、评估、监测、控制及缓释，并对不同种类的产品风险制订出切实可行的应对方案。

【相关案例】雷曼迷你债事件造成银行声誉急剧下滑

迷你债券不是债券，是以信用违约互换（CDS）为标的的金融衍生工具，是一种高风险金融投资产品。一些国家明令禁止对非专业投资者售卖 CDS。不过，在亚洲不少地区，不少银行都在代售该类产品。而且银行为了丰厚佣金，不惜推销给退休人士、相熟的街坊等。这些金融消费者大都不会详阅销售条文，以为迷你债券和普通债券均属保本理财，为一种低风险投资。结果在 2008 年雷曼兄弟公司破产时，其迷你债券价值大跌，问题才逐渐涌现。

自 2002～2003 年，雷曼兄弟公司首先在中国香港面向非机构投资者（也称零售客户）发行迷你债券。作为发起者（sponsor），雷曼兄弟公司负责产品的设计，并向评级机构请求对迷你债券中作为担保的资产（也就是通常说的 CDO 部分）进行信用评级。由于雷曼兄弟公司并非商业银行，没有面向非机构投资者的销售平台，故而雷曼兄弟公司选择与很多银行合作，由银行进行产品的介绍、推广，并通过零售网络销售给客户。作为回报，雷曼兄弟公司按销售量向银行支付佣金。发行销售后，银行作为托管机构仍然参与运作，但理论上不承担市场风险。

在没有信用事件发生的情况下，雷曼兄弟公司支付迷你债券的息票。而这种息票率通常是固定的，并高于银行同期存款利率。从简单的投资回报上来说，迷你债券在当时有一定的吸引力，所以雷曼兄弟公司每隔数月就会发行新一期的迷你债券，且保持其结构大致上相同，仅息票率根据市场行情有所变化。这种迷你债最初的发行集中在中国香港，之后扩展至新加坡和中国台湾，甚至计划在日本发行。

每一期的迷你债券一般都会同时以美元和本地货币（如港币）发行，期限一般是 3、5 或 7 年，按期支付固定息票。对于投资者来说，其面临的主要是标的资产的信用风险。首先，迷你债券与几家知名公司（银行）的信用相关联，一旦其中之一发生债务违约事件，迷你债券也将中止偿付。其次，迷你债券的本金会用于购买合成债务担保证券（CDO notes）作为担保资产，通常这个资产会得到信用评级公司最优的评级（AAA 或是 AA+），在没有 CDO 违约的情况下，迷你债在到期时会支付本金，但若是违约发生，迷你债券也将中止偿付。最后，担保资产本身可能是合成构成的，即通过 CDO 的信用互换与一个低风险的票据组合构成。一旦这个低风险的票据发生违约事件，即使 CDO 仍然良好，迷你债券也将中止偿付。在所有三种会导致中止偿付的情况发生时，投资者必然会损失大部分的本金，其可能收回的部分取决于雷曼兄弟公司通过将担保的资产变现后所能得到的价值。

从结构上说，迷你债券是一种以信用衍生品为标的的结构化投资产品。其复杂程度之高，主要在于其连接的信用风险的复杂设计，即使专业人士也需要较长的时间才能完全理解。比较简单的理解是，如果投资者对于其连接的知名公司与最优评级的合成债务担保证券有信心，认为不会发生信用违约事件，并愿意将产品持有到期，且这些风险均未成为现实的话，则投资就能收到预期的收益。事实上，至少在雷曼兄弟公司破产之前，所有这些连接的违约事件都没有发生。"一切尽在掌握"，某雷曼兄弟公司高层曾得意扬扬地说道。

迷你债券所关联的信用风险是属于叠加型的，即在任何一个标的信用实体发生违约事件时，迷你债券的违约事件也将被触发。要注意的是，这不同于债券担保的信用关联形式（这在一般的债券中更为常见）：有担保的债券的违约仅在发行者与担保者同时违约时才被触发，其信用风险显然小于叠加型的债券。

对于很大一部分迷你债券来说，雷曼兄弟公司甚至不是其所关联的标的信用实体之一。其债券发行人是离岸注册的特殊目的公司（SPV），所以从理论上说，雷曼兄弟公司的破产事件本身并不触发这一部分迷你债券的违约偿付。但由于雷曼兄弟公司是发行人的实际运作者，并且是产品中的互换合约的对手方，其破产不可避免地对迷你债券的利息支付和本金偿付带来影响，而这种未能偿付又是信用事件定义中的一种。所以对于迷你债券，其与雷曼兄弟公司的信用关联是最为特殊的一种，而其所能得到的偿付也是不同于其他信用事件触发的违约偿付。

2007年开始的次贷危机，影响到几乎所有的金融机构。到2008年夏，雷曼兄弟公司也陷入危机，并于当年9月15日（香港时间为16日）申请破产保护。在香港，迷你债券的偿付问题顿时成了人们（尤其是迷你债券持有者）关注的焦点。香港是迷你债券发行量最大、涉及面最广的地区。大部分的迷你债券投资者将其认为是收益较高的存款替代产品，从而无法接受其本金可能无法收回的结果。由于投资者直接接触的是进行零售的银行，在购买过程中甚至没有注意到其与雷曼兄弟公司的关系，使得他们对于银行的不满急剧上升，最主要的申诉集中在银行的不合理的销售手段，要求银行退回本金。

相比其他在港销售的投资产品，"雷曼迷你债"之所以在香港引发群体性事件，其根源就在于"银行以不当方式向零售客户销售产品"，即错误销售导致了投资者对亏损事实难以接受。

据香港证监会披露，在其所接获的8 055件"雷曼迷你债"相关投诉中，有7 799件是针对代销机构及其工作人员的，占比高达96.82%。香港证监会指出，"就银行而言，最常见的指控包括：前线职员主动游说投诉人将已到期的定期存款投资于雷曼相关产品；在销售产品时并没有考虑投诉人的承受风险能力和个人情况，特别是已退休、年长、教育水平较低、对投资不太熟悉以及不愿承担风险的客户；没有提供条款表及章程等产品资料，也没有在销售点说明产品特点和风险"。

在历经数年后，一直悬而未决的"雷曼迷你债"问题，最终建议处理方案于2011年3月出炉，"雷曼迷你债"事件终获解决方案。香港银行公会公布了"雷曼迷你债"事件最终处理方案的建议。全港16家分销银行同意向符合资格的客户收回抵质押品并为其提供额外特惠款项，符合资格的投资者可获相当于最初投资额85%～96.5%的款项。

本案例的主要资料及数据来源于有关雷曼迷你债的公开材料，包括：2008年第21期《财经》中的《雷曼"迷你债"大风波》（王端、王维熊）；2011年3月28日《南方都市报》中的《"雷曼迷债"最高赔偿96.5%本金》（康殷）；2012年6月7日《信息时报》中的《香港立法会雷曼报告谴责金管局监管不足》（徐岚）。

我国商业银行产品信用风险管理的实施过程大体如下。

在建立信贷产品体系的过程中，我国商业银行大都根据适用对象、用途、还款来源等因素设计各种产品，并针对每种产品的特点在内部出台相应的信贷产品管理办法，对客户和业务准入条件、操作流程及管理要求进行详细的规定。

首先，以市场拓展为主要驱动力推动信贷产品开发。市场拓展驱动力主要来自于客户现实需求、挖掘与引导客户潜在需求的市场竞争需要，包括需求调查、产品研发、产品试点、反馈修改、产品推出、跟踪完善等环节。具体流程如图 7-4 所示。

图 7-4　我国信贷产品开发流程

第一步：前台部门根据客户现实需求、市场竞争等要素的变化，收集新产品需求的相关信息，提出产品创新的建议或初步方案，并将有关信息、建议和初步方案等及时传达到后台产品研发部门。

第二步：后台产品研发部门根据前台部门提供的相关资料，分析产品本身及其操作过程中可能存在的风险点，并根据确定使用的客户范围和基本的准入条件等，制定统一的业务制度办法。

第三步：中台部门应对新业务、新产品进行独立评测。合规部门对新产品的准入进行合规审查，确保其与当地法律法规、监管指引相一致。风险管理部门应组织对新业务、新产品进行风险识别与评估。

第四步：前台和后台部门共同组织对新产品进行试点。考虑到业务创新本身的特殊性及新产品本身的不够成熟的特点，新产品试点一般限定在客户准入条件较高且风险管理水平较高的分支机构进行。

第五步：在新产品实行一段时间后，根据实际效果与数据测算的情况，结合客户以及分支机构的意见，进一步修订完善产品制度办法，完成推广产品的准备工作。

第六步：在银行内部正式推广新产品，并对其使用情况进行一定时间的专门跟踪。根据跟踪反馈的相关信息对产品的市场风险、成本、效益和开发价值等进行事后评价，据此对制度办法做进一步调整和完善。

其次，以风险控制为主驱动力对现有产品进行调整与优化。风险控制驱动力主要来自相关政策法规、经营环境的重大变化带来的业务主要风险点的改变，以及商业银行在经营管理过程中发现的需要进一步改进或完善的管理要求，经调查研究、草案设计、意见征询、讨论修改等步骤后形成较为成熟的方案，然后进行试点推广。商业银行应建立顺畅的信息反馈机制，通过对制度办法的执行情况与执行效果进行分析，及时发现制度办法存在的漏洞和缺陷，并进行优化，使制度办法的合理性和可执行性不断提高。

最后，理顺信贷产品开发的运行机制。

第一步：理顺前台、后台部门的产品研发职责，建立统一、完善的产品研发组织体系。在产品研发过程中，由前台负责汇总产品需求信息，进行可行性分析。后台部门负责进行产品设计和相关 IT 系统的配套。产品投产以后，由前台部门负责产品反馈进行情况，后台部门负责根据反馈信息对产品进行修订和完善。

第二步：构建立体化多渠道的信息收集保障体系。既要保证横向的信息收集宽度，又要确保纵向的信息挖掘深度。前台部门要配备专职人员负责市场需求和客户特征的汇总，为后台部门提供全面、有效和及时的产品开发信息，以提高产品研发的针对性和成功率。

第三步：建立产品后评测机制。产品投放市场以后，前台部门要对产品的使用效果进行跟踪了解和监测，及时反馈信息；专业核算部门要对产品管理进行事后评价，为产品分析与再开发提供可靠的依据与强有力的支持；后台部门要根据反馈信息调整、完善产品直至重新寻找到新的替代产品。

第四步：建立有效的产品研发和推广奖励机制，以充分调动研发人员和前台部门间相互配合的积极性，从而提高新产品的应用水平。

7.2.2 以银行为主的金融机构信用风险一般管理步骤

1. 贷款管理

（1）贷前调查

贷前调查是贷款审查的前期工作，一般由基层行的客户经理完成。客户经理进行贷前调查，确定客户贷款是否可以进入的政策依据就是总、省行（某些股份制银行、城商行实行扁平化管理，未设置省分行）制定的信贷政策。客户经理通过深入企业搜集相关资料，形成调查报告，按照相应授权报上级主管领导，经领导审核后报贷款审批部门。

负责贷前调查的客户经理，按照客户规模及综合贡献度的不同，既可以由单个信贷员担任，也可以是由信贷员、中级客户经理、高级客户经理、首席客户经理等多人组成的客户经理团队。在我国商业银行的当前实践来看，为了降低道德风险可能对信贷资产造成的损失，很多银行对处于营销第一线的信贷人员，在工作中实行项目双人负责制，即对项目的前期调查、贷款材料的撰写都必须由两名信贷人员同时参与，相互监督、相互审核，并实行不定期轮换制度。

某些银行为申请办理信贷业务的客户设定了一定的考核标准，只有客户的资产规模、收入水平、盈利能力和管理水平达到这一标准，才可能进入下一步的项目调查阶段，从而从根本上保证了信贷客户的质量。

某些银行内部设置了专门的项目评估机构，对向银行申请贷款的重要项目，都必须由项目评估机构对项目的可行性、技术水平、获利能力、现实和潜在风险以及偿债能力进行专业的评估，并根据评估的结果决定是否承贷此项目，从而在较大程度上降低了贷款损失的风险。

（2）贷款审查

目前我国商业银行的贷款审查主要由专门的审查委员会负责。在总行、分行及部分规模较大的支行均设立信贷审查委员会，按照授权负责贷款审批。贷款审查是风险分析和风险评估的重要环节。信贷审查委员会的成员要根据调查报告，依据统一的信贷政策要求，对企业财务指标及非财务指标进行全面分析，并就贷款金额、贷款期限、贷款利率、贷款品种、贷款方式等做出明确的规定。信贷审查委员会通过无记名投票的方式对贷款审查结果进行表决。

某些银行专门组织一批经验丰富的信贷人员成立专门的信贷审批部,负责全行申报贷款项目的最终审批决策,这些专职审批人员不参与客户营销,不负责客户评价材料的撰写,只是依据前台信贷人员提供的材料及自身搜集掌握的信息,专职从事信贷决策。这一制度一方面可以利用这些专家丰富的经验及掌握的最新信息,规避一些信贷人员无法发现的潜在风险;另一方面审批人员不与客户直接接触也可降低银行与企业工作人员相互串通,合伙骗取银行信用的可能性。但要注意的是,这种方式下,该信贷审批部事实上进行了信用风险管理,与风险管理部职能有一定交叉,应在部门职责设置上做到全覆盖、无交叉,无缝对接,避免多头管理导致的风险盲点或风险管理过度。

(3) 贷后管理

贷款发放后,要按照贷后管理的要求,对贷款进行监督检查,以确保贷款的按时收回。贷后检查是风险应对以及风险监督的重要阶段。该工作由前台客户经理与信贷管理部门共同完成。客户经理要根据客户风险类别定期对贷款企业进行走访,了解企业的偿债能力、盈利能力以及企业的经营状况,及时掌握企业财务指标及非财务指标的变化情况,对可能出现的影响银行信贷资产安全的事件做系统分析,并定期调整贷款的分类,以确保贷款到期后能够按时收回。

2. 贷款五级分类管理

根据中国人民银行的有关规定,现行的贷款五级分类制度将贷款分为正常、关注、次级、可疑、损失五类。

正常类贷款:指借款人能够严格履行合同,有充分把握偿还贷款本息。

关注类贷款:指尽管目前借款人没有违约,但存在一些可能对其财务状况产生不利影响的主客观因素。如果这些因素继续存在,可能对借款人的还款能力产生影响,应该引起注意。

次级类贷款:指借款人的还款能力(债务人的资产净值或抵质押品)出现了明显问题,依靠其正常经营收入已无法保证足额偿还贷款本息,本金和利息逾期90天以上。

可疑类贷款:指本金和利息逾期180天以上,借款人无法足额偿还贷款本息,即使执行抵押或担保,也肯定要发生一定的损失。

损失类贷款:指本金、利息或本息逾期1年以上,采取所有可能的措施和一切必要的程序之后,贷款仍然无法收回。

我国商业银行在具体操作中引入了相应的量化因素,以中国银行为例,在具体执行五级分类的过程中相应地设计了贷款风险分类七大量化因素作为分类标准。这七大量化因素分别为:借款人经营及资信情况评价,借款人财务状况评价,项目进展情况及项目能力评价,宏观经济、市场与行业情况评价,还款保证情况评价,银行贷款管理情况评价,保证偿还的法律责任及其他因素评价。

我国商业银行现行贷款五级分类存在以下问题:

仍以中国银行为例,其在具体执行五级分类过程中,对这七类因素并未区别对待,与业务实质不符，各项因素的重要性很大程度上由具体信贷人员的好恶来决定，可比性差。

此外，贷款分类标准的量化因素仍存在很大的主观性。例如，贷款风险分类的标准在借款人财务状况评价这部分中，有的判断标准是"借款人的其他关键财务指标大大低于行业平均水平""借款人的关键财务指标严重低于行业平均水平"，其中如何界定"大大"和"严重"则因人而异；在宏观经济、市场和行业情况评价这部分，判断标准出现了"宏观经济、市场和行业等外部环境的变化对借款人经营产生不利影响，并可能影响借款人的偿债能力""宏观经济、市场和行业等外部环境的变化对借款人经营产生不利影响，已经影响借款人的偿债能力""宏观经济、内部评级法在中国银行信用风险计量中的应用研究市场、行业等外部环境的变化对借款人经营产生不利影响，严重影响借款人的偿债能力"等，其中整个标准仅有表示程度的修饰副词不同，如何区分"可能影响""已经影响"和"严重影响"之间的差别没有一致标准。

总而言之，现行的贷款五级分类标准最明显的缺陷是：分类标准并不是真正意义上的量化，在评级标准以人为因素（主观判断结果）占主导的前提下，难免存在对同一现象不同人员看法不一致，从而导致评级结果差异很大的问题。很多银行已经意识到这个问题，在探索将专家经验标准化、可量化，并以审批模型的方式固化在系统中，提升了效率，降低了标准不一给开展业务带来的困扰。

7.3 信用风险度量

《巴塞尔协议Ⅱ》出台后允许各国银行可以采用内部评级模型来度量信用风险所占用资本。20 世纪 90 年代起，公司倒闭的结构性增加、脱媒效应的显现、竞争的白热化、担保能力的下降、金融衍生品的急剧膨胀、信息技术的飞速发展等因素促使人们加强对信用风险的研究，从而涌现出一批现代信用风险度量模型。

当前主流的风险管理界将信用风险度量模型分为两大类，即古典的信用分类模型和现代信用风险分类模型，以及两者之间的过渡模型。

7.3.1 古典的信用分类模型

经典的传统模型基本可概括为专家法、评级法、Z 值模型、A 值模型四种。

1. 专家法

专家法，是由银行的信贷管理人员根据自己的专业技能、经验、判断做出信贷决策的方法。专家法有很多种，也需要考虑如下多种因素的影响。

1）借款人因素：声誉、杠杆、收益波动性、担保品。
2）与市场有关的因素：商业周期、宏观经济政策、利率水平等。
3）5P 体系：个人因素、借款目的因素、偿还因素、保障因素、前景因素。

其中最有代表性的是信贷的"5C"方法。专家会综合分析 5 项因素，即道德品质、资本实力、还款能力、担保和经营环境条件，做出主观的权衡，然后做出贷款与否的决定。在早期的银行实践中，这是一种常见的办法，事实上也发挥了一些作用，然而，近年来的研究表明：信贷专家有时也会出错，对于客户的信用评级不一定准确。该方法的优点是简便易行，但难以确定因素的优先权重，于是，针对相似的借款人，不同的专家可能运用不同的标准，得出不同的结论。

2. 评级法

美国货币监理署曾开发出一种贷款评级方法，其推行的银行分类监管是最重要的特征之一。货币监理署认为，监管应该根据每个银行的特点量身定做，这些特点包括银行的规模、业务复杂性和风险状况。由于美国国民银行的规模不同，造成其业务复杂性和风险状况有很大差异，从而需要的监管方法也应该有所差别。该理念在监管实践中得到了充分的体现，即将国民银行按照风险状况分为两大类，即大型银行和中型/社区银行。大型银行指资产总额超过 250 亿美元的银行或者银行控股公司的下属银行；中型/社区银行指资产总额不超过 250 亿美元的银行或者银行控股公司的下属银行，社区银行又根据其业务特点和风险特征进一步分为两个子类：简单的社区银行和复杂的社区银行。多年以来，美国的银行已经扩展了 OCC 的评级方法，开发出了各自内部更细致的分级方法。

3. Z 值模型

Z 值模型（Altman's Z-score Model）是用来预测企业是否面临破产的模型。模型中的 Z 值是通过几个财务比率计算出来的，这些财务比率都能从不同角度反映企业财务的健康程度。而计算财务比率用到的基础数据可以从企业的公开报告中获得。构建 Z 值模型的第一步是选择能把正常企业与破产企业区分开来的关键指标，第二步是计算每一指标的加权系数。

如果 Z 值较高，那么企业就比较健康，如果 Z 值较低，则企业潜在的破产可能性就较大。奥尔特曼教授在 1968 年分析了美国破产企业和非破产企业的 22 个会计变量和 22 个非会计变量，从中选取了 5 个关键指标，并建立了 Z 值模型，在其 2000 年的最新成果中，Z 值模型被修改如下。

$$Z = 0.717(X_1) + 0.847(X_2) + 3.107(X_3) + 0.420(X_4) + 0.998(X_5)$$

式中　X_1——营运资本/总资产；

　　　X_2——累计留存收益/总资产；

　　　X_3——息税前利润/总资产；

　　　X_4——所有者权益的账面价值/总负债；

　　　X_5——销售收入/总资产。

此后，研究者又开发了类似的模型，区别主要在于选择了不同的财务指标和对应的系数。Z 值模型的主要问题是：①模型是线性的，但各个比率之间的关系可能非线性。②财务比率基本来源于企业以账面价值为基础的数据。

Z 值模型明显的缺陷是因为财务比率要依赖企业的公开报表提供的数据来计算，而处于财务困境中的企业往往会使用"投机性会计"来粉饰企业的会计报表，以误导公众，扭曲企业的财务状况，因此，处于财务困境中的企业，其计算出的 Z 值具有一定的欺骗性。

4. A 值模型

A 值模型,又称巴萨利模型,由亚历山大·巴萨利(Alexander Bathory)提出,试图解决 Z 值模型的缺陷,是一个以更客观的判断为基础的企业破产预测模型。模型中列出了与破产有关的各种不良现象,并给每个现象规定了一个最高分值,评价时,给企业打出每一项相应的分数,然后相加,分数越高,情况越差。总分 100 分,如果某一企业分数超过 25 分,就有破产的可能。

A 值模型的比率如下:①(税前利润+折旧+递延税)/流动负债(银行借款、应付税金、租赁费用);②税前利润/营运资本;③所有者权益/流动负债;④固定资产净值/负债总额;⑤营运资本/总资产。

上述①~⑤总和便是该模型的最终指数。低指数或负数均表明公司前景不妙。

各比率的作用:①衡量公司业绩;②衡量营运资本回报率;③衡量股东权益对流动负债的保障程度;④衡量扣除无形资产后的净资产对债务的保障程度;⑤衡量流动性。

A 值模型比 Z 值模型应用更普遍。据调查,A 值模型的准确率可达到 95%。A 值模型的最大优点在于易于计算,同时,它还能衡量公司实力大小,广泛适用于各种行业。

古典的信用分析方法的特征可以归纳为以下三类。

1)古典的信用分析方法是一种按信用风险相对比较进行的分类,这个分类可以是二分法,比如奥尔特曼的 Z 计分法系列、RPA 分类、神经网络分类等,也可以是多分法,例如利用 Z 计分的不同大小可将信用分成类似于标普及穆迪的多种信用等级;但不论怎样,它们都只是一种序数(ordinal)的分类,只能区分风险的排序,而并不能指出风险的大小。

2)古典的信用风险分析是在单项资产基础上进行的信用风险大小分类。古典信用分析都是针对单项资产或单个授信人的,它会不可避免地导致信用风险集中问题。

3)古典的信用分析通常是以会计信息作为数量分析的基础,也就是说它是盯住账面的,后视的,并假设历史在未来仍会重演。

信用风险模型可以进一步分为两类:预测模型和管理模型。预测模型用于预测客户前景,衡量客户破产的可能性。Z 值模型和 A 值模型均属于此类,两者都以预测客户破产的可能性作为目标,不同之处在于所考量的比率和公式略有不同。管理模型不具有预测性,它偏重于均衡地解释客户信息,从而衡量客户实力。营运资产分析模型和特征分析模型属于此类。营运资产分析模型旨在通过资产负债表衡量客户的实力与规模,特征分析模型则偏重于利用各类财务、非财务信息评价客户风险大小。管理模型不像预测模型那样目标单一,同时具有很大的灵活性,通过适当的调整可以用于各种场合。

7.3.2 现代信用风险分类模型

当前银行内部评级所采用的模型分析方法分为三种:基本分析(fundamental analysis)、学术模型(academic model)、机构专属模型(proprietary model)。机构专属模型是由金融机构根据其特有资源自行开发的,如 KMV、credit metrics、KRM(karmakura's risk manager)等。

现代信用风险模型的理论基础不尽相同。主要分为四类：①基于期权的模型；②基于风险价值 VaR 的模型；③基于保险原理的模型；④宏观模拟方法。首先，基于期权的模型，即利用期权理论，求解贷款的价值或违约概率；代表性的模型是 KMV 公司的信用监控模型（credit monitor model）。其次，基于风险价值 VaR 的模型，代表性的模型是摩根公司、KMV 公司、瑞士联合银行等于 1997 年推出的"信用度量术"，它利用借款人的信用评级、下一年评级发生变化的概率、违约贷款的回收率、债券市场上的信用风险价差和收益率，为非交易的贷款或债券计算出假想的价值和价值波动性，从而计算个别贷款和贷款组合的风险价值。再次，基于保险原理的模型。信用风险度量和管理的新工具中也引入了保险领域的思想和方法。引自寿险的代表模型是奥尔特曼开发的贷款和债券的死亡率表，模型的指导思想与确定寿险保险费政策时的精算思想一致。建模思路来自财产保险的代表模型是瑞士信贷银行金融产品部开发的信用风险附加法（credit risk+）模型，它与出售家庭火险时为评估损失和确定保险费率而使用的模型一致。后者的主要优势是只需要相当少的数据输入，劣势在于不涉及信用等级的变化，而且假设违约与资本结构无关。最后，还有宏观模拟方法。代表性的模型是麦肯锡公司的信用组合（credit portfolio view），模型纳入经济周期的影响，把宏观因素对违约概率和评级转移概率的影响纳入模型，克服了一些模型把不同时期转移概率假定为固定数值所带来的问题。

它们的特点如下。

1）它们都有关于信用风险大小的明确的定义，可以认为上面三种模型对风险的定义是类 VaR 思想的，它们可以给出在一定定义框架下信用风险绝对大小的度量，所以可称它们是基数的（cardinal）。

2）通常，可以综合运用会计信息和股票价格数据作为分析的依据。会计信息，它记录的是企业在历史上的表现；公司的股票价格数据，它反映的是投资者（或整个市场）对该公司未来的预期。与古典信用分析模型不同的是，现代信用风险模型综合利用这两类信息，特别是采用盯市的思想。企业采用盯市的思想有其深刻的经营战略意义。

3）现代信用风险度量模型最显著地区别于古典信用分析方法的特点，在于它是基于资产组合的基础之上的风险度量。这一点和盯市思想一样，具有根本转变银行经营战略的深刻意义。那么，体现这两组相对思想转变过程的模型则可归入过渡类，其中最为重要的是奥尔特曼等人研究的信用等级转移概率矩阵模型。在这个模型中明确地体现出了盯市思想，并为 Credit Metrics 构造组合基础的度量框架奠定了基础。

7.4 信用风险缓释

识别、评估、度量和监测信用风险不过是掌握风险性质及风险大小的手段而已，最终目的在于是否采取以及采取何种技术手段有效缓释风险，这是信用风险管理周期中唯一直接影响实际风险状况的环节。采用哪种信用风险控制方法，首先要分析信用风险的性质和大小。一般有风险规避、风险缓释和转移、组合管理等方法。采用信用风险规避方法，主要是针对高风险低收益或低风险低收益客户，通过限制客户准入等措施来管理；采用组合管理方法，主要针对存在低相关性且风险可控的客户，通过组合内部分散化效应，抵消特定因素风险；采用信用风险缓释方法，主要是针对那些风险与收益匹配的中等风险客户，通过抵质押、保证、净额结算、信用衍生品等缓释工具转移信用风险，实现主动、灵活地管理信用风险。

信用风险缓释是指商业银行运用合格的抵质押品、净额结算、保证和信用衍生工具等方式转移或降低信用风险。商业银行采用内部评级法计量信用风险监管资本，信用风险缓释功能体现为违约概率、违约损失率或违约风险敞口的下降。信用风险缓释技术被全面有效地运用于授信业务，可使银行节约资本资源。巴塞尔协议体系鼓励银行运用合格信用风险缓释工具，并按照风险缓释程度，降低监管资本要求；银行如能合理评估缓释技术作用，运用合格缓释工具的种类和范围可相应地扩大。不过巴塞尔协议体系也明确指出信用风险缓释技术本身也可能带来新的风险，因此对信用风险缓释技术降低资本要求提出了最低标准要求。

当前，信用风险缓释技术已成为银行从事信用风险管理的重要组成部分，尽管很早以前银行便已采用了抵质押、担保等信用风险缓释工具，但直到《巴塞尔协议Ⅱ》发布以后，银行监管机构才将信用风险缓释工具的使用规范化和系统化，并鼓励银行有效运用信用风险缓释工具，降低信用风险。

自《巴塞尔协议Ⅱ》之后，迄今为止在初级内评法（FIRB）下认可的风险缓释工具包括：抵质押交易、表内净额结算、保证与担保、信用衍生工具。具体信用风险缓释工具特征，如图7-5所示。

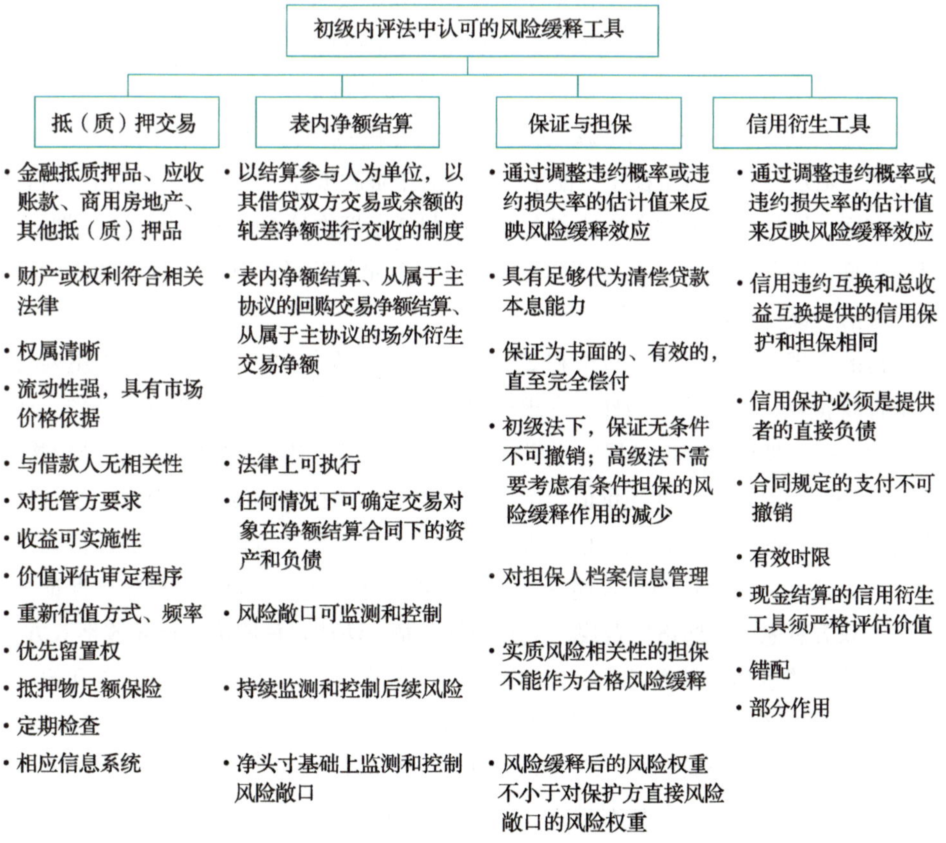

初级内评法中认可的风险缓释工具			
抵（质）押交易	表内净额结算	保证与担保	信用衍生工具
・金融抵质押品、应收账款、商用房地产、其他抵（质）押品 ・财产或权利符合相关法律 ・权属清晰 ・流动性强，具有市场价格依据 ・与借款人无相关性 ・对托管方要求 ・收益可实施性 ・价值评估审定程序 ・重新估值方式、频率 ・优先留置权 ・抵押物足额保险 ・定期检查 ・相应信息系统	・以结算参与人为单位，以其借贷双方交易或余额的轧差净额进行交收的制度 ・表内净额结算、从属于主协议的回购交易净额结算、从属于主协议的场外衍生交易净额 ・法律上可执行 ・任何情况下可确定交易对象在净额结算合同下的资产和负债 ・风险敞口可监测和控制 ・持续监测和控制后续风险 ・净头寸基础上监测和控制风险敞口	・通过调整违约概率或违约损失率的估计值来反映风险缓释效应 ・具有足够代为清偿贷款本息能力 ・保证为书面的、有效的，直至完全偿付 ・初级法下，保证无条件不可撤销；高级法下需要考虑有条件担保的风险缓释作用的减少 ・对担保人档案信息管理 ・实质风险相关性的担保不能作为合格风险缓释 ・风险缓释后的风险权重不小于对保护方直接风险敞口的风险权重	・通过调整违约概率或违约损失率的估计值来反映风险缓释效应 ・信用违约互换和总收益互换提供的信用保护和担保相同 ・信用保护必须是提供者的直接负债 ・合同规定的支付不可撤销 ・有效时限 ・现金结算的信用衍生工具须严格评估价值 ・错配 ・部分作用

图7-5 《巴塞尔协议Ⅱ》初级内评法信用风险缓释工具示意图

7.4.1 运用抵质押品缓释信用风险

1. 运用抵质押品缓释信用风险的基本原则

银行开展授信业务中，常使用的抵质押品分为金融抵质押品、应收账款、商用/居住用房地产以及其他抵质押品。抵质押品是通过对风险分散和补偿，提高贷款偿还可能性。贷款抵押并不一定能确保贷款得到偿还，取得贷款担保也并不能保证贷款如期偿还。银行可影响或控制一个潜在还款来源，但并不能确保会产生足够的现金流量来偿还贷款。被迫处置抵押物，如将其出售或转让，资产的现金价值往往会受到侵蚀，因为资产在处理时，只能按照清算价值进行转让。并且，一旦银行被迫出售抵押物或向保证人行使追索权，其花费的成本与精力将使一笔贷款由盈利变为亏损。因此银行控制的作为第二还款来源的担保，并不能保证有足够的现金来偿还债务。担保形式主要有抵押、质押、保证和附属协议。

贷款抵押是指借款人或第三人在不转移财产占有权的情况下，将财产作为债券的担保。银行持有抵押财产权益，当借款人不履行价款合同时，银行有权以该财产折价或以拍卖、变卖该财产的价款优先受偿。银行采用多项技术缓释信用风险，资金敞口可以通过第一优先资产的全部或部分现金和证券做抵押，可使用第三方担保，可通过购买信用衍生工具缓释，也可以使用交易对手的存款进行冲销。为使用风险缓释技术获得资本转让，一方面应确保所有交易、表内净额结算、担保和信用衍生工具使用的法律文件对所有交易方具有约束力，并确保在所有相关国家内可执行；另一方面使用各项风险缓释技术须满足监管当局检查要求。

各家银行要求借款人为贷款提供抵押物的政策都有相关规定。一般来说，假如借款人的信用状况不是特别好，都应要求借款人提供价值充足的抵押物，而且用作抵押的财产应在市场上易变现、流动性好、质量稳定、便于监控。对于贷款抵押，应从两方面进行分析和评估：一是法律方面，即贷款抵押的合法性和有效性，包括抵押物是否真实、合法，抵押物的权属；二是经济方面，即贷款抵押的充分性和可靠性，包括抵押物的评估、抵押物的流动性、抵押物的变现价值、银行对抵押物的管理等。

抵押物的变现主要有拍卖、折价和变卖三种方式。影响抵押物变现的因素主要有抵押物品质、抵押物损耗、抵押物专用性、变现原因以及变现时的经济状况和市场条件。此外，抵押物的保险情况、抵押物变现过程中所花费的时间和费用，以及银行处理同类抵押物的经验，都影响抵押物出售时能够实现的价值。由于存在各种影响抵押物变现的因素，银行抵押物实际获得的现金，扣除全部销售成本后，很可能会大大低于预期价值。银行确认借款人提供的抵押物具有合法性、真实性和有效性后，才与借款人订立抵押合同。银行应当保证抵押合同真实反映了双方意愿，合同格式合规，主要条款清楚，法律责任明确，合同签字双方是合法、有效的法定代表或其他授权委托人，合同要素应完整齐全。抵押合同应由双方在银行或借款人主要营业场所当面共同签订。抵押合同签订后，银行应密切关注抵押物的风险因素变化，密切关注抵押物财产权变动情况，注意抵押物存在状态及其情况，建立抵押物安全保管措施，对抵押物进行定期估价，不仅要对抵押物的账面价值和数量进行核对，而且要对抵押物的实际价值、内在质量以及市场价格变动情况进行跟踪，对处分抵押物的费用因素等进行科学认定，当抵押物价值低于借款合同规定的水平时，应要求借款人补充新抵押物。

贷款质押是指借款人或者第三人将其动产或权利移交银行占有，将该动产或权利作为债券的担保。当借款人不履行债务时，银行有权将该动产或权利折价出售来收回贷款，或者以拍卖、变卖该动产或权利的价款优先受偿。

银行要关注质物是否与贷款种类相适应，要对质物的品质进行审查，如动产质物是否易封存、易保管，权利质押中权利凭证的真伪是否易辨别，还要审查对质物的估值是否合理，质物变现是否方便，从控制风险的角度出发，银行对质物的市场价值应持保守态度。考虑到贷款到期后市场供求状况、变卖时价格因素和转让难易程度等因素，中国的银行一般规定动产质押的质押率（贷款金额与质物的价值比）不得超过 60% 或 70%。

在质权存续期间，银行如使用、出租、处分质物，要经借款人同意，否则要对借款人的损失承担赔偿责任；如债务履行期届满，借款人请求银行及时行使权利，而银行怠于行使权利致使质物价格下跌而造成的损失，则应由银行承担赔偿责任，因此，质物管理好坏对银行利益有直接影响。银行应密切关注质物风险因素变化，并建立相应安全保管措施。

贷款保证是由保证人以自身财产提供的一种可选择的还款来源，并且只有当保证人有能力和意愿代替借款人偿还贷款时，贷款保证才是可靠的，因此，对贷款保证的分析和评估也分法律和经济两方面：前者包括保证人是否具有合法资格、保证期间、保证合同的法律效力，后者包括保证人的资信状态、代偿债务的能力以及保证的履约意愿。

由于担保合同是主合同的从合同，具有从属性，又由于在一般责任保证中，保证人享有先诉抗辩权，只有在债权人对债务人提起诉讼或仲裁并强制执行后仍未得到清偿的情况下才需对未清偿部分承担责任。因此在主合同发生变更的情况下，势必影响到担保合同。一般情况下，保证合同采用的形式有三种，即保证合同、保证条款以及保证人单方面出具书面承诺。一份完整的保证合同应包括如下内容：被保证的主债权的种类、数额；债务人履行债务的期限；保证方式；保证担保的范围；保证期间；当事人需要约定的其他事项等。如果没有约定，当事人可以做出补充约定，或者按照法律推定。

在银行的公司授信业务中，存在着很多最高限额担保合同，即在最高授信额度内，保证人对基于授信额度协议或者一揽子授信协议提供保证而签订的保证合同。其除具有一般保证合同的特征外，还具有如下特征。

第一，最高限额保证所担保的债务可能已经发生，也可能没有发生，即最高限额保证的生效与被保证的债务是否发生无关。

第二，最高限额保证所保证的债务为一定期间内发生的债务，普通保证所保证债务通常为确定债务，而最高限额保证则是对债务人在一定时期内所发生的若干个债务提供保证，保证范围不受债权笔数影响，其债务发生具有多次性，存在多个实际发生债务。

第三，最高限额保证是对所承担保证责任的最高约定，没有约定最高额的是普通保证。最高限额保证的保证是对债务人在一定时期内连续发生的多笔债务提供担保，但其所承担的保证责任以最高额为限。

第四，最高限额保证所担保的不是多笔债务的简单累加，而是债务整体，即最高限额保证决算后,被保证的多笔债务的余额构成最高额保证的保证范围。该范围为一整体,最高限额保证人对该债务整体承担责任。

第五,最高限额保证合同一般适用于债权人与债务人因经常性的、同类性质的业务往来,多次订立合同而形成的债务,如经常性借款合同或某项商品交易合同关系等。

保证人的财务实力是保证人履约的基础,一些银行在保证的资格条件中,对保证人的偿债能力做了限定,如信用等级低的公司提供的保证必须经贷款审批委员会审查批准;出现资不抵债、有逾期或拖欠利息的公司,不能作为贷款保证人;对借款人的全资下属公司或参加借款人合并报表的下属公司提供保证的,要审查确认其保证能力。

2. 合格抵质押品的认定和处理

《巴塞尔协议Ⅱ》不仅认可实物资产和应收账款作为抵质押品,还认可金融抵质押品。抵质押品本身的价值容易波动,如金融担保容易受到担保人信用状况的影响,而房地产等非金融抵质押品的价值也是经常上下波动的。因此,《巴塞尔协议Ⅱ》建议使用"估值折扣"来调整金融资产抵质押品的价值,即将抵质押品价值在其市场价值的基础上进行扣减。设定估值折扣的合理性在于需要考虑抵质押品价值可能随着时间不断发生变化。因此,估值折扣的大小取决于抵质押品的类型、交易条款、抵质押品流动性,以及抵质押品重新定价的频率等因素。

根据《巴塞尔协议Ⅱ》,使用初级内评法计量信用风险资本要求的银行,除了标准认定的合格抵质押品外,初级内评法其他形式的抵质押品在内部评级法中也被视为合格抵质押品,包括应收账款、特定商用或个人居住的房地产,以及其他抵质押品。高级风险敞口被分为全额抵押和无抵押部分,其中,风险敞口全额抵押的部分用 C/C** 来获得此类抵质押品的违约损失率;风险敞口的剩余部分被看作无担保,获得 45% 的违约损失率(见表 7-9)。

表 7-9 采用违约损失率及对高级风险敞口已抵押部分要求的超额抵押水平

	最低违约损失率	贷款的最低抵押水平(C*)	对全部违约损失率要求的超额抵押水平(C**)
合格金融抵质押品	0%	0%	—
应收账款	35%	0%	125%
商用房地产/居住用房地产	35%	30%	140%
其他抵质押品	40%	30%	140%

3. 商用或个人住房抵押认定和处理

商用或个人居住房作为抵押,必须符合以下监管要求。

第一,合格商用或个人居住房作为抵押品,尽管要考虑宏观经济因素影响抵押品价值和借款人的表现,但其借款人风险实质上不取决于财产或项目的表现,而取决于借款人从其他来源偿还债务的能力,同样,贷款的偿还实质上不取决于作为抵押品的商用房地产或个人住房的现金流。

第二,商用房地产或居民住房作为债权的抵押品,必须在法律上具有可实施性,必须具备抵押品生效的抵押品协议和法律过程,可在合理时间内实现抵押品价值;抵押品必须按照当前的公平价值或低于公平价值来估值;必须根据市场状况对抵押品经常性(至少每年一次)

予以持续监控，一旦信息显示抵押品市价降低或发生信用事件（比如违约），合格专业人员必须进行及时评估。

第三，合格抵押品通常被局限于贷款方对抵押品具有第一占有权。毫无疑问在抵押品的债权法律上可实施，同时抵押又是有效风险缓释工具的情况下，也可考虑次级留置。

第四，银行接受抵押品贷款政策必须清晰记录在文件中，必须采取步骤保证作为抵押品的财产足额保险，以防损害和变质；必须连续监控允许在处置抵押品之前债券（如税收）范围；必须正确监控抵押品环境负债风险，如房地产上存放有毒物质等。

对于购买不动产贷款来说，监管抵押是最为常见的担保形式，但各国抵押不动产的取消赎回权或清算方面的做法可能各不相同。在取消不动产的赎回权时，银行发生时间和金钱两方面的成本。一旦得到不动产，还将产生不动产维护和营销方面的连带成本。在许多国家，通过法院变现被抵押不动产的过程，非常冗长，由于法律制度的缺陷或低效率的破产程序，可能花费数年时间，这使债权人对拖欠债务的借款人无法采取有效的法律行动。在没有法院干涉的情况下，一些国家允许银行销售抵押品，取消赎回权和销售质押财产的不同做法和法律要求，使抵押品的价值差异很大。

4. 应收账款的抵押认定和处理

对应收账款作为抵押品的认定和处理，必须满足以下基本监管要求。

第一，合格的金融应收账款是对初始期少于或等于1年，而通过借款人抵押资产的商品流或资金来还款的债权，合格应收账款抵押品必须还满足法律确定性及相关的风险管理要求，必须建立连续的监控过程、抵押的应收账款的分散化和非相关性等。

第二，银行必须建立确定应收账款信用风险的合理程序。过程应包括对借款人经营状况、行业情况、借款人客户类别的分析。依赖借款人确定客户信用风险的银行，必须检查对借款人的信贷政策，搞清楚借款人的稳健性和可信度。

第三，借款数量和应收账款价值之差必须反映所有适当的因素，包括清收成本、单个借款人抵押的应收账款池内的风险集中度以及银行总贷款中潜在的集中度风险。

第四，借款人抵押的应收账款应分散化，不应与借款人的相关性过高。当两者关系过高时，如应收账款的发行人依赖于左右其生存的借款人或借款人和发行人都属于同一行业，在设定抵押品整体效益时，应该考虑两者的伴生风险。来自借款人分支机构的应收账款，不可作为风险缓释工具。

第五，对经济困境情况下的应收账款，银行应建立成文的程序。即使是银行一般情况下对借款人进行清收，有关清收的各项措施必须完善。银行必须建立确定应收账款信用风险的合理过程。过程应该包括对借款人经营状况、行业情况、借款人客户类别的分析。依赖借款人确定客户信用风险的银行，必须检查对借款人的信贷政策，搞清楚借款人的合理性和可信度。

对于抵押品用来作为风险缓释工具的特定贷款，银行必须建立连续的（或者是及时的或者是偶然的）监控过程。这个过程包括账龄报告、贸易单据的控制、借款证、对抵押品经常审计、账户的确认、对付款账户收益的控制、稀释状况的分析（借款人给发行人的贷款），特别是少量大规模的应收账款作为抵押品时对借款人和应收账款发行人常规的财务分析。银行全面的集中性限额的遵守情况应该被监控。此外，对是否遵守贷款合约、环境方面的限制及其他法律要求也应进行常规性检查。

5. 对其他合格实物抵押品处理

其他实物抵押品认定由监管当局认定，但必须满足两个标准，一是存在及时、经济、有效处置抵押品和流动性强的市场；二是存在公开、可得的抵押品市场价格。

银行认定的其他实物抵押品，除必须满足上述合格的商用房地产/居民住房抵押品的所有操作要求外，还必须满足以下条件：优先受偿权、贷款协议中应详细规定抵押品情况及重新估值的方式和频率、内部信贷政策和程序中明确可接受的抵押品种类、操作方法、抵押品的适当水平、顺利清算抵押品的能力、客观确定价格或市场价值的能力、评估价值的频率、抵押品价值的波动等。对存货（如原材料、在建工程、成品、交易商汽车存货）及设备，定期评估的过程必须包括对抵押品实物的检查。

7.4.2 运用净额结算协议缓释信用风险

表内净额结算（netting）是指银行使用交易对象的债权（存款）对该交易的债务（贷款）做扣减。根据《巴塞尔协议Ⅱ》，在标准法下，如银行有法律上可执行贷款和存款净额结算安排，在符合相关条件下，可进行表内净额结算，计算净风险敞口资本要求。这些条件包括：①无论交易对象是无力偿还债务或破产，有完善法律基础确保净额结算协议实施；②在任何情况下，能确定同一交易对象在净额结算合同下的资产和负债；③在净头寸基础上监测和控制相关敞口；④监测和控制后续风险，在净头寸基础上监测和控制相关敞口。

利用净额结算，银行可以很好地降低信用风险。如一家银行与其交易对手之间有三笔互换交易合约，这三笔交易合约的市场价值分别是 2 400 万美元、−1 700 万美元以及 800 万美元；假如交易对手遇到财务困境对该行的债务发生违约，对该交易对手来说，三笔合约的金额分别是 −2 400 万美元，1 700 万美元以及 −800 万美元；在没有净额结算条款的情况下，该交易对手只是对第一、第三笔交易合约发生违约，而对第二笔合约没有发生违约，因此银行的损失就是 3 200（= 2 400 + 800）万美元；若与该交易对手签有净额结算条款，出现交易对手在第一、第三笔合约违约，也意味着第二笔合约违约，该交易对手给银行造成的损失就是 1 500（= 2 400 + 800 − 1 700）万美元。

从上面的计算可以看到，具有净额结算协议的信用等值额显著低于没有净额结算协议的信用等值额，可以大大缓解银行机构的信用风险。

7.5 信用风险转移

7.5.1 信用风险转移的定义

信用风险是商业银行在经营管理中面临的主要风险，信用风险转移（credit risk transfer，

CRT）是指金融机构，一般是指商业银行通过使用各种金融工具把信用风险转移到其他银行或其他金融机构。随着金融及市场的发展，非金融机构也可能进入信用风险转移市场进行交易。信用风险转移市场的参与机构还主要是各种金融机构。主要的市场参与者包括商业银行、各种机构投资者和证券公司。在信用风险转移市场出现以前，商业银行在发放贷款以后只能持有至贷款违约或到期日，信用风险管理方式主要是贷前审查、贷后监督和降低信贷集中度等手段，而信用风险转移市场的出现使得商业银行可以根据自身资产组合管理的需要对信用风险进行转移，从而更主动灵活地进行信用风险管理。

在信用风险转移市场中，那些把信用风险转移出去的机构称为信用风险转出者（或称保险购买者、风险出售者或被保险者），那些接受信用风险的机构称为信用风险接受者（或称保险出售者、风险购买者或保险人），主要的信用风险转移工具包括贷款销售、资产证券化以及近年来发展迅速的信用衍生产品。

7.5.2 信用风险转移的主要方式

1. 融资型信用风险转移

融资型信用风险转移指的是，在向金融市场或金融机构转移信用风险的同时实现资金的融通。工商企业可以通过办理保理业务或者福费廷业务，将应收账款无法收回所带来的信用风险转移给专业性的金融机构。保理业务是为以赊销方式进行销售的企业设计的一种综合性金融业务，企业通过将应收账款的票据卖给专门办理保理业务的金融机构而实现资金融通。福费廷业务是指在延期付款的大型设备贸易中，出口商把经进口商所在地银行担保的远期汇票或本票，无追索权地售给出口商所在地的金融机构，以取得现款。商业银行利用外部市场转移资产业务信用风险的融资型手段有贷款出售和贷款资产证券化两种。贷款出售指商业银行将贷款视为可销售的资产，将其出售给其他机构。

贷款资产证券化是贷款出售的更高发展形势，是资产证券化的主要内容之一，在资产证券化中，发起人将资产出售给特殊目的机构，并转化成以资产产生的现金流为担保的证券，通过证券的发售而实现资产的流动变现。商业银行利用资产证券化，在将资产转移出去达到融资目的的同时，也转移了资产的信用风险。

2. 非融资型信用风险转移

与融资相分离的信用风险转移手段有信用担保、信用保险和信用衍生产品（credit derivatives）。信用担保是灵活的信用风险转移工具，通过双边合约，担保人作为信用风险的承担者，当第三方（债务方）不能履行其义务时，承担相应的补偿或代为支付的义务，金额限于潜在风险敞口的损失。信用保险就是企业通过和保险机构签订保险合同，支付一定的保费，从而在指定信用风险范围内蒙受损失时获得补偿。信用衍生产品指的是一种双边的金融合约安排，在这种安排下，合约双方同意互换事先商定的或者是根据公式确定的现金流，现金流的确定依赖于预先设定的在未来一段时间内信用事件（credit event）的发生。信用事件的定义非常严格，当前主要采用国际互换与衍生工具协会（International Swaps and Derivatives

Association，ISDA）的定义，通常与违约、破产登记、价格出现较大的下跌等情形相联系。

信用衍生产品转移信用风险的过程可以通过信用衍生产品市场的最常见品种——信用违约互换（credit default swap，CDS）来说明。信用违约互换是指交易双方达成合约，交易的买方（信用风险保险的买方）通过向另一方（信用风险保护的卖方）支付一定的费用，获得在指定信用风险发生时对其贷款或证券的风险敞口所遭受损失进行补偿的安排。从某种意义上讲，一份信用违约互换合约类似于一份信用保险合同，但信用违约互换合约所指的信用事件所涵盖的信用风险远远广于信用保险合同的涵盖范围。更重要的是，信用保险合同一般是不能转让的，而信用违约互换合约可以在市场上转让，从而使信用管理具有流动性，体现其转移信用风险的基本功能。

商业银行是信用衍生产品市场上最重要的买方。商业银行利用信用衍生产品可以使自己在借款方不知情的情况下转移贷款的信用风险，又不必将该笔资产业务从资产负债表中转出，从而和客户的关系不受影响。此外，为防止贷款过于集中而造成过大的信用风险敞口，商业银行也必须控制对老客户和重点客户的贷款，由此就会面临控制和分散风险与业务发展扩张之间的进退两难的困境，即"信用悖论"。信用衍生产品市场有利于商业银行走出"信用悖论"。商业银行可通过信用衍生产品市场购买信用保护，转移信用风险，在发展信贷业务的同时，实现对信用风险的有效管理。

信用衍生产品市场的发展，使信用衍生产品的供需关系得到了最新界定，也使信用风险在现代金融市场有了更丰富的内涵。信用风险不仅指传统的交易对手直接违约而引起损失的可能，而且包括交易对手信用评级的变动和履约能力的变化而导致其债务市场价值变动所引起损失的可能性。更为重要的是，信用衍生产品使信用风险从贷款、融资、债券交易中分离出来，从而将资产业务的信用风险和市场风险真正分开，为独立地管理信用风险创造了条件。

7.5.3　信用风险转移的工具

信用风险转移的工具可以从两个方面进行分类，一是转移的信用风险是单笔贷款还是贷款组合；二是风险的接受方是否出资。在二级市场出售贷款是出资的风险转移，而某些信用风险转移工具如保险合约，虽然将风险进行了转移，但在风险被转移时接受方并不提供资金。

1. 信用风险转移的工具类别

（1）不出资风险转移

是否出资的信用风险转移工具可以从风险出让者（risk seller）或风险承担者（risk taker）角度来区分，从前者看就是风险出让者是否在交易中收到资金，从后者看就是风险承担者在交易中是否提供前端资金。如果从风险承担者角度界定出资风险转移概念，其主要的工具为信用违约互换。信用违约互换的结构非常接近于担保的结构，但是，它们有三个重要的区别：一是CDS引发支付的信用事件的范围在衍生合约下更广；二是CDS不要求风险出让者证明自己已经遭受了损失以获得支付；三是CDS是以标准化的文件为基础以鼓励交易。

1）担保。担保是一种双边合约，合约下风险承担者（担保人）有义务为风险出让者的利益尽力。担保是灵活的风险转移工具，因为它们可以根据需要设计成抵补具体的敞口或交易。通常，担保人要尽力履行债务人的义务，如果后者不能履行，则金额限于潜在敞口的损失。担保需严格遵循债务人与风险出让者之间合约的性质与内容。

2）保险产品（保险债券、信用保险和金融担保保险）。保险债券一般是由美国的保险公司提供，以支持一项债务的受益人的业绩，包括对银行的金融业务。信用保险一般由专业保险公司提供，支持交易信贷而且经常被受益人使用，以取得银行对应收账款的融资。金融担保保险是作为对债券持有人支付的无条件担保而发展起来的，由美国 btONOLINE 信用保险公司提供。

3）不出资的合成证券化（组合信用违约互换）。合成证券化将证券化技术与信用衍生产品融合在一起，在组合违约互换中，通过一系列的单笔 CDO 或可供组合中所有信贷参照的单个 CDS，实现风险转移而没有潜在资产合法所有权的变化。不出资的合成证券化（一篮子信用违约互换）与违约互换类似，其中信用事件是一个具体的信用篮子中的某种组合的违约。这种设置可以非常灵活，如以整体篮子第一次违约产品为例，则参考该篮子中的第一笔信用违约发生作为支付的条件。也有第二违约或第三及其他次序违约作为支付条件的。相应地，次序越靠后，这种合成证券化对债权人的保护越弱，因而其收取的"保费"也越低。

（2）出资风险转移

1）贷款交易。在二级贷款市场中，单笔贷款被出售时，需要得到借款人的同意。原始贷款人对借款人是唯一的直接贷款人，并与另一机构签订合约以划分敞口中不符合其偏好的部分。出资的合成证券化即信用联结票据（credit linked notes，CLN）是出资的资产负债表资产，该资产提供对参考资产组合的（合成）信用敞口。CLN 将信用衍生品嵌入风险出让者发行的证券。票据的表现并不与参考集合的表现直接联系。投资者接受零息支付，该支付包括风险升水和到期的平价赎回。随着票据发行的收入被直接交给风险出让者，风险承担者面临着风险出让者的交易对手风险，但不是反之亦然。如果风险承担者要避免交易对手风险就要利用特殊目的机构，从而就变成了合成 CDO。

2）资产支持证券（asset backed security，ABS）。在传统的证券化结构中，发起人组合中的贷款、债券或应收账款被转移到特殊目的机构，作为抵押持有支持向投资者发行的证券。资产的信用风险从发起者转移到投资者，保护是前端出资，证券发行的收入则被转移到发起者处。资产抵押证券的结构性特征与高级 CDO 类似，但潜在的资产集合如抵押或信用卡应收账款是更同质的。为了使发行的证券得到更高的评级，多数证券化结构具有信用和流动性增强。外部信用增强（external credit enhancement），一般简称增信，包括高级别银行或保险公司的信用证或担保。当潜在资产的期限与发行证券的期限不吻合时，流动性增强用于弥补现金流的不匹配，以补偿利息支付的不安全同步或抵补滚动风险。

2.次级抵押贷款产品的设计和交易分析

（1）资产证券化的基本参与者

次级抵押贷款就是一种典型的资产证券化产品。一般来说，资产证券化的基本参与者包括：发起人（通常是金融机构，也可以是一般企业）、特殊目的机构（购买发起人的原始资产，整合后包装出售证券)、承销商(投资银行承担;获取发行收入)、增信机构(可以是母公司、子公司、担保公司、保险公司或者其他金融机构;属于第三方实体,按比例收取服务费)、信用评级机构、托管人、投资者等。

总体上看,其交易结构是:发起人将交易的金融资产组合与发起人完全剥离,过户给特殊目的机构进行运作,特殊目的机构将金融资产经过信用评级后在资本市场上发行资产支持证券,确保有关资产现金流收入在不太理想的情况下向投资者的本息回报的流向仍然畅通。

(2)资产证券化的基本运作程序

资产证券化的基本运作程序主要包括以下几个步骤。

1)确定资产证券化标的(target),组成资产池(pool)。

2)组建特殊目的机构,实现资产真实地由原始贷款人处出售,该资产移出原始贷款人资产负债表。

3)完善交易结构,进行信用增级。信用增级包括内部信用增级(超额抵押、利差账户、优先/次级结构等)和外部信用增级(第三方担保、保险公司保险、银行开具信用证等)。

4)资产证券化的评级。资产证券化的评级与一般债券评级相似,但有自身特点。信用评级由专门评级机构应资产证券发起人或投资银行的请求进行。评级考虑因素不包括由利率变动等因素导致的市场风险,而主要考虑资产的信用风险。被评级的资产必须与发起人信用风险相分离。由于出售的资产都经过了信用增级,一般地,资产支持证券的信用级别会高于发起人的信用级别。

5)安排证券销售,向发起人支付购买价格。在信用增级和评级结果向投资者公布之后,由投资银行负责向投资者销售资产支持证券(ABS),销售的方式可采用包销或代销。特殊目的机构从投资银行处获取证券发行收入,再按资产买卖合同中规定的购买价格,把发行收入的大部分支付给发起人。

6)证券挂牌上市交易,资产售后管理和服务。

(3)次级抵押贷款的贷款、还款与ABS出售流程

在美国,住房抵押贷款按照对借款主体的信用条件的评级好坏主要分为三类:一是优质抵押贷款(prime mortgage loan);二是"Alt-A"抵押贷款;三是次级抵押贷款(subprime mortgage loan)。次级抵押贷款,主要是指一些贷款机构向信用程度较差和收入不高的借款人提供的贷款,其服务对象为债务与收入比例较高、信用低、发生违约概率较高的贷款购房者。

次级抵押贷款的贷款、还款与ABS出售流程,如图7-6所示。

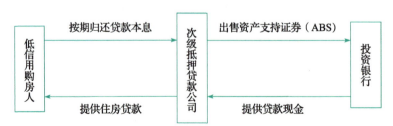

图7-6 次级抵押贷款的贷款、还款与ABS出售流程

（4）次级抵押贷款的资产证券化

次级抵押贷款公司为了分散风险和拓展业务，通过资产证券化的方式把次级抵押贷款出售给投资银行。资产支持证券（ABS）的核心是寻找能够有稳定现金流的资产作为支持，来发行债券并获得直接融资。基于次级抵押贷款而发行的ABS，就是次级债。次级抵押贷款的资产证券化流程如图7-7所示。

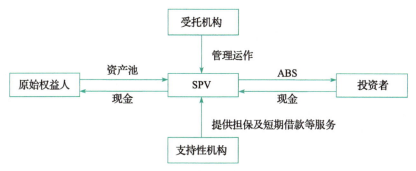

图 7-7 次级抵押贷款的资产证券化流程

（5）担保债务凭证

担保债务凭证（collateralized debt obligation，CDO），是一种固定收益证券，它以一个或多个类别且分散化的抵押债务为基础，重新分配投资回报和风险，以满足不同风险偏好投资者需要的衍生品。信用评级与CDO的风险结构及收益如图7-8所示。

债券评级及其风险分布图	CDO的风险结构与收益率（平均收益率8.5%）
高级层Senior（AAA）	剩余损失，收益率=6%
中级层或夹层Mezzanine（AA，A）	损失的第三个10%，收益率=7.5%
B级层或低级层Junior（BBB，BB，B）	损失的第二个10%，收益率=15%
权益层Equity Tranche	损失的第一个5%，收益率=35%

图 7-8 信用评级与CDO的风险结构及收益

7.5.4 信用风险转移监管的分析

1. 信用风险转移业务对金融系统的影响

信用风险转移市场为商业银行等金融机构提供了新的风险管理方式和收益机会，有助于降低信用风险的集中度。但是信用风险转移市场也会成为影响金融系统稳定性的因素。

首先，信用风险转移市场增加了承担信用风险的金融机构数量，提高了信用事件导致连锁反应的可能性。

其次，它降低了金融市场的透明度，导致信用风险在金融系统中的分布情况更为复杂且难以统计。

再次，信用风险转移市场既可以提高信用风险的分散度，也有造成信用风险重新集中的可能性。

最后，金融监管当局必须清醒地认识到，信用风险转移容易使发起人（原始权益人）降低对借款人信用资质的审查，并且信用风险转移只是将信用风险分散化，而并不能消弭风险，必须继续强化金融机构在原始业务中的风险识别、评估与控制，而非对信用风险转移过于迷信，忽视了风险产生的源头，否则容易由此产生系统性金融风险。

2. 信用风险转移业务给市场参与者带来的风险

在信用风险转移交易中，商业银行等市场参与机构都会面临新的风险，主要包括交易对手风险、合约不完全风险以及模型风险等。如果在并不完全了解这些风险的情况下进入信用风险转移市场，市场参与机构就难以达到降低风险集中度或增加收益的目的，还有可能蒙受巨大损失。而且，信用风险转移工具的复杂性大大提高了对参与机构风险管理能力的要求，如果缺乏足够的风险管理能力和经验，参与机构就不可能准确地选择交易时机，也无法对信用风险进行合理的定价。即便对于商业银行这样具有丰富传统信用风险管理经验的机构来说，由于各种新的数学模型、新型金融工程工具、新型产品的出现和参与程度的提高，进入 CRT 市场也会面临新的风险。而对于那些以前没有信用风险业务的参与机构来说，进入 CRT 市场就会面临更大的挑战。

3. 信用风险转移业务对监管机构的挑战

因为市场参与机构可能在不完全了解 CRT 市场的潜在风险或缺乏相应的风险管理能力情况下进入 CRT 市场，监管当局应该在掌握信用风险流向及风险承担机构管理能力的情况下，制定恰当的资本要求和市场准入政策，才能保证金融机构稳定经营，但目前多数国家的相关监管政策还非常不完善。有些国家还没有制定针对信用风险转移业务的监管政策。而且 CRT 交易增加了承担信用风险的主体数量，导致最终风险承担者的信息和风险的分布情况更加复杂，而近期发展迅速的结构型产品进一步加剧了这种复杂性。所以，如何获取相关信息，准确评估各参与机构所承担的风险以及信用风险向银行系统外转移的程度，已经成为监管当局面临的重要问题。不仅如此，CRT 市场还提高了商业银行、证券公司与机构投资者等市场参与机构间的关联程度，加大了金融风险跨部门、跨行业传播的可能性。这大大提高了对不同市场参与机构与监管当局间的沟通协调要求。在我国这样的分业监管模式下，如何获得 CRT 市场的完整交易信息、制定完善的监管措施也是监管当局面临的严峻挑战。

■ 练习题

7.1　请说明信用风险度量模型中的"5C 要素分析法"。
7.2　请说明信用风险度量时需要考虑的三个指标。
7.3　请说明信用评级的过程。
7.4　请解释发行人信用评级和特定债项评级的区别。
7.5　穆迪对于还没有违约的公司提供多少个信用评级？分别是什么？
7.6　穆迪和标准普尔对于投资级别和投机级别的信用评级是怎么区分的？
7.7　请解释信用转移矩阵的含义。

7.8 参照信用转移矩阵表 7-4,说明一家评级为 AA 的企业,在两年内违约的概率是多少?

7.9 一个完整的信贷政策体系包含哪些维度?这些维度的优先级怎么确定?

7.10 请解释产业信贷区域、经济信贷区域、城市信贷区域、国家信贷区域和行政信贷区域。

7.11 我国商业银行区域信用风险管理的实施过程有哪几个步骤?

7.12 简述我国商业银行行业信用风险管理思路。

7.13 我国商业银行行业信用风险管理的实施过程有哪几个步骤?

7.14 我国商业银行在进行客户信用风险管理时,怎么对客户进行分类?

7.15 我国商业银行客户信用风险管理的实施过程有哪几个步骤?

7.16 我国商业银行产品信用风险管理的实施过程有哪几个步骤?

7.17 请说明贷款五级分类制度。

7.18 请说明信用风险度量模型中的 Z 值模型和 A 值模型。

7.19 巴塞尔协议中认可的风险缓释工具有哪些?

7.20 请辨析贷款抵押和贷款质押。

7.21 什么是净额结算?

7.22 信用风险转移的主要方式有哪些?

7.23 请说明资产证券化的基本运作流程。

7.24 简要阐述信用风险转移业务对金融系统的影响。

7.25 考虑一家公司,其流动性资金为 170 000 美元,总资产为 670 000 美元,息税前利润为 60 000 美元,销售额为 2 200 000 美元,股票市价为 380 000 美元,总负债为 240 000 美元,留存收益为 300 000 美元,与以上数据对应的各项比率为 $X_1 = 0.254$,$X_2 = 0.448$,$X_3 = 0.089\ 6$,$X_4 = 1.583$,$X_5 = 3.284$,请用 Z 值模型判断这家公司近期是否会违约。

7.26 简述 CDS、CLN 的原理。

7.27 一个额度为 100 万美元的贷款,客户的违约概率为 8%,违约损失率为 40%,请问银行的预计损失为多少?

7.28 一项投资组合包含 A、B、C 三个债券,假设每个债券的违约是独立的,并且违约损失率为 100%,其他信息如下表所示,请问①一个都没有违约的概率是多少?②该投资组合的预期损失是多少?

债券	额度(万美元)	违约概率
A	25	0.05
B	30	0.1
C	45	0.2

7.29 交易对手风险通常是怎么定义的?

7.30 缓释交易对手风险的方法一般有哪些?

7.31 对于资产证券化产品的信用增级措施有哪些?

7.32 如何评价一个信用评分模型的好坏?

第 8 章

操作风险管理

操作风险尽管从银行诞生那天起就伴随着银行,但系统研究对这种风险计量的历史并不长,只是在近十年里受到了金融学界、银行界以及有关国际组织的广泛关注。

相对于信用风险和市场风险,承担操作风险并不能带来潜在的收益,而只会带来损失,是一种纯粹的风险,故而一直以来均通过制度、流程和操作规程对其予以应对,直到《巴塞尔协议Ⅱ》时,方因为其破坏性巨大而上升到资本充足率监管的高度。

全球化和互联网技术的运用,使银行相比以往承担了更多和更新的操作风险。不可否认,金融服务全球化日益发展,为金融机构的利益相关人带来了诸多好处,同时也增添了文化、管理和人员的复杂性和多样性。计算机和互联网相关技术一方面使金融机构能够提供即时发生、无边界且成本不断降低的服务,同时也制造了新的问题,例如信息技术、控制、合规、安全、隐私保护等。无数案例已经证明,操作风险问题几乎天天都会发生,股东及利益相关人对重大灾难性事件的发生越来越表示难以接受,而这些操作风险案例毫无疑问地表明,银行家和监管者如果忽视操作风险,并且不考虑对其进行资本配置的话,则其风险管理系统以及风险调整绩效的计量几乎就是不可靠的。

1991年,美国美孚银行专门成立了一个小组对风险评估、操作风险资本、风险缓释等相互联系的几个问题进行研究,这被认为是操作风险管理领域的一大突破。但直到1996年,导致严重损失的操作风险事件仍旧频发,引起了监管机构的高度关注,并大力推动操作风险研究与应对,至此,操作风险管理才受到行业协会、金融机构的重点关注。

2007年的金融危机之后,巴塞尔委员会迅速出台了一系列对于《巴塞尔协议Ⅱ》的补充文件,并于2009年7月出台了《加强新巴塞尔协议框架》(enhancements to the Basel Ⅱ framework)文件,分别对《巴塞尔协议Ⅱ》中三大支柱的相关内容进行了修正和补充。2011年6月,巴塞尔委员会在2003年《操作风险管理和监管稳健原则》的基础上又推出了新的

《操作风险健全管理原则》，以及《AMA 框架下的操作风险监管原则》，以反映操作风险管理的新需求。巴塞尔委员会认为，健全操作风险管理的原则应该依赖于三个方面：一是业务线管理，二是独立的公司操作风险管理功能，三是独立的回顾过程。根据银行的性质、规模、复杂性、业务的风险性，这三方面的措施实施过程可能存在差异，但银行操作风险治理功能应当完全融入银行的全面风险治理架构，并且银行的风险治理架构应能充分反映其规模与业务复杂性。总体而言，从本次危机爆发后巴塞尔委员会发布的一系列文件来看，由于本次危机中各种市场失灵在本质上与操作风险密不可分，在修正后的《巴塞尔协议Ⅲ》中，操作风险管理要素所占的篇幅与比重有所提升，而操作风险与信用风险等其他风险种类的界限正在逐步淡化。

8.1 操作风险管理发展的阶段

从全球范围来看，国际金融界及监管机构对操作风险的研究和管理也经历了一个从有所认识到逐步深入研究的渐进过程。目前，国际上对操作风险管理的发展历程基本达成了共识，比较流行的是 1999 年英国银行家协会给出的研究成果，它将操作风险管理框架的演变大致分为五个阶段，即传统框架阶段、风险知晓阶段、风险监测阶段、风险量化阶段和风险整合阶段（见图 8-1）。

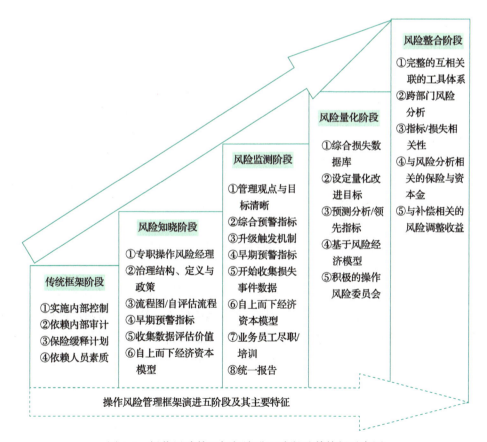

图 8-1　操作风险管理框架演进五阶段及其特征示意图

第一阶段，传统框架阶段。操作风险起初仅是通过内部控制来进行管理的，该阶段对其控制管理主要是各个业务部门经理和专家的责任，同时由内部审计定期对管理目标进行检查。在此阶段还不存在正式的操作风险管理框架。20世纪90年代国际金融界基本处于这一时期。90年代初期，国际上对于操作风险尚没有统一定义，没有普遍认同的计量方法，没有成熟的技术和软件，也没有引起监管者足够的关注。

第二阶段，风险知晓阶段。操作风险管理框架发展的第二阶段是对操作风险管理的知晓，出发点就是高级管理层负有使全体员工对操作风险的理解更有预见性，并指定专人管理操作风险的责任。为了培养风险意识，首先必须对操作风险有统一的理解和评估，这开始于操作风险政策、定义的形成和一般性操作风险管理工具的发展。这个阶段普遍使用的管理工具通常是自我评估和风险分解等方法。其次，操作风险的预警指标的建立和操作风险事件的收集在这个阶段也开始萌芽，这就为识别风险、制定管理措施、区分管理的优先次序和设计风险缓释技术提供了一个统一的框架。最后，在这一阶段中最为重要的方面是高级管理层对于业务单位层面的操作风险以风险所有者的身份出具了切实的承诺。

第三阶段，风险监测阶段。一旦所有的操作风险被识别出来之后，就需要进一步明确这些风险对业务活动的影响。在该阶段，跟踪了解操作风险水平和操作风险管理部门的工作效率成为风险监测的重点，定量、定性的风险指标和扩展标准被设计建立起来监测风险管理活动。风险监测和其他相关因素一起进入高级管理层对操作风险的记分卡。金融机构在此阶段意识到了操作风险管理的价值，并开始安排专人分析管理过程和监测管理活动。这种对操作风险重要性的意识随着独立的操作风险管理程序的引入而最终完成。

第四阶段，风险量化阶段。随着形势发展，操作风险管理的重点开始集中于对相关风险进行量化，并预测未来发展趋势，这种发展要求开发出更多的基于真实数据的分析工具，来确定操作风险对机构的财务影响，并为风险引发因素和风险缓释技术的实证分析提供数据。从第二阶段开始发展的损失事件数据库到本阶段已经积累了大量不同业务部门和类型的风险数据，足以为深入分析操作风险原因和建立预测性模型提供信息，大量资金被投向于开发资本模型和组建对操作风险量化的结果进行评估的委员会。在此阶段金融机构应能对自身所面临的操作风险进行准确的计量，并能公开进行披露。《巴塞尔协议Ⅱ》中提出了操作风险资本量化的三种方法，即基本指标法、标准法和高级度量法。2017年12月7日巴塞尔银行监管委员会正式批准了《巴塞尔协议Ⅲ》资本监管改革的最终方案，新的《巴塞尔协议Ⅲ》将从2022年1月1日生效。其中对操作风险资本的计量方法进行了大规模的修订，以修改后的标准法，取代原有的标准法和高级计量法。

第五阶段，风险整合阶段。在整合阶段，操作风险管理必须与战略制定过程和质量改进建立联系，以便可以更好地理解操作风险对股东价值总体的影响。在平衡业务发展和公司价值、定性分析和定量分析不同级别的管理需要后，操作风险量化现在已被完全纳入经济资本管理过程之中，并与资本补偿紧密相连。同时，操作风险量化技术被用于对投资和保险更好地进行成本－收益分析决策中。

中国目前已经度过了传统框架阶段，正处于风险知晓和风险监测阶段，且已经开始了风险量化和整合，随着中国金融业的进一步开放，我国金融机构会越来越重视操作风险的管理。

8.2 操作风险管理框架基本要素

金融机构对操作风险管理体系和方法的选择、对操作风险的定义和分类各不相同，主要取决于其业务的性质、规模和复杂程度等一系列因素。因此，不同金融机构的操作风险框架可能存在差异和不同的侧重点。但是，近年来国际上金融机构风险管理的实践发展表明，国际金融业对操作风险管理框架的基本要素已逐渐达成了共识，基于这些基本要素的一些最佳实践也正在被监管机构作为金融业界的监管标准在全球推广，一个完善的操作风险管理框架的基本要素包括以下几点。

1. 风险管理策略

风险管理策略是金融机构根据自身条件和外部环境选择适合的操作风险管理工具的总体策略，一般有四种策略选择：风险承担、风险缓释、风险规避、风险转移。方向正确的管理策略是公司进行有效风险管理的前提和基础。

2. 风险管理政策

对于现代金融机构组织来说，风险管理政策应存在于两个层次上，即统一的风险管理核心机构和承担某些分解任务的业务部门或职能部门。

3. 风险管理过程

风险管理过程指金融机构开展日常操作风险管理工作的业务程序和环节，包括风险识别、风险评估、风险缓释和风险报告等过程。

4. 运营管理过程

运营管理过程是指通过制度安排，将操作风险管理具体到公司每一项日常运营过程之中，例如后台职能、信息技术和管理层报告等。

5. 企业文化

一个企业的文化可以创造也可以破坏其风险管理框架、策略，良好的操作风险管理文化会使金融机构各级人员重视风险并主动约束自身行为。

此外，金融机构在建立起基本的风险管理框架的同时，还应该做到以下几个具体方面。

1）与其他风险管理程序有机结合。应结合信用风险和市场风险的管理程序制定操作风险的管理程序，使公司对三大传统风险的管理全面有效，不会顾此失彼。

2）管理层支持。董事会应直接对股东负责，对机构是否有措施来管理能够带来损失的风险负最终责任，并在风险管理委员会下专设应对操作风险的机构。在实践中，当机构要实施新的操作风险管理方法时，势必会与一些职能部门的业务有所冲突，管理层应及时出面协调各方利益，保证改革顺利进行。

3）建立对重大损失事件的快速反应机制。当重大的风险事件发生时，管理层应迅速建立一套有效方案以应对内部损失及其他问题，防范风险的进一步扩大。

4）积极配合监管组织。金融机构应主动接受监管组织的指导和检查，并尽量在监管组织要求之前主动实施操作风险的管理过程和程序，以紧跟现阶段操作风险快速变化的形势。

8.3 操作风险管理的战略与政策

8.3.1 操作风险管理战略

要实施有效的操作风险管理框架，第一步就是要确定金融机构操作风险管理战略。要确定管理战略过程，金融机构首先需要识别它的利益相关者，如股东、债权人和员工等，分析了解这些利益相关者对机构的要求及机构对他们的义务，有助于找出机构发展动力与经营目标，而这些动力和目标与操作风险管理战略密切相关。一旦了解了发展动力和经营目标，机构就应该考虑实现目标过程中所面临的战略挑战和放弃这些目标所带来的后果，从而在此基础上制定操作风险管理战略。基于这个战略，金融机构可以设计开发出一个满足其要求的操作风险管理框架，来识别、理解和管理操作风险。董事会应担负起制定操作风险管理战略的职责，并保证制定的管理战略与整体经营目标一致。

操作风险管理应在董事会设定的风险偏好和风险战略的指引下，赋予操作风险管理明确的价值取向。为确保操作风险管理框架有效运行，银行需识别其利益相关者，并了解他们的要求和银行对他们的义务，这有助于在决定操作风险战略管理时，识别关键业务驱动者和相关目标。明确了这些目标后，银行应该考虑它在实现这些目标过程中面临的挑战，以及不去实现它的后果，从而建立起一套操作风险管理战略。

2003年巴塞尔银行监管委员会发布了操作风险管理十项基本原则，主要内容：一是董事会应了解操作风险类别，核准并定期审核本行的操作风险管理框架；二是董事会要确保操作风险管理框架受到内审部门全面有效监督；三是高管层应负责执行经董事会批准的操作风险管理框架；四是银行应识别和评估所有重要产品、业务、程序和系统中的操作风险；五是银行应制定一套程序来定期监测操作风险状况和重大损失风险；六是银行应制定控制或缓释重大操作风险的政策、程序和步骤；七是银行应制订应急计划和持续经营方案；八是银行应制定有效制度来识别、评估、监测和控制/缓释重大操作风险；九是监管者应定期对银行操作风险政策、程序和做法直接或间接评估；十是监管者监测银行信息披露充分，允许市场参与者评估银行操作风险管理方法。

操作风险控制的基本策略是：对高频率、高损失类操作风险，采取撤出或避免进入的策略；对高频率、低损失类操作风险，采取强化内部控制、优化组织、加强教育培训、完善和升级IT系统等策略；对那些可预期但不可控类操作风险通过保险进行转移；对可控类操作风险计算预期损失，采取计提拨备予以抵补；而对可控类操作风险非预期损失则计提经济资本予以覆盖。

8.3.2 操作风险管理政策

一个金融机构对操作风险管理的手段和方法应该体现在它的操作风险管理政策中。操作风险管理政策为主要的业务和支持系统设定操作风险管理标准和目标，这对一个机构的操作风险管理具有重要的意义。制定操作风险管理政策的基本原则主要包括以下几个方面。

首先，金融机构的操作风险管理政策应定位于管理机构所有业务活动的风险，同时为监测、量化和管理这些业务活动中的风险带来方便，并且能反映业务活动开展所处的内部和外部环境，还要不断进行检查和更新。

其次，操作风险管理政策需要考虑到机构操作风险承受度与本机构的经营战略目标的一致性，确定政策的实施范围和区域，考虑董事会、下属委员会、各业务条线和各级员工在管理操作风险不同方面的作用。

再次，操作风险管理政策应该在机构内部创造一种机制，在这种机制下，所有重大的操作风险都可以被有效地识别、量化和监测，并且适用于量化不同类型风险的管理工具可以被有效划分。

继而，操作风险管理政策应该得到董事会的支持，与机构经营活动和风险规模匹配，能够被负责管理操作风险的员工深刻领会和理解，并且还应定期拿出来与机构内部的所有员工进行交流，以使员工时刻保持风险意识，保证风险管理政策被切实贯彻。同时还应不断进行检查和更新，以适应经营环境的变化。

最后，操作风险管理政策应该涵盖的领域包括新产品开发、内部控制、信息技术、管理层变动、人力资源、业务经营连续性计划和内部审计。

建立操作风险管理政策，将为所有关键业务及其支持过程确定操作风险管理目标、方法和标准。操作风险管理政策应该有助于业务活动及其支持过程的监测、计量和管理，反映业务活动内外环境，并定期接受检查和更新。这些政策应形成一种机制，以便识别、计量和监测所有重大操作风险。为此，银行应该具有与风险相适应的行动范围和尺度，并清晰传达给所有人员，以维持较高的风险意识，确保政策始终如一得以执行。

操作风险管理政策程序包括：①董事会和高管层的操作风险管理职责；②独立的操作风险管理职能部门以及业务条线各自职能；③操作风险定义，包括要监测的操作风险损失事件类型；④搜集和运用内外部操作风险损失数据；⑤明确业务环境和内部控制要素；⑥描述内部构建的可量化操作风险敞口分析框架；⑦业务条线及集团操作风险报告应包括报告概要及数据/信息类型；⑧说明操作风险定性因素及风险缓释，以及其在操作风险报告中的表现方式；⑨说明影响计量操作风险的其他因素；⑩对重大例外政策和程序例外情况的审批条款。

操作风险管理政策一般分为三个层次：①政策、指引和标准。以书面形式制定清晰的政策、指引和标准，这些内容涵盖了操作风险的各个方面，让每一个参与者都掌握这些政策、指引和标准。②操作手册。作为内部控制体系基础，保证整个风险管理过程顺利进行，保护客户和银行资产安全，明确风险控制基本要求，规定风险管理框架，从而对日常风险实施管理。手册特别强调"职责独立"和"四眼原则"（"四眼原则"源于西门子的管理制度，又称"四眼"管理原则，是指所有的重大业务决策都必须由技术主管和商务主管共同做出决策，以保证运营战略能平衡商业、技术和销售等多方面的风险），员工必须遵守手册规定和标准。③部门操作风险管理标准。为实现"源头管理"，应将管理环节前移，从引发操作风险的前台开始管理。业务部门、操作风险管理中台、专家支持系统应相互合作，在与整个银行政策保持一致的情况下进一步制定适合本部门业务情况、符合本部门所在地监管要求的部门操作风险管理标准。

8.4 操作风险组织架构设计

8.4.1 操作风险管理组织设计原则

为保证操作风险管理政策有效执行，银行高级管理层应制定良好的组织结构，设定个人在操作风险管理过程中的任务和责任，并使每个人清楚了解自己的任务和责任。建立操作风险管理组织结构应遵循以下三项基本原则。

首先，建立操作风险防范三道防线。前台业务单元对操作风险承担第一责任，负责日常风险管理活动，构成操作风险管理第一道防线；成立独立的由总行垂直领导的风险管理部门作为中台，负责风险管理政策、指引、办法和管理监测报告，构成操作风险管理第二道防线；内、外部审计部门作为独立监测审核部门，构成操作风险管理第三道防线。

其次，要确保风险管理条线的垂直独立性。风险管理独立主要表现在五个层面：第一层面是董事会对整个银行风险管理承担最终责任，并监测以行长为代表的高管层有效实施风险偏好和风险战略；第二层面是首席风险官向董事会及其专门风险政策委员会负责和报告，而对行长仅保留报告职责，从而使银行的风险管理部门相对独立于高级管理层；第三层面是在银行内部组织结构中，风险管理职能部门独立于业务部门，风险管理职能部门负责人不得同时负责银行的业务拓展；第四层面是分支行的风险管理职能部门向总行风险管理职能部门汇报和负责，对分支行行长保持相对独立性；第五层面在业务单元内部的业务风险经理应独立于前台业务人员。

最后，要建立平行作业的管理模式。风险管理独立于业务拓展，在整个银行范围内，风险管理部门独立于业务部门，在业务单元内，业务风险经理独立于前台业务人员。在业务开拓的同时，实施客户经理与风险经理平行作业流程，在业务操作的各个环节，客户经理和风险经理应对潜在的风险提出自己的独立意见。

8.4.2 操作风险管理组织模式

常见的操作风险管理组织模式有三种，即集权式、分权式和内部稽核功能引导式。

集权式组织管理模式下，总行设有专职单位和人员，负责拟定操作风险的管理架构与政策，如操作风险管理主管综合处理操作风险管理相关事宜，操作风险管理人员提供银行或个别业务部门所需的必要性支持，并向首席风险官报告。业务部门的操作风险经理负责执行操作风险职能部门制定的操作风险政策。其他业务功能，如合规、人事和信息技术等，因与操作风险管理的完善与否息息相关，因而也需要纳入操作风险管理组织架构中。

分权式管理模式是总行不设置操作风险管理部门，而由一个或多个部门负责执行操作风险管理，这种模式可达到成本－效益最优配比且能维持运作，有助于操作风险自我评估及风险指标监测。

内部稽核功能引导式则是由稽核部门来执行操作风险管理职能，执行方式有两种：一种是内部稽核，即各业务部门将操作风险管理作为日常工作的一部分，不再另设专门的单位与人员；另一种就是扩充内部稽核功能，稽核部门与各业务部门共同负责操作风险的识别、监测、缓释与报告。

在董事会与高级管理层对操作风险的目的、政策和原则以及具体义务人员履行其操作风险管理责任之间，设立专门的集中化协调组织这一模式已经被证实是有效的和成功的。从银行业发展趋势看，为强化操作风险管理，多采用集权式管理组织模式。

8.4.3 操作风险管理网络结构

与信用风险管理和市场风险管理不同，操作风险管理更多依靠的是操作风险管理职能部门与业务部门的合作努力，以确保业务部门意识到自身正在面临的风险，并采取措施降低风险。延续当前的组织安排，让拥有操作风险的人对操作风险进行监测和管理，由拥有操作风险的业务部门具体负责操作风险管理，操作风险管理职能部门应集中精力，争取为业务风险经理提供更好的实现操作风险管理的先进工具。

必须明确审计部门与操作风险管理团队的职能互补问题，审计部门主要关注已经发生的问题，而操作风险管理职能部门则关注将要发生的问题，两者协同分工，共同确保银行了解其所面临的风险，并且对于银行是否正在有效地管理风险有通彻了解。

8.5 操作风险管理的流程

操作风险管理流程是指在既定的风险管理环境中，在给定的风险管理战略和政策下，金融机构开展日常操作风险管理工作的业务程序和环节。国际互换与衍生工具协会 2000 年总结业界操作风险管理的领先做法，将操作风险管理流程分为循环往复的五个环节和步骤，即风险识别、风险评估和量化、风险管理和缓释、风险监测、风险报告。

风险识别的过程主要包括三部分内容：收集风险信息、识别操作风险点和确定重要风险。一个好的操作风险识别程序不但应着眼于当前存在的操作风险而且还应关注未来潜在的操作风险，所以在识别风险时，应该注意将所有潜在的操作风险考虑在内。除了考虑潜在的操作风险，操作风险识别程序还应该分析机构运行所处的内外部环境、本机构的经营战略目标、本机构提供的产品和服务、本机构经营的特殊性、内部和外部环境的变化及变化的快慢等容易引发操作风险的因素。同时，潜在的引发因素也应被考虑进来。这些因素至少应该包括交易程序、销售业绩、管理过程、人力资源、供货商、科技、外部环境、灾难、未授权或违法活动等。

在此过程中，金融机构应形成自身的操作风险事件库，简称操作风险库，将所有识别出的风险事件根据风险分类进行管理，并与下一阶段形成的操作风险损失事件库进行映射。

操作风险一旦被识别出来，就应该加以评估，决定哪些风险具有不可接受的性质，应该作为风险缓释的目标。风险评估和量化的作用在于，它使管理层能够将操作风险与风险管理战略和政策进行比较，识别不能接受或超出机构风险偏好的那些风险敞口，选择合适的缓释机制并对需要进行缓释的风险进行优先级排序。

风险管理人员在高级管理人员的支持下必须确定哪些是重要的过程、资源和损失事件。

操作风险管理由于包括的内容极其宽泛，因此在确定的时候需要严格遵照高层制定的精确目标。需要特别关注的风险因素包括：操作杠杆（若存在）、交易范围以及交易量、利率、金融产品和服务的复杂性、日期效应、操作中的变化以及管理中的自满情绪。

对于不能量化分析的风险，必须找出这些风险的起因或动因，以及可以采取的应对措施。另外，如果不同风险之间具有重要的路径依赖关系，还需要对它们的相关性进行估计。

用来估计损失事件的频率以及严重程度的方法有三类：历史数据分析、主观风险评价以及根据依赖关系对风险进行估计。更进一步，可以使用统计方法来估计风险因素的频率以及损失程度的分布函数。常用的分布函数有三类：经验分布、形状分布、参数分布。最后建立一个操作风险损失事件库存储对于事实上发生过的或预计将发生的损失事件的确认和度量结果，以供后面的风险分析和资源分配使用。

管理层应该从两个方面考虑风险管理对策的有效性：一是能否有效降低特定操作风险的发生概率，二是能否有效减少操作风险一旦发生所带来的损失影响。必要时管理层应设计实施符合成本效益的措施和方法，把操作风险降低到可承受的范围之内。为了保证把操作风险控制在可承受范围内，必须对操作风险管理活动的责任进行明确划分。尽管风险管理部门的指导方针非常必要，但在风险管理和内控实施过程中还是应该主要依靠各业务部门根据本部门的实际情况来制定风险管理和内部控制程序，管理操作风险。尽管各部门采取控制措施的程度和本质不尽相同，但有效的控制措施都应该考虑到以下几个方面：外部责任（如外部监管、法律法规和其他方面的要求）、管理上的变更、新的交易对手和消费者、内部控制、职责划分、信息技术系统管理、依赖第三方外包或与他人分享的服务、专业技术和人力资源、业务持续性计划、内部审计和风险管理部门的作用、保险等。

高级管理层应该建立起一套风险监测程序，采用定性和定量评估的方法来监测本机构面临操作风险的所有敞口，评价所采取的风险转移措施的质量和效果（包括被识别的风险能在多大程度上从本机构转移出去），并确保有效的控制措施和管理系统可以将问题在进一步恶化之前识别出来。

建立有效的操作风险监测程序要特别注意几个问题：一是操作风险监测和控制的职责应该采取与市场风险和信用风险一样的独立管理结构；二是高级管理层必须确保本机构对操作风险有统一的定义，同时设计的监测、评估和报告操作风险的工作机制应被严格执行；三是这个工作机制应与本机构的业务活动规模和风险承担规模相匹配。

管理层必须确保相关风险管理人员能够定期收到规范格式的风险报告，以帮助其对经营风险进行监测和控制。风险报告的基本信息应该包括金融机构当前面临或可能面临的操作风险、风险事件和问题及拟采取的管理措施、已采取措施的效果、管理合理风险敞口的详细计划、哪些部门面临较大的操作风险压力和为管理操作风险而采取的措施情况等。

操作风险管理是以上五个环节周而复始重复的过程，风险管理部门要保证每年或每半年对操作风险管理进行回顾和总结，包括操作风险战略和政策是否与业务目标匹配，确定风险管理状况及当前的职责，风险缓释的措施是否符合战略和政策，损失原因分析中是否得出了教训，及是否吸取了教训，是否提高了风险管理水平。

操作风险管理流程应在整个银行范围内实施，并提供足够的激励，如对后台管理，以定期方式正式地对控制效果进行自我评估等。为便于实施，应对操作风险管理流程中的相应工具进行解释。整个操作风险管理流程包括风险识别、在业务流程中加入关键风险点及风险因素、操作风险评估、操作风险控制、操作风险监测、分配经济成本，还要向高管层和董事会提交风险评估报告。

8.5.1 操作风险政策制定

银行必须制定操作风险管理政策和程序，描述操作风险管理框架中的关键要素，包括识别、计量、监测、控制操作风险。政策包括业务战略目标、风险计量标准及指引、降低操作风险的指引等，以及在承担、规避或缓释操作风险时的风险偏好，以反映银行的战略定位；还包括操作风险界定的范围，操作风险管理者的角色、职责，以及问责制度。

8.5.2 操作风险识别

操作风险识别主要从产品、流程、活动或系统中确定潜在损失或操作风险关键环节，通常以当前和未来潜在的操作风险为重点，主要包括六个方面：①潜在操作风险总体情况；②内外运营环境；③战略目标；④提供的产品和服务；⑤独特环境因素；⑥内外部变化及其变化的速度。一般有自上而下和自下而上两种途径识别操作风险。

操作风险识别的主要手段有操作风险指标分析、升级触发指标分析、损失事件数据分析、流程图分析。

建立关键指标体系，包括关键业绩指标（key performance index，KPI）、关键控制指标（key control index，KCI）和关键风险指标（key risk index，KRI）。关键业绩指标用于监测操作效率，一旦指标超出特定范围，便意味着操作风险很有可能变为损失。关键控制指标表明控制有效性和审计中发现的不符合次数等问题，指标超出范围就说明操作风险未得到有效控制。关键风险指标主要包括：协议和文件时效、审计中的风险得分、弥补失误的直接成本、外部错误和失败、IT系统瘫痪时间、业务流失数量和价值、员工跳槽率、交易量、错配确认或失败等10～15个不同关键风险指标，如图8-2所示。

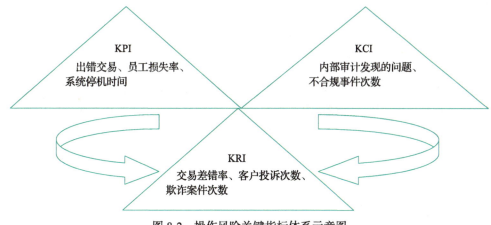

图8-2 操作风险关键指标体系示意图

实施操作风险关键指标体系，首先要确定指标的不同特定水平：①目标水平——以可计量变量（成本/收益或风险/回报）表示的特定风险容忍程度，通常不为零；②阈值水平——部门负责人关注并采取行动的水平；③汇报触发水平——首席风险官觉得不可接受、需要进一步上报的风险水平。进而分四大步骤实现关键风险指标运用：确认KRI/KCI、评估和选择KRI/KCI、建立KRI/KCI数据、最后运用KRI/KCI，通过评分对操作风险的价值进行调整，如图8-3所示。

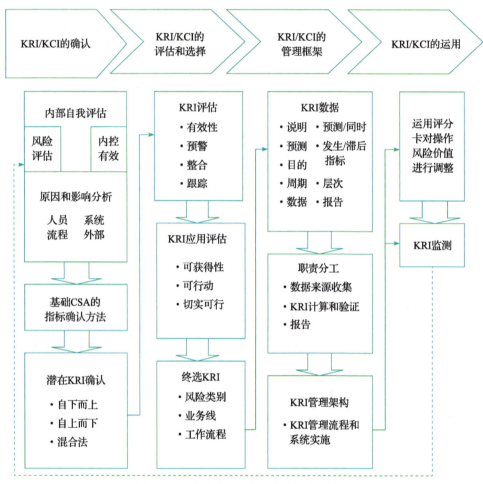

图 8-3 操作风险关键指标实施架构示意图

关于如何提高金融机构，尤其是银行的操作风险管理水平的讨论从未停止过，但是因为操作风险具有与信用风险、市场风险迥异的特征，导致其管理水平难以在短时间内得到大幅度提高。这些特征包括：覆盖范围广，操作风险几乎蕴含于银行经营和管理业务的每一个环节；数据的不可重复性，人员风险数据基本不可重复，技术风险和过程风险的重复性也较小；损失分布的非对称性（很多金融机构的损失分布都具有严重的肥尾现象）；操作风险数据非常缺乏；实际操作中风险识别、评估、监测、控制/缓释过程中存在着种种障碍。这些特征的存在再次说明，提高操作风险管理水平，既不能单独强调计量，也不能单独强调管理，而需在实践中坚持计量与管理的紧密结合。这需要管理者关注顶层复杂的风险管理框架和基层简单的风险管理流程之间的关系;关注管理目标和管理手段之间的关系;关注风险预警与风险缓释制度安排的关系;关注最佳实践与通用模式的关系。银行所面临的操作风险主要为以下几类:业务流程中的操作风险、人员操作风险及核心业务系统中的操作风险。

1. 银行业务流程中的操作风险

对银行业务活动流程的确认是流程操作风险判别、度量和管理的基础。考虑到银行各部门组织结构中可能存在对某些业务的重叠,即各部门分支可能涉及同一业务线的流程管理,本部分通过对银行业务线的分类来讨论其业务流程中的操作风险。从银行各业务条线来看(见表8-1),主要业务流程中的操作风险因素不能脱离辅助、支持性活动,如人员管理、信息技术等因素。

表 8-1 商业银行的主要业务活动:以德国银行业为例

银行业务活动					
主要业务活动			辅助、支持性活动		
零售业务	公司业务	交易和销售业务	管理	组织	雇员区域
零售银行	公司和商业银行	客户的交易和销售	业务计划	流程管理	雇员和管理者
私人银行	当地银行	自有账户的交易和销售	利润、业绩和风险管理(包括客户业务)	银行结构	
抵押	代理银行	自身的借款再融资	渠道分配管理	信息技术	
基金管理	支付业务		生产和成本管理		内部交流
保险	国债业务		内部监督		
房地产	私人信托	资产管理		办公管理	
租赁	结构性金融产品		法规		
信用卡	托管				
证券交易	租赁				

资料来源:根据 Erich R. Utz: *Modelling and Measurement Methods of Operational Risk in Banking*, 2008 相关内容整理而成。

在银行主要业务活动中,相对于表内业务,操作风险更多地存在于银行中间业务中。近年来,随着信息技术、先进通信技术的充分运用,迅速发展的银行中间业务面临的操作风险越来越大,主要表现为两方面:一是商业银行经营决策的失误,如对信用证保证金收取不足,风险控制不到位,导致信用证垫款;二是商业银行内部管理存在问题,如业务人员未授权办理业务、工作失职等问题造成的损失。中间业务中易存在的操作风险因素主要包括以下几个方面。

第一，在支付结算类、代理类、担保类等中间业务中，操作风险主要表现为由于商业银行或代理行的管理制度不当和执行不力、工作人员失职、监察不力或管理失控等造成资金损失的风险。其中，支付结算类业务的操作风险集中体现在银行内部控制流程中，信贷审核、会计签发、临柜复审及汇票管理等业务环节出现审核不清、业务操作失误或人为错误，导致其会计项下垫款的风险。

第二，银行卡业务的操作风险主要表现为欺诈风险、内外勾结作案风险及业务操作不当风险，具体到各个业务环节，风险主要来自银行卡的发行、授权、挂失/止付、清算、电脑、商户管理等方面。

第三，对交易类中间业务而言，由于其业务品种是把基础商品、利率、汇率、期限、合约规格等予以各种组合、分类和复合后形成，因而风险构成较为复杂，加之对这些产品的组成和特性缺乏深层了解，很难对交易过程进行有效监管，操作风险在所难免。

第四，咨询顾问类中间业务的操作风险主要表现为两方面：一是由于银行内控制度的缺陷或工作人员操作失误，导致客户信息资源对外泄露的风险；二是银行调查收集的资料不真实，据此操作导致最终对客户出具虚假报告的风险。

第五，网上银行的操作风险主要来自信息技术因素：一是计算机处理能力的增强、访问地点的分散，使得银行系统的访问控制日益复杂，如黑客攻击、病毒侵蚀导致客户密码和资金被盗、客户资料泄密等风险难以避免；二是银行所选用的系统可能在设计和实现上不够完善，于是就可能存在系统服务中断或速度减慢等风险；三是客户误用的风险，比如缺乏足够的措施来验证交易，客户可能否认曾经授权过的交易等。

2. 银行人员操作风险

人员因素引起的操作风险主要是指，由于银行内部员工的行为不当（包括无意和故意行为）、人员流失或关系到员工利益的事件发生，从而给银行造成损失的风险。人员因素覆盖了所有与银行内部人员有关的事件所引起的操作风险，按照英国银行家协会（BBA）对人员风险的分类，具体风险因素主要包括，雇员欺诈和犯罪、越权行为、操作失误、违反用工法、劳动力中断、关键人员流失或缺乏等六大类。

第一，雇员欺诈和犯罪，主要是指银行内部员工利用其内部人的优势身份和所掌握的信息，在银行内部进行作案的情况，一般包括内部人作案和内外勾结作案；具体风险包括：共谋犯罪、挪用客户资产、蓄意破坏银行声誉、洗钱、偷窃实物资产和知识产权、有预谋的欺骗等几类。

第二，越权行为，主要是指银行内部员工滥用职权、对客户进行误导或者支配超过其权限的资金额度，或者从事未经授权的交易等；具体风险包括：滥用授权、夸大交易量、市场操纵、影响价格的不正当行为、与未授权对手交易、使用未授权产品、超过限额等几类。

第三，操作失误，主要是指银行内部员工在操作过程中的非主观失误，例如，输入错误、复核遗漏等情况，这类风险因素一般而言损失小、频度高，并且难以防范；具体风险包括：输入错误、错误使用内部模型、超越交易规则、违法销售、忽视/缩减操作流程。

第四，违反用工法，主要是指银行人力资源管理中，违反相关法规或没有按照规定程序执行，引起的劳动合同纠纷的情况；具体风险包括：非法终止合同、歧视政策或差别对待、虐待员工、违反其他雇工法、违反健康与安全规定等几类。

第五，劳动力中断，主要是指罢工等劳工行为造成的银行因人员不足而无法正常经营的情况。

第六，关键人员流失或缺乏，主要是指掌握大量技术和信息的银行内部关键人员的流失或缺乏给银行带来损失的情况，这类因素的损失往往难以量化，而且反应时间存在一定滞后。

3. 银行核心业务系统中的操作风险

银行的核心业务系统能够实现全行数据大集中，从而使银行可以对全行的业务和风险状况进行正确的评估和衡量，进行及时的资产负债管理、风险管理，通过数据分析和挖掘，为管理层的战略提供参考；能够全面覆盖各类核心业务，统一生成总账和会计报表，避免了多层次的并表，简化了核算手续；能够实现多个渠道的整合，使得银行能够为不同渠道提供同质的服务并实现客户信息、产品等信息的共享；能够实现真正以客户为中心，避免以往的以账户为中心必然存在的数据冗余以及数据不一致，作为正确制定业务策略的基础和进行客户信用评级的重要参考，可实现更为精细的风险管理和差异化服务；能够更好满足银行金融创新的需求，只需在系统中对业务和产品的参数和功能进行设置，便可以自行在系统中创造新的金融产品，缩短产品开发周期，加快金融创新速度；能够对业务流程进行全面再造，使其标准化、清晰化、合理化；能够保持开放性和兼容性，以方便与外部设备和系统对接，并可随时升级和扩展。

凡事有利便有弊，核心业务系统虽集众多优点于一身，但随着银行业务和数据处理的集中，风险的集中也随之而来。而这种风险恰恰是所有金融机构，尤其是银行发展过程中必须面临的问题。一个逻辑数据中心将全行的业务和数据集于一体，具有联网网点数量巨大、联网网点地域分布广阔、联机交易海量等新的特点，除了一般的自然灾害、人为破坏、操作失误、系统软硬件故障等风险之外，还同时面临一些特有的技术与系统风险。

第一，数据风险，包括客户、账户在内的所有业务数据都集中在一个中心，一旦数据混乱或丢失，会带来全网性的金融混乱。

第二，生产运行风险，由于缺乏现成的支持巨量联机交易的处理软件和缺乏设计开发此类软件的经验，自主开发的业务处理系统可能无法保证具有实际所需要的业务处理能力。

第三，通信风险，网络通信质量如无法满足数十万网络终端实时联机交易的数据传输要求，以及未来随着银行业务的发展而要求传输图片、声音等数据的需求，就会存在由于通信阻塞造成大量联机交易失败或失效的风险。

第四，攻击和入侵的风险。对互联网和电子商务的日益依赖增加了发生严重灾害的可能性。层出不穷的病毒入侵可能会使银行的信息系统再现运行故障。而有组织的黑客攻击和入侵行为往往攻击强度大、持续时间长、方式种类多，故一旦无法防止此类攻击，会导致数据中心运行的全部和部分瘫痪。

第五，维护与管理风险，由于全网性数据中心结构和运行管理的复杂性，技术维护与管理人员的水平和素质很难在短时间内达到一个数据中心的运行维护要求，无法及时处理系统故障、实现连续平稳的生产运行。

第六,规划与设计风险,一个数据中心涉及同城生产和异地灾难备份中心布局方案、业务应用系统方案、通信网络系统方案等各个环节,各环节之间既有一定的独立性又相互关联、相互影响,从国内外数据中心的建设现状看,尚缺乏完备的超大型数据中心的定性和定量设计规则,尚缺乏一个数据中心完备设计的实践经验。

第七,安全产品的可信度风险,某些银行,如花旗银行,其下属数据中心在采用数据软件的产品时,他们的策略是总不采用系统软件的最新版本,而是采用最新版本的前两代,他们所担心的是最新版本可能存在致命的系统缺陷,造成投产系统的进退两难或彻底失败,这说明最新、最先进的操作系统版本不一定是最好用的,升级核心操作系统要有一个完善的策略。

8.5.3 操作风险计量

操作风险来源的复杂性以及重大损失的小概率特征,都使得操作风险的计量不同于其他风险,较其他风险的计量也更加困难。尽管如此,近些年金融业出现的与操作风险相关的案件中,操作风险都带来了灾难性的后果,这使得人们不得不关注操作风险的计量。

根据之前第3章的介绍,可知操作风险的定义和范围。这样可识别出各类操作风险,并随之对操作风险进行计量。操作风险的计量不同于信用风险和市场风险,需要对其进行大体估计。操作风险计量就是根据损失经验、假设分析逐一测评所有被识别的内部或外部操作风险因素影响程度,以决定哪些风险可以接受,哪些风险不可接受应加以控制或转移。操作风险计量重点应考虑五个因素:一是发生频率,二是影响程度,三是风险等级,四是风险可接受程度,五是风险控制的有效性。建立易于理解的操作风险矩阵,评估判别承担这些风险的能力。

操作风险的计量方法可以分为自上而下法和自下而上法两大类。

1. 自上而下法

自上而下法试图在最广泛的层面上,即用企业层次或行业层次的数据来计量操作风险。通过估计经济变量(如股票价格回报、收入和成本)变异程度中外部宏观因素没有解释的部分,自上而下法就可以对不完善的内部程序所造成的总体影响做出评估。通常情况下,自上而下法基于收入波动性、资本资产定价模型和参数计量方法来计量风险。评估的结果将用于决定缓释风险所需预留的资本量,并将资本在各业务单位之间进行分配。

自上而下法的一个主要特点就是操作风险管理是集中进行的,一般由一个风险管理小组来负责。这样有利于对风险和发生的事件进行集中分析。另外,自上而下法在评估操作风险时并没有区分发生频率高、损失程度低的损失事件(高频低损事件)和频率低、损失程度高的损失事件(低频高损事件)并分别进行不同的处理。这是因为自上而下法仅仅依靠历史数据对操作风险进行评估,而历史数据自身无法证明其究竟是属于高频低损事件还是低频高损事件,所以该方法是信息滞后的。

该方法假定金融机构会暴露在直接损失和间接损失之下。为了便于分析,可以对风险进行分类,相应的风险事件可以根据不同的风险种类进行分组。风险事件包括:产品(订单)延迟传递、协调方面的失误、沟通失败、未经授权的交易、不正当的定价、记录错误等。

自上而下法还可以根据评估方法的不同分为定性和定量两种。

1）定性的自上而下法。定性的自上而下法侧重于使用多种风险指标来评估公司的风险，这些指标包括业绩指标和控制指标。业绩指标用来计量经营方面的不足，如客户投诉、交易失败以及人员流动等。控制指标用来计量内部控制的效力，如未授权的交易、坏账数目等。结合业绩指标和控制指标就构成了风险指标体系。

2）定量的自上而下法。定量的自上而下法运用量化方法对风险进行计量，包括以下内容。

- 结合每天的交易对收入的波动性进行计量，但要排除市场风险因素的影响。
- 评估商业风险。商业风险是由于收入变动和固定（变动）费用所占比例的变动引起的经营收入的波动性。
- 评估事件风险。事件风险是指由于经营过程引起的直接财务损失。例如，为一个灾害事件建立偶发事件方案的费用以及事后恢复费用。

采用自上而下法时，有收益波动法、资本资产定价模型及参数计量法三种定量计量法，同时也有根据关键指标定性进行判断和相对评估操作风险；在无法获得数据或数据不可靠的情况下，只依赖定性或定量方法并不能全面反映操作风险状况，因为定量方法通常过于严格，而定性方法过于模糊，故而计量操作风险需要同时用到多种方法。

2. 自下而上法

自下而上法是从单个业务单位或者业务流程的层面入手，之后将计量结果汇总，用以判断机构面临的风险概况。该方法在分析操作风险时会评估各个业务单位的操作风险，这样就可以区分发生频率高、损失程度低的损失事件和发生频率低、损失程度高的事件并进行不同的处理。通过将各种相互关系进行建模，自下而上法可以说明采用新的操作风险控制措施的潜在效果。因此，自下而上法可以诊断出特定经营过程中的薄弱环节，并提出改进建议。故而自下而上法是前瞻性的，但较之自上而下法也更为复杂，且所需数据也更为深入。

自下而上法侧重于识别公司损失的原因及来源。为了实施自下而上法的分析，金融机构必须首先对业务流程进行分类，区分出核心业务流程。核心业务流程是支持金融机构的战略目标和使命的必要流程。金融业务流程还可以根据情况进一步向下分解成二级流程和三级流程，乃至更多。如此就可以识别出各个业务流程所对应的风险敞口。之后，对相应的子事件进行分析，以识别这些事件对公司实施战略目标的能力的影响，以及这些事件会引发的损失。

根据评估方法的不同，自下而上法也可以分为定性和定量两种。

1）定性的自下而上法。定性的自下而上法使用与定性的自上而下法相同的指标对操作风险进行计量。二者的不同点在于，自下而上法注重损失发生的原因，而不仅仅是关注损失指标的数值。评估中，公司必须把重点放在业绩指标上。

2）定量的自下而上法。模拟法：量化模拟模型可以模拟现实世界的情况。这样，就可以得到经营过程的模型，以便预测损失发生的可能性。

因果关系法（causal network）：这一类型的建模涉及建立不同损失事件的联合概率分布。由此就可以得出预期损失和非预期损失发生的概率。

3. 自上而下法与自下而上法的比较

通过以上分析可知，自上而下法的优点是较为简单、容易实施、对数据要求不高。自下而上法则较为复杂，对数据要求较高、实施难度较自上而下法更高，但其拥有自身优势，即其具有对风险的诊断能力，且有助于提出相应的解决方法，具有前瞻性。

操作风险计量是以保险行业所常用的计量操作失误导致的财务影响的分析为基础的。这种分析方法依赖于操作风险损失经验数据，由于现实中缺乏相应的损失数据积累，还没有适宜的方法将单个损失可能性和损失后果评估整合到操作风险总体计量中，因此，操作风险定量计量法还受到一定限制，客观上只能结合定性判断和情景分析进行测量。因此，银行在现实中计量操作风险时，并不是单纯采用自上而下法，也不是单纯采用自下而上法，而是综合两种方法的优势来计量操作风险状况，以便管理层既能够清楚操作风险管理的战略目标，又能准确把握操作风险的驱动因素。在理想的状况下，还应将各种操作风险之间的相关性纳入对风险敞口总体评估中，但是因目前还不易掌握这种相关性，故而实务中，风险经理们倾向于对每项损失后果的评估值进行简单加总。

8.5.4 操作风险评估与分析

操作风险评估需要使用标准矩阵，以确定时间间隔并在整个银行范围内进行。通过评估可以更好地掌握整个银行的操作风险状况，通过比较、分析操作风险管理政策效用，识别出那些超出银行风险偏好的操作风险，以最有效地使用风险管理资源。使用操作风险评估过程四步骤：①收集操作风险信息，结合业务经验判断、估计每一种关键风险造成的损失；②建立风险评估框架，对不同操作风险按照操作风险的人员、流程、技术及外部事件的要素分类识别和度量风险；③风险管理职能部门按照规定方式核实业务部门操作风险评估报告；④确定和提交操作风险评估报告。评估过程要求一般是1年，以便与银行业务计划周期相适应，如图8-4所示。

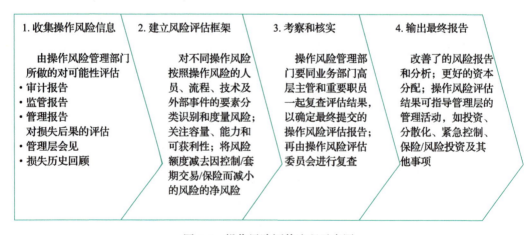

图 8-4　操作风险评估流程示意图

8.5.5 操作风险资本管理

通过采取措施并利用相关技术控制或缓释操作风险后，必须配置相应的经济资本来吸收非预期操作风险损失。在日常业务操作中，管理者知道特定操作行为可能会失败，因此，存在一个"正常的"操作损失水平，在业务管理中将之作为操作成本而接受（如错误矫正、欺诈等）。这些失败在年度业务计划中会明确或隐含地编制到预算中，并包含在产品或服务的定价中。在非预期操作风险损失中，对严重而非灾难性损失应分配合适的操作风险资本，而对灾难性损失则应努力寻找保险方法进行风险缓释，因为银行难以用自有资本覆盖此类风险。巴塞尔委员会提出了三种方法，即基本指标法、标准法以及高级计量法计量操作风险资本要求。计量操作风险监管资本要求的基本指标法、标准法和高级计量法，风险敏感性依次逐渐上升，而在资本成本上是逐渐递减的。

操作风险资本管理要求在计量操作风险基础上，对操作风险配置相应的资本，一般要经过四个步骤：一是对各种操作风险进行明确界定，在银行内部对操作风险定义达成基本共识；二是从现有的计量方法中选择适宜于不同操作事件类型的方法，或对于同一类型的事件，采用一种将统计数据和质量估计融合的综合方法；三是开发配置资本的方法，如果对每一个风险因素都用一个统计方法建模，结果将是每一个风险因素都有各自独立的风险评估，简单加总各事件的风险资本要求，那是以所有操作风险事件同时发生为假设，显然不现实，如果假设没有相关性，可将单个风险资本数量乘方并相加，然后把得到的和再进行开放；四是整合自上而下和自下而上两种方法，在达到操作风险被充分理解，并且建模方法被普遍认可这种理想情况之前，将这两种方法混合使用是非常重要且必要的。

8.5.6 操作风险管理报告

操作风险报告是向高管层及时反馈当前及未来操作风险信息的重要工具，目的在于向管理者揭示主要操作风险来源、整体风险状况、总体风险趋势及关注点。各业务部门负责收集相关数据和信息，并报至风险管理部门，经分析评估形成最终报告，并呈送高级管理层，如图 8-5 所示。

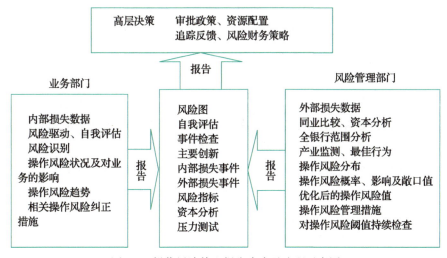

图 8-5 操作风险管理报告内容及流程示意图

操作风险报告包括文件控制程序、记录控制程序、档案管理程序、信息发布与披露规范、重大事项报告等，通过内部风险信息传递机制，降低内部信息不对称导致的控制权形式与实际分离问题，使内部控制系统真正发挥效力。操作风险报告存在双重路径：一是自下而上形成由风险管理部→首席风险官→行长的报告路径；二是自下而上形成风险管理部→首席风险官→董事会/风险管理政策委员会的报告路径。目的是确保信息交流顺畅和不受业务风险承担单元限制，确保信息真实、及时和完备，实现控制权形式与实际的协调统一。

报告对各个层次的部门来说都是必要的，但内容和频率必须与各个业务领域相适应。报告应满足各业务经理需要和对高级管理层提供汇总意见。其中，一个重要目标是对所有业务领域和所有风险种类的操作风险组合进行整体研究。正如巴塞尔协议体系要求，向高管层有效揭示银行重要风险源，揭示出银行整体风险、主要趋势及预期值得关注的地方是非常重要的。

操作风险报告过程应涵盖诸如银行面临的关键操作风险或潜在操作风险、风险事件以及有意识的补救措施、已经实施措施的有效性、管理操作风险敞口的详细计划、操作风险即将明确发生的压力领域、为管理操作风险而采取步骤的状态等方面信息，并且这些信息应满足以下要求：①使高管层和经营者可确保风险管理职责的有效性，操作风险管理要求得以满足；②使整体风险预测能够与银行风险战略和偏好相比较，得到评定；③使关键风险指标得以监测，可判断采取措施的必要性；④使业务单元能够确定对关键控制成功实施，有关信息得到传递；⑤风险管理过程的循环往复。

8.6 操作风险基本管理工具

操作风险管理基本工具有三个，即风险控制自我评估、设置操作风险关键指标以及事件与损失管理（操作风险损失数据库）。

风险控制自我评估是一种自发的对风险、控制、风险防范手段的分析和评价，公开地讨论操作风险管理中的成效和不足。这一工具是银行识别、计量、分析操作风险的一种有效手段，被国际主流银行广泛采用。风险控制自我评估一般通过以下方式进行：①通过结构化问卷，在考虑专家意见基础上获得操作风险管理相关信息；②参与风险控制评估工作的单位或人员按问卷要求评估主要风险事件，并对控制中的弱点进行分析；③通过研讨会方式，在问卷基础上识别并评估因缺少内部安全机制而产生的风险，以及风险发生的可能性和影响；④将评估结果进行汇总分析，形成不同层次风险特征信息。风险控制自我评估可依据业务单元或业务流程进行，分析和评估管理中存在的风险，可更有针对性地发现风险情况并评估风险影响，制订行动方案，提高风险管理有效性。风险控制自我评估工作由总行操作风险管理职能部门进行主导，至少每年在整个银行范围内开展一次，评估获得的操作风险信息，需提交银行管理层、操作风险管理职能部门负责审查。参与风险控制自我评估人员应具有较高素质，熟悉其负责范围内流程和活动，具备专业技能，有能力辨识和评估风险与控制情况，充分了解风险与控制评估方法、标准和意义。

设置操作风险关键指标是银行自我发起并设定一系列参数，用来预测整个银行一般操作风险情况变化，或特定业务单元、流程和系统变化，关键指标可用于监测可能造成损失事件的各项风险及控制措施，并作为反映风险变化情况的早期预警指标。银行可通过以下几个步骤建立和应用关键指标体系：①识别和定义备选关键指标；②关键指标所用数据收集和验证；③关键指标阈值设定；④关键指标评估和选取；⑤关键指标报告和监测；⑥关键指标行动方案制订和实施等。关键指标设置的基础和重要依据是操作风险事件（包括风险事件、风险原因和风险影响）、控制（预防性控制、监测和缓释控制）的描述以及评估结果、风险缓释措施执行情况和结果等。设置共性关键指标，是在各级机构，即整个银行层面、总行部门层面、分支机构层面等，根据选定单位整合后的风险特征信息，建立反映该单位所在层面业务和管理特点的共性指标，这些共性指标将在其所在层面的不同单位中得到一致应用。由于共性指标无法反映同一层面不同单位个性化风险，无法为每个单位提供有效指标作为其管理工具，因此，还需要在总行部门或分支机构各自设置反映自身业务与风险特点的关键指标，以便为各部门/分支机构提供更为有效的个性化操作风险管理工具。

事件与损失管理，是银行在操作风险事件发生后，收集损失事件相关的信息和数据，包括事件具体信息、导致的实际损失等。为有效管理各类损失事件，银行应建立一套适合自身状况的损失事件分类体系，《巴塞尔协议Ⅱ》给出了操作风险损失事件分类监管标准，并针对每一大类给出了二级分类及其损失事件实例。从损失数据特征看，损失数据可分为公开损失事件、自身内部损失事件以及银行同业内部损失事件；从来源上讲，上述损失事件又可分为内部损失事件和外部损失事件，这两类损失事件构成了操作风险损失数据库的主要数据元素。

8.7 《巴塞尔协议Ⅲ》对操作风险的修正

8.7.1 操作风险管理与第一支柱的修正

在对《巴塞尔协议Ⅱ》第一支柱的修正中，最重要的就是在最低资本要求中补充了再证券化风险（resecurisation risk）的权重，以及考虑了信用分析的操作要求。一方面，巴塞尔委员会认为，对证券化使用内部评级法和标准法的银行，需要在其资本要求的计量中再次提高再证券化的风险权重。

所谓再证券化风险，即部分证券化资产的标的资产中本身就已含有证券化资产，因此对于这一类证券化资产的风险应当被反复考虑，这主要是针对 2008 年以次贷危机为核心的金融危机中对 CDO 以及信用衍生品风险估计不足的情况而补充的新规定。

另一方面，为了使用上述《巴塞尔协议Ⅲ》证券化框架中规定的风险权重，银行需要达到一些特定的操作标准，譬如，外部信用评级结果的使用、资产支持商业票据管道（ABCP conduits）的内部评估方法以及隐含评级的使用等。这些操作标准旨在确保银行对其自身的充分监管，而非仅仅依赖于评级机构的信用评级。如果银行对于证券化风险没有达到上述的操作标准，则会被强行要求削减其证券化头寸。从这一新增的要求来看，信用风险与操作风险的界限正在逐步模糊，信用风险的控制，尤其是复杂的证券化与再证券化风险，需要通过操作风险管理层面的协助才能得以保证。

8.7.2 操作风险管理与第二支柱的修正

在对《巴塞尔协议Ⅱ》第二支柱的修正中，主要是补充银行全面风险管理和资本计划流程的相关规定，旨在辅助银行与监管机构在资本充足率内部评估的过程中更好地识别与管理风险，进而避免出现对风险认识和控制不足的情况。

第一，银行整体风险监管的问题。由于高管人员对银行风险敞口的认识不足，因此造成机构未对正在出现并逐步积聚的风险采取及时、有效的措施。为了提升整体风险的监管，以及银行中成长型业务的风险管理和控制，巴塞尔委员会从四个方面指明了如何建立健全的风险管理体系。

一是董事会与高管层积极主动监管。董事会与高管层负责定义机构面临的风险概况，即在整体层面把握风险敞口，并保证银行的风险管理框架包含了特定业务的审慎性政策与规定。为了达到上述要求，董事会与高管层需要对所有业务充分了解，确保风险监测与控制系统有效，在引入新业务或引进新产品之前，要充分识别和分析其对整体风险的影响；并且，银行的首席风险官、风险管理部门均应当独立于具体的业务部门，并直接向首席执行官及董事会汇报。

二是合理的政策、程序与限定。银行的风险管理政策与程序应当提供对业务战略操作的指导，并建立银行可能面临的不同风险类别的内部限定，这些限制的制定应考虑本银行在金融体系中的角色，并参考银行资本、总资产、收益等情况。

三是及时并完整地对风险进行识别、评估、缓释、控制、监测与报告，并且在业务层面与整体层面均具有有效的管理信息系统。银行的管理信息系统应该及时、有效地为董事会和高管层提供机构整体风险概况，以及风险汇总过程中主要前提假定的相关报告。

四是健全的内部控制。内部及外部审计部门应当定期对风险管理流程进行监测，以确保风险决策的信息来源正确、有效。另外，内部控制应当保证风险管理部门与具体业务部门的相互独立，确保职责分离并避免利益冲突。

第二，其他特定的风险管理问题，主要是健全的压力测试与薪酬政策。为了加强银行的压力测试及监管，巴塞尔委员会于2009年5月出台了《健全压力测试措施与监管原则》，作为对风险管理缺陷的弥补，压力测试在提供对风险的前瞻性评估、克服模型与历史数据的缺陷、支持内部与外部沟通、在压力时期出台风险缓释与应急计划等方面具有重要作用。巴塞尔委员会认为，一方面，压力测试应当成为银行治理与风险管理文化的组成部分，由董事会和高管层负责设定压力测试目标、定义情景，讨论压力测试结果，评估可能的措施并做出决策。作为诸如风险价值、经济资本等后瞻性风险管理工具的补充，压力测试提供了对风险的前瞻性评估，因此应当作为一个独立的风险管理视角。另一方面，监管部门也应当出台评估银行压力测试有效性的方案，譬如，应回顾压力测试过程中改变市场情况的关键假定、银行如何使用压力测试、测试结果如何影响决策等问题，并且监管部门应当要求银行细化在测试过程中出现错误情况下的纠正方案。

风险管理应深植于银行的公司文化，成为上至董事会与高管层、下至各业务条线负责人与其他工作人员在日常决策中应该重点注意的问题。为了使银行风险管理文化更好地得以维持和发展,薪酬政策的制定不应过度取决于短期账面利润,这也是 2008 年金融危机中一些大型金融机构暴露出的问题之一。高额短期利润使得雇员的奖金大幅增长,而尚未考虑到由此带来的长期风险,就此问题,金融稳定论坛于 2009 年 4 月出台了《健全薪酬政策原则》(Principles for Sound Compensation Practices),认为薪酬政策的制定应当更多地关注机构的长期资本维持和财务情况,考虑风险调整后的业绩表现,并及时将薪金政策向各大股东披露。董事会与高管层直接负责由薪酬制定不当带来的风险。

8.7.3 操作风险管理与第三支柱的修正

作为第一支柱与第二支柱的补充,第三支柱在《巴塞尔协议Ⅲ》中的比重仍然较小,而巴塞尔委员会关于操作风险与修正后第三支柱的关系,目前来看仍然规定得不够充分。2008 年金融危机后,委员会主要强调了交易账户中证券化与再证券化风险、表外资产风险以及对风险估值的相关信息披露问题。

在修正后的第三支柱中,巴塞尔委员会规定:"除了第二支柱中第四部分要求的相关信息披露,银行应该对所有市场参与者披露其实际风险情况。"也就是说,随着市场情况的变化,银行应该及时对市场披露其风险的变化情况。按照《巴塞尔协议Ⅱ》中的规定,操作风险应该披露的公共信息包括:为每种业务类型配置的监管资本、计量资本配置的具体方法、管理和控制操作风险过程的详细信息以及操作风险损失的相关信息。

在 2011 年 6 月颁布的《操作风险健全管理原则》文件中,巴塞尔委员会又做出了补充规定:银行的公共披露应该使利益相关者能够评估其操作风险管理方法。具体而言,包括:其一,银行对操作风险管理信息的公共披露能够通过市场监督影响其透明性与更好的行业准则发展,披露的数量与种类应当与银行的规模、风险状况、业务复杂性和行业情况相一致;其二,银行对其操作风险框架的披露应当使所有利益相关者能够诊断银行对操作风险的定义、评估、检测以及控制或缓释是否有效;其三,银行的披露应当与高管层、董事会对操作风险的评估与管理相一致;其四,银行应当具有经董事会批准的一套正规的披露政策,同时,银行也应当对其公开披露情况进行评估,包括披露的内容与频率。

8.7.4 后危机时代的操作风险管理角色转换

尽管《巴塞尔协议Ⅲ》涉及操作风险的部分很少,而监管机构在《巴塞尔协议Ⅲ》推出之后又出台了操作风险高级计量与操作风险健全管理原则的更新文件。但可以看到的是,操作风险的重要性正在逐步引起学术界和监管机构的重视。

一方面,按照巴塞尔委员会对操作风险给出的定义,越来越多的市场失败事件可以归结为操作风险管理的失误,譬如,花旗银行由于缺乏市场价格等模型输入变量,在其市场风险价值的报告中没有包括 CDO 风险头寸,这是一个典型的数据问题;美林银行错误地将 430 亿美元 OTC 衍生品现金流记入资产负债表的两侧;UBS 因为估值模型的定价错误和标的资产价格的使用错误，造成了 28 亿美元的资产减记……诸如此类的事件都可以归结为操作风险失误的类别。

另一方面，在金融创新浪潮下，随着金融产品结构的不断复杂化，信息技术的不断高端化，操作风险在各种风险的管理中都扮演了重要角色，这也使得危机后操作风险与信用风险管理的界限逐步淡化。对风险的识别与控制需要有一套良好的公司治理结构和文化，而操作风险中人员、流程、系统、极端事件等因素的管理正反映了公司治理与内部控制的要求。如果在危机情况下，银行的风险资本不足，那么此时维持银行稳定性就只能依靠良好的人员与流程风险管理文化，因此，反思危机过程中出现的各种风险与失败，良好的操作风险管理框架将在危机防范和救助中体现关键作用。另一个重大趋势就是，金融科技在操作风险管理上，尤其是反欺诈等方面作用日益凸显，相关内容将在第 10 章重点研讨。

■ 练习题

8.1 什么是操作风险？
8.2 一个完善的操作风险管理框架应该包含哪些基本要素？
8.3 为什么说在确定操作风险管理战略的过程中，金融机构首先要考虑其利益相关者？
8.4 请说明操作风险控制的基本策略。
8.5 制定操作风险管理政策的基本原则包含哪些内容？
8.6 操作风险组织结构设计有哪些基本原则？
8.7 操作风险管理部门和业务部门有什么关系？
8.8 请说明操作风险管理的基本流程。
8.9 阐述操作风险识别的主要手段。
8.10 辨析 KPI、KCI、KRI。
8.11 银行卡业务、支付结算类业务中面临的操作风险有哪些？
8.12 由于人员因素引起的操作风险因素主要有哪几类？
8.13 简述银行核心业务系统中的操作风险。
8.14 请解释操作风险计量中的"自上而下"和"自下而上"计量方法。
8.15 操作风险中经济资本配置有哪三种方法？
8.16 请说明操作风险管理报告的流程。
8.17 操作风险管理的基本工具有哪些？
8.18 一个有效的 IT 系统风险管理政策包含哪些内容？
8.19 在操作风险事件中哪些是高频低损事件、哪些是低频高损事件？
8.20 在市场风险情景分析中，专家的观点有哪些偏差？
8.21 为什么要使用外部市场风险损失事件作为自己的数据来源？有哪些可用的来源？

第9章

流动性风险管理

肇始于 2007 年的金融危机，让我们深刻认识到流动性风险日益成为金融风险的重要来源。次级贷款损失所造成的市场信心丧失在雷曼兄弟倒闭之后益发明显，强化了危机的深度和广度。众多债务持有人拒绝对其投资进行展期，给金融机构带来了巨大的融资问题。这些问题来自于两个方面：既难以使其资产变现，又难以在市场上获得足够的融资。

流动性风险从来不是孤立存在的，它与市场风险、信用风险、操作风险、法律风险、声誉风险等其他风险存在很强的相关性，因此，必须整体性地看待流动性风险管理，将其作为金融机构，尤其是银行风险管理体系的重要组成部分对待。金融机构的董事会和高级管理层应对流动性风险管理给予高度重视，在日常管理中要时刻关注其与其他风险间的相互作用、传递和转化，并在内部组织架构、协调配合的制度设计中加以体现。

一般来说，流动性管理包含两个相关的部分：预测资金需求及满足流动性需求。首先，流动性管理必须预测资金需求，这与存款流入和流出以及各种贷款承诺有关。存款流量受到存款与其他金融工具的相对利率变化的影响，也受到各个地区市场银行的竞争性利率的影响。例如，20 世纪 90 年代中后期的特点是低利率和强劲的经济增长。这些商业条件使得银行很难吸收交易性存款。另外，经济的扩张对银行的信贷供给产生了巨大的压力，这就要求银行家必须准确地预测流动性需求。

其次，流动性管理涉及满足流动性需求。满足潜在的流动性需求有两种方式：资产管理和负债管理。资产管理是指通过准现金资产来满足流动性需求，准现金资产包括出售给其他银行的资金净额和货币市场证券。现金和存放同业不是准现金资产。另外，因证券化贷款而形成的资产支持证券也是资产流动性的一种来源，尽管在 2007～2009 年金融危机中这种融资来源已经因为其脆弱性而广受诟病。负债管理是指通过使用外部资金来源来满足流动性需求，外部资金来源包括中央银行借款、贴现窗口借款、回购协议、发行 CD 和其他借款。但是为了利用这些资金,银行必须保持稳健的财务状况。一般来说,较小的银行更多地注重资产管理以满足流动性需求,而大银行在满足流动性需求时则强调负债管理。

流动性的缺乏会导致金融机构遭遇窘境或倒闭,尽管在某些情况下该机构依然具有理论上的偿付能力(technically solvent),即当其资产价值高于负债时。以商业银行为主的金融机构自创立之初,便具有天然的资产与负债不匹配的情况,如用零售存款及资本市场债务等相对短期的资金来源来支持其长期贷款。因为这样的资产负债错配,一场信心危机便可以使存款者迅即抽离其存款,造成资金来源短缺。故而,即便银行具有足够的资产来保护其存款,仍可能无法足够迅速地变现其资产,或在合理的市场价格(reasonable price)基础上变现,来满足其对要求抽离的存款进行偿付的需求。与之类似,对冲基金也需要谨慎管理那些与资产负债表紧密相关的流动性风险。

更为不幸的是,在《巴塞尔协议Ⅲ》推出之前,相对于信用风险、市场风险和操作风险,流动性风险缺乏经得起考验的风险测度工具。

虽然管理流动性风险在实务中具有以上这些挑战,但回顾巴塞尔委员会的工作,我们仍可以看到,流动性风险监管一直是其关注的重点问题之一。早在1992年,该委员会就曾发布过一个名为《流动性计量和管理的框架》的文件,对银行业面临的流动性风险问题进行了探讨。2000年,巴塞尔委员会又发布了《银行机构流动性管理的稳健做法》,对上述文件进行了更新。但是,由于当时国际金融市场并未出现普遍的流动性危机,该文件主要是侧重于对银行日常经营活动中的流动性问题进行规定,并未对危机条件下的流动性监管问题进行充分考虑。这也是巴塞尔委员会为何在《巴塞尔协议Ⅰ》和《巴塞尔协议Ⅱ》中未对流动性风险计提监管资本的原因所在。尽管如此,巴塞尔委员会依然在其2006年颁发的《国际统一资本计量和资本标准》(International Convergence of Capital Measurement and Capital Standards)中强调:"流动性对于任何一个银行类机构的持续生存都具有决定性意义,银行的资本应能在各种情况下,尤其是在危机中使其具有获取流动性的能力。"因此,对于金融机构而言,评估、监测及管理其流动性风险变得至关重要。而实际上,《巴塞尔协议Ⅱ》第二支柱第一项原则即要求银行应具备评估包括流动性风险在内的所有实质性风险的程序和能力,巴塞尔委员会《有效银行监管核心原则》也提出监管当局应为银行制定流动性风险管理指引。基于巴塞尔委员会对流动性风险管理的精神,中国银行业监督管理委员会于2009年9月28日通过了《商业银行流动性风险管理指引》,并于2009年11月1日起施行。2010年9月,巴塞尔委员会管理层会议在瑞士举行,27个成员方的中央银行代表就加强银行业监管的《巴塞尔协议Ⅲ》若干条款达成一致。2010年12月,巴塞尔委员会公布了文件《巴塞尔协议Ⅲ:流动性风险计量、标准和监测的国际框架》。文件引入了两个国际统一的监管指标,即流动性覆盖率(LCR)和净稳定资金率(NSFR),其中流动性覆盖率自2011年进入观察期,最终于2015年达到最低标准;净稳定资金率自2012年进入观察期,在2018年前达到最低标准。另外,文件还建议监管者采用下述五种监测工具监管商业银行的流动性风险,即合同期限错配、融资集中度、重要货币的流动性覆盖率、可用的无变现障碍资产以及与市场有关的监测工具。

在第3章中,我们已经给出了欧洲银行监管委员会给出的两种流动性风险的定义:资产流动性风险和融资流动性风险。它们分别对应着前面提到的资产管理和负债管理，在实务中，这两种类型的流动性风险常常会相互影响，尤其是当银行的资产组合中包含那些流动性不足的资产而必须在极端困难的价格下出卖以满足其融资需求时，表现更加明显。

相对于银行来说，企业集团财务公司及公募基金因其业务的特殊性，一般会将流动性风险视为其最重要的风险，需要予以高度重视。

9.1 资产流动性风险的管理

9.1.1 资产流动性风险的评估

为了评估资产流动性风险，我们需从资产所在的交易市场的情况特征说起。买卖价差（bid-ask spread）用于测度在正常的市场规模（normal market size，NMS）下双向交易（round-trip transaction）中购买及销售一定数量产品的成本。以 $P(a)$ 指代卖出价，$P(b)$ 指代买入价，$P(m)$ 指代中间价为 $[P(a) - P(b)]/2$，买卖价差则以下面公式进行定义

$$S = [P(a) - P(b)]/P(m) \tag{9-1}$$

具有良好流动性的资产将具有狭窄（tight）的买卖价差。紧度（tightness）是用来测量实际交易价格与交易时报价之间差异的指标。流动性还可以用另一个测量指标——深度（depth）来衡量，目的是了解在不显著影响价格的情况下可以进行交易的数量，这里一般来说指的是卖出价。深度与浅度（thinness）是相对应的概念。

对于大宗交易，资产流动性可用一个价格与数量的函数来表达，即市场冲击（market impact），用以描述价格是如何被大宗交易所影响的。在某些情况下，这也被称作内生性流动性（endogenous liquidity），表示价格下跌与卖出头寸的规模相关。与之相反，在正常市场规模下的头寸则由外生性流动性（exogenous liquidity）来描述。

在一个流动性充沛的市场上，卖出很大数量的资产后，价格会在短期下跌后迅速归位。回弹性（resiliency）是用来测量交易完成后价格波动回调的速度。

对于流动性资产，例如国债市场，其市场冲击非常平坦，意味着即便出现大量的交易也基本不会影响价格。例如，一家金融机构可以以 0.10% 的买卖价差的一半作为交易成本来完成 1 000 万元国债的交易，这个交易总共才产生 5 000 元的交易成本，非常低廉。

相对应地，低流动性资产通常指代的是那些买卖价差大且交易可以迅速影响价格的资产。例如，银行贷款经常在 OTC 市场进行交易，其价差可能会到 10%。一个 1 000 万元的沽出可能会使价格下跌 5%，其交易成本将为 50 万元，比前一个例子高出很多。卖出两倍于这样的规模可能会导致更大幅度的价格下跌，例如 8%，从而造成市场流动性枯竭，导致短期内只有卖出者，没有买入者，也就是"流动性黑洞"。低流动性资产的价格主要由当下的供给与需求决定，它们比流动性资产表现出更高的波动性。

最新的例子也显示出，流动性与时间序列高度相关。如果价格与数量的函数是陡峭的，即价格容易大起大落，此时，一个巨大数额的沽出会大幅推动价格下降。相反，一个很有耐心的投资者，可以将这项沽出指令分摊在多个交易日中，使其对市场价格不产生很大影响，

故而能获得一个相对较好的卖出价格。

总而言之，对于流动性资产而言，其买卖价差会很小，市场深度较深，具有更大的正常市场规模，其市场冲击具有更小的斜率（slope）。

一般来说，那些具有更高交易量的资产具有更好的流动性。交易数量显示出不同投资者看法的差异，同时也显示出市场中具有活跃的投机者。尤其是那些在众多市场中进行交易的对冲基金，其存在实则增加了市场的流动性。

那些易于定价的资产也更容易获取流动性。一个极端的情况就是具有固定利率的国债，这是一种简单的投资工具并且易于估值。另一个关于流动性的极端的情况就是那些具有复杂的付息方式的结构化票据，其对于参与者而言一方面难于估值，另一方面难于对冲风险。因此，这种结构化票据的买卖价差必然要比国债更大。

流动性根据资产等级的不同而变化，随证券不同而有所区别。那些发行量很大或是于近期发行的证券通常具有较好的流动性。新券（on-the-run securities）是指那些刚刚发行不久的证券，因此交投更加活跃，具有更好的流动性。其他证券则被称为旧券（off-the-run securities）。例如，最新发行的30年国债便被认为是新券，除非有其他更新的30年国债在其后发行，届时该新券也被认为是旧券的一种。这两种证券均具有同样的信用风险（因为这意味着发行该国债的政府的违约，几乎可认为是0）及市场风险（因为两者的期限均接近30年）。因为它们非常相似，故而其收益率价差一定来自流动性溢价（liquidity premium）。

资产的流动性成本也依赖于资产的可转换性。那些在核心交易所交易的合约，例如期货或普通股，可以很容易地被再次出卖给出价更高的购买者，因此具有可转换性。与之相对，那些通过私下协商的衍生产品需要初始交易对手的协议来使其退出交易。在这种情况下，该交易对手也许会要求有一个折扣来清理该头寸。

总而言之，资产流动性风险依赖于以下因素：①市场条件（买卖价差及市场冲击）；②变现期限；③资产和证券类型；④资产的可转换性。

流动性匮乏也可以是在整个市场范围内的，且随着时间推移而变化，此时则具有系统性风险的特质。市场流动性可能会发生大规模改变，根据以往的流动性危机来看，体现出一些共性的特点，如1994年的债券市场崩溃、1998年的俄罗斯金融危机和长期资本管理公司危机，以及开始于2007年的次贷危机。这些危机中均出现了资金"择优而栖"现象（flight to quality），在危机发生时，资金会体现出追逐高等级"安全"的证券，如政府债券，而逃离低等级"危险"证券的特点。在极端的价格下，低等级的市场会变得益发失去流动性，这会体现在公司及政府发行的债券的收益价差的不断增加上。

【相关案例】从流动性风险角度再议摩根大通"伦敦鲸"案

摩根大通在当地时间2012年5月10日宣布，其首席投资办公室在合成债券上的仓位出现了20亿美元的交易损失，现在预期公司部门二季度出现8亿美元亏损。而之前摩根大通曾预计该部门二季度将盈利2亿美元。而更令人瞠目结舌的是，这一摩根大通历史上最大的单笔亏损竟然发生在短短的6周时间内。

该消息披露后，摩根大通股价应声下跌了9%，戴蒙本人也召开新闻发布会，诚恳道歉并表示此事件是公司的一次"重大失误"，犹如"脸上被扔了鸡蛋"。

戴蒙这么形容自己绝对不为过。"首席投资办公室"是杰米·戴蒙一直引以为豪的部门，它负责"管理整个公司所有主要业务线的日常运营所产生的结构性利息、汇率和某些信用风险"，换言之，这本应是一个"管理"风险的部门，而非"制造"风险的部门。戴蒙多次宣称这个部门足以对冲结构性风险，并投资于使公司的资产和债务处于更好的组合状态的地方。而此次的巨额损失恰恰发生于此，使其与历史上其他巨额损失事件分割开来。

这些亏损主要来源于"伦敦鲸"交易。而"伦敦鲸"交易的曝光，也引发了关于摩根大通首席投资办公室以及"伦敦鲸"交易是为了对冲风险还是银行自营交易行为的争论。

如第1章案例分析所述，"伦敦鲸"案的主角伊克西尔是一位法国人，1991年毕业于著名学府巴黎中央理工学院，2007年1月加入摩根大通，主要从事债券衍生品指数的场外交易。美国双线资本公司的主管巴哈（Bonnie Baha）曾调侃说："伯南克对国债市场的地位有多重要，伊克西尔在衍生品市场的地位就有多重要。"但其本人行事低调、私下里为人谦恭，他工作的地方是摩根大通位于伦敦的首席投资办公室，主要从事债券衍生品指数的投资工作。这位神秘的交易员近几年来每年都为CIO赚入近1亿美元。

伊克西尔经常看空企业债市场并建立相应的头寸，他业绩最佳的几个时段发生在债券市场下跌的时候。伊克西尔的CDS空头头寸大得惊人，他一个人就可以撬动规模高达数万亿美元的债券市场，其操作行为严重扭曲了债券市场的价格，影响到债券持有人的保险成本。然而，自2012年春季以来，伊克西尔开始看多企业债市场，并做空与125家企业债相关的CDS指数，这样做意味着他在赌一篮子美国公司的债券不会违约或贬值。伊克西尔这样做不无道理，他赌的是美国经济的持续改善将推升企业债的价值。

但是，从4月初开始，企业债的价格开始朝着与伊克西尔预测的相反方向移动，摩根大通的许多衍生品头寸开始受损。接下来的几周，某些对冲基金及市场参与者受伊克西尔操纵的价格信号影响，建立了相当大的关于这类企业债CDS的多头头寸，投入了巨额对赌资金，买入针对相应公司债券的违约保护，他们希望债券违约或贬值，并且最终的结果与他们所希望的完全一致，而这些CDS的卖出方正好是伊克西尔。据《华尔街日报》报道，参与与摩根大通对赌的蓝山资本管理公司和兰冠资本管理公司各自获利3 000万美元，同时至少10家公司及银行交易员通过与摩根大通做对手交易而获利。

公开资料显示，CIO是摩根大通旗下的一个业务部门，其主要职责是负责"管理整个公司所有主要业务线的日常运营所产生的结构性利息、汇率和某些信用风险"。但彭博社的研究报告表明，过去5年中，摩根大通一直在推动CIO的转型，以驱使CIO通过投资高收益的资产来增加盈利，其中包括投资于结构化信用产品、股票和衍生品。据摩根大通的证管文件显示，截至2011年12月31日，CIO持有约3 500亿美元的投资证券，相当于摩根大通资产总额的约15%。在2006年加入CIO担任伦敦地方最高负责人的马克里斯（Achilles Macris）的领导下，CIO开始对企业和抵押债务投资以增加利润，2010年CIO的投资组合最高达2 000亿美元，产生了50亿美元利润，这相当于摩根大通2010年净利润的四分之一还多。

而根据摩根大通对于CIO的描述来看，其之所以需要CIO及"伦敦鲸"交易，是因为摩根大通的负债（存款）为1.1万亿美元，超过其大约7 200亿美元的贷款资产。摩根大通使用多余的存款进行投资，这些投资组合的总金额大约为3 600亿美元。摩根大通的投资集中在高评级、低风险的证券上，包括1 750亿美元的MBS以及政府机构证券、高评级及担保（covered）债券、证券化产品、市政债券等。这些投资中的绝大部分都是政府或政府支持证券，拥有高评级。摩根大通投资这些证券以对冲银行因负债与资产错配而产生的利率风险。

"我们通过CIO来管理基差风险、凸度风险（convexity risk）及汇率风险等的对冲。我们同样需要持有对冲敞口来管理信贷资产组合的'灾难性损失'（stress-loss）风险。我们持有这些对冲敞口已经很多年了。"从摩根大通的官方表态中可以了解到该行对CIO及"伦敦鲸"的市场交易的目的是对冲其投资资产的风险敞口。

而实际上，"伦敦鲸"所做的对冲交易并非直接做空那些债券或购买相关债券的CDS。相反，"伦敦鲸"通过在CDX（CDS指数）实施大规模的flattener策略（下注CDS指数期限曲线会变得平坦的策略）或份额交易（tranche trades）来进行对冲，在这种策略下，CDS的小幅波动的影响对其敞口的影响是相对中性的（neutral），但在事态极具恶化时（CDS大幅上升时），该策略将获得收益。即"伦敦鲸"做多CDX指数的短期合约，同时做空CDX指数的长期合约进行对冲。可见"伦敦鲸"交易实施的是flattener策略，采取这种交易意味着其对市场是看空的。摩根大通的CIO及"伦敦鲸"的任务是针对摩根大通集团整体的高评级债券投资风险敞口进行对冲，他们采取的对冲策略是针对北美优质评级企业CDS指数进行对冲。这一对冲策略的优点在于成本较低且符合摩根大通整体战略对冲目标。历史数据表明，从2011年12月开始，通过CDX IG 9指数买入CDS比购买单个公司的违约保护要便宜得多，两者之间的息差最高为2.9万美元。这可能意味着这头"伦敦鲸"就是在这个时候出笼的，原因就是息差。他出于降低保护成本进行CDS的置换也好，出于加强保护的目的也好，抑或就是为了投机赚钱，结果都是一个，他建立了基于CDX IG 9指数的大量CDS头寸。

CDX IG 9是一个CDS指数，针对121家美国领先公司的信用状况提供保护。这121家公司基本上都大名鼎鼎，其中包括麦当劳、美国运通、惠普、迪士尼和梅西百货。最初该指数涵盖125家公司的信用保护，后来随着房利美、房地美、贷款提供商CIT和储蓄银行华盛顿互惠陷入违约，它们都从这个指数中被移除，结果就剩下121家，是投资级别债券指数中最新和最活跃的指数之一。由于伊克西尔多头交易数量很大，一个人的交易可以撬动规模高达数万亿美元的债券市场，一定程度上打破了CDS指数本身的变化规律，令参与交易的对冲基金和投资者遭受严重损失，引起债券市场高度关注。如果把伊克西尔看成一家公司，其债券信用指数持仓量排名全球第七，仅次于摩根大通（除去艾克塞欧的持仓）、摩根士丹利、高盛、美国银行、花旗银行和汇丰银行。虽然伊克西尔很少对外透露他的CDS头寸，然而其旗下两名对冲基金交易员告诉彭博，当他们被告知伊克西尔已经入场时，市场价格经常会出现大幅波动。

据美国货币监理署的数据，截至2011年底，美国银行业的债券衍生品总规模为14.759万亿美元。其中摩根大通规模排名第一为5.78万亿美元，而"伦敦鲸"伊克西尔一人就持有1 000亿美元仓位。而在"伦敦鲸"主投的CDX.NA.IG9指数的CDS合约上，其2012年总价值增长至 1 480 亿美元，仅"伦敦鲸"卖出的 CDS 名义价值总计最多为 1 000 亿美元，占比最多达 2/3。市场已不可能有对手来接盘，搁浅巨亏势在必行。

为了应对伊克西尔可能引发的巨额交易对市场造成的冲击，一些对冲基金和投资者不得不重仓建立与其对立的头寸，双方对赌的头寸规模迅速增大。同时，人们感觉伊克西尔操纵了市场，但苦于 CDS 衍生品场外市场不受现行金融法规监管，投诉无门。众怒之下，对冲基金的经理们和投资者把怨气撒向媒体，导致伊克西尔神秘的衍生品敞口曝光在媒体的聚光灯下，由于其在市场上显示出的巨大能量，被媒体称为"伦敦鲸"。

实际上，虽然伊克西尔进行的对冲交易成本很低，但是需要时时关注维护各种数据，十分小心地调整对冲敞口，始终保持 CDS 指数短期合约与长期合约之间的恰当比例。由于其对冲头寸巨大，一旦出现对冲错误，其敞口瞬间将变成巨大的风险。

自 2011 年 12 月开始，欧洲央行已实施了两轮长期低息贷款再融资操作（LTRO），向市场注入大量流动性，导致欧洲债券市场出现反弹。而"伦敦鲸"伊克西尔一贯看空欧洲债市，在欧洲货币政策变化时错估了投资组合的相关性，其风险对冲组合中的短期合约与长期合约敞口，未能按此前预计的方向运作，未被完美对冲。

随后伊克西尔停止了长期合约的对冲操作，摩根大通 CIO 的投资组合成了单向看多的头寸。2012 年 4 月上旬，随着欧债危机持续发酵，债市和股市又开始波动，欧元计价债券价格再度暴跌，伊克西尔所持的 CDS 巨量敞口完全暴露在市场风险之下，成了对冲基金和投资者的众矢之的，注定其在这轮市场波动中在劫难逃。

此次巨亏的主要原因在于对冲敞口过大（其原因争议很多，其中包括摩根大通的风险模型计算错误），造成了本就流动性不算很好的 CDX 市场扭曲、对冲基金的针锋相对以及随后的媒体曝光。摩根大通在发现风险敞口计算错误后停止管理对冲交易比例［摩根大通的 flattener 策略意味着需要保持在 CDS 指数期限曲线的近端（短期合约）的购买与远端（长期合约）之间的比例］。但是停止管理对冲比例意味着摩根大通的敞口变为单向的看空或看多（directional trade），违背了对冲的初衷，同时也使自己的敞口暴露在市场风险之下。不巧的是，4 月的市场大幅动荡给了摩根大通暴露的敞口致命一击。随着伊克西尔补救性的"再对冲"策略失败，20 亿美元巨亏铸成并可能进一步扩大。

把时间拨回到 2011 年中，当时欧债危机正肆虐市场、看不到头，对美国经济复苏乏力的担忧也越来越多，CIO 开始寻求对摩根大通整体信贷风险和现有交易敞口风险进行大范围的对冲。然而在选择对冲策略时，CIO 面临着两个问题。其一，简单的做空信贷风险的成本高昂；因为当时摩根大通绝非唯一一个对未来悲观的机构。其二，市场的波动性使得任何方向性敞口在短期内都会遭到惩罚。CIO 采取的策略是针对 Markit CDX.NA.IG（北美投资级评级企业 CDS）指数中的 IG9 系列指数实施 flattener 策略。此外，在实施这一曲线交易时，CIO 并未简单地直接购买短期合约，而是购买了构建在 IG9 5 年期合约之上的份额产品（tranches）。所谓的份额产品是结构性金融产品的一种，它能够给予买家更大的杠杆以及在相关企业违约的相关度上更大的敞口。为了能够达到"DV01 中性"的对冲策略目标，CIO 必须出售更多便宜的 IG9 指数的远端合约（10 年期合约）来对冲其在近端合约的敞口。

在此后的一段时间里，这一策略行之有效。在 2011 年下半年，部分投资级企业如美国航空申请破产等事件的发生，使得 CIO 的对冲组合起到了很好的效果。

然而到了 12 月时，欧洲央行实施了大规模的 LTRO 操作向市场注入大量流动性，这导致了所有债券的反弹。

摩根大通的风险对冲组合的两个部分（近端与远端合约敞口）此时却未按照银行此前所预计的那样波动，这意味着 CIO 的敞口没有被完美地对冲。如同此前许多债券模型那样，摩根大通似乎是错判了投资组合的相关性——这也是最难用数学来准确把握的市场现象之一。

为了维持对冲策略的风险中性，这一动态对冲策略要求出售更多的远端合约。CIO 持续出售 IG9 的 10 年期合约，巨大的头寸导致了市场的价格扭曲，异常的市场现象也引起了越来越多对冲基金的注意。

由于"伦敦鲸"账下的头寸损失越来越大，摩根大通不得不正式告知市场。在最初公布的可能损失 8 亿美元盈利后，戴蒙承认，损失可能在年底进一步扩大至 40 亿美元。实际上，在接下来的几个交易日中，该项交易的损失已经进一步增长了 50% 至 30 亿美元。更令人沮丧的是，由于"伦敦鲸"的交易规模，摩根大通几乎不可能在不亏损或不扰乱市场的情况下，关闭这些敞口。

本案例的主要资料及数据来源于有关摩根大通的公开材料，包括：2012 年 5 月 22 日《经济参考报》中的《"伦敦鲸"令摩根大通蒙羞，金融机构与监管者仍博弈》；2012 年 5 月 12 日《新浪财经》中的《摩根大通"伦敦鲸"巨额亏损门全方位解读》(立悟)。

9.1.2 流动性调整 VaR

相对于传统的市场风险，那些传统的计量方法并不太适用于资产流动性风险。通过增加期限，或通过谨慎选择后增加的波动率，非流动性可以粗略地与 VaR 测量方法相联结。尽管如此，这些调整通常是较为特别的。

想要得到流动性调整 VaR（liquidity-adjusted value at risk，LVaR），我们首先需要得到关于流动性的调节项 L_1，LVaR = VaR + L_1。假定资产组合价值变化服从正态分布，这里 VaR 为其价值变化分布标准差的一定倍数，即 VaR = $a\delta W$，a 为常数（由把握程度来决定），δ 为组合价值变化的标准差。关于流动性的调节项 L_1 可以表达为 $\frac{1}{2}Ws$，s 为关于资产组合的买卖价差。最后，LVaR 可以被表达为

$$\text{LVaR} = \text{VaR} + L_1 = W[a\delta + 1/2(s)]$$

W 为初始投资的价值或投资组合的价值，一般 W 的初始价值是由 0 开始计算的，但当其价值是由均值开始计算时，我们则需要从 $a\delta$ 中减去 μ。

在实证中，如何来估测价差的分布对于风险管理者来说依然是一大挑战。价差通常会在很长时间内表现得非常平缓，但在危机发生时产生剧烈波动。因此这种价差的分布形状是显著的非正态分布。在董事会层面来评估风险时，风险管理者还需要估测不同头寸价差之间的相关性。另外，这种分析的假设前提是交易处在正常的市场规模下，因此，要考虑短期内巨额、大量资产的卖出可能会引发的市场冲击对价差的影响。

9.1.3 非流动性及风险测量

资产缺乏流动性会给风险测量带来一些问题。即便在欠缺流动性的市场，当交易量较少时，价格没有出现剧烈的变动并不能证明流动性充裕。基于此，报告期结束时的价格往往并不能体现市场出清时的交易状况，体现为变动缓慢。这就有可能低估其潜在波动率基于其他等级的资产之间的相关性，造成偏见（bias）。

另外，那些可能会缓慢影响资产价格的新闻，会因为拓展了 VaR 的估测时长，而使其时间的平方根法则失效，会产生正的自相关收益。

9.2 融资流动性风险管理

9.2.1 融资流动性风险的预警指标

在 2007 年开始的次贷危机中，流动性风险已经成为一个重要的风险因素。因次级贷款产生的损失不断曝光，商业银行与投资银行的损失头寸不断累积，导致银行收紧了流动性敞口，因恐惧交易对手的违约而不愿对市场提供资金。

例如，货币市场的情况可以通过比较 3 个月期的国债利率、3 个月期的 LIBOR 以及联邦基金隔夜拆借利率进行度量。为了进行比较，所有的利率都以同一种货币进行计价，如美元。按照实务界的做法，将美国国债视为没有信用风险的资产，而 LIBOR 和联邦基金利率则都包含着对信用风险的定价。

LIBOR 和联邦基金利率之间的差额是一种期限价差。它可以视为基于贷款的看涨期权的价格。一家进行隔夜拆借的银行可以在坏消息开始对市场造成冲击时，选择不进行重新贷款来规避风险。相反地，一家承诺进行 3 个月期贷款的银行就没有了这样的选择权。通常情况下，期权的价值会随着时间不确定性的增加而增加，这也解释了为什么期限价差会突然增加。

欧洲美元的 LIBOR 和国债利率之间的信用价差称为 TED 价差。它反映了期望信用损失，也就是流动性风险溢价。

而 2007～2008 年这些利率的特征反映了信用风险和流动性风险对市场的不同作用。联邦基金利率自次贷危机发生后，急剧下降，这反映了美联储极度宽松的货币政策，国债利率也相应下降。然而，LIBOR 利率却依然维持在高位，这反映了信用市场上的紧缩情况，必须用更高的利率水平才能获取到所需要的流动性。一般来说，TED 价差通常在 25 个基点左右，但在 2008 年 9 月 15 日雷曼兄弟倒闭之后该价差急剧扩大到 500 个基点。这就使那些本来就属于较低信用评级的市场参与者在融资时不得不面对更高的利率，使本来就糟糕的情况更加雪上加霜。

> **【相关案例】英国北岩银行遭遇流动性危机**
>
> 2007 年 9 月 16 日之后，访问英国北岩银行（Northern Rock）主页，首先看到的是一封致歉信。信的内容是北岩银行保证客户资金安全，同时，以近乎哀求的语气请求客户不要集中在短时间内去提款。对于任何一家银行而言，这种道歉信和哀求都是奇耻大辱，但北岩银行已经没

有别的选择了。

2007年9月14日爆发的北岩银行挤兑危机，成为1866年后英国首次银行挤兑风波。自2007年9月14日以来的短短几个交易日中，银行股价下跌了将近70%，而严重的客户挤兑则导致30多亿英镑的资金流出，该行存款总量亦不过240亿英镑。受此压力，北岩银行一方面不得不抛售其抵押贷款债权以缓解流动性压力，另一方面董事长亦公开呼吁能有"白衣骑士"出手收购北岩银行。

北岩银行总部位于英格兰东北部新卡斯特，前身为成立于1865年的岩石住房协会。1965年，岩石住房协会吸收北部郡永久住房协会（1850年成立），成立北岩住房协会。1997年10月该协会根据《1983年英国银行法》申请改制为银行，成为在伦敦股票交易所公开上市的有限责任公司。该银行就其资产规模而言并不大，略占英国银行总资产的3%，但其在1997年成立了北岩银行基金会扶持当地慈善事业而具有较大的影响。同时根据英国金融监管局的监管分类，该行归入具有重要影响金融机构之列，1997年上市后至危机前的10年飞速发展（1997～2007年的10年间，其资产规模增长7倍，年均增长21.34%；该行2006年利润比2005年增长26.83%，2001～2006年每年利润增长18.22%），使其一跃成为英国第五大抵押贷款人，在英国抵押贷款市场中具有重要的影响力。

该行资本一直非常雄厚，资本充足率远远高于《巴塞尔协议Ⅱ》的标准。从各项指标来看，该行发展势态良好。同时，该行资产质量很好，其信贷拖欠率低于英国同业水平的一半。在2007年7月以前，没有任何明显迹象表明该行将面临重大困难。

然而，该行资金来源明显存在较大的潜在风险，其资金来源中的短期资金比重严重偏高，同时其证券化资金来源占到了其资金来源的一半以上，而英国主要银行的这一比例约为20%。为了配合其高速发展战略，北岩银行1999年实施证券化发展模式，即发行与分销模式，结果是该行过分依赖证券化作为其主要资金来源。

北岩银行快速发展的战略以及随后融资模式的大转变为其当日之祸埋下了种子。

北岩银行快速发展战略内容可以归结为以下几个特点。

1）资产业务主要面向英国本土，以住房抵押放贷为核心业务。住房抵押贷款占到该行总贷款业务的90%以上，同时该行还包括个人未担保贷款以及担保商业贷款。

2）资金来源多元化，既有国内渠道，也有国外渠道，而且主要倚重外国批发资金市场与资产证券化融资。北岩银行主要有四种资金来源：客户存款、批发金融市场融资、证券化融资以及有限转移债券发行。

3）追求快速高增长，以每年资产增长20%±5%作为战略目标之一。这个发展模式，既造成了其过去10年的辉煌历史，也造成了其今天的困难。正所谓成也萧何，败也萧何。2007年上半年以前，该行基本实现了其战略目标，为股东提供了一份满意的答卷。

既然要支撑快速扩展，资金来源自不可少，由于客户存款增长有限度，于是该行采取了产品创新战略，即主要依赖证券化作为其融资的主要来源。通过产品创新以及为客户（投资者）提供具有竞争性的产品，用以满足其资产快速扩张所带来的巨大资金需求。

然而，爆发于大西洋对岸的美国次贷危机将北岩银行这种业务发展模式送上了断头台。

尽管北岩银行资产质量确实好于同行业水平，然而它的资金来源链条却并不稳固也不保险。只要有外部冲击，这个过度依赖于证券化与批发资金的融资模式注定会遭遇厄运。美国次贷危机爆发后，全球金融市场上流动性趋紧，2007年8月主要发达国家的中央银行联手向市场注入了大量的流动性，但是并没能有效遏制金融危机的蔓延态势。各个金融机构都收紧了流动性，"现金为王"大行其道。此时北岩银行流动性趋紧。进入2007年9月，这种流动性压力剧增，北岩银行融资的四种渠道同时对其关闭。批发金融市场，由于金融机构自保其身，而不愿向其提供资金；证券化由于结构化金融产品定价以及投资者的逃离，而不能按照原有计划执行。融资链条的中断造成北岩银行头寸不足，使其迅速走向流动性困境。

北岩银行危机的端倪早在2007年8月9日全球金融大风暴中就已经显现，10日英国金融监管局与该行开始紧密接触，商讨对策。8月10日至危机爆发前的这段时间里，金融管理三方当局——英国财政部、英国金融监管局以及英格兰银行——与北岩银行达成了解决问题的三种方案：北岩银行依靠自身融资渠道解决其流动性压力；被另外一家金融机构兼并；由中央银行提供紧急流动性支持，渡过困难。这三种方案的考虑同时交叉进行，然后前两种方案求解之果不理想。第一种市场化的问题解决之法，并不奏效，这与全球金融市场持续动荡高度关联；第二种方法与第一个方法类似，虽然此间曾有两家零售银行表现出兴趣，然而前提条件是英国政府或者英格兰银行提供并购资金援助。最终，以英国政府担保，英格兰银行提供紧急资金援助方案胜出。这一方案，在8月16日北岩银行主席与英格兰银行行长的接触中，就已经开始讨论。最后，为了确保英国金融稳定，以及纳税人与北岩银行存款人利益，英国政府决定授权英格兰银行提供紧急资金援助，即最后贷款人援助。

2007年9月14日，英国财政大臣向外宣布，英格兰银行作为最后贷款人将向北岩银行提供紧急资金援助，以帮助其克服暂时性的流动性困难。英国政府做出这一决定的依据是，当前国际金融市场依然动荡不安，为了英国金融稳定考虑，以及北岩银行本身属于资能抵债的境况，仅仅是流动性出了问题，所以在其他两种方案暂时不可行的条件之下，英国政府选择了最后一种方案，而不是让北岩银行的流动性困难延续下去直至其倒闭。

但是，在英国金融管理部门还没有向外界正式公开这一银行救助行动之前，英国BBC电视台在2007年9月13日傍晚的一个新闻中声称英国一家大银行出现了资金困难，正在向英格兰银行申请紧急资金援助。这一报道引发了北岩银行挤兑危机，9月14日早上7点钟，英格兰银行公布了其对北岩银行的资金援助。然而，上述资金援助并没有给恐慌的广大存款人充分的信心。同一日，北岩银行分支机构门前就排起了长长的队伍，该行客户争先恐后地前来提取自己的存款。这一挤兑风潮并没有随着英格兰银行的救助而结束，挤兑延续了4天。在9月15日，该行存款就被取走20亿英镑。

英国实行的存款保险制度也在北岩银行的挤兑危机中发挥了巨大的消极作用。根据英国现行的金融补偿条例，如果银行倒闭，存款数额少于2 000英镑（约合4 000美元）的储户可获全额补偿。但如果存款超过2 000英镑，补偿的上限则到3.5万英镑为止，超出2 000英镑的部分只能获得90%的补偿。也就是说，存款3.5万和100万英镑的储户最后都可能只获得3.17万英镑补偿。面对这种制度保障，自家存款受到威胁的储户理所当然争相取款，挤兑无法避免了。

北岩银行的危机在英国股市引发连环"地震"。北岩银行的股价在 9 月 14 日当天下跌了 30%。英国主要抵押贷款机构如联盟—莱斯特公司、布雷德福—宾利公司和帕拉冈公司等股价 14 日纷纷下跌，其中帕拉冈公司的股价跌幅达到 25%。

鉴于当时英国国内外金融形势的严峻，以及考虑到北岩银行若倒闭将引发系统性金融危机，9 月 17 日下午 5 点钟，英国财政大臣对外公告声称政府将担保北岩银行的所有债务："在当前市场条件之下，由于维持稳定的银行体系及公众对银行体系信心的重要性……我们决定保证当前金融市场不稳定情况下北岩银行的所有现存存款，这意味着客户可以从北岩持续取出他们的存款。当然他们也可以选择把钱继续存在北岩，无论如何他们的存款都会得到政府的担保。"这样，挤兑才停止下来。

2008 年 2 月 17 日，英国财政大臣对外公告，他们准备对北岩银行实施临时国有化。做出这一决定的背景依然是国际金融市场持续不稳定、美国金融危机远没有结束的契机，北岩银行还没有找到合适的私人金融机构兼并。为了确保英国金融稳定，英国政府决定通过特别银行立法，以实施对北岩银行的临时性国有化政策。2008 年 2 月 22 日，英国议会批准特别银行立法，财政部开始对北岩银行实施国有化。同时任命新的执行主席与首席财务官：Ron Sandler 为执行主席，Ann Godbehere 为首席财务官。至此，北岩银行进入了临时国有化时期。根据这个重组计划，该行将放弃其现有的业务模式，回归到更加稳健的发展道路上去。

北岩银行危机一个直接的结果便是英国政府开始了 21 世纪又一轮金融大改革，以便修补现有金融管理漏洞，为保证英国金融体系的稳定发展提供了制度与法律基础。

本案例的主要资料及数据来源于有关北岩银行的公开材料，包括：《风险管理与金融机构》，约翰·赫尔著，机械工业出版社；2009 年华东政法大学硕士学位论文《北岩银行挤兑案对完善我国问题银行救助体系的启示》（刘峰）；2012 年第 5 期《商》中的《北岩银行流动性危机的成因溯源——基于资产负债分析视角》（岳亮亮、邓丽祺）。Philippe Jorion.*Financial Risk Manager Handbook,*Sixth Edition.John Wiley & Sons,Inc.

案例解读：应该说，北岩银行的业务发展模式是其危机爆发的根本原因，而来自外部的冲击只不过是把这种业务模式的潜在弊端激发了出来。因此，北岩银行解决其流动性风险的根本之道，就是要变更其过于激进的发展战略和融资策略，回归稳健的发展道路。另外，在流动性风险爆发时，有效的舆情监督、预警和应对，透明公开的信息发布都有助于公众信心的恢复，而这一点恰恰是北岩银行没有做好的地方。

9.2.2 融资流动性风险的缓释

融资流动性风险产生于企业，尤其是金融机构表内或表外的负债项目。在管理流动性方面，负债的划分与财务上的分类略有不同，分为稳定的负债和波动的负债。这种划分主要是根据现金流的可预测程度进行的。

对于一家上市公司来说，其股权部分是最为稳定的，也是最可倚赖的。金融机构可以通过分红、股权回购以及新股发行来管理其股权的流动性。

债务则可分为有担保的债务和无担保的债务。投资者在有资产进行担保的情况下会更乐意提供资金,相反,那些没有担保的债务投资就有可能面临债务发行人的违约风险,对投资者的吸引力下降。

在无担保类债务当中,零售存款比资本市场工具更加稳定。例如,在发生危机的情况下,投资于货币市场工具的投资者会要求更高的风险补偿,即提高利率,或者要求缩短投资期限,甚至拒绝继续提供融资。

在表外的负债项目中,银行提供的贷款承诺、信用票据以及金融担保在价值下降时会产生或有的流动性风险。随着头寸变为虚值状态,或者触发了合约包含的类似信用评级下降的信用事件时,衍生产品也可能会在交易对手要求追加抵押物时产生现金流危机。特殊目的主体也可能会产生或有的流动性风险敞口。一些结构,例如银行发起成立的分支机构,当 SPV 无法滚动其债务时,银行就会主动将其收回,这样也会产生流动性风险。其他结构,例如结构化投资工具(structured investment vehicles,SIV),可能不会被主动收回,但是银行考虑到商业或声誉原因,也会选择对其提供流动性支持,对现金流形成压力。

继而,我们需要考虑资产负债表中的资产部分。融资缺口(funding gaps)可能会在流动性不足的资产出售时产生。此时,现金或流动性资产可以立刻提供缓冲。若仍然不足,可以通过折价出售无担保的证券来进行抵补,而这种折价的大小可以反映出彼时资产的流动性风险。或者,这些遭遇流动性危机的机构也可以在允许的情况下,通过和私下的交易对手或中央银行签订抵押回购协议并以现金形式进行出售。

另外,现金也可以来自处于实值的衍生产品。非银行类金融机构可以考虑建立银行信贷业务,这样可以在需要流动性时变现资产。

最后,表内和表外的信息应当将现金流整合在一起。特别地,银行系统已经扩展了证券化业务以减少表内的资产。然而在 2007 年之后爆发的这次信用危机中,银行被迫停止了一些证券化,导致了需要金融支持的大量贷款的投资上升。

国际货币基金组织(IMF)指出,在衍生产品市场的信用、流动性和市场风险中,流动性风险最难处理。这是因为衍生产品结构复杂,信息披露和透明度较低,会造成估值以及风险管理的难度;银行难以预测其未来的现金流,以及与其他金融产品的相关性,而表外业务和嵌入式期权更会加剧这种风险;交易欠活跃,价格波动性强,流动性风险高,一般都具有高杠杆率;对银行资金头寸的影响和风险敞口往往具有放大效用。由于银行更倾向于利用衍生工具,尤其是远期、互换和期权交易来管理利率风险而不愿运用传统工具,因此,衍生产品市场流动性的丧失一方面会加大银行的利率风险,另一方面由于衍生工具风险在表外核算增加了银行风险敞口的不确定性,从而加剧了挤兑的风险。

9.3 以银行为主的金融机构流动性风险管理

流动性风险管理与银行业的审慎性管理是高度相关的。2007 年后,由美国次贷危机引发的金融海啸席卷了全球大多数国家,使西方金融体系陷入危机,许多拥有百年历史的银行顷刻倒闭,流动性危机对于金融系统的冲击敞口无遗。故而,从《巴塞尔协议Ⅲ》后,对流动性风险的重视及管理均提到了史无前例的高度。

而银行从创立之初发展至今，最为惧怕的仍然是挤兑这一行为。假设存款人感到银行未来的贷款损失将超过资产负债表中的现有资本，即便其并没有充足的证据能够说明银行确实已经资不抵债，仅仅因为对银行倒闭前景的恐惧就可能导致存款人恐慌进而引发全面挤兑。而为了防止这种流动性危机，世界上很多国家实施了政府支持的存款保险体制。但是政府实施的存款保险制度要求监管机构对银行承担的风险进行监测，因为保险机构和公众纳税人将承担银行的损失。随着政府对银行监管和干预的增加，银行的竞争性可能会有所下降。但与此同时，不受银行监管机构规定的约束，又可以与银行竞争的非银行类金融机构理论上就可以用更为优惠的价格提供服务，从而对银行业务造成一定影响。所以，从安全性和稳健性的角度讲，监管和竞争力之间存在着一种此消彼长的关系。

9.3.1 以银行为主的金融机构传统流动性风险管理的方法

防范流动性风险的根本在于加强银行业流动性风险管理，下面对当前较为成熟的流动性风险管理方法进行说明。

1. 现金流量法

这种方法通过比较银行短期的资金来源和使用情况，提供一种流动性的现金流量衡量方式。短期资金来源和使用之差用"剩余"或"赤字"表示。"剩余"即为来源金额大于使用金额，此时银行拥有过剩的流动性头寸，银行背负相应过剩头寸带来的机会成本。反过来，若银行出现流动性"赤字"，则银行需承受因头寸不足给自己带来的潜在周转风险。

当预测某家银行的流动性需求时，应将银行的流动性"剩余"或"赤字"与融资的需要在特定时间段内进行加总比较，通过预测计算出新资产业务净增值（=新资产业务余额 $-N$ 期资产出售额）、负债业务净流量（=流入量-流出量）。上述流量预测值加总，再与期初的"剩余"或"赤字"相加，从而得出期末的流动性头寸。

2. 资金结构法

此方法将银行的存款和非存款负债分成"热钱"负债、敏感资金和稳定资金三类，对不同类型的资金（负债）依照不同比例提取流动性。"热钱"负债是指对利率非常敏感或短时间内到期或被提取的借入资金；敏感资金是指在当期某个时候，很大一部分（可能为25%或30%）借入资金被提取或到期；稳定资金是指被提取或到期的可能性很小的借入资金。

管理人员依据经验以及风险态度来判断三类资金的分类。银行在利润的驱动下，在自身流动性短缺的情况下仍会凭借筹资能力满足优质贷款需求，从而会有潜在贷款量的存在。贷款的流动性需求即为潜在贷款额大于实际贷款额而形成的差额。负债流动性总额与贷款流动性总额构成流动性需求总额。

3. 流动性指标法

香港金融管理局通过六项指标或因素来评估商业银行的流动资金充足程度，即流动资金监管制度。六项指标包括流动资金比率、资产负债期限错配分析、在同业市场中拆借的能力、集团内部交易、贷存比率以及存款基础的多元化与稳定情况。

流动资金比率为短期流动性管理指标，银行需提供一级流动资金比率，即一个月内到期的负债与在七天内变现的资产比率。期限错配分析主要集中研究七天～一个月的累计错配净额，并做横向比较，以确保银行不同期限结构下拥有充足的流动性。在资金来源方面，金融管理局要求商业银行确定哪些是稳定的存款来源，并尽量吸收这些资金，存款应多元化，避免过于依赖"大额"存款所导致的潜在风险。计算存贷比率时，流动资产应当是那些在危机发生时真正具有流动性的资产。

除此以外，金融管理局要求每家商业银行制定一份管理流动资金的政策文件，文件应包括一系列管理指标和应付流动资金头寸不足的应变措施等内容，且需通过董事会批准后报送金融管理局，金融管理局就此确定每家商业银行的最低流动资金标准，并据此进行监督检查。

4. 我国流动性风险管理模式的演进

流动性风险管理的起点就是现金流管理。一个银行是否有现金流缺口，现金流缺口能否被充足的流动性储备弥补，对这两个问题的回答是否及时、准确是对一个商业银行流动性风险管理能力的考验。我国商业银行到目前为止应用三类流动性管理模式来应对此考验。

第一，剩余资金管理模式，即分级管理模式：分行流动性先自求平衡，不能平衡的资金通过与总行上存下拆解决。2005年以前大多数商业银行都应用此模式。

第二，集中管理模式，即实行内部资金转移定价（FTP），取消上存下拆，总行承担全行流动性管理职责，分行仅承担业务营销职责。2006年起，我国多数商业银行陆续采用此模式。

第三，集中管理与分市场管理相结合模式，内部资金转移定价下的总行流动性管理职责不变，管理路径在存贷比管理方面向分行延伸。2010年开始，大部分银行不得不采用此模式，将总行不能承担的流动性管理职责分散出去。

在2007～2009年金融危机后，监管机构积极吸取国际先进经验，结合我国实际进行银行监管。2011年10月12日，原银监会发布了《商业银行流动性风险管理办法（试行）》（征求意见稿）（以下简称《办法》），明确了对于银行流动性监管的四个主要指标，即流动性覆盖率、净稳定资金率、贷存比和流动性比例。该《办法》是中国银行业实施新监管标准的重要组成部分，自2012年1月1日起开始实施。流动性覆盖率和净稳定资金率这两个指标在《巴塞尔协议Ⅲ》中首次提出，是国际监管层面针对危机中银行流动性问题反思的最新成果，被引入中国的流动性监管指标体系之中。

流动性覆盖率旨在确保商业银行在设定的严重流动性压力情景下，能够保持充足的、无变现障碍的优质流动性资产，并通过变现这些资产来满足未来30日的流动性需求。其计算公式为"优质流动性资产储备"和"未来30日净现金流出量"的比值。根据原银监会要求，商业银行的流动性覆盖率应当不低于100%。该指标旨在监控银行短期的流动性风险。

净稳定资金率则旨在引导商业银行减少资金运用与资金来源的期限错配，增加长期稳定的资金来源，满足各类表内外业务对稳定资金的需求。其计算公式为，可用的稳定资金与所需的稳定资金之比。原银监会要求，商业银行的净稳定资金率应当不低于100%。该指标旨在监控银行长期的流动性风险。

对于"贷存比"和"流动性比例"两个指标，原银监会则延续了之前的要求，即商业银行的存贷比应当不高于75%，流动性比例应当不低于25%。值得注意的是，《办法》适用于在我国境内设立的所有中外资商业银行。政策性银行、农村合作银行、村镇银行、外国银行分行、城市信用社、农村信用社等其他银行业金融机构参照执行。

另外，《办法》在完善现金流管理等重点环节的同时，还充实了多元化和稳定的负债和融资管理、日间流动性风险管理、优质流动性资产储备管理、并表和重要币种流动性风险管理等多项内容。

9.3.2 以银行为主的金融机构现代流动性风险管理的步骤

流动性风险管理需要坚实有力的内部治理，应使用全面的工具去识别、测量、监督和管理流动性风险。董事会对机构的流动性策略最终负责。

尽管没有对流动性进行单一度量的指标工具，但是可以用一定范围的测量方法来评估资产流动性风险。流动性风险管理从运营流动性（operational liquidity）开始，将每日的支付序列展示出来，并预测所有可能发生的现金流流入和流出，尽管这在实务中是较为困难的事情。近年来，因为支付及结算系统设计上的改进，例如实时总结算系统和用于净外汇支付的CLS银行都为支付压缩了时间。这样的系统一方面确实有助于降低信用风险和操作风险，但另一方面也给流动性风险管理带来了更多的障碍。

下一个步骤是进行策略管理。它指的是评估非担保性融资来源以及投资性资产的流动性特征。这涉及了对资产流动性风险的评估。

最后，这个信息需要和战略方面结合起来，从当前的资产和负债以及表外项目开始。这个信息用来建立融资矩阵（funding matrix），以展示不同期限的融资需求细节。任何融资缺口均应当由发起附加融资计划所覆盖，这可以通过借贷或出售资产来实现。

1. 建立流动性风险管理配套机制

从政策角度看，以银行为主的金融机构应建立一种流动性计划或战略来平衡风险和收益。若是保持了过多的资产流动性，尽管确实提高了银行的安全性，但也减少了银行的利润。因为流动性资产比其他资产期限短、风险低，这两个特点都会造成资产的收益率低于投资于证券和贷款的收益率。另外，通过将资金转向长期和高收益的资产，主动的负债管理可以提高利润，但这种战略会使银行面临预期外的风险，这种风险可能导致利率敏感性存款和非存款资金的突然提取，从而可能产生实际威胁到银行支付能力的流动性危机。故而，每一家银行都必须根据流动性风险和相关的利润来确定恰当的资产和负债管理策略。

不管是流动性风险管理策略，还是完善的流动性风险管理框架，要成功实施，必须有相应的配套机制。否则事倍功半，甚至半途而废。根据多年的流动性风险管理实践，其配套机制至少包括以下四个方面。

（1）专业团队。专业团队是指应该有一个独立、专业的流动性风险管理团队。其一，实现年度流动性风险管理策略，实现反应机制从被动性向主动性、及时性、前瞻性的逐步转变，必须具备专业的流动性风险管理团队，团队建设不到位，将严重影响机制转变的过程与速度。其二，专业的流动性风险管理团队是实现年度风险管理策略的监控者和引导者。

（2）高效系统。高效系统是指应该有一个能实现日频度现金流计量的专业系统。其一，日频度的计算引擎是实现流动性风险管理及时性的前提；其二，高效、具备日现金流计算引擎的流动性风险管理系统是《巴塞尔协议Ⅲ》合规申请的前提；其三，高效的系统是进行流动性风险压力测试和多维度情景模拟的必要基础。

（3）敏感指标。敏感指标是指要建立一套对流动性波动高度敏感的限额监控指标体系。目前的流动性风险指标体系敏感性不高，比如核心负债依存度、流动性缺口率等指标，不能区分不同商业银行流动性风险水平的高低，将逐渐被《巴塞尔协议Ⅲ》的流动性指标部分替代。LCR（30天）和NSFR（1年）能更好地识别不同压力下商业银行抵抗流动性风险的能力，如果再加上备付率指标（1天），将构成短期、中期、长期完备的主监控指标体系。另外，用好流动性期限缺口指标可以解决一个银行流动性的波动性问题。

以下指标可以用来预警银行等金融机构可能面临的潜在流动性问题。

1）资产快速增长，尤其是购买了具有潜在波动性的负债；

2）资产或负债集中度上升；

3）货币错配程度增加；

4）负债加权平均久期下降；

5）多次接近或违反内部限额和监管指标；

6）特定业务或产品发展趋势下降或风险加剧；

7）银行盈利水平、资产质量和总体财务状况显著恶化；

8）负面的公众报道；

9）信用评级下调；

10）股票价格下降或债务成本上升；

11）批发和零售融资成本上升；

12）交易对手要求为信用敞口增加额外的担保或拒绝进行新交易；

13）代理行降低或取消授信额度；

14）零售存款的流出上升；

15）获得长期融资的难度加大；

16）债务或信用违约互换价差的增大；

17）到期前大额存单（CD）的赎回增加。

（4）授权考核。授权考核即清晰划分流动性风险管理的责、权、利和授权考核机制。流动性风险管理在于事前防范，建立三级储备体系，并根据压力测试结果调整流动性缓冲，但做这些事情都是需要付出管理成本的，与主要业务部门或条线的盈利指标相矛盾。因此，必须有一定的授权机制和考核机制来保证流动性管理策略措施的执行力。

2. 融资缺口

表 9-1 给出了一个假设的现金流量模式（run-off mode）的例子，假设没有新业务产生且没有滚动（rollover）融资。基于此，融资矩阵由表内项目开始，包含贷款、零售存款、短期债务和长期债务。

表 9-1 现金流量模式示例

		时间情况						
	平衡	隔夜	7天	14天	1个月	3个月	1年	累计
融资矩阵								
贷款	100	5	5	3	15	5	5	38
零售存款	−50	−5	−5	−5	−8	−5	−5	−33
短期债务	−30	−10	−5	−5	−5	−5	0	−30
长期债务	−30	0	0	0	−5	0	0	−5
合计：融资缺口		−10	−5	−7	−3	−5	0	−30
缺口闭合								
现金	5	5	0	0	0	0	0	5
无负担证券	20	10	8	2	0	0	0	20
合计		15	8	2	0	0	0	25
净融资缺口		5	3	−5	−3	−5	0	−5
累计		5	8	3	0	−5	−5	

这些项目的现金流和期限可以是固定的也可以是随机的。例如，固定利率债务的分期息票支付具有固定的现金流和期限；浮动贷款和债券项目，其现金流则是随机的但期限是固定的；可赎回债券或者具有灵活重置日期的贷款项目，其期限是随机的但现金流则是固定的；还有一些现金流和期限都是随机的项目，如零售存款、承诺的信用业务和滚动贷款。这些随机的现金流或期限需要基于市场经验和产品内容的模型。

在表 9-1 中，初始资产负债表中含有贷款 100，该表展示了来自不同期限贷款的现金流。这些贷款的一部分会在下一年偿还。接下来是零售贷款、短期和长期债务，它们用于预测在期限内的现金流流出。应该注意到的是，所有的短期债务均预期在一年内被偿还。这样加总起来就会产生一个时间上的融资缺口。在本例中，一年内该累计融资缺口为 −30。

表内接下来的部分展示了缺口闭合（gap closure）项目。例如，现金可以用来即刻覆盖现金流的流出。没有抵押的证券可以作为解决资产流动性风险的工具随时出售。融资缺口和缺口闭合项目的总和产生了预期净融资缺口。正现金流的时期越长，该金融机构越安全。在本例中，存活期（survival period）是直到累计净融资缺口变为负值的时间，为 1 个月。这在测度金融机构在正常的市场情况下会遭遇流动性风险冲击时非常有用。

3. 压力测试

风险管理的目标是要应对非预期损失。因此，金融机构应注意评估那些现金流从其期望的路径及来源被突然切断的压力情景，与北岩银行遭遇的情景类似。金融机构应当考虑一个宽泛的情景范围，包括金融机构的特殊情况、所属国家的特殊情况以及市场范围的特殊情况。所属国家的特殊情况的一个例子就是对于货币自由兑换的管制。

《商业银行流动性风险管理指引》中对于压力情景的假设条件进行了明确的规定，包括但不限于：流动性资产价值的侵蚀；零售存款的大量流失；批发性融资来源的可获得性下降；融资期限缩短和融资成本提高；交易对手要求追加保证金或担保；交易对手的可交易额减少或总交易对手减少；主要交易对手违约或破产；表外业务、复杂产品和交易、超出合约义务的隐性支持对流动性的损耗；信用评级下调或声誉风险上升；母行或子行、分行出现流动性危机的影响；多个市场突然出现流动性枯竭；外汇可兑换性以及进入外汇市场融资的限制；中央银行融资渠道的变化；银行支付结算系统突然崩溃，等等。

在很多情况下，压力测试关注的是某特定机构的外部冲击。尽管这类研究有一定价值，但是2007年之后的次贷危机使我们充分认识到压力测试应该考虑更大范围内的冲击（诸如同时影响多个市场或多种货币的冲击），应该综合分析特定冲击和包含其他银行行为反应的整体市场范围下的冲击。

实际上，压力测试还存在其他一些问题，包括会低估实施管道（conduit）和表外工具的潜在流动性风险，无法综合考虑银行基于声誉维护对投资工具提供资本和流动性支持而产生的意外损失。这说明银行应进一步认识到声誉风险以及对流动性产生的冲击。

此外，在极端压力的情况下，融资流动性风险和资产流动性风险相互会起反作用，因为在这些极端条件下，变卖资产可能会变得益发困难。由于声誉风险具有自我修复特点，那些出现流动性问题的金融机构在变卖资产获取流动性时，可能会低估其通过合理的价格出售资产的能力。

4. 控制流动性风险

流动性风险可以用不同的途径来控制，包括将融资放在更多、更平稳的渠道上，实现融资来源、地域和债务期限的分散化。同样地，资产流动性风险可以通过设立特定市场或产品的限额和分散化来控制。融资缺口还与不同时间范围的限制有关。一些监管者设定了流动性资产的最低水平、期限错配的限制或依赖于某一特定融资来源的限制。

另一个控制流动性风险的方法是对导致出现流动性问题的业务或金融工具进行监管惩罚。根据高级监管集团（SSG）（2008）的报告，在此次危机中表现更加出色的金融机构大都实现了在全行（公司）范围内对流动性风险进行透视和计量。这些公司准确地检查各项业务以建立或有的流动性风险敞口，来反映在比较不利的市场环境中获得流动性的成本会是多少。这些表现优异的金融机构同时还具有对融资流动性、资本及其资产负债表的有效管理。

5. 或有融资计划

2007年次贷危机凸显了修改和加强或有筹资计划（contingency funding plans，CFP）的重要性。目前，除一小部分领先银行外，压力测试与或有筹资计划尚未充分统一。银行对于某些结构化产品和资产支持商业票据（ABCP）的市场流动性过于乐观，通常认定这类市场具备持续性的高流动性，一些银行甚至将抵押贷款证券化和ABCP看作极富弹性的融资来源。实际上，此类市场的流动性与银行间市场紧密相关，易受风险传染，在市场环境逆转的情况下流动性相当不稳定甚至会出现枯竭。

或有融资计划的目标是建立一个关于流动性压力情景下的行动计划。在危机发生的情况下，管理层通常没有太多的时间做出反应，这恰恰说明预先制订一个计划的益处。CFP 应当定义触发事件、明晰业务线的职责以落实为切换融资来源制订计划。它也应当考虑声誉效应对执行融资计划的影响。

一般地，对流动性风险管理系统进行公开披露，可以帮助投资者确定金融机构已经开发出了应对流动性危机的系统。而那些被证明具有流动性管理系统的银行更有可能使资金提供者对其具有信心，相对更容易摆脱挤兑风险。

【相关案例】德意志银行的流动性风险管理系统是如何运作的

德意志银行（Deutsche Bank，DB）是一家著名的德国商业银行。在 2007 年 12 月，它拥有 20 200 亿欧元的资产和 3 290 亿欧元的风险加权资产。它的股本为 370 亿欧元，一级资本充足率为 8.6%。

德意志银行的流动性风险管理方法开始于当日层级，对当天的现金流变动及中央银行的结算进行预测。接着是应对未担保融资来源和其资产的流动性特征的策略流动性风险管理。例如，该银行 25% 的未担保融资来自零售存款，20% 来自资本市场。对于资产流动性项目，该银行给不同的资产分配不同的流动性价值，它同时还持有 250 亿欧元的高度流动性证券投资组合来抵御短期的流动性挤压。最后，在战略方面将所有表内资产和负债的期限情况和它们的保险战略结合起来。

该银行采用了压力测试和情景模拟来分析、评估其流动性头寸受到突然压力事件的冲击影响。假设的事件包括外部冲击事件，例如市场风险事件、新兴市场危机和系统性风险，以及内部冲击事件，例如操作风险事件、评级下调（例如从 AA 下调至 AA-）。在每一种情境下，该银行都假设所有客户的到期贷款届时均需要滚动展期并需要融资，而债务滚动会部分导致融资缺口。然后该银行会对净短缺融资的平衡进行建模，这包括出售资产和将从未担保融资转向担保融资。

本案例的主要资料及数据来源于有关德意志银行的公开材料，包括：Philippe Jorion. *Financial Risk Manager Handbook*,Sixth Edition.John Wiley & Sons,Inc.。

6. 流动性应急计划

金融机构，尤其是银行应根据其业务规模、业务复杂程度、风险水平和组织框架等制订应急计划，并根据经营和现金流量管理情况设定并监控其内外部流动性预警指标以分析其所面临的潜在流动性风险。

商业银行应按照正常市场条件和压力条件分别制订流动性应急计划，且该计划应涵盖银行流动性发生临时性和长期性危机的情况，并预设触发条件及实施程序。应急计划至少应包括一种银行本身评级降至"非投资级别"的极端情况。应急计划应说明在这种情形下银行如何优化融资渠道和出售资产以减少融资需求。设定的情形包括但不限于下列情况。

（1）流动性临时中断，如突然运作故障、电子支付系统出现问题或者物理上的紧急情况使银行产生短期融资需求。

（2）流动性长期变化，如因银行评级调整而产生的流动性问题。

（3）当母行出现流动性危机时，防止流动性风险传递的应对措施。

（4）市场大幅震荡，流动性枯竭，交易对手减少或交易对手可融资金额大幅减少、融资成本快速上升。

商业银行应急计划应包括资产方流动性管理策略和负债方流动性管理策略。

（1）资产方流动性管理策略包括但不限于：①变现多余货币市场资产。②出售原定持有到期的证券。③出售长期资产、固定资产或某些业务条线（机构）。④在相关贷款文件中加入专门条款以便提前收回或出售转让流动性较低的资产。

（2）负债方融资管理策略包括但不限于：①将本行与集团内关联企业融资策略合并考虑。②建立融资总体定价策略。③制定利用非传统融资渠道的策略。④制定零售和批发客户提前支取和解约政策。⑤使用中央银行信贷便利政策。

银行间同业拆借市场是商业银行获取短期资金的重要渠道。商业银行应根据经验评估融资能力，关注自身的信用评级状况，定期测试自身在市场借取资金的能力，并将每日及每周的融资需求限制在该能力范围以内，防范交易对手因违约或违反重大的不利条款要求提前偿还借款的风险。

商业银行应急计划应区分集团层次和附属机构层次，并可根据需要针对主要币种和全球主要区域制订专门的应急计划。如果某些国家或地区的法律法规有限制，使得银行集中实施流动性管理不可行，则在上述国家或地区的分支机构应制订专门的应急计划。

商业银行高级管理层应定期向董事会报告流动性风险情况和应急计划。必要情况下，应由董事会成员领导并负责应急计划的制订和实施。

商业银行应根据风险管理需要及时对应急计划进行评估和修订，评估修订工作至少每年进行一次。商业银行应不定期对应急计划进行演习以确保各项计划措施在紧急情况下的顺利实施。商业银行应于每年4月底前将本行应急计划及其更新、演习情况报相关监管机构，在我国则应上报至银保监会。

7. 我国商业银行流动性风险预警指标示例

表9-2展示了我国商业银行流动性风险预警指标的示例。

表9-2 我国商业银行流动性风险预警指标示例

关键风险指标名称	计算公式	预警阈值	指标种类	指标属性
短期流动性期限缺口率	7天内表内外流动性缺口/7天内到期表内外流动性资产		核心	同步
未来7天净现金流量	未来7天每日现金流入－每日现金流出		核心	同步
时点备付率指标	当天（银行存款－可调未调资金额度）/各项存款		核心	同步

(续)

关键风险指标名称	计算公式	预警阈值	指标种类	指标属性
流动性期限缺口率	90天内表内外流动性缺口/90天内到期表内外流动性资产		核心	同步
净现金流量	每日现金流入－每日现金流出		核心	同步
流动性比例	流动性资产/流动性负债	大于25%	核心	同步
日均备付率指标	（银行存款＋超额准备金存款）日均数/各项存款日均数		核心	同步
核心负债依存度	核心负债/总负债		核心	同步
最大十户存款比例	排名前十户存款客户存款之和/全部存款	小于75%	核心	同步
存贷款比例	各项贷款（不含贴现）/各项存款		核心	同步
中长期存贷比	一年期以上自营信贷资产余额/一年期以上自营存款余额		核心	同步
拆入资金比例	同业拆借/资本总额	小于100%	核心	同步

9.4 《巴塞尔协议Ⅲ》中对流动性风险管理的新要求

9.4.1 《巴塞尔协议Ⅲ》针对流动性风险提出新监管要求的背景

2007年席卷全球的金融危机爆发之后，各国金融监管当局认识到《巴塞尔协议Ⅱ》确定的资本监管框架的不足，其金融监管的有效性受到了质疑。基于此，2009年4月2日，G20伦敦金融峰会声明将建立全球一致的高标准的资本监管和流动性监管框架。

事实上，此次金融危机体现了过去在跨国经营机构流动性管理、流动性监管规则的制定、应急性或有融资计划的可行性、资产流动性的评估等多方面的监管已经不能适应新的全球金融市场环境。巴塞尔委员会在充分反思和总结此次金融危机的基础上，相继发布了若干关于流动性监管的指引文稿，不断提高流动性风险的可计量性和可操作性，致力引入国际一致的流动性监管标准，使之成为《巴塞尔协议Ⅲ》的一个重要组成内容。

9.4.2 《巴塞尔协议Ⅲ》针对流动性风险进行监管的具体要求

1. 流动性风险监管量化指标

2010年4月，巴塞尔委员会发布了《流动性风险测量的国际框架、标准和检测》，首次在全球范围内提出了两个流动性监管量化标准：流动性覆盖率和净稳定资金率，如表9-3所示。

流动性覆盖率指优质流动性资产储备与未来30日的资金净流出量之比，用以监测短期流动性风险，衡量单个银行在短期压力情景下应对流动性中断的能力，通过检测该指标能够判断机构是否拥有足够的优质流动性资源来应对银行3个月以内的流动性风险。

净稳定资金率指可用的稳定资金与业务所需要的稳定资金的比率，该比率用以调整期限错配，稳定银行在中长期内可以使用的资金来源，推动银行使用稳定的资金来源为其融资，限制银行对批发型融资市场的依赖，从而可以保证银行的融资渠道更加稳定、持久。

表 9-3 《巴塞尔协议Ⅲ》流动性风险监管量化指标

	流动性覆盖率（LCR）	净稳定资金率（NSFR）
最低标准	100%	100%
监管目标	短期流动性风险的监测	中长期流动性风险的监测
出发点	从现金流量表角度出发	从资产负债表角度出发
情景设置	事先确定的压力情景	事先确定的情景
时间范围	30 天	1 年
标准引入安排	2011 年进入观察期，最终于 2015 年达到最低标准	2012 年进入观察期，在 2018 年以前达到最低标准

2. 流动性风险监管监测工具

除了流动性覆盖率和净稳定资金率以外，巴塞尔委员会还引入了四个监测工具，用以对流动性风险的连续监管，包括合同期限错配、融资集中度、可用的无变现障碍资产和与市场有关的监测工具。

合同期限错配是指在一定时间段内，合同中约定的资金流入期限与资金流出期限之间的差距，期限差距表明了银行在给定时间段内所需补充的流动性的总数量。通过监控该指标可以发现银行在现有期限约定中对期限转化的依赖程度。

融资集中度是从重要的交易对手、金融工具和币种三个角度进行度量，这三个方面都应占相应资产比重的 1% 以上，通过该指标可判别比较重要的批发型融资来源和重要的交易对手，引导实现融资来源的多元化，促进银行的流动性安全。

可用的无变现障碍资产是指银行可以用来在二级市场进行抵押融资的资产，以及能够被中央银行接受作为借款担保品的、不存在变现障碍的资产。

与市场有关的监测工具包括股票价格、债券市场、外汇市场、商品市场等的市场整体信息、金融行业信息和银行信息，这些即时数据可以作为银行存在潜在流动性困难的早期预警。

9.4.3 《巴塞尔协议Ⅲ》针对流动性风险进行监管的意义

首先，《巴塞尔协议Ⅲ》有关流动性风险管理的变革表明，全球银行监管当局已经充分认识到银行监管的核心问题所在。对银行进行监管的难点在于无法监测到复杂信用证券化体系的发展、到期转换模式的改变以及由此带来的系统性风险，因此监管的重点不在于提高表面的监管指标要求，根本的核心在于防范到期转换上期限不匹配所带来的银行在流动性上的脆弱性。

其次，巴塞尔委员会着力强化流动性风险监管，并将流动性风险监管提升到与资本充足监管同样重要的位置，这是《巴塞尔协议Ⅲ》相对于之前的重要监管进展。

最后，流动性风险监管进入了定量化监管的时代，能提升监管效率。与《巴塞尔协议Ⅱ》相比，《巴塞尔协议Ⅲ》为流动性风险监管提供了相对标准化的方式，更加容易被理解和接受，也便于横向比较。定量的标准化监管，在明确资本安排的前提下，也有利于监管机构的分析监督，提高监管效率。

■ 练习题

9.1 什么是流动性风险？

9.2 请解释衡量市场流动性的三个测量指标 tightness、depth、resiliency。

9.3 请解释外生性流动性和内生性流动性。

9.4 资产流动性依赖于哪些因素？

9.5 其他特征相同的情况下，on-the-run securities 和 off-the-run securities 的流动性相同吗？

9.6 LVaR 如何计算？

9.7 请阐述金融机构表内和表外的负债项目可能带来的流动性风险。

9.8 当前比较成熟的流动性风险管理方法有哪些？

9.9 请说明"流动性覆盖率"和"净稳定资金率"的定义和区别。

9.10 流动性风险管理需要哪些配套机制？

9.11 流动性风险的压力测试场景应该包含哪些内容？

9.12 请解释"或有融资计划"。

9.13 流动性应急计划包含哪些管理策略？

9.14 巴塞尔委员会制定的对于流动性风险的监测工具有哪些？

9.15 流动性风险与市场中交易者的数量、交易的频率和大小、交易一次所需的时间、交易成本、资产的类型、资产的标准化程度等有关，这些因素在什么情况下，流动性风险较低？

9.16 假设 A 公司持有一只价格为 100 美元、日标准差为 2% 的股票。该股票的买卖价差为 1%。请计算在 95% 的置信区间下，经过流动性调整后的 VaR，即 LVaR。

9.17 可以通过哪些方法来管理融资流动性风险？

第10章

风险管理与金融科技

10.1 什么是金融科技

"金融科技"一词是由国外的"FinTech"翻译而来的,"FinTech"是"financial technology"的缩写合成词。实践中,各国金融科技的发展水平差异显著,涉及的业务模式、应用场景不一。因此,"金融科技"概念尚无全球统一的定义,其与国内的"互联网金融"概念既有联系又有区别。

2016年3月,国际金融稳定理事会(FSB)发布了《金融科技的描述与分析框架报告》,其中对"金融科技"进行了初步定义,即金融科技是指通过技术手段推动金融创新,形成对金融市场、机构及金融服务产生重大影响的业务模式、技术应用以及流程和产品。

2017年2月,国际证券监督管理委员会发布了《金融科技研究报告》,其中将"金融科技"定义为有潜力改变金融服务行业的各种创新的商业模式和新兴技术。创新的金融技术商业模式,通常基于互联网以自动方式提供一个或多个特定的金融产品或服务;新兴技术,比如认知计算、机器学习、人工智能和分布式账本技术(DLT)等,具有实质性地改变金融服务业的潜力。

从上述两个全球金融领域重要组织的观点来看,金融科技体现为:科技在金融领域的深度应用,以新兴技术为核心驱动力,不断为金融赋能;金融则是前沿科技成果从后端技术转移到前端业态的最佳实践之一。新兴技术不仅是简单地对金融的"支持"和"服务",更多地体现了对金融的"融合"和"创新";新兴技术不仅是在"效率"上发挥作用,而且是在"效能"上更进一步。

国内金融监管机构所鼓励发展的"金融科技",强调的是新兴技术对持牌合规的金融业务的支持和优化作用,是在监管框架下推动的金融创新。新兴技术的运用仍需遵守现行金融业务法规和金融监管要求。

10.2 导论篇：金融科技发展正当其时

新兴金融科技崛起于对传统金融行业痛点的捕捉，在政策支持、技术创新、资本青睐、行业拥抱和社会关注等因素的共同作用下快速发展。

2008年世界金融危机后，全球金融监管环境趋严，传统金融机构更加关注业务合规和风险防控，业务创新的步伐放缓。同时，传统金融机构受制于历史路径依赖或组织形态等因素影响，面临诸多发展中的痛点，如用户多样化需求难匹配、服务流程烦琐、成本高、小微企业融资难、普惠金融难实现等。这都使得传统金融机构的业务模式创新滞后于数字经济的发展步伐和客户消费方式的改变。部分传统金融服务流程或模式无法满足客户的实际需求和预期，促使公众寻求更为便捷化的金融服务渠道或匹配实际需求的金融服务模式，这为金融科技的发展提供了绝好时机。

一些（互联网）科技公司凭借在监管、技术、获客及服务等方面的优势，不仅仅满足于为传统金融机构提供技术支持，试图在某些方面涉足传统金融服务，甚至在某些领域和传统金融公司展开竞争。一方面，科技公司带来了新兴技术，助推了金融科技的发展；另一方面，这也使得传统金融机构深切感受到了竞争压力，促使其积极拥抱金融科技。

10.2.1 政策支持和规范并重，合规健康发展

从广义角度看，近年来，国内金融科技发展迅速，相关政策亦是支持和规范并重，引导金融科技合规健康发展。金融科技涉及金融和科技两个行业领域，一系列支持和规范的政策既有国家层面的顶层战略和规划，又有金融监管部门和科技主管部门的较具体的指导意见和实施方案（见表10-1）。

在国家层面，2015年年底国务院印发《推进普惠金融发展规划（2016～2020年）》，鼓励金融机构创新产品和服务方式，鼓励金融机构运用大数据、云计算等新兴信息技术，打造互联网金融服务平台，为客户提供信息、资金、产品等全方位金融服务。2016年3月国务院印发《"十三五"规划纲要》，提到"实施国家大数据战略""重点突破新兴领域人工智能技术"。2017年3月全国两会首次将"人工智能"写入《政府工作报告》。2017年7月国务院印发《新一代人工智能发展规划》，提出建立金融大数据系统，提升金融多媒体数据处理与理解能力；创新智能金融产品和服务，发展金融新业态；鼓励金融行业应用智能客服、智能监控等技术和装备；建立金融风险智能预警与防控系统。

各细分领域的主管部门亦相继出台支持或引导政策。2016年国家发改委、科技部、工信部、中央网信办四部门联合发布《"互联网+"人工智能三年行动实施方案》，首次单独为人工智能发展提出具体的实施方案；2017年中国人民银行成立金融科技委员会，旨在加强金融科技工作的研究规划和统筹协调，切实做好我国金融科技发展战略规划与政策指引；2018年银保监会发布《银行业金融机构数据治理指引》，引导银行业金融机构加强数据治理，提高数

据质量，充分发挥数据价值，提升经营管理水平，由高速增长向高质量发展转变；2018年证监会发布《中国证监会监管科技总体建设方案》，推进证监会信息系统的资源与数据整合，充分发挥科技在监管工作中的作用，有效提升资本市场监管效能。

近年来，互联网技术不断取得突破，推动了互联网与金融快速融合，促进了金融创新，提高了金融资源配置效率，但也存在一些问题和风险隐患。在鼓励创新、支持互联网金融稳步发展的同时，加强互联网金融监管，是促进互联网金融健康发展的内在要求。2015年中国人民银行等十部委联合发布《关于促进互联网金融健康发展的指导意见》，鼓励金融创新与完善金融监管协同推进，引导、促进互联网金融这一新兴业态健康发展；2016年国务院印发《互联网金融风险专项整治工作实施方案》，建立和完善适应互联网金融发展特点的监管长效机制，实现规范与发展并举、创新与防范风险并重，促进互联网金融健康可持续发展；2019年9月，中国人民银行发布了《金融科技（FinTech）发展规划（2019-2021年）》，在规划中，央行明确提出要把金融科技打造成金融高质量发展的新引擎，对于未来的金融科技工作做出顶层设计，央行的金融科技发展规划对整个金融事业的健康发展，产生了明显的推动作用。

表10-1 国内金融科技相关政策梳理

时间	发布机关	相关政策	主要内容
2019年9月	中国人民银行	《金融科技（FinTech）发展规划（2019-2021年）》	要把金融科技打造成金融高质量发展的新引擎，对于未来的金融科技工作做出顶层设计
2018年8月	证监会	《中国证监会监管科技总体建设方案》	明确了五大基础数据分析能力、七大类32个监管业务分析场景，提出了大数据分析中心建设原则、数据资源管理工作思路和监管科技运行管理"十二大机制"
2018年5月	银保监会	《银行业金融机构数据治理指引》	引导银行业金融机构加强数据治理，提高数据质量，充分发挥数据价值，提升经营管理水平，由高速增长向高质量发展转变
2018年3月	国务院	《2018年政府工作报告》	提出"实施大数据发展行动，加强新一代人工智能研发应用"
2017年7月	国务院	《新一代人工智能发展规划》	建立金融大数据系统，提升金融多媒体数据处理与理解能力。创新智能金融产品和服务，发展金融新业态。鼓励金融行业应用智能客服、智能监控等技术和装备。建立金融风险智能预警与防控系统
2017年5月	中国人民银行	成立金融科技委员会	旨在加强金融科技工作的研究规划和统筹协调，切实做好我国金融科技发展战略规划与政策指引，并积极利用大数据、人工智能、云计算等技术丰富金融监管手段
2017年3月	国务院	《2017年政府工作报告》	加快培育壮大包括人工智能在内的新兴产业，"人工智能"也首次被写入了全国《政府工作报告》

（续）

时间	发布机关	相关政策	主要内容
2016年10月	国务院	《互联网金融风险专项整治工作实施方案》	规范各类互联网金融业态，优化市场竞争环境，扭转互联网金融某些业态偏离正确创新方向的局面，建立和完善适应互联网金融发展特点的监管长效机制，实现规范与发展并举、创新与防范风险并重，促进互联网金融健康可持续发展
2016年7月	国务院	《"十三五"国家科技创新规划》	提出"重点发展大数据驱动的类人智能技术方法"
2016年5月	国家发改委、科技部、工信部、中央网信办	《"互联网+"人工智能三年行动实施方案》	首次单独为人工智能发展提出具体的实施方案
2016年3月	国务院	《"十三五"规划纲要》	实施国家大数据战略，把大数据作为基础性战略资源，全面实施促进大数据发展行动，加快推动数据资源共享开放和开发应用；提出要"重点突破新兴领域人工智能技术"
2015年12月	国务院	《推进普惠金融发展规划（2016-2020年）》	坚持借鉴国际经验与体现中国特色相结合、政府引导与市场主导相结合、完善基础金融服务与改进重点领域金融服务相结合，不断提高金融服务的覆盖率、可得性和满意度；鼓励金融机构创新产品和服务方式，鼓励金融机构提升科技运用水平，积极发挥互联网促进普惠金融发展的有益作用
2015年7月	国务院	《国务院关于积极推进"互联网+"行动的指导意见》	将人工智能、普惠金融作为"互联网+"的十一个重点行动领域之二
2015年7月	中国人民银行、工信部、公安部、财政部、国家工商总局、国务院法制办、原银监会、证监会、原保监会、国家互联网信息办公室	《关于促进互联网金融健康发展的指导意见》	鼓励创新，支持互联网金融稳步发展；分类指导，明确互联网金融监管责任；健全制度，规范互联网金融市场秩序

10.2.2 技术进步是金融科技发展的原动力

金融科技以技术为核心驱动力，金融科技的发展离不开底层技术的突破。在过去的10年里，全球企业市值排行榜前十位的格局发生巨大变化。10年前，全球企业市值排行榜前十位中仅有"微软"1家属于信息技术行业；如今科技巨头崛起，共有7家（含亚马逊和阿里巴巴）信息技术相关的公司进入榜单前十位，其中，排名前五位的公司均与信息技术有关。榜单的变更，是整个经济社会调整、产业核心转移的结果，也表明了资本的投资方向（见表10-2）。

近年来，人工智能迎来应用爆发潮，AlphaGo（阿尔法狗）更是吸引了全世界的目光。人工智能应用的关键除了数据外，还包括算力和算法。人工智能专用芯片使得计算能力大大提升，典型代表有NVIDIA的GPU；谷歌的TPU和英特尔的Nervana。Yann LeCun、Yoshua

Bengio 和 Geoffrey Hinton 推动了深度学习算法的崛起，苹果的 Siri、谷歌的 Google Now、微软的 Cortana 和亚马逊的 Alexa 的背后都有深度学习的身影。○ 2017 年天猫"双十一"再次创造全球多项纪录，交易峰值 32.5 万笔/秒、支付峰值 25.6 万笔/秒、数据库处理峰值 4 200 万次/秒，数字的背后是基于阿里云的技术，特别是云计算和大数据技术。○

表 10-2 全球企业市值排行榜

2008 年全球企业市值排行榜					2018 年第 1 季度全球企业市值排行榜				
排名	公司	市值（亿美元）	行业	国家	排名	公司	市值（亿美元）	行业	国家
1	埃克森美孚	4 525.1	石油化工	美国	1	苹果	8 526.0	信息技术	美国
2	中国石油集团	4 240.0	石油化工	中国	2	谷歌	7 205.9	信息技术	美国
3	通用电气	3 695.7	工业制造	美国	3	微软	7 041.9	信息技术	美国
4	俄罗斯天然气	2 997.6	油气开采	俄罗斯	4	亚马逊	6 974.3	互联网零售	美国
5	中国移动通信集团	2 980.9	移动通信	中国	5	腾讯控股	4 957.1	信息技术	中国
6	中国工商银行	2 772.4	银行	中国	6	伯克希尔-哈撒韦	4 947.1	保险	美国
7	微软	2 641.3	信息技术	美国	7	阿里巴巴	4 700.7	互联网零售	中国
8	美国电话电报	2 311.7	电信	美国	8	Facebook	4 643.2	信息技术	美国
9	英荷壳牌集团	2 201.1	石油化工	英国	9	摩根大通	3 815.7	银行	美国
10	宝洁	2 156.4	日化	美国	10	强生	3 439.6	制药	美国

资料来源：《金融时报》《砺石商业评论》。

以 GAFA（谷歌、亚马逊、脸谱、苹果）与 BATJ（百度、阿里巴巴、腾讯、京东）为代表的国内外互联网科技公司可谓占据了科技界的半壁江山。未来，在技术公司的推动下，以 "ABCD" 为代表的新兴技术将进一步走向成熟和广泛应用。

10.2.3 资本青睐，金融科技投资创新高

有前景的金融科技公司或项目会受到资本的青睐。

据 KPMG 统计，近年来，全球金融科技投资活动（私募股权投资、风险投资和并购）频繁。2015 年以来，平均每年发生 1 000 笔以上的投资交易活动；投资金额从 2017 年下半年的 220 亿美元增加到 2018 年上半年的 579 亿美元的新高。2018 年上半年两次大规模交易分别是中国蚂蚁金服在第二季度 C 轮融资创纪录的 140 亿美元和英国 Vantiv 在第一季度以 129 亿美元收购 WorldPay。2018 年上半年，亚洲金融科技公司的投资达到 168 亿美元，共 162 笔，中国和印度分别有 6 笔和 4 笔，占据了交易榜单前十位，如图 10-1 所示，全球金融科技公司的投资活动日趋活跃。

○ 来源于埃森哲、百度金融：《智能金融联合报告：与 AI 共进，智胜未来》。
○ 来源于公开数据。

图 10-1　2012～2018 年上半年全球金融科技公司的投资活动（私募股权投资、风险投资和并购）
资料来源：毕马威（KPMG）2018 年度上半年《全球金融科技行业投资趋势报告》。

10.2.4　金融机构积极拥抱金融科技，突破传统金融业态

金融科技正在加速改变传统金融机构的生态和经营模式。积极拥抱金融科技，也逐渐成为业内共识。

在国内，自 2015 年兴业银行成立业内首家银行系金融科技子公司"兴业数金"以来，股份制银行率先掀起一股金融科技公司成立潮，平安银行、招商银行、光大银行、民生银行相继成立金融科技子公司。2018 年 4 月，中国建设银行在国有大银行中率先成立金融科技子公司"建信金融科技"。国内金融机构亦争先与科技公司达成战略合作，中国农业银行与百度合作成立金融科技联合实验室，围绕金融科技领域开展合作；中国银行与腾讯携手成立金融科技联合实验室，共建普惠金融、云上金融、智能金融和科技金融；中国建设银行与阿里巴巴及蚂蚁金服集团签署战略合作协议，双方共同探寻创新合作模式；中国工商银行与京东金融集团签署金融业务合作框架协议，双方将在金融科技、零售银行、消费金融等领域展开全面深入的合作。

在国外，金融机构侧重于通过投资并购技术公司，来提高自身的金融科技实力和金融服务能力。据 CB Insights 数据显示，从 2012 年至 2018 年第一季度，高盛参与投资了 31 家金融科技公司，花旗集团参与投资了 28 家金融科技公司，摩根大通参与投资了 18 家金融科技公司。比较典型的有高盛投资大数据分析初创企业 Looker、数据分析服务供应商 Dataminr、数字货币支付初创公司 Circle、监管科技初创公司 Droit Financial Technologies、人工智能领域明星公司 Kensho；花旗集团投资区块链公司 Axoni、数据分析平台 Visible Alpha、金融

领域即时通信服务初创公司 Symphony；摩根大通投资移动支付公司 Square、在线投资平台 Motif、P2P 平台 Prosper、云服务平台 InvestCloud 等。摩根大通还与美国金融服务创新中心（CFSI）共同创立 FinLab（Financial Solutions Lab，金融解决方案实验室），旨在发现、测试和培育有价值的创新项目，打造高质量的金融产品及服务方案。

10.2.5 社会舆论广泛关注

从 2016 年开始，金融科技话题不断发酵，成为一个热门话题，并有声音认为 2017 年是中国金融科技元年。在社会舆论的渲染下，科技的重要性在金融领域得到了凸显和放大。

金融科技相关热词的搜索和媒体报道热度自 2016 年以来呈现迅速增长态势，并在 2017 年达到阶段最高。据百度搜索指数统计，"金融科技"搜索指数值在 2014 年周平均为 46 次，周均次数在 2017 年 10 月达到峰值 776 次；"Fintech"搜索指数值在 2014 年周平均为 34 次，周均次数在 2017 年 3 月达到峰值 1 426 次。在细分领域以"人工智能"和"区块链"关键词为例，2017 年以来，"人工智能"周均搜索次数为 6 973 次，周均次数在 2018 年 8 月达到峰值 19 381 次；"区块链"周均搜索次数为 10 149 次，周均次数在 2018 年 1 月达到峰值 52 746 次（见图 10-2）。

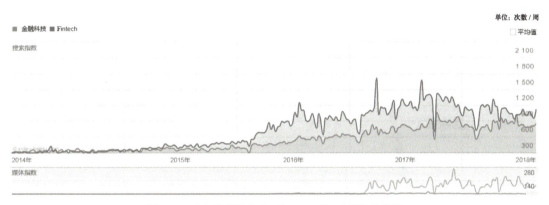

图 10-2 "金融科技"和"Fintech"百度搜索指数

资料来源：百度。

10.3 技术篇："ABCD"技术成熟度

影响金融科技场景融合深度和应用实践广度的因素很多，从技术角度看，主要因素为技术成熟度。

Gartner[①]每年发布"新兴技术成熟度曲线"（gartner hype cycle），提供了各种新技术和应用的成熟程度和运用情况的图表说明，根据分析和预测来推断各种新技术达到成熟所需的时间，以及这些新技术所处的发展阶段。新兴技术成熟度曲线包括 5 个阶段，技术萌芽期（technology trigger）：一项潜在的技术突破拉开了序幕。早期的概念验证案例和媒体的过度

---
① Gartner 是全球权威的信息技术研究与顾问咨询公司。

曝光等因素导致技术在没有成熟前就被大肆渲染，通常没有可用的产品存在，商业可行性也未经证实。期望膨胀峰值期（peak of inflated expectations）：早期的宣传产生了许多成功的案例——也经常伴随着大量的失败案例。对于失败，一些公司采取了补救措施，而大部分却无动于衷。大量的投资发生在该阶段。泡沫破裂低谷期（trough of disillusionment）：随着技术实验和实现的失败，人们的兴趣逐渐减退。技术的生产商要么摆脱困境，要么失败。只有当幸存的技术供应商改进他们的产品并使得早期采用者满意时，投资才会继续。稳步爬升的复苏期（slope of enlightenment）：越来越多的案例说明该新技术如何使企业受益，从而技术开始具体化，并得到更广泛的理解。技术供应商开发了第二代和第三代产品。许多企业开始试水，保守的公司持谨慎态度。生产成熟期（plateau of productivity）：主流的技术应用开始普及，评估技术供应商的生存能力的标准更加明确。新技术广泛被市场接受，并得到回报（见图10-3）。

"ABCD"新兴技术都曾出现在Gartner的新兴技术成熟度曲线中，由于大数据技术和云计算技术的成熟和商业化应用，目前这两项技术已经不再出现在新兴技术成熟度曲线中。从金融行业应用来说，大数据应用较成熟，其次是人工智能和云计算，区块链技术虽在理论技术方面已较成熟，但应用场景相对最少。

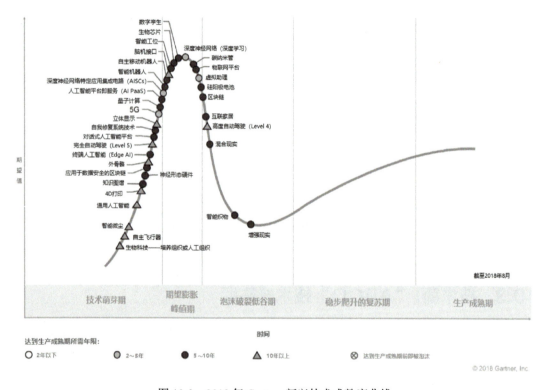

图10-3　2018年Gartner新兴技术成熟度曲线

资料来源：Gartner。

10.3.1　A：人工智能

在Gartner发布的2016年新兴技术成熟度曲线中，共有16项新兴技术首次进入成熟度曲线，其中人工智能技术占比超过 50%，包括通用机器智能、神经形态硬件等。在 Gartner 发布的 2017 年新兴技术成熟度曲线中，人工智能类新兴技术正在经历快速移动，处于期望膨胀峰值期的新兴技术有 12 项，其中一半以上为人工智能类新兴技术。近两年，随着智能手机语音助手使用率的快速增长和智能机器人领域的大规模并购，虚拟个人助理和智能机器人在新兴技术成熟度曲线上的位置明显前移。在 Gartner 最新发布的 2018 年新兴技术成熟度曲线中，以虚拟个人助理、智能机器人和深度学习（深度神经网络）为代表的人工智能技术，已处于"期望膨胀峰值期"；知识图谱尚处于"技术萌芽期"。总体上看，人工智能相关的技术都还处于"期望膨胀峰值期"（含）以前，仅有虚拟个人助理即将进入"泡沫破裂低谷期"。Gartner 认为，在未来 10 年，人工智能将成为最具颠覆性的技术。

部分已经成熟的人工智能技术应用，比如 AlphaGo、人脸识别等，都是解决特定问题、完成单一目的具体应用，不能同时拥有深度（能否有效解决问题）和广度（解决哪些问题）。在大部分行业领域，包括金融领域，人工智能的应用程度较低，人工智能技术与特定金融场景的融合还处于早期探索阶段。当前，传统金融机构也主要是从服务智能的角度，通过购买智能金融技术服务公司的产品或与科技公司合作的方式，试图提升服务效率、体验或提高用户粘性。比如智能客服、智能投顾等，有点"智能"但离"人工智能"尚远，服务的深度还有待提高。从服务智能再到决策智能还有很长的路要走。机器可以处理它能理解的所有内容，不能理解的内容还需人工介入处理。国内某知名互联网公司认为，做智能客服不能忽视人工介入的必要性，缺少人与机器的配合，所谓的"智能客服"更多的只是一个"智能帮助"或者 FAQ 的查询引擎变种，这里缺少对用户提问情况的统计、分析，要通过机器学习的方式分析用户属性，了解用户真实需求，通过技术的方式配合人工做好"充分了解你的客户"（know your customer，KYC）的工作。

10.3.2 B：区块链

在 Gartner 发布的 2016 年新兴技术成熟度曲线中，区块链技术首次进入，处于"期望膨胀峰值期"的开端；在 Gartner 最新发布的 2018 年新兴技术成熟度曲线中，区块链技术步入"泡沫破裂低谷期"的开端。总体而言，区块链（公有链）技术尚未成熟，基础设施不完善的状况致使其应用受到局限，整体应用还处于一个非常早期的阶段。如共识算法等区块链的核心技术尚存在优化和完善的空间，区块链处理效率尚难以达到现实中一些高频度应用环境的要求，目前不能满足高频度和复杂的商用计算。此外，其他配套的基础设施如存储、隐私保护等，也并没有表现出比传统中心化解决方案更优越的性能。⊖

区块链的适用场景与其核心特点密切相关。区块链作为一种分布式账本技术，核心特点就是在多用户节点网络中，实现节点间高效、安全地共享网络中产生数据的同时，还可保证数据的可靠性及节点的平等性。区块链的去中心化模式挑战了传统金融格局，且基于金融场景对实时、高并发、高吞吐、安全、数据隐私等维度的实际需求，弱中心化的联盟链是行业当前区块链应用探索的主流方式。联盟链只允许预设的节点进行记账，加入网络的节点都需要经过授权。

⊖ 中国信通院、腾讯研究院：《金融区块链研究报告》。

10.3.3　C：云计算

在 Gartner 发布的 2015 年新兴技术成熟度曲线中，原来的云计算技术转变为混合云计算技术，表示以公有云技术为主体的云计算技术已基本成熟，结合私有云的混合云计算达到新兴技术成熟度曲线"泡沫破裂低谷期"的中点；在 2016 年以后的 Gartner 新兴技术成熟度曲线中，已不再包括混合云计算技术，表明混合云计算基本达到成熟，市场应用开始普及。

国内以阿里云为代表，国外以亚马逊 AWS 为代表，占据国内外公有云计算技术服务市场的半边天，云计算服务在这两个公司总体收入中也占了一定比例。阿里巴巴财报显示，2017 年阿里云营收达到了 16.73 亿美元（约合 111.68 亿元人民币），占阿里巴巴全部业务营收的 4.91%；亚马逊财报显示，2017 年 AWS 净销售额达到了 174.59 亿美元，占亚马逊全部业务净销售额的 9.82%。

传统 IT 基础设施部署模式为"烟囱式"，相比于云架构模式，具有共享程度不高、资源利用率低、扩展性弱和维护成本高等缺点。金融行业是一个高度监管的行业，数据隐私要求高，金融机构更倾向于采用自建云模式来使用云计算技术。在部署顺序上优先开发测试环境，其次开发生产环境；在系统迁移上，也一般从外围辅助性系统开始迁移。

中国信息通信研究院发布 2018 年《金融行业云计算技术调查报告》，其中对银行、保险、证券等共计 391 家金融机构的调查显示，有 41.18% 的金融机构已经应用云计算技术，46.80% 的金融机构计划应用云计算技术；金融机构应用云计算技术最主要的目的是缩短应用部署时间、节约成本和业务升级不中断；在已经使用云计算技术的 161 家金融机构中，12.5% 的金融机构已经实现大规模部署，部署虚拟服务器的数量在 1 000 台以上，19.2% 的金融机构部署虚拟服务器数量在 500～1 000 台。

10.3.4　D：大数据

大数据技术在 2014 年已经步入 Gartner 新兴技术成熟度曲线的下降通道，处于"泡沫破裂低谷期"，且没有出现在 2015 年以后的 Gartner 新兴技术成熟度曲线中，说明大数据已经从概念热潮的峰值滑落，步入产业实施部署的"生产成熟期"。

在"ABCD"四类新兴技术中，大数据技术作为国家顶层战略最早重视和支持的技术，无论是在技术上还是场景应用上都较为成熟。大数据技术相对也获得市场高度认同和资源投入，行业探索和应用较为广泛。金融行业天然的数据量大、数据复杂、经营风险和监管严格的特点，是大数据探索和应用的主要行业之一，"大数据营销""大数据风控"已是耳熟能详的字眼。蚂蚁借呗、微众银行微粒贷和招商银行闪电贷等个人信贷产品，在贷前风控环节都使用了大数据，从借款申请、授信到放款整个流程可以在分钟级内完成。

大数据技术的基础是数据源，价值是数据背后的理解、分析。就数据源来说，金融机构内部各信息系统间、金融行业各机构间以及金融行业与其他数据高关联的行业间，不同层面都存在数据孤岛问题，数据共享交换、数据隐私安全等需要在行业层面得到解决。中国支付清算协会金融科技专业委员会、中国信息通信研究院云计算与大数据研究所联合发布的《大数据在金融领域的典型应用研究》白皮书指出，金融大数据的五大发展趋势：一是大数据应用水平正在成为金融企业竞争力的核心要素；二是金融行业数据整合、共享和开放成为趋势；三是金融数据与其他跨领域数据的融合应用不断强化；四是人工智能正在成为金融大数据应用的新方向；五是金融数据的安全问题越来越受到重视。

10.4 应用篇：新兴技术在金融风险管理领域中的应用——以证券业为例

"ABCD"等新兴技术正加速与金融行业的融合，为银行、保险、证券等传统金融机构带来了创新性的金融解决方案。金融科技不仅可以推进金融产品创新、变革金融服务模式，也可以优化传统风险管理手段，提升风险管理机制的前瞻性和有效性。基于新兴技术的"精准营销""智能投顾""信用评估""投资者适当性管理""客户异常行为监控"等，本质都如出一辙，属于KYC范畴。当前，银行、互联网金融行业已成为"大数据风控""智能风控"的探索先驱，也为证券公司风险管理提供了新思维和新方式。

10.4.1 云计算应用于全面风险管理系统建设

在风险管理实践中，证券公司一般采用风险分类管理模式，以提高风险管理的专业性和有效性。因此，在风险管理系统建设上，也一般由各类风险职能部门或团队牵头，施行分类建设。这也带来了一定的问题。各类风险管理系统独立开发，业务、技术和数据的标准不统一，系统功能、统计口径等方面既有重叠又有分歧，存在"应用孤岛"现象；各类风险管理系统的计算和存储硬件资源分离，资源需求大小不一，资源利用效率低，且伴随总体业务规模不断扩大、历史数据不断积累，系统运行稳定性和时效性严重依赖计算和存储资源，需及时扩充资源，这对传统的运维管理提出更高要求。

基于云平台的架构，具有高扩展性，通过虚拟化技术将物理IT设备虚拟成IT能力资源池，以整个资源池的能力来满足计算和存储需求，可提高基础计算和存储资源的使用效率，相比于传统单体应用架构，在同等IT性能下，云计算架构可更好地保证整体系统运行的稳定性。基于云平台搭建微服务，通过统一平台，承载各类风险管理系统，通过搭建微服务，将核心重叠功能模块独立化，消除"应用孤岛"，有助于实现全面风险管理系统的整合，而且微服务可有效支持大规模复杂风险计量，使原先难以快速处理的复杂风险指标计算效率得到显著的提高。

随着科技的快速推陈出新，云计算技术在互联网企业（如亚马逊、阿里巴巴等）已经得到了广泛应用，拥有着多样化的场景。大型互联网科技企业的基础IT架构大都以云计算为依托，充分利用大数据技术以及人工智能技术，使得其能够为客户提供更加便捷、及时的服务，深刻改变服务模式。近年来，证券公司也纷纷搭建自有的云平台，并尝试在平台上搭建业务或管理系统。云计算平台一般认为包括以下几个层次的服务：基础设施即服务（IaaS）、平台即服务（PaaS）和软件即服务（SaaS）。以国内证券行业为例，绝大多数中大型证券公司在内部的私有云平台中基本实现了IaaS层以及少量PaaS层的服务，大部分场景是以提供虚拟化来代替实体服务资源（高效使用、节省资源、增加系统弹性）的，并支持快速部署与搭建各种操作系统环境（如 Windows 或者 Linux 等）或者进一步安装多样的集成开发环境（IDE）。云平台的优点仿佛只有券商 IT 人员看到并享受到了（如快速部署开发测试环境等），但对于业务人员好像是透明的，并无太多的探索。

微服务是一种架构风格，一个大型复杂软件应用由一个或多个微服务组成。系统中的各个微服务可被独立部署，各个微服务之间是松耦合的。每个微服务仅关注于完成一件任务并很好地完成该任务。在所有情况下，每个任务代表着一个小的业务能力。图 10-4 清楚地说明了微服务架构（microservice architecture）与传统的一体化架构（monolithic architecture）的区别，可让我们更清楚地理解什么是微服务。

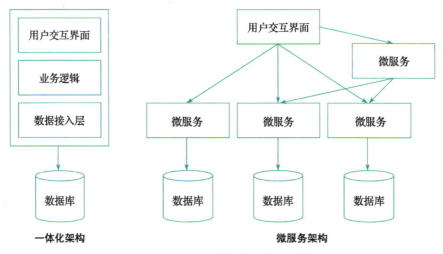

图 10-4　微服务架构与一体化架构

通俗地讲，微服务架构可以将原先一体化的系统根据业务功能拆分成多个独立的服务，每个服务处理自身的业务逻辑，服务与服务之间通过一定的技术手段进行通信，也就是将原先的大颗粒分解为自治小颗粒的微观化的过程。举个例子，我们可以将市场风险管理系统中资产估值模块拆出来形成一个单独的估值引擎微服务，独立于整个市场风险系统之外，市场风险系统或是其他类型风险管理系统、业务管理系统等需要对某资产进行估值时，只需要调用估值公共微服务即可，无须再次开发，从而解决不同系统计算同一资产估值的二义性问题，也更有利于实现全面风险管理系统的整合。

云平台的弹性和可扩展性使其能提供更高效的运营模式，提高业务灵活性和应用程序的体验质量。但关键问题在于，很多时候我们并不清楚如何利用云平台结合业务场景实现这些优势，而微服务是最好的答案。云平台与微服务的结合意味着原先被认为的"瓶颈"组件服务可以动态地实例化多个副本服务，并且可以在副本服务之间实现负载均衡（云平台可实现按需分配虚拟资源）。当前更流行的做法是将微服务架构放入 Docker 等容器之中，再将容器放入云平台，这样可以使整套架构更灵活、更高效。基于云平台的微服务架构可有效解决大规模复杂风险计量问题。

传统风险管理的思想和理念是基于盯市价值（mark-to-market，MtM）来计算和度量各种风险指标。根据日期、当前利率、波动率水平和其他相关风险因子的价格，就可以测算组合及其组成工具的盯市价值。这种逐日盯市模式会根据当前的报价和风险因子水平对理论模型进行校准，从而得出较为合理的理论盯市价值。而面向未来的 MtF（mark-to-future）方法则会生成风险因子的所有可能的波动，继而得出既定组合及其工具的未来价值分布。MtF 对工具和组合进行多重的跨时段的模拟，就可以得到组合价值在每个时间步上的完全分布，继而得出 VaR、ES、PFE 等统计数据。只有通过这种方法，而不是使用分析近似或其他简便方法，才能生成关于风险和收益的未来轮廓，同时按照不同维度进行细分轮廓的分析和应用。但 MtF 方法需耗费大量的计算资源，特别是当组合包含较复杂产品（如美式期权、复杂奇异期权等）且头寸数据量成千上万时，计算瓶颈尤为明显，传统的风险管理系统架构往往仅能支持少量的并行计算，计算过程会消耗大量的单服务器计算资源，使其无法再响应其他计算请求，造成整个系统运行瘫痪。

MtF 的计算流程可拆分为三个不同的部分，系统就可以交替地执行多种方法。通过一系列的模型和分布假设，系统可以构建情景；在各情景下，利用多种模型，如解析方法和蒙特卡罗模拟方法，系统可以执行工具估值；最后，所有相关的信息都会被存储在 MtF 立方体中，金融机构可以定制风险/回报分析，以满足特定的需求。MtF 是一个开放且可扩展的框架，它能够容纳新的情景生成技术、定价算法和后处理程序，适应不断演进的新增业务风险管理要求。新的要求可以被添加到 MtF 框架中，而这一添加操作不会破坏现存的工作流程和结果。由于生成和分析 MtF 结果（也被称为 MtF 立方体）的必要步骤可被分配到多个分析引擎中，因而，MtF 可以在整个组织内以分布式、并行、可扩展的方式被执行。另外，MtF 立方体可以被多次使用，每个 MtF 立方体都可以为多个风险/回报分析程序所用，这些分析程序适用于不同的分析需求，分布在组织的各个层面，如部门层面和整个公司层面。

基于上述特点，MtF 方法在实现过程中可以充分利用云计算处理方式，将情景生成、金融工具估值等封装成单一微服务，同时进行平行扩展（动态或者静态），在多个虚拟服务器（或者使用 Docker 容器）中部署多个微服务，这样即使有大量的计算也可以分配到多台虚拟机中并行计算，而且利用云平台的高弹性还可以做到按需分配，大大加速 MtF 计算的时间与效率。

10.4.2 知识图谱和深度学习应用于舆情信息监控

近年来，金融机构各类资产，特别是信用类资产快速增长，不论是预警信用业务的爆仓、自营业务的踩雷，投行业务的持续督导和存续期管理，还是加强自身的负面信息监测及管理，都对金融机构进行舆情信息监测和管理提出了强烈要求。人工智能技术的不断发展，为实现舆情分析的自动化、智能化、精准化提供了新的手段，通过知识图谱和深度学习等人工智能分析技术，可提供舆情监测、风险预警、智能报告，使得金融机构第一时间获取相关主体风险事件信息并评估风险严重程度，及时做好应对措施。

知识图谱由谷歌率先提出，其目的主要是用于对真实世界中存在的各种实体和概念，以及这些实体、概念之间的关系进行研究。实体指的是实际存在的事物，比如国家–中国、城市–广州等。概念是比实体更抽象的表达，比如人、颜色、天气等。关系是实体与实体、实体与概念之间的结构或联系，包括层级关系和非层级关系。通俗来讲，知识图谱就是把机构、账户、行为等不同种类的信息连接在一起，从而得到一个关系网络，使之能够从"关系"的角度去分析问题。知识图谱广泛应用于数据挖掘、智能问答、语义搜索、知识工程等领域。

深度学习的概念由 Hinton 等人于 2006 年提出，其前身为神经网络。2016 年 DeepMind 公司所开发的 AlphaGo 击败围棋世界冠军李世石之后，深度学习这一概念逐渐被人们熟知。通过深度学习技术，可有效地处理机器翻译、语音识别、图像分类以及自然语言处理等机器学习的问题。深度学习的基本原理是通过复杂深度神经网络结构进行低维到高维的映射，从而能够对数据的特征进行提取，得到数据的特征表示。

随着深度学习与知识图谱技术的发展，两者的结合在金融风险管理领域中的应用也得到了相关监管机构的高度重视。上交所、深交所等机构也在积极部署金融科技，探索构建上市公司画像图谱、公司与股东行为特征分析体系，利用深度学习结合知识图谱对上市公司风险进行监测预警。

我们认为，金融机构利用深度学习与知识图谱进行舆情信息监测，实现风险事件识别，主要包括以下四个步骤。

1. 构建自营以及信用等业务相关主体的知识图谱

利用知识图谱技术，基于规则，对金融机构自营以及信用等业务相关的持仓主体、对手方以及关联方主体等进行画像，对主体各类型的数据（结构化数据、半结构化数据和文本数据）进行抽象建模，构建相关主体的知识图谱。主体的知识图谱主要是描述主体的固定属性以及各种关联关系，例如公司高管、集团组织、股东、概念、债务、行业、上游、下游、主营业务、投资关系等属性及其关系。

知识并不是一成不变的，很多事实都会发生变化。例如，股东关系变更、新增债务等。这样一来，知识图谱的更新就显得非常重要，知识图谱需基于动态变化的"概念—实体—属性—关系"数据模型对各类型的数据进行统一建模，大规模数据存储需支持大数据及数据模式动态变化。

2. 深度学习模型训练

搜集和维护风险信息数据集，并对相应风险事件进行分类标签，通过监督学习，对深度学习模型进行训练。监督学习方法做风险事件识别时，往往是训练样本规模越大，分类的效果就越好，识别风险事件的准确度越高。一般来说，标记样本的获取是比较困难的，需要领域内的业务专家和数据分析专家来进行人工打标签，所花费的时间成本和经济成本很大。而且，如果训练样本的规模过于庞大，训练的时间花费也会比较多。这里可以加入一个基于主动学习的选择引擎，通过一定的算法选择最有用的未标记风险信息数据样本集，并交由专家进行标记，然后用选择到的样本进行深度学习模型训练，使用较少的训练样本来获得性能较好的分类器。

在给风险信息数据集打标签时，可参照《中央企业全面风险管理指引》对风险的分类方法或其他分类方法，对风险信息进行分类标签。《中央企业全面风险管理指引》将企业面临的主要风险划分为战略风险、财务风险、市场风险、运营风险、法律风险等 5 个一级分类，73

个二级分类，136 个三级分类。

3. 风险监测预警

基于相关主体的知识图谱，通过网络爬虫系统对相关主体有关的资讯、公告等互联网信息进行信息抓取，基于自然语言处理技术，识别并处理相关主体的风险信息，将处理后的数据作为深度学习模型输入向量，通过深度学习模型输出相应的风险事件分类，并对舆情风险信息进行监测预警。

4. 深度学习模型再训练

定期对深度学习模型的预测数据进行维护（亦可通过主动学习维护较少量风险信息数据集）并标签，伴随样本数据的新增，对深度学习模型进行再训练，以进一步提高深度学习模型识别的有效性。

更进一步，在对风险事件严重程度进行明确定义和划分后，可以对风险事件的严重程度进行标签，并作为模型输出项。

以某证券公司自营业务购买了上市公司主体华信国际（002018.SZ）发行的债券为例，实时监测全网风险事件。风险事件 1，新浪财经讯 2018 年 3 月 1 日消息，中国华信能源有限公司董事局主席叶简明被调查；风险事件 2，上交所 2018 年 3 月 1 日上午公告称，15 华信债（136093）今日上午交易出现异常波动。根据《上海证券交易所交易规则》和《上海证券交易所证券异常交易实时监控细则》的有关规定，本所决定，自 2018 年 3 月 1 日 10 时 17 分开始暂停 15 华信债（136093）交易，自 2018 年 3 月 1 日 14 时 55 分起恢复交易。

通过上述风险监测机制，进行全网舆情信息抓取和分析，基于华信国际主体的知识图谱，利用深度学习模型，识别并监测到风险事件 1 对应集团的社会舆情风险，风险事件 2 对应华信国际的证券市场风险，进而对风险事件进行及时的预警报告。

10.4.3 模式识别和知识图谱等应用于异常交易行为识别

近年来，交易所一线监管的职能不断得到强化，"以监管会员为中心"的交易行为监管模式也成为高频词。其核心是"谁的客户谁负责"，形成"交易所管会员，会员管客户"的分层分级交易监管模式。"以监管会员为中心"的交易行为监管模式，旨在督促证券公司严格履行客户交易行为管理职责，充分发挥第一道管理防线作用，对证券公司在客户异常交易行为管理方面提出了更高要求。各证券公司如何更好地了解客户（KYC）、如何更好地做好客户异常交易行为（如内幕交易、操纵交易、概念炒作等一系列扰乱市场秩序、侵害投资者利益的违法违规行为）的监控管理工作，在这方面，基于模式识别、知识图谱、文本挖掘等人工智能和大数据的分析技术和手段大有可为。

异常交易行为层出不穷，手法亦越来越复杂，在应用技术进行异常交易行为识别和监控时也需要具体问题具体分析。首先，需对各种异常交易行为进行明确定义，筛选异常交易的典型特征，基于大数据资源和技术优势，制定异常交易的判别标准和规则；其次，基于数据和规则，开发相应的异常交易分析模型，明确模型输入、输出要求，如模型输入需要哪些数据、数据格式、数据预处理等；最后，通过各种技术手段，如大数据技术或人工智能技术，将异常交易模型转化为可执行的操作，实现分析功能落地。

规则匹配以及模式识别，是根据既定规则以及模式将日常交易数据与异常交易行为的模式进行匹配，包括规则匹配以及时间序列匹配。以 NASD 的 ADS 系统为例，首先将数据进行"切片"取样，小到一秒钟大到几个月的数据，根据实际需要选取数据范围可从营业部到账户级别。之后将交易信息与设定的参数进行比对，规则匹配是根据设定的触发值设置断点，而时间序列匹配是根据不同的异常交易模式（pattern）进行正向和反向比对，并计算置信度（confidence）以及支持度（support）并设置断点。通过数据可视化方式将异常交易行为反映到用户交互界面 UI（包括市场利差时间轴、持仓流向展示、交易关系展示等）进行相应处理。最后，应用关联规则算法（association rules）以及决策树（decision trees）生成新的规则以适应变化的市场形势及不断更新的异常交易手段。

知识图谱作为关系的直接表示方式，可以把不同来源的数据（结构化、非结构化）整合在一起，并提供非常便捷的方式来添加新的数据源，能更有效地分析复杂关系中存在的特定的潜在风险。如操纵交易行为趋于复杂化，典型特征是参与账户众多，表面上各账户之间可能没有直接关系，但运用知识图谱技术进行账户关联性分析，构建关系网络，从用户关联、交易关联、终端设备关联、时间关联、地域关联等多维度整合数据集，实现判定账户关联关系，识别出违法违规可疑账户组。比如，若识别出两个账户在交易品种、时机、频次、手法等方面非常相似，而其中一个账户是基金或产品账户，那另一个就极有可能是老鼠仓。而且，知识图谱可以看作一个图（graph），假设在短时间内图结构的变化不会太大，如果变化很大，就说明可能存在异常，需要进一步关注。

文本挖掘是对处理好的异常交易相关的新闻、报表等文本，以文本分类（聚类）、关键词索引等方式进行分析，并输出相应的变量作为参数供其他算法进行使用或者提供证据支持以及模型验证。异常交易行为监控的文本挖掘对数据进行提取时应特别关注文本数据的相关性、时间性、独特性，即要回答三个问题：信息是否与关注点相关？信息是何时报道的？信息被提取的特征是否已多次被发现？以概念、题材炒作为例，其典型特征是蓄意在网络、媒体渠道散布谣言信息，同时伴随热门板块或概念个股的异动。将异常波动或热点概念股票纳入重点监控股票范围，利用文本挖掘和自然语言处理技术，抓取和分析网络中概念股票的推荐信息等非结构化数据，同步监测相关股票行情数据是否存在异动。当股票出现异动时，对具有"提前交易"行为特征的账户和信息发布人进行关联分析，从而筛查出恶意炒作嫌疑账户。

当今交易所市场交易者众多、交易量大、交易关系复杂度高，对实时计算性能和大规模数据统计分析效率要求较高，大规模高频实时交易数据的采集、计算和分析，以及非结构化数据的处理是异常交易行为监控的重点，也是难点。在技术架构层面上，通过大数据技术和云计算技术，提供稳定的高性能计算和计算资源的调配、扩展能力，实现海量、非结构化的数据的实时处理，支持风险监控规则的实时计算，文本挖掘和机器学习的智能分析等功能。

很多复杂异常交易行为分析难、判定难。技术虽不是万能的，但技术分析提供了强有力的辅助手段，再结合人工筛查，可提高异常交易行为的识别效率。

10.4.4 基于知识图谱和图挖掘的信用风险传导模型

目前，跨地区、跨行业和集团化经营使得企业之间越来越紧密地相互关联。这种关联关系既有因投资关系、实际控制人等为纽带的投资型关联，也有因企业的核心生产技术、上下游产品交易所形成的经营型关联，还有因借贷或相互担保所形成的债务型关联，企业间的关联关系可以是显性的，也可以是隐形的。当某一个企业出现问题、风险或危机时，这种危害将沿着各种关联关系传导到其他关联企业，直至传导到整个关联企业群，从而形成多米诺骨牌效应。这种关联风险具有隐蔽性、突发性、连锁性、欺诈性等特征。现实中，一些企业还利用政策、法律和银行管理漏洞，频繁进行关联交易、资金串用和相互担保，客观上更是放大了关联企业的信贷风险，加剧了其易发性和严重性。

在信用风险管理中，公司实体违约，我们定性地知道风险往往会传导至所在集团乃至上下游企业。而群体性甚至系统性风险发生时，我们需要进行复杂场景下的风险量化和计量，不能停留在仅仅分析单个企业的经营、财务、市场等指标上，而必须充分利用大数据以考虑关联企业的关联关系，建立兼顾企业自身因素和关联关系的风险评价模式。

金融机构应当关注关联风险传导的机制，达到早发现、早识别、早预警、早处置的效果。过去一段时间，很多证券公司着手基础设施建设，积累企业关联信息大数据，基于知识图谱和图挖掘开发风险传导模型，市场上出现了很多该领域的创业公司，为金融机构提供相关的产品和服务。

例如，某银行通过四步构建了信用风险传导模型框架，具体如图10-5所示。

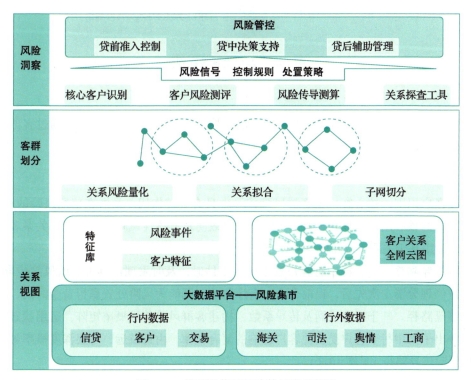

图10-5 某银行信用风险传导模型框架

1. 建立数据视图（DV），奠定信息基础

通过建立信贷客户标识特征库，提升行内外可用数据整合程度，进而更加全面地识别客户间关联关系，构建客户关系全网视图，进一步解决银行对客户的信息不对称问题。例如可以整合信贷、客户、交易数据等内部数据，以及人行、银保监会、司法、舆情、工商、海关、电信等外部数据，定义并全面识别各类关联关系，例如显性关系中的投资、担保关系等，以及隐形管理中的同一自然人、亲属关联、注册地关联、贸易链关联、生产经营影响等（见图10-6）。

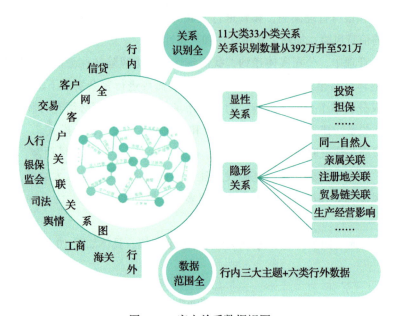

图10-6 客户关系数据视图

2. 构建知识图谱（KG），奠定知识基础

基于客户关系视图，综合考虑客户本身的属性和客户之间的关联关系，通过客群划分算法找出风险传导强关联的客户群体，形成客户风险传播的知识图谱。

3. 实现知识发现（KD），奠定智慧基础

核心客户识别：核心客户在客群风险传导中具有关键作用，是潜在信用风险的交织点，针对关系网的核心用户，提高预警的等级，能有效防范群体性风险。根据关联关系和风险传导特性，采用基于关系数量和传导系数的双因子聚合算法。

风险传导测算：当客群中有客户发生风险事件时，及时发现最具可能的风险传导路径，指导客户经理分清主次先后、提前介入、有序防范，既能为风险处置赢得黄金时间，又能斩断风险蔓延路径。基于客群子网及传导系数，构建客群风险传导概率矩阵，运用状态迁移算法，测算出子网中每个客户受其他客户影响的复合概率，由近及远、每层深度概率最大的客户形成风险传导路径（见图10-7）。

客群风险测评：将客群子网视为风险共同体，通过信息整合、数据建模、整体评价得出

客群整体风险等级。

客户关系探索：面向客户信用关系探查，研发了高性能图谱计算与展示框架，支持用户对海量客户关系信息、大规模复杂关系网络的图形化、差异化、定制化、简便化探查，支持百亿数据实时分组查询，从而覆盖所有新增业务探查客户关系及关联风险需要。

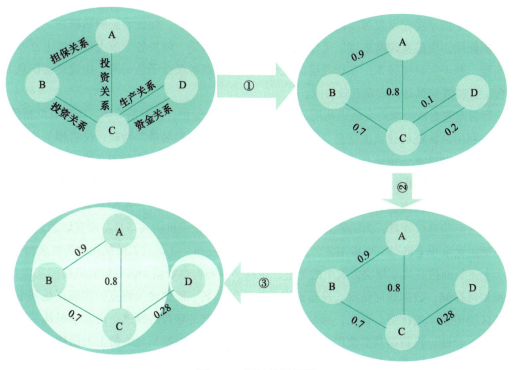

图 10-7　风险传导测算

4. 知识全面应用（KA），提升风险管理效率

信用风险知识图谱及客群风险洞察引擎全面应用于信贷管理流程，提升风险管理效率，助力防范客户及系统性风险。例如将风险洞察应用于风险评估、授信准入、风险预警和风险处置等重要环节，有效防控客户及系统性风险。

10.4.5　区块链应用于负面信息共享

近年来，在实体经济下行、严监管、去杠杆、短期流动性趋紧等各种不确定性因素的影响下，资本市场信用环境恶化，信用风险事件不断。无论是在行业层面维护市场整体信用生态，或是在金控集团内部各条线子公司间，在业务联动发挥业务协同的过程中防止风险交叉传染的背景下，建立负面信息共享机制具有重大意义。在合法、合规、保密的基础上探索建立不同层面的负面信息共享平台，着力化解风险信息不对称问题，从源头上切实防范风险交叉传染，化解存量风险，严控增量风险。

区块链技术作为一种分布式账本技术，其保持各节点数据一致的共识机制和灵活的开放特性，天然具有信息共享功能。狭义来讲，区块链是一种按照时间顺序将数据区块以顺序相连的方式组合成的一种链式数据结构，并以密码学方式保证的不可篡改和不可伪造的分布式账本。广义来讲，区块链技术是利用块链式数据结构来验证与存储数据、利用分布式节点共识算法来生成和更新数据、利用密码学的方式保证数据传输和访问的安全、利用由自动化脚本代码组成的智能合约来编程和操作数据的一种全新的分布式基础架构与计算方式[○]。区块链中的对称密码算法、非对称密码算法、哈希算法等，对计算、通信、存储、隐私均进行了加密保护，在技术层面不仅可实现用户的身份认证、隐私保护，保证数据的私密性、完整性和无法抵赖性，更能实现有限度、可管控的数据共享和验证，解决各个节点数据线上互换的信任问题。基于区块链技术，在行业层面或金控集团内部各条线子公司间，构建负面信息共享平台，打破数据孤岛，实现有效协同。

当前监管合规要求对金融机构用户敏感数据有严格保护，对数据交换、传输有严格限制。因此在利用区块链构建负面信息共享平台时，可从共享"黑名单"做起，仅将相关失信人的出险信息上链共享，主体身份信息经过脱敏处理后加密存储，负面信息（如违约金额、逾期天数）经过标签化处理后保存到区块链上。共享机构实际并不能看到平台上有哪些负面信息，而只能通过查询操作将自己关注的主体与平台上的主体进行匹配，匹配不成功，说明相关主体没有负面信息。并且，为保护共享机构的商业机密，鼓励机构共享自身所获取的负面信息，在负面信息发布上链时，可采用匿名发布查询机制，发布、查询数据的机构均为匿名操作。

上述负面信息共享解决方案中的关键点包括，负面信息数据如何在授权机构间实现共享、数据如何存储、数据如何隐藏、发布查询机构如何匿名，而这些关键点的实现正是基于密码学的区块链技术的优势。首先，通过采用具有准入机制的联盟链模式，由共享机构共同发起并参与维护链，将数据共享使用范围限制在授权机构内，数据只允许链上的机构进行发布和查询，保证数据的保密性。共享机构想要作为联盟链上的节点，需要审核且进行身份验证。例如，联盟链平台 HyperLedger FABRIC 提供基于 PKI 的身份管理，采用数字证书机制来实现对身份的鉴别和权限控制。

其次，在区块链上实现数据共享所需的数据资源，先要解决数据资源存储问题。由于区块大小的限制，大规模数据存储和交互是区块链应用的难题。在负面信息共享应用场景下，仅将出险信息共享上链，数据量小且对 TPS 要求低，因此可直接将数据存储在区块上，并且数据发布和查询过程亦完整记录在区块的交易中，保证交易的可信且可追溯。

再次，在基于联盟链的负面信息共享需求中，对于数据隐私保护的要求是毋庸置疑的，所有的参与方都不能看到所有的负面信息数据。在传统解决方案中，一般使用物理隔离的方法，即各自的数据只保存在相关参与方各自的物理空间里。但是区块链技术优势的特点正是交易的参与方在使用"达成共识的同一个账本"的前提下，通过对交易数据加密，仅使交易相关方拥有解密所需密钥，保护交易数据的隐私，通过零知识证明实现隐藏交易验证，达成共识。

最后，联盟成员在发布或查询负面信息时，为实现匿名操作，不让其他成员知晓自己发布、查询了哪些负面信息，可通过环签名或群签名实现身份的隐藏。

○ 《中国区块链技术和应用发展白皮书（2016）》。

10.5 操作篇：打破数字壁垒，关于金融科技实施的几点思考——以证券业为例

金融科技势必会给金融业带来巨大冲击，成为金融业差异化竞争的有力武器。以证券行业为例，其整体金融科技水平相对薄弱，金融科技发展的广度和深度还需持续拓展，多数机构采取跟随策略或在与（金融）科技公司、同业的竞争压力中倒逼发展。行业内具有领先意识的券商也提出并制定各自的金融科技发展战略、数字化战略方案，或已进行前瞻性布局，以期在金融科技竞争的浪潮中，抓住新机遇。

10.5.1 夯实基础，循序渐进，勿盲从热点技术

证券行业正处于电子化、（移动）互联网化和智能化交织的阶段。一方面，在系统建设上，"信息孤岛""应用孤岛"和"资源孤岛"问题显著，系统建设以纯粹完成业务（需求）功能为导向，以按时完工、上线后不出问题为主要目标，而且在部分业务管理或工作流程的系统化上，尚不能达到电子化水平；另一方面，以大数据、人工智能为代表的新兴技术应用探索不断，但核心业务系统依赖第三方供应商，已有新兴技术应用也主要依赖外部供应商，自身IT资源投入主要围绕在系统运维上。

金融科技的发展是一个不断积累、循序渐进、全面发展的过程，将金融科技作为核心竞争力，通过金融科技实现差异化竞争，在根本上，还是需要提高自主的金融科技研发、创新和运营能力。在场景应用方面单点突破、急用先行，但不能盲目追从热点技术，而忽略金融科技发展的基础设施建设，金融科技应用不只是为解决某一个痛点。营造金融科技文化氛围、制订切实可行的金融科技战略方案、建立金融科技发展配套的组织架构和制度流程体系、夯实技术基础、开展数据治理等都是金融科技发展的基础建设环节。只有在合理把控技术风险、模型风险、操作风险的基础上，技术方能用得得心应手。

10.5.2 塑造金融科技文化，破除"唯短期效益论"观念

金融科技从业门槛和投入成本较高，这也是阻碍传统证券公司金融科技起步的重要原因。国内很多证券公司的IT建设整体还处在发展的初期阶段，可以看到的是技术部门每年搜集整理各个部门需求，编制预算，向公司申请建设多少系统，但是系统建设方式也以外购或外包为主，且对系统如何整合和发挥技术创新价值的思考远远不够，导致的结果就是从公司看，IT投入体现为成本支出。公司高层迫于业绩压力或追求短期效益，对技术创新投入不足。金融科技实践需要一个过程，效力显现也不是立竿见影，但从长远看，风险和收益是匹配的，技术领域的差异性竞争一旦形成，会构造一条很难跨越的护城河。

理解和调整企业文化是金融科技发展或数字化转型过程中的重要一步。企业文化将对外展现许多内容，例如，企业接受创新的意愿、适应变化的能力。提到"金融科技"字眼，我们就会想到蚂蚁金服、中国平安、工商银行、华泰证券、高盛等企业，"金融科技"已成为这些企业的标签。

首先，企业文化通常在企业的高层形成，并自上而下渗透，高层的行为、决策和沟通技

巧将成为企业其他成员的指导。只有高层充分相信金融科技手段能长远促进企业发展并统一公司上下的思想，才能在庞大的公司内部推进数字化转型升级。拿数据治理来说，数据治理是一项基础性工作，数据价值体现是个长期过程。国内某大型国有商业银行在数据治理方面积累了丰富的经验，在调研中，该银行表示数据治理工作开展的首要条件是领导重视，该行领导曾批示"数据质量问题的存在比没有数据更严重"。

其次，金融科技文化鼓励协作。协作是分享成功秘诀的过程，并可以将好的想法和流程复制到企业的每个角落。协作代表跨部门和跨职能活动，这将对整个组织产生巨大影响。有时候需要高层强制协作。在数字环境中尤其如此，金融科技实施不是某一个部门的事，改进流程、服务可能涉及多个部门。考评和激励体系是文化的一个重要方面，在跨职能团队的协作文化下，成功一般是多个部门或团体共同努力的结果。与金融科技实施相配套的考评和激励机制，应兼顾个人和团体、短期利益与长期利益，鼓励协作职能。

10.5.3　注重金融科技配套组织架构，促进业务与技术的协作和融合

业务（这里泛指需求场景）与技术的深度融合，是金融机构金融科技建设的必经之路。没有业务场景，就没有技术需求；没有技术，业务场景则无法落地；技术和业务融合要能够产生效益，还需实现对场景或产品的有效推广和运营。金融科技的推进不是某一个部门的事，而是公司整体的事。问题的关键是如何实现两者的有机融合，实现跨职能协作。

国内某大型国有商业银行在数据治理上强调"数据谁生产谁负责"。在岗位设置方面，总行管理信息部设置专职数据治理岗位，数据生产部门每部门设置兼职数据治理岗位，各级分支机构、各专业条线设置兼职数据治理岗位。基于应用导向，挖掘数据价值，该银行设置"1+X"的数据分析架构，以弥补数据分析师不熟悉业务的缺陷。"1"即在总分行管理信息部设置专职数据分析师，负责全行跨界数据挖掘与服务创新；"X"即在各业务部门、分支机构设置兼职分析师，专注于本领域数据分析工作，二者既有分工又有协作。该银行还与SAS公司合作，对数据分析师进行培训、认证。在考核方面，"1+X"全部数据分析师一起参与考核。

国内某大型金控集团银行子公司的零售网络金融部采取去行政化架构，将业务和IT划在一个大事业部，有利于培养全面型人才，也很好地解决了协同问题。在事业部内设产品中心和技术中心，无二级部门概念，实行团队制（产品经理负责制），团队规模取决于业务量和产品规模，对创新业务或产品成立孵化团队，待业务或产品成形后转变为正式团队。团队负责各自产品（业务）线的全周期管理，负责产品创造、产品系统落地、产品运营、产品线上线下销售和用户体验管理。技术管理由技术中心统管，在IT开发方面采取敏捷式开发，开发资源按产品线分到团队（运维资源是共享的），IT开发的排期、优先级由团队产品经理来决定。物理办公上，也是采用开放的办公环境，按团队安排座位，促进团队合作。组织架构、团队职能灵活，业务敏捷性高。该银行认为，金融科技应用和发展需要全员参与，涵盖IT部门和业务部门，IT部门关注技术产品本身，业务部门关注应用场景的结合，通过实现IT团队的BU（business unit）制，把IT团队垂直服务于业务部门，提升IT和业务的沟通效率，推广敏捷开发模式，通过持续的迭代和尝试，进行技术应用和探索。

10.5.4 建设金融科技共享生态，合作共赢

"合"是金融科技的大势所趋。金融机构相对于互联网企业或金融科技公司在自行研发金融科技应用上以及在基础数据、技术、人才方面都没有比较优势；在数据方面，数据质量和数据打通问题最为严重；在技术和人才方面，基础技术储备、科技人才培养和场景应用有待提高。合作的根本是优势的互补，不是简单地购买金融科技服务和产品，最重要的是通过合作打通大数据孤岛，提升基础技术水平和金融科技能力输出，实现互惠共赢。

新型合作模式还处于探索阶段，除了通过购买基础设施服务外，金融机构开展合作的方式还可以有以下几种：金融机构与（金融）科技公司共同设立子公司，如中信银行与百度公司联合发起设立百信银行，充分利用双方的优势，借助中信银行的金融风控能力、产品研发能力和线下渠道资源，结合百度公司人工智能、大数据和云计算等先进技术，以用户为中心，坚持科技和数据双轮驱动，打造"O+O"（线上+线下）模式的智能普惠银行。金融机构收购、投资（金融）科技公司，如华泰证券收购一站式资产管理平台 AssetMark，融合 AssetMark 成功经验，加快实现金融科技能力提升和业务输出。金融机构与（金融）科技公司开展深层次战略合作，组建实验室、研究院，与高校共建科研工作站。如招商银行和华为公司成立分布式数据库联合创新实验室，招商银行负责需求和解决方案设计，华为负责技术实现，打造领先的分布式数据库产品。如恒生电子设立博士后科研工作站试点，与浙江大学博士后流动站开展联合招收培养博士后工作，对前沿技术及其应用开展课题研究，推动前沿技术的转化和落地。

对金融机构来说，大数据和人工智能应用的关键除了算法和模型外，还有内部核心小数据和外部大数据的有机结合。普华永道 2018 年《中国金融科技调查报告》的调查结果显示，在中国金融科技发展过程中，大数据风控被认为是继网络支付外，有望引领全球的分支领域。但大数据风控面临的挑战也很明确，数据的可得性、全面性、准确性决定了大数据风控的有效性。拿信用数据来说，金融机构积累的内部信用数据毕竟不足，行业内的信用数据共享不够，行业外的信用数据联通不够，当前大数据信用风险评估应用是否够"大"、够有效还需进一步验证。因此，发展大数据风控不仅需要金融机构的努力，还需要行业、政府推动共性数据的共享，如建设行业征信数据共享平台。2018 年 8 月底，证监会正式印发《中国证监会监管科技总体建设方案》，方案从监管角度强调了数据共享的重要性，提出了监管科技建设"共建共享、多方协同"的原则（之一）和"完善各类基础设施及中央监管信息平台建设，实现业务流程的互联互通和数据的全面共享，形成对监管工作全面、全流程的支持"的目标（之一）。

对背靠综合型金控集团的金融机构来说，在监管合规、数据安全的底线上，一定程度实现数据共享生态至关重要。多元化经营的金控集团，接触的客户群体量大、维度广，在整体层面来说，具有天然的数据优势。国内某大型金控集团的协同效益明显，其在监管合规基础上，以集团业务合作的模式提供综合金融服务，同时实现一定程度的数据共享和打通。比如，集团内部某个板块在同客户签署服务协议时，可告知客户其作为综合集团可提供综合服务，基于为客户提供更优质服务和产品的目的，征得客户同意并授权集团其他业务板块去查询、

收集客户的部分数据。典型的应用是该集团推出的一账通服务。再如，集团所有移动 App 界面底部统一布置引流的广告条，当客户在与银行业务板块打交道时，可看到其他业务板块的内容、产品或活动，当客户真正对引流内容感兴趣时，客户基于当时业务合作场景充分认同并授权银行在该场景下去和其他板块打通数据。

10.6 结束语

从技术应用角度来说，金融机构风险管理主要还处于"技术支持风险管理"阶段，通过风险管理系统建设落地传统成熟的风险管理技术和方法。目前金融行业也一直在以"技术支持"方式，来改善风险管理流程，改进量化评估手段。金融机构距离"技术引领风险管理"阶段还有很长的路要走，还有很多的基础数据问题待解决。金融行业的风险管理系统或产品开发在很大程度上依赖外部供应商，当前行业技术供应商暂时还没有发布成熟的"技术引领型"的风险管理产品，而且"技术引领型"的风险管理产品一定是技术、算法、模型和业务的强融合，对技术和专业风险管理人才要求很高，单靠行业技术供应商也很难实现。

以大数据和人工智能为主的金融科技应用的最大痛点在于数据量。也就造成目前在很多金融机构的风险管理场景下，大数据风控、智能风控应用的规模效应还不够显著。我们不应该拿着金融科技的锤子在行业内到处找钉子，而应该根据钉子寻找合适的锤子。在当前金融机构风险管理应用场景较少的情况下，基于数据共享的场景或行业应用场景及平台，可能是以"ABCD"为代表的金融科技应用更合适的切入点。

■ 练习题

10.1 什么是金融科技？
10.2 什么是区块链？在金融行业可以有哪些应用？
10.3 金融科技的"A""B""C""D"指的是什么？
10.4 金融科技是神话吗？如何正确看待它？
10.5 在商业银行中如何应用金融科技？
10.6 简述金融科技的发展趋势。